高职高专“十三五”财经类规划教材

U0959929

纳税筹划项目化教程

主　编　王　龙

副主编　高云霞　杜　峰

天津大学出版社

TIANJIN UNIVERSITY PRESS

图书在版编目(CIP)数据

纳税筹划项目化教程 / 王龙主编. —天津：天津大学出版社，2021.6
高职高专“十三五”财经类规划教材
ISBN 978-7-5618-6969-7

Ⅰ.①纳… Ⅱ.①王… Ⅲ.①税收筹划-高等职业教育-教材 Ⅳ.①F810.423

中国版本图书馆CIP数据核字(2021)第122051号

出版发行	天津大学出版社
地　　址	天津市卫津路92号天津大学内（邮编:300072）
电　　话	发行部:022-27403647
网　　址	www.tjupress.com.cn
印　　刷	廊坊市海涛印刷有限公司
经　　销	全国各地新华书店
开　　本	185mm×260mm
印　　张	20
字　　数	499千
版　　次	2021年6月第1版
印　　次	2021年6月第1次
定　　价	49.00元

前 言

金奖银奖不如广大读者的夸奖，金杯银杯不如广大学员的口碑！《纳税筹划项目化教程》自 2017 年 8 月第一版问世以来，以“实战性、应用性、操作性、可读性”的特色赢得了广大读者和学员朋友的支持和厚爱。4 年来，伴随着国家积极的财政政策效能的提升及财税体制改革的进一步深化，增值税、消费税、关税、房地产税立法工作也在紧锣密鼓地进行之中。关于现行税法规定较旧的法律法规与筹划原理及方法变化之处较大，这些变化对纳税筹划实操工作业务的开展影响至深，如果不及时掌握，将面临巨大的涉税风险！编写组根据 20 多年的教育教学经验及企业、税务机关工作经历，深知企业涉税实务中的“痛点”，全面梳理了近年来国家最新财税政策、纳税筹划理论与实践的前沿问题，这些问题基本能够涵盖涉税实操中常见的热点、难点问题编著而成。本书具有以下特点。

（1）内容新颖，体系完整，便于人才培养。按照基于工作过程的课程的教学目标和思政元素融入教学内容的要求，本书充分考虑企业常用、能用、便用的实际，根据最新财税政策及会计处理办法与企业纳税筹划实务编写而成。全书共分为六大项目，任务设置突出把握纳税筹划的思想和精髓。每个项目任务下，根据案例综合实施筹划的同时，归纳和提炼了因税收政策变化引起的筹划新思路和方法，并体现在每一任务完成结论及业务技能自测中，做到“理实一体、学做合一”。

（2）案例经典，资源丰富，便于实务操作。本教材精选了企业常见的近百个经典案例，通过企业实景模拟实战演练，优化了数据推理及会计实务处理，力求实现情境化教学。读者或学员通过不同纳税策略方案的比较，在任务完成结论中确定最佳纳税方案，然后再通过分组工作提升操作技能，每一模块的业务技能自测让学生通过训练进一步理解和掌握所学知识。

借本书出版之际，编写组在此衷心感谢所有的读者和学员朋友！读者的支持和厚爱就是我们不懈创作的动力和源泉，学员的需求和建议就是我们进一步完善的方向和目标！

同时，本教材在撰写及出版过程中，参考、引用了国内外有关本学科的相关著作、研究成果和国家最新的相关政策、法律法规等，得到了有关专家及天津大学出版社的大力支持与帮助，在此深表感谢。

在修订过程中，本书严格按照最新的财税、会计、金融、法律进行编写，精益求精，力求权威、专业、准确，但限于时间和水平，书中难免会有疏漏和不足之处，竭诚欢迎广大读者与学员批评指正。若有意见、建议或指正，请发送至主编邮箱 yacjxy@163.com。

本教材可以作为高职高专院校的教材，也可作为应用型本科院校及财税会计培训机构的参考教材，还适合企业董事长、经理、财务负责人、税务干部、税务律师、注册会计师、税务师、会计师、管理会计师、纳税筹划师及爱好财税的人士案头适用工具读物。

编者

2021 年 3 月

目　录

任务三　企业纳税筹划的一般方法与纳税筹划步骤……7
业务技能自测(一)……15

任务五　消费税纳税时机或方式的纳税筹划……102
业务技能自测(三)……104

任务七　熟悉企业所得税纳税时机或方式的纳税筹划…… 182
业务技能自测(四) …… 186

任务三　掌握劳务报酬个人所得税的纳税筹划…… 216
任务四　掌握个人捐赠及规避所得进行纳税筹划…… 227
业务技能自测(五) …… 232

任务七　熟悉土地增值税的纳税筹划…… 269
任务八　熟悉印花税的纳税筹划…… 279
任务九　熟悉资源税的纳税筹划…… 284
任务十　熟悉环境保护税的纳税筹划…… 287
业务技能自测(六) …… 290

项目一　认知纳税筹划及发展前景

任务一　正确认知纳税筹划

➢　任务达成目标

1. 掌握纳税筹划的含义、了解纳税筹划的动因、特点等。
2. 熟悉纳税筹划应具备的条件。

➢　核心技能

掌握纳税筹划的含义与特点，熟知纳税筹划应具备的条件。

➢　任务思维导图

➢　任务知识

（1）从2000年1月1日起，个人独资企业和合伙企业不再缴纳企业所得税，政府只对投资者个人取得的生产经营所得征收个人所得税。合伙企业以每一个合伙人为纳税义务人。在计算个人所得税时，其税率比照“个体工商户的生产经营所得”应税项目，适用5%~35%的五级超额累进税率。

（2）税法规定，合伙企业的投资者按照合伙企业的全部生产经营所得和合伙协议约定的分配比例确定应纳税所得额，合伙协议没有约定分配比例的，以全部生产经营所得和合伙人数量平均计算每个投资者的应纳税所得额。投资者的费用扣除标准由各省、自治区、直辖市税务局确定，投资者的工资不得在税前扣除。

➢　任务导入

李某与两位朋友毕业后准备创业，打算合开一家花店，预计年盈利60万元，花店应该采取合伙制形式还是有限责任公司形式？哪种形式税收负担较轻呢？

➢ 任务实施

一、商议个体工商户形式下应纳税额的计算

假如成立个体工商户，且李某及其两位合伙人各占 1/3 的股份，企业利润平分，三位合伙人的工资为每人每月 5 000 元，当地税务局规定的费用扣除标准也为每人每月 5 000 元。则每人应纳税所得额为（600 000+5 000×12×3）÷3−5 000×12=200 000 元，适用 20%的个人所得税税率。

二、具体计算个体工商户形式下的应纳税额

个体工商户形式下，其相关数据计算如下：

每位合伙人应纳个人所得税税额=200 000×20%−10 500=40 000−10 500=29 500 元

三位合伙人共计应纳税额合计=29 500×3=88 500 元

税收负担率=88 500÷600 000×100%=14.75%

三、商议成立有限责任公司形式下应纳税额的计算

若成立有限责任公司，根据相关规定，依公司法设立的有限责任公司和股份有限公司应当缴纳企业所得税。一般适用 25%的企业所得税税率。若企业税后利润分配给投资者，则还要按“股息、利息、红利”所得税目计算缴纳个人所得税，适用税率为 20%。

四、具体计算有限责任公司形式下的应纳税额

有限责任公司形式下，假如无其他纳税调整事项，该公司相关数据计算如下：

应纳企业所得税税额=600 000×25%=150 000 元

税后净利润=600 000−150 000=450 000 元

每位投资者获得净利润时，

应纳个人所得税税额=450 000÷3×20%=30 000 元

三位股东应纳个人所得税税额合计=30 000×3=90 000 元

公司与个人应纳个人所得税税额合计=150 000+90 000=240 000 元

税收负担率=240 000÷600 000×100%=40%

➢ 任务完成结论

由以上计算得知，采取有限责任公司形式比采用合伙制形式多负担税款 151 500 元，税收负担率提高了 25.25%。

对于国家而言，税是企业的“贡献”，但从会计的角度来看，税却是企业的一项费用。税作为企业的一种负担，会影响纳税人实现经济利益最大化的目标。随着市场竞争的加剧，传统企业的产品销售价格的上涨速度慢于产品成本的提高速度，导致企业的利润空间越来越小，税在企业剩余价值中的比例逐渐上升，对企业的影响日益凸显。

若纳税人的税费负担较重，在现行的税收法律体系下短时间内不可能有大的改变时，纳税人只有三条路径可以选择。

（1）偷（逃税），即通过违法行为实现规避税负的目的。偷（逃）税的违法性注定这种行为只能是一条"死路"。

（2）纳税人产生逆向选择行为，消极对待高税负，如压缩生产经营规模。这种做法最终会使自己被市场竞争所淘汰。

（3）进行税务筹划，合理减轻税负。这才是企业迎接市场挑战、依法纳税的必由之路，是顺应目前国家政策法规的明智之举，也是企业的唯一选择。

➢ 分组工作

一、认知纳税筹划（tax planning）的含义与特点

1. 含义

任何一个企业在产生经营活动的情况下，必然要履行纳税义务，进而需要进行纳税筹划。纳税筹划，又称税收筹划、税务筹划，是指纳税人在不违反法律的前提下，通过对主体的设立、投资、经营、理财等活动进行合理、科学的筹划和安排，实现纳税最小化、企业价值最大化的目的。

2. 特点

纳税筹划一般具有四个特点，即非违法性、目的性、专业性、风险性，如图1-1所示。

图1-1　纳税筹划的特点

二、纳税筹划应具备的条件

（1）筹划者要精通财会税收知识。

（2）筹划者要具备良好的职业素养。

（3）筹划者要熟悉企业的经营环境和自身特点。

（4）筹划主体要具备一定的经营规模和收入规模。

任务二　熟悉纳税筹划有效法理

➢ 任务达成目标

1. 掌握纳税筹划基础知识，能识别其与偷（逃）税、漏税、欠税、抗税、骗税的区别。
2. 能预估企业纳税筹划的风险，并能采取与纳税筹划相关的风险防范措施。

➢ 核心技能

辨识纳税筹划与偷（逃）税、漏税、欠税、抗税、骗税的区别。

➢ 任务思维导图

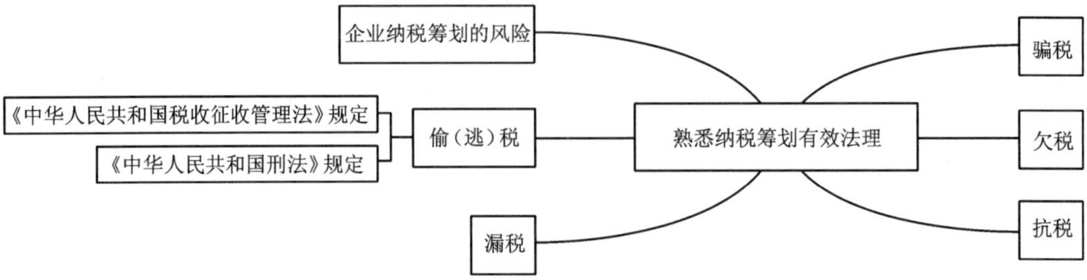

➢ 任务知识

一、偷(逃)税

偷(逃)税是指纳税人伪造、变造、隐匿、擅自销毁账簿、记账凭证,或者在账簿上多列支出或者不列、少列收入,或者经税务机关通知申报而拒不申报或者进行虚假的纳税申报,不缴或者少缴应纳税款的行为。

二、漏税

漏税是指纳税单位和个人无意识发生的漏缴税款的行为。

三、欠税

欠税是指纳税义务人在欠缴应纳税款的情况下,采取转移或者隐匿财产的手段,致使税务机关无法追缴欠缴的税款的行为。

四、抗税

抗税是指纳税人以暴力、威胁等手段拒不缴纳税款的行为;拒绝接受税务机关检查,威胁、围攻、殴打税务人员等行为,也属于抗税。

五、骗税

骗税是指纳税人用假报出口等虚构事实或隐瞒真相的方法,经过公开合法的程序,利用国家税收优惠政策,骗取减免税或者出口退税的行为。

➢ 任务导入

2018 年 1 月,甲、乙、丙三人合伙在 A 县租房办塑编厂。2019 年 6 月, A 县税务局工作人员得知其辖区内有管户,便到该厂进行纳税检查并要求其提供账本,合伙事务执行人甲辩称,他们刚开业,没有账本,后税务工作人员根据甲自行申报的有关情况进行了核算,让甲补缴了 2019 年 2 月至 6 月的增值税 3 200 元。2019 年 7 月,该厂以甲之名办理了个体工商户登记和税务登记。甲补缴税款后仍不愿提供账本,税务工作人员只好根据甲自行申报的月销售额,参照同行规定标准，按“双定户”征收税款。至2020年4月，甲按税务机关核定的“双定户”标准共缴纳增值税8 670元。同年7月，税务局接到举报和有关部门反映，该厂有偷（逃）税嫌疑，便成立了专项核查组，对该厂的纳税情况进行稽核，而甲、乙、丙仍继续隐匿账本。后税务局工作人员通过县纪检部门将甲所记账本调出。在此期间，甲、乙、丙为达到偷（逃）税目的又转移了生产设备。经查，该厂从2018年1月至2020年7月含税销售总额为2 384 219.59元，应缴增值税为69 443.29元，而其实际缴纳增值税为11 870元，尚有57 573.29元的未缴税款。

问：该厂是否已构成逃税罪？

➢ 任务实施

一、熟悉一般偷（逃）税违法行为与逃税罪

按照《中华人民共和国税收征收管理法》（以下简称《税收征管法》）第六十三条的规定，偷税的手段主要有以下几种：

一是伪造（设立虚假的账簿、记账凭证）、变造（对账簿、记账凭证进行挖补、涂改等）、隐匿和擅自销毁账簿、记账凭证；

二是在账簿上多列支出（以冲抵或减少实际收入）或者不列、少列收入；

三是经税务机关通知申报而拒不申报；

四是进行虚假的纳税申报，即在纳税申报过程中制造虚假情况，比如不如实填写或者提供纳税申报表、财务会计报表及其他的纳税资料等。

对于一般的偷税行为，税务机关的处罚措施如下。

（1）纳税人偷税的，由税务机关追缴其不缴或者少缴的税款、滞纳金，并处不缴或者少缴税款50%以上5倍以下的罚款；构成犯罪的，依法追究刑事责任。

（2）扣缴义务人采取上述手段，不缴或者少缴已扣、已收税款的，由税务机关追缴其不缴或者少缴的税款、滞纳金，并处其不缴或者少缴税款的50%以上5倍以下的罚款；构成犯罪的，依法追究刑事责任。

2009年《中华人民共和国刑法修正案（七）》，将“偷税罪”改为“逃税罪”。《中华人民共和国刑法》（以下简称《刑法》）第二百零一条规定：“纳税人采取欺骗、隐瞒手段进行虚假纳税申报或者不申报，逃避缴纳税款数额较大并且占应纳税额百分之十以上的，处三年以下有期徒刑或者拘役，并处罚金；数额巨大并且占应纳税额百分之三十以上的，处三年以上七年以下有期徒刑，并处罚金。扣缴义务人采取前款所列手段，不缴或者少缴已扣、已收税款，数额较大的，依照前款的规定处罚。对多次实施前两款行为，未经处理的，按照累计数额计算。有第一款行为，经税务机关依法下达追缴通知后，补缴应纳税款，缴纳滞纳金，已受行政处罚的，不予追究刑事责任；但是，五年内因逃避缴纳税款受过刑事处罚或者被税务机关给予二次以上行政处罚的除外。”

二、逃税罪成立的最低标准

逃税罪是结果犯，它必须达到法定结果才能成立。法定结果有两个：①逃税数额较大，且占应纳税额10%以上；②行为人因逃税受到两次行政处罚。这两点是并列关系，行为人只要具备其中一点，即构成逃税罪。

三、任务案例做具体分析

在本任务案例中，该厂从2018年1月至2020年7月间应缴增值税为69 443.29元，而其实际缴纳增值税为11 870元，尚有57 573.29元的未缴税款。在本案中，甲、乙、丙三人合伙在A县租房办塑编厂，并于2019年7月以甲之名办理了个体工商户登记，按照《税法》的规定，甲作为合伙企业事务执行人应为纳税义务人，符合偷税罪的主体要求。甲明知自己应缴纳税款，出于直接故意，具有逃避缴纳应缴税款义务而非法获利的目的，通过转移生产设备等其他违法手段逃避税款，其主观上具有逃避缴纳应缴纳税款的目的，符合逃税罪的主观要件。在犯罪客体方面，该厂置国家法律于不顾，逃避纳税，其行为破坏了国家的税收征管制度。在本案中，该厂就是采取了隐匿账簿的手段偷逃税款，其行为完全符合逃税罪的客观特征。本案中，该厂偷逃税款占应纳税额比例为82.91 %，超过了《刑法》第六节中危害税收征管罪中界定逃税罪的10%的比例。

综上所述，该厂的行为已构成逃税罪。

➢ 任务完成结论

相关概念比较如表1-1所示。

表1-1 相关概念比较一览表

比较点	类别		
	纳税筹划	避税	偷（逃）税、抗税、骗税
法律性质	合法	非违法	违法
政府态度	倡导	反对	制裁处罚
风险性	低风险	风险较高	高风险
实施手段	主要利用税收优惠或者选择机会	主要利用税法漏洞	利用非法手段
立法意图	体现	违背	违反
经济影响	促进经济良性发展	影响乃至破坏市场规则	违背公平竞争原则，破坏经济秩序

➢ 分组工作

能有效预估纳税筹划风险并进行防范。

企业经营过程中总是存在着各种各样的不确定因素，如设计方案的缺陷、方案实施不当、政府政策的频繁变化、成本与收益不对称等，这些因素的客观存在会导致纳税筹划方案失败、纳税筹划目标落空、偷（逃）税等违法行为认定等情况引发各种损失的可能性，我们将其统称为纳税筹划风险。对这些潜在的风险，我们一般应采取以下措施：

（1）定时和不定时与主管税务机关进行有效沟通，建立并维护和谐的税收征纳关系；

（2）密切关注企业外部环境的变化，不断修正、完善纳税筹划方案；

（3）加强业务学习，不断提高纳税筹划相关人员的技能素质；

（4）积极争取企业各部门的协作、配合与支持；

（5）尽量避免纳税统筹成本最终超过纳税收益。

任务三　企业纳税筹划的一般方法与纳税筹划步骤

➢ 任务达成目标

1. 熟悉企业纳税筹划的一般方法。
2. 会梳理企业的纳税筹划步骤。

➢ 核心技能

会草拟税务策划书(提纲)。

➢ 任务思维导图

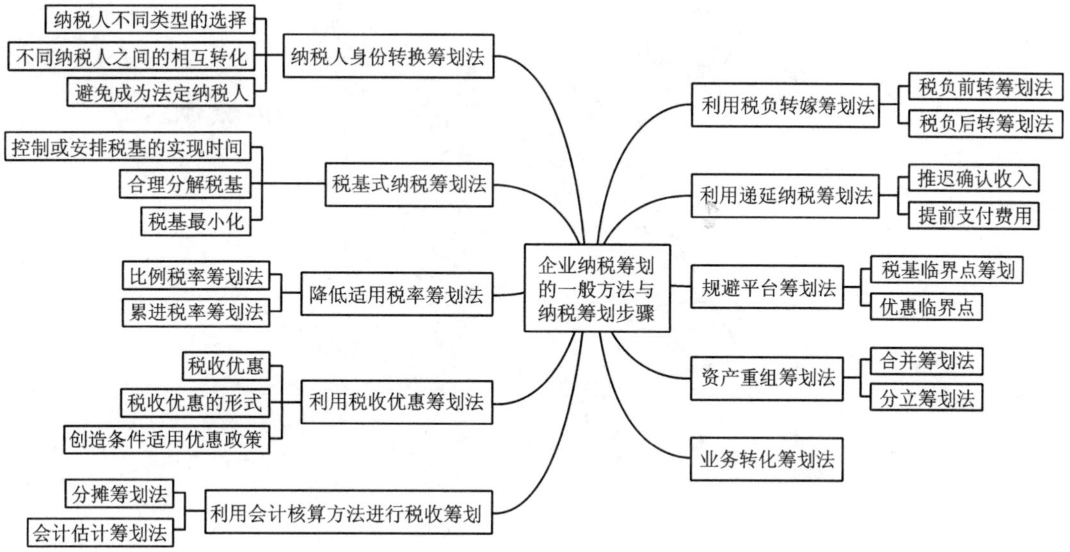

➢ 任务知识

纳税筹划根据纳税人具体实际而有差异,但比较常用的不外乎以下 10 种方法。

企业纳税筹划大致分为六步,具体如图 1-2 所示。

图 1-3 所示为税务策划书格式。

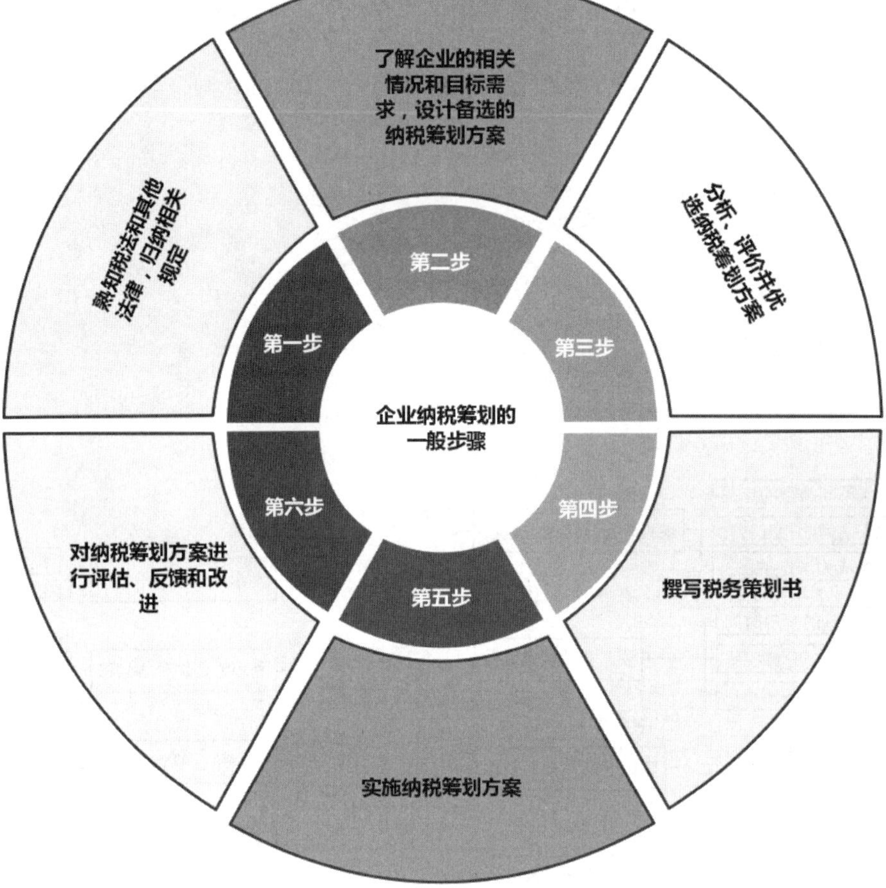

图 1-2 企业纳税筹划的一般步骤图

×××有限责任公司税务策划书

第一部分 前言
第二部分 委托单位的基本情况
第三部分 委托单位的节税策划要求
第四部分 税务策划方案的设计思路及依据
第五部分 税务策划方案的设计及比较分析
第六部分 税务策划方案的实施条件及调整要求
第七部分 结束语

企划单位：×××公司
策 划 人：×××
完成日期：××××年×月×日

图 1-3 税务策划书格式

一、纳税人身份转换筹划法

纳税人身份转换筹划法通过对纳税人身份进行合理界定和转化，将纳税人的税负降低到最低限度，使其间接或直接避免成为某类纳税人。

（一）纳税人不同类型的选择

正如任务一案例中所示，个体工商户、独资企业和合伙企业的经营所得，以每一纳税年度的收入总额减去成本、费用以及损失后的余额为应纳税所得额，计算缴纳个人所得税而不需要缴纳企业所得税。按照税法要求法人企业需要就其经营利润缴纳企业所得税，若法人企业对自然人股东实施利润分配，还需要缴纳20%的个人所得税。

（二）不同纳税人之间的相互转化

增值税的纳税人参照国际惯例分为一般纳税人和小规模纳税人。这两种类型的纳税人在征收增值税时，计算方法和征管要求不同。一般纳税人实行进项抵扣制，而小规模纳税人必须按照简易计税方法计算缴纳增值税且不实行进项抵扣制。

（三）避免成为法定纳税人

税法规定，房产税的征税范围是城市、县城、建制镇和工矿区的房产，而房产界定为房屋，即有屋面和围护结构，能够遮风挡雨，可供人们在其中生产、学习、娱乐、居住或者储藏物资的场所；独立于房屋之外的建筑物，如围墙、停车场、室外游泳池、喷泉等，不属于房产，若企业拥有以上建筑物，则不成为房产税的纳税人，就不需要缴纳房产税。

企业在进行税收筹划时可将停车场、游泳池等建成露天的，并且把这些建筑物的造价同厂房和办公用房等分开，在会计中单独核算，从而避免成为游泳池等的法定纳税人。

二、税基式纳税筹划法

税基又称为计税依据或课税依据，是指政府征税的客观基础，也是税务机关据以计算征税对象应纳税款的直接数量依据，反映政府征税的广度，解决对谁的“什么”征税的问题。税基式纳税筹划法是指纳税企业用缩小税基的方式来减轻纳税的筹划方法。应纳税额是计税依据乘以税率得出来的，所以想要降低纳税额，就需要减小税基。在税率不变的情况下，税基越小，纳税人实际缴纳的税款越少。那么，税基筹划要如何做？

（一）控制或安排税基的实现时间

1. 税基推迟实现

推迟税基实现时间可以获得递延纳税的效果，获取货币的时间价值，等于获得了一笔无息贷款。在通货膨胀的环境下，未来支付税款的购买力降低，税基推迟实现的效果更为明显。

2. 税基均衡实现

税基均衡实现即税基总量不变，在各个纳税期间均衡实现。在使用累进税率的情况下，税基均衡实现可实现边际税率的均等，从而大幅降低税负。

【案例】甲高科技公司下属研究所拟将某科研成果转化给乙企业，签订协议共收取1 500万元。

税法规定:一个纳税年度内居民企业的技术转让所得不超过 500 万元的部分,免征企业所得税,超过 500 万元的部分减半征收企业所得税。

甲企业要如何转让技术成果?如何进行税收筹划?

方案一:与乙企业的协议确定为一次性转让并收取 1 500 万元,甲高科技公司所纳企业所得税为

$$(1\ 500-500)\times 25\%\times 50\%=125\text{ 万元}$$

方案二:与乙企业的协议确定为每年收取 500 万元,甲高科技公司所纳企业所得税为

$$(500-500)\times 25\%\times 50\%+(500-500)\times 25\%\times 50\%+(500-500)\times 25\%\times 50\%=0$$

方案三:与乙企业的协议确定为第一年收取 700 万元,第二年收取 600 万元,第三年收取 200 万元,企业所得税为

$$(700-500)\times 25\%\times 50\%+(600-500)\times 25\%\times 50\%+0\times 25\%\times 50\%=37.5\text{ 万元}$$

对比以上三个方案,应该选择方案二。此方案就是运用了税基均衡实现原理。

3. 税基提前实现

提前实现税基即税基总量不变,税基合法提前实现。在减免税期间,税基提前实现可以享受更多的税收减免额。

(二)合理分解税基

合理分解税基是指对税基进行合理分解,实现税基从税负较重的形式向税负较轻的形式转化。

(三)税基最小化

税基最小化即通过合法降低税基总量,减少应纳税额或者避免多缴税。在增值税、消费税、所得税的筹划中经常使用这种方法。一般来说,在税率确定的情况下,由于应纳税额=计税依据 × 税率,因此,纳税人须研习各个税种的不同规定,通过各种不同的方法缩小计税依据,从而降低企业税负,这是最基本的方法。

实际工作中,大家主要从以下三点把握税基式纳税筹划法:一是要关注税率的跳跃点;二是要充分了解新颁布的税收政策;三是要实时把握税法中的临界点。

三、降低适用税率筹划法

一般地,在计税依据确定的情况下,税率越高,则应纳税额越多;反之,税率越低,则应纳税额越少。选择此方法进行纳税筹划的前提条件是存在税率差异。

(一)比例税率筹划法

利用比例税率筹划法可使纳税人适用较低的税率。

(二)累进税率筹划法

累进税率筹划法能够防止税率攀升,注意个人所得税全额累进、土地增值税超额累进税制对税负的影响。

四、利用税收优惠筹划法

运用税收优惠进行税收筹划应以符合国家的宏观调控目标为前提，以国家具体的税收优惠措施为基础。

（一）税收优惠

特殊行业、特定区域、特定行为、特殊时期的税收优惠。

（二）税收优惠的形式

①减税。②免税。③免征额。④起征点。⑤退税。⑥优惠税率。⑦税收抵免。

（三）创造条件适用优惠政策

【案例】霍尔果斯案例

全民关注的电影《战狼 2》，2017 年票房高达 56.82 亿元，雄踞票房榜首。导演兼主演吴某在新疆霍尔果斯成立了一家文化公司，即登峰国际文化传播有限公司，法人企业。而霍尔果斯是目前为止税收优惠最全面的地方，最大的优惠就是文化业公司的企业所得税五年之内全免。

【案例解析】假设按照《战狼 2》56.82 亿元的总票房来算，吴某分得 18.4 亿元，如果没有享受税收优惠，那么本例按照 25%的企业所得税税率缴纳税款，企业所得税税前可扣除项目金额为 2.7 亿元。

根据国家税法，企业所得税应纳税款则为

$$(18.4-2.7)\times 25\%=3.93 \text{ 亿元}$$

注册在霍尔果斯的企业应纳税款则为

$$(18.4-2.7)\times 0\%=0$$

吴某通过霍尔果斯的安排节省了 3.93 亿元的企业所得税。

提示：通过以上安排，纳税人确实可以实现节税的目的，但值得注意的是纳税人在进行税收筹划的过程中要尽量做到实质与形式相吻合，否则将可能会面临更大的税务风险。

五、利用会计核算方法进行税收筹划

税收与会计紧密相关，纳税人由于所采用会计原则的不同，必然会形成不同的财务结果，从而形成不同的税收负担。在存在多种可供选择的会计政策时，择定有利于税后收益最大化的会计政策组合模式，也是税收筹划的基本规律。

（一）分摊筹划法

例如对于一项费用，如果涉及多个分摊对象，分摊依据的不同会造成分摊结果的不同；对于一项拟摊销的费用，如果摊销期限和摊销方法不同，摊销结果也会不同。分摊的处理会影响企业损益和资产估价，进而影响企业税负。类似无形资产摊销、长期待摊费用摊销、固定资产折旧、存货计价方法以及间接费用的分摊等都可以采用这样的方法。

（二）会计估计筹划法

企业生产经营中存在诸多不确定因素，一些项目不能精准计算，只能加以估计，因此会计核算需要对尚在延续中、其结果未确定的交易或事项估计入账。这种会计估计会影响计入特定时期的收益或费用的数额，进而影响企业的税收负担。

再例如，在会计核算中，只有已经实现的损益才能予以确认、计量，纳入会计核算管理，并作为计税的依据。损益实现的期间和进度对于企业税负有着极为关键的影响。实现损益的主要会计事项有：资产发生贬值、损失时及时确认；合理的费用支出充分列支；税前允许扣除的项目应足额扣除；控制收益的确认条件与实现过程；掌握与控制收益分配的时间及额度。

六、利用税负转嫁筹划法

税负转嫁筹划的操作平台是价格，其基本操作原理是利用价格浮动、价格分解来转移或规避税收负担。税负转嫁筹划能否通过价格浮动实现，关键取决于商品的供给弹性与需求弹性的大小。分解的手法不拘一格，更为巧妙。

（一）税负前转筹划法

纳税人通过提高商品或生产要素价格的方式，将其所负担的税款转移给购买者或最终消费者。

（二）税负后转筹划法

纳税人通过降低生产要素购进价格、压低工资或其他方式将其负担的税收转移给提供生产要素的企业。

【案例】白酒厂商生产的白酒产品是一种特殊的消费品，需要缴纳消费税。白酒厂商为了保持适当的税后利润，通常的做法是提高出厂价，但这样做一方面会影响市场，另一方面也会导致从价定率消费税与增值税的攀升。有没有实现税负转嫁的筹划办法呢？

【案例分析】有，通过设立独立的销售公司可以实现。酒厂设立独立的销售公司，利用增加流通环节的办法转嫁税负。酒类产品的消费税仅在出厂环节计征，即按产品的出厂价计征消费税，后续的分销、零售环节不再计征。

这种情况下，引入独立的销售公司，便可以采取价格“前低后高”的转移策略，先以较低的价格卖给自己的销售公司，然后再由销售公司以合理的高价进行层层分销，这样便可在确保总体销售收入的同时降低消费税负担。

七、利用递延纳税筹划法

（一）推迟确认收入

收入以委托代销的方式结算。

（二）提前支付费用

费用需要提前支付。

【案例】甲造纸厂 8 月份向乙出版社销售白纸板，货款共计 226 万元（含税价格），货款结算采用销售后付款的方式，乙出版社 10 月份只汇来货款 33.9 万元。对此类销售业务，该造纸厂应如何进行税收筹划呢？

【案例分析】此笔业务由于购货方是商业企业，并且货款结算采用销售后付款的方式，因此可以选择委托代销模式，即按委托代销结算方式进行税务处理：该造纸厂 8 月份可以不计算销项税额，10 月份按收到代销单位的销货清单确认销售额，并计算销项税额：

67.8/(1+13%)×13%=7.8 万元

对尚未收到销货清单的货款可以暂缓申报、计算销项税额。如果不按委托代销结算方式处理，则应计提销项税额：

226/(1+13%)×13%=26 万元

因此，对此类业务，选择委托代销结算方式可以实现递延纳税。

八、规避平台筹划法

在税收筹划中，常常把税法规定的若干临界点称为规避平台。规避平台建立的基础是临界点，因为临界点会由于"量"的积累引起"质"的突破，是一个关键点。当突破某些临界点时，所适用的税率降低或优惠增多，从而企业获得税收利益，这便是规避平台筹划法的基本原理。

(一)税基临界点筹划

税基临界点包括起征点、扣除限额、税率跳跃临界点。

(二)优惠临界点

优惠临界点包括绝对数临界点、相对比例临界点、时间临界点。

【案例】李先生在深圳市拥有一套普通住房，已经居住满 1 年零 10 个月，这时他在市区找到一份薪水很高的工作，需要出售该住房，李先生应该如何筹划呢？

【案例分析】增值税规定：个人将购买不足 2 年的住房对外销售的，按照 5%的征收率全部缴纳增值税；个人将购买 2 年以上(含 2 年)的普通住房对外销售的，免征增值税(适用北上广深四个城市)。显然，如果李先生再等 2 个月出售该住房，便可以适用购买满 2 年增值税免征待遇，而如果马上出售，须按照 5%征收率缴纳增值税。因此，最好在 2 个月后再将住房转让。

当然，如果这时遇到合适的买主，也可以出售，即变通处理，利用时间临界点筹划方法，可以采取和买主签订两份合同的方法：一份是远期合同(2 个月之后正式交割房产)；另一份是为期 2 个月的租赁合同。这样买主可以马上住进去，房主也可以享受增值税免税待遇。

九、资产重组筹划法

(一)合并筹划法

合并筹划法是指企业利用并购及资产重组手段，改变其组织形式及股权关系，实现税负降低的筹划方法。

(1)企业合并可以进入新的领域、行业，享受新领域、新行业的税收优惠政策。

(2)并购大量亏损的企业，利于盈亏补抵，实现成本扩张。

(3)企业合并实现关联性企业或上下游企业流通环节减少，合理规避流转税和印花税。

(4)企业合并可能改变纳税主体的性质，譬如由小规模纳税人变为一般纳税人，由内资企业变为中外合资企业。

（5）企业合并可以利用免税重组优惠政策，规避资产转移过程中的税收负担。

（二）分立筹划法

分立，是指一家企业将部分或全部资产分离转让给现存或新设立的企业，被分离企业股东换取分立企业的股权，实现企业的依法拆分。分立筹划法利用拆分手段，可以有效改变企业规模和组织形式，降低企业整体税负。

（1）分立为多个纳税主体，形成有关联关系的企业群，实施集团化管理和系统化筹划。

（2）企业分立将兼营或混合销售中的低税率或零税率业务独立出来，单独计税，降低税负。

（3）企业分立使适用累进税率的纳税主体分化成两个或多个适用低税率的纳税主体，税负自然降低。

（4）企业分立增加了一道流通环节，有利于流转税抵扣及转让定价策略的运用。

十、业务转化筹划法

业务转化筹划法手段灵活，诸如购买、销售、运输、建房等业务，无形资产转让可以合理转化为投资或合营业务。

【案例】科研人员杨某发明了一种新技术，该技术申请了国家技术专利。由于该专利实用性强，许多企业拟出高价购买。其中，甲公司开出了100万元的最高价。这种情况下，杨某是否应该转让其技术专利呢？

【案例分析】根据《财政部 国家税务总局关于全面推开营业税改征增值税试点的通知》（财税〔2016〕36号）相关规定，转让专利技术是销售无形资产，免征增值税。这里所说的“技术”包括专利技术和非专利技术。申请免征增值税合同须经所在地省级科技主管部门认定并出具审核意见证明文件，报主管税务机关备查。

根据新个人所得税的相关规定，转让专利使用权的收入属于特许权使用费收入，应计入综合所得，参与年终汇算清缴。张某取得该笔收入应预交的个人所得税为

$$100 \times (1-20\%) \times 20\%=16 \text{ 万元}$$

如果采用业务转化筹划技巧，杨某不转让技术专利使用权，而将技术专利进一步开发，以技术服务的形式将专利技术应用于甲公司的生产经营中。按甲公司的经营状况测算，张某每年预计可从甲公司获取10万元技术服务收入。

若杨某愿意采取技术服务形式，则其所负担的个人所得税实现递延缴纳。

（1）纳税人提供技术开发和与之相关的技术服务免征增值税。

（2）按照个人所得税有关规定，个人取得的技术咨询、技术服务所得，应于取得所得的当月按照20%的比例税率预缴个人所得税，同时并入综合所得于年终汇算清缴。杨某应预交个人所得税2万元。这种筹划法的主要好处在于可以递延纳税。

还可以采用技术投资入股形式。技术投资入股的实质是转让技术成果和投资同时发生。按照财税〔2016〕36号文相关规定，转让技术成果是销售无形资产，免征增值税。根据财税〔2016〕101号文相关规定，个人技术投资入股，被投资企业支付的对价全部为股票（权）的，企业或个人可选择适用递延纳税优惠政策。经主管税务机关备案，投资入股当期可暂不纳税，允许递延至转让股权时，股权转让收入减去技术成果原值和合理税费后的差额计算缴纳个人所

得税。

业务技能自测(一)

一、单选题

1. 税法规定,纳税人以1个月或者1个季度为1个纳税期的,自期满之日起15日内申报纳税。马会计从纳税筹划的角度考虑,每月总是到纳税期限届满前一天才申报纳税,马会计的纳税筹划目标是(　　)。

A. 实现税负最小化　　B. 实现纳税风险最小化

C. 实现企业价值最大化　　D. 实现资金时间价值最大化

2. 在税负能够转嫁的条件下,纳税人并不一定是(　　)。

A. 实际负税人　　B. 法人　　C. 代扣代缴义务人　　D. 代收代缴义务人

3. 根据《税收征管法》规定,纳税人未按规定设置、保管账簿或者保管记账凭证和有关资料,以及未按照规定将财务、会计制度或者财务、会计处理办法报送税务机关备查的,由税务机关责令限期改正,逾期不改的处(　　)以下罚款。

A. 1 000元　　B. 2 000元　　C. 3 000元　　D. 5 000元

4. 纳税人采取暴力、威胁方法拒不缴纳税款的行为属于(　　)。

A. 偷(逃)税　　B. 骗税　　C. 抗税　　D. 欠税

5. 下列关于纳税筹划的认识不正确的是(　　)。

A. 纳税筹划是纳税人在生产经营过程中的一个环节

B. 纳税筹划只能在纳税行为前进行

C. 纳税筹划的最终目标是实现税负最小化

D. 纳税筹划是纳税人的一项权利

二、多选题

1. 下列选项中,属于纳税人进行税务筹划的意义的是(　　)。

A. 有利于促进税制改革

B. 有利于提高纳税人竞争力,实现纳税人财务利益最大化

C. 有利于提高纳税人纳税意识,促进纳税人经营、财务管理水平

D. 有利于优化产业结构和资源配置

2. 下列选项中,符合税务筹划基本思路的是(　　)。

A. 合理避税　　B. 绝对节税　　C. 相对节税　　D. 企业价值最大化

3. 下列选项中,属于纳税筹划的基本特征的是(　　)。

A. 合法性　　B. 目的性　　C. 专业性　　D. 风险性

4. 下列关于纳税筹划与偷(逃)税、抗税、骗税的说法正确的有(　　)。

A. 纳税筹划是指在遵行税收法律法规的前提下,当存在两个或两个以上纳税方案时,为实现最小合理纳税而进行设计和运筹

B. 纳税筹划的实质是依法合理纳税,并最大限度降低纳税风险,减少应缴税款的一种合

法经济行为

C. 纳税筹划类似于赌博，最终目的也是为了偷漏税

D. 偷（逃）税、抗税和骗税是在违反国家相关税法的前提下实施的有利于个人或企业的单方面行为，使用非法手段，达到降低或免除税负，甚至弄虚作假、欺上瞒下，最终会受到法律的制裁的违法行为

5. 根据《税收征管法》规定，下列各项中，属于偷（逃）税行为的有（　　）。

A. 隐匿账簿、凭证、少缴应纳税款的

B. 进行虚假纳税申报，少缴应纳税款的

C. 在账簿上多列支出，少缴应纳税款的

D. 以暴力、威胁方法拒不缴纳应纳税款的

三、判断题

1. 目的性是指纳税筹划具有明确的目的，即追求企业价值最大化，这是纳税筹划的前提条件，也是纳税筹划的最基本要求。（　　）

2. 个人在短时间内设计一项相对复杂的纳税筹划方案是完全可行的。（　　）

3. 所有纳税人都希望减轻税负，但前提是不违法。（　　）

4. 任何部门、单位和个人做出的与税法相抵触的决定一律无效，税务机关不得执行。（　　）

5. 随着税收法律法规的不断调整和变化，企业内外各种因素使得纳税筹划结果存在着确定性。（　　）

➢ 任务链接或能力拓展

【实践训练】

简述避税与偷（逃）税有什么不同。

业务技能自测完成情况	单选题	多选题	判断题	实践训练
教师评语 				

项目二　增值税的纳税筹划

任务一　熟悉增值税一般纳税人与小规模纳税人身份的筹划方法

➢ 任务达成目标

1. 掌握增值税一般纳税人与小规模纳税人的划分，能通过对纳税人身份的选择进行筹划。
2. 熟悉通过合并、分立转换纳税人身份进行纳税筹划的方法。

➢ 核心技能

掌握增值率判别法与抵扣率判别法。

➢ 任务思维导图

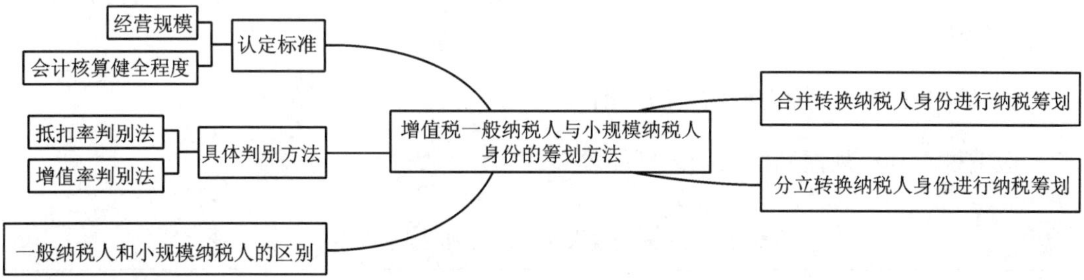

➢ 任务知识

一、增值税一般纳税人与小规模纳税人的认定标准

增值税一般纳税人与小规模纳税人的认定标准如表 2-1 所示。

表 2-1　增值税一般纳税人与小规模纳税人的认定标准的区分

标准	分类		
	一般纳税人	小规模纳税人	图例
根据经营规模及会计核算健全程度的不同	年应税销售额≥500 万元（不含税销售额）	年应税销售额<500 万元	

注：《增值税一般纳税人登记管理办法》（国家税务总局令第 43 号）规定，年应税销售额指纳税人在连续不超过 12 个月或 4 个季度的经营期内累计应征增值税销售额，包括纳税申报销售额、稽查查补销售额、纳税评估调整销售额。这里所称“经营期”指在纳税人存续期内的连续经营期间，含未取得销售收入的月份或季度。其中“纳税申报销售额”指纳税人自行申报的全部应征增值税销售额，其中包括免税销售额和税务机关代开发票销售额。“稽查查补销售额”和“纳税评估调整销售额”计入查补税款申报当月（或当季）的销售额，不计入税款所属期销售额。对于纳税人偶然发生的销售无形资产、转让不动产的销售额，也不计入应税行为年应税销售额。

【例 1】某小规模纳税人按季申报，提供鉴证咨询服务，不考虑其他情况，2021 年第一季度~第四季度的应税销售额 460 万元，税务机关在 2021 年第四季度对该企业进行稽查，查补 2020 年度销售额 50 万元。上述“稽查查补销售额”50 万元不计入 2020 年度，应该计入 2021 年第四季度。则 2021 年第一季度至第四季度的年应税销售额为 510 万元，超过《财政部 国家税务总局关于全面推开营业税改征增值税试点的通知》（财税〔2016〕36 号）规定的“年应税销售额标准为 500 万元”的标准，该企业应当向主管税务机关办理一般纳税人登记。

【例 2】某小规模纳税人按季申报，提供住宿服务，不考虑其他情况，2021 年第一季度至第四季度的应税销售额 600 万元，包括在 2021 年三季度转让不动产的销售额 180 万元。这 180 万元属于“偶然发生的销售无形资产、转让不动产的销售额”，不应计入年应税销售额。因此，该企业自 2021 年第一季度至第四季度的年应税销售额应为 420 万元，未超过财税〔2016〕36 号文件规定的标准，该企业可以不被认定为一般纳税人。

值得一提的是，《国家税务总局关于扩大小规模纳税人自行开具增值税专用发票试点范围等事项的公告》（国家税务总局公告 2019 年第 8 号）提出：扩大小规模纳税人自行开具增值税专用发票试点范围、扩大取消增值税发票认证的纳税人范围。《国家税务总局关于增值税发票管理等有关事项的公告》（国家税务总局公告 2019 年第 33 号）规定，增值税小规模纳税人（其他个人除外）发生增值税应税行为，需要开具增值税专用发票的，可以自愿使用增值税发票管理系统自行开具。选择自行开具增值税专用发票的小规模纳税人，税务机关不再为其代开增值税专用发票。

二、一般纳税人和小规模纳税人的区别

一般纳税人和小规模纳税人的区别如表 2-2 所示。

表 2-2 一般纳税人和小规模纳税人的区别

项目	一般纳税人	小规模纳税人
税率与征收率	基本税率有 13%、9%、6%以及零税率，而一些特殊业务还可以按简易办法征收，简易征收方式下适用 3%和 5%的征收率	只能适用征收率，分为 3%和 5%
账务处理	应当在“应交税费”科目下设置应交增值税、未交增值税、预交增值税、待抵扣进项税额、待认证进项税额、待转销项税额、增值税留抵税额、简易计税、转让金融商品应交增值税、代扣代缴增值税等明细科目。如： A. 在购买商品时，如果对方开具增值税发票。 借：库存商品等 应交税费——应交增值税（进项税额） 贷：银行存款等 B. 在销售商品时，采用的税率不同。 借：银行存款（或应收账款） 贷：主营业务收入 应交税费——应交增值税（销项税额）	只需在“应交税费”科目下设置“应交增值税”明细科目，不需要设置上述专栏除转让金融商品应交增值税、代扣代缴增值税外的明细科目。如： A. 购进商品时，全额计入成本。 借：库存商品等 贷：银行存款等 B. 在销售商品时，采用的征收率不同。 借：银行存款（或应收账款） 贷：主营业务收入 应交税费——应交增值税

续表

项目	一般纳税人	小规模纳税人
使用发票	销售货物、提供应税劳务或服务等,可以自行开具增值税普通发票和增值税专用发票,一般按基本税率开具,简易计税方法下按征收率开具	自 2020 年 2 月 1 日起,所有小规模纳税人(其他个人除外)均可以选择使用增值税发票管理系统自行开具增值税专用发票(含销售其取得的不动产)。选择自行开具增值税专用发票的小规模纳税人,税务机关不再为其代开增值税专用发票
发票取得	购进货物、应税劳务、服务等可以抵扣进项税,符合条件的,可以适用加计抵减政策	购进货物、应税劳务或服务等即使取得了增值税专用发票也不能抵扣进项税,不可以适用加计抵减政策
应交税费计算方法	购进扣税法(特殊情形除外),即当期应纳增值税税额=当期销项税额-当期进项税额	简易计征办法,即当期应纳增值税额=当期销售额 × 征收率
税收政策	一般纳税人每月都要按时进行纳税申报,可以享受出口退税政策	小规模纳税人按 3%增值税税率征收,每月销售额度不超过 15 万元的或季度不超过 45 万元的,不需要缴税,只申报即可,不可以享受出口退税政策

➢ 任务导入

甲企业现为增值税小规模纳税人,年含税应征增值税销售额为 800 万元,若该企业会计核算制度健全,有条件被认定为一般纳税人,此时可抵扣的不含税购进额为 500 万元。

问:该企业是否应该选择成为一般纳税人?

➢ 任务实施

一、掌握销售额增值率判别法

销售额增值率是指增值额占销售额的比率。在增值税税率与征收率一定的情况下,就存在一个一般纳税人与小规模纳税人税收负担公平的数值,我们称之为税负无差别平衡点增值率。现假设纳税人不含税销售额为 S,销货适用的增值税税率为 T_1,可抵扣的不含税购货金额为 P,购货适用的增值税税率为 T_2,征收率为 3%,此时,具体计算步骤如下。

(1)计算增值率。

增值率=$(S-P)\div S\times 100\%$

(2)计算增值税应纳税额。

一般纳税人增值税应纳税额=$S\times T_1-P\times T_2$

小规模纳税人增值税应纳税额=$S\times 3\%$

(3)计算纳税平衡点。令两种纳税人税负相同,则有

$$S\times T_1-P\times T_2=S\times 3\%$$

可得

增值率=$(S-P)\div S=1-(T_1-3\%)\div T_2$

将增值税税率和征收率代入上式,可以计算出两类纳税人税负无差别平衡点增值率(见表 2-3)。

表 2-3 常见的两类纳税人税负无差别平衡点增值率、抵扣率

一般纳税人销货税率	一般纳税人进货税率	小规模纳税人征收率	纳税平衡点增值率	纳税平衡点抵扣率
13%	13%	3%	23.08%	76.92%
13%	9%	3%	-11.11%	111.11%
13%	6%	3%	-66.67%	166.67%
9%	13%	3%	53.85%	46.15%
9%	9%	3%	33.33%	66.67%
9%	6%	3%	0%	100%
6%	13%	3%	76.92%	23.08%
6%	9%	3%	66.67%	33.33%
6%	6%	3%	50%	50%

【结论 1】当实际增值率等于无差别平衡点增值率时，选择一般纳税人身份与选择小规模纳税人身份的增值税税负相同；当实际增值率大于无差别平衡点增值率时，选择一般纳税人身份比选择小规模纳税人身份的增值税税负重，选择小规模纳税人身份可以节税；当实际增值率小于无差别平衡点增值率时，选择一般纳税人身份比选择小规模纳税人身份的增值税税负轻，选择一般纳税人身份可以节税。

二、掌握抵扣率判别法

上述测算方法比较复杂，前提是所有的购进项目均能取得可抵扣的增值税专用发票，在实际工作中，往往有些购进项目无法取得专用发票，或者取得的专用发票不合法等，这些情形下就无法抵扣。因此，实践中可以将销售额增值率判别法转换为可抵扣购进额占销售额比率判别法，即抵扣率判别法。

抵扣率=1-增值率

将增值率代入上式，不难算出两类纳税人税负无差别平衡点抵扣率（见表 2-3）。

【结论 2】当实际抵扣率等于无差别平衡点抵扣率时，选择一般纳税人身份与选择小规模纳税人身份的增值税税负相同；当实际抵扣率大于无差别平衡点抵扣率时，选择一般纳税人身份比选择小规模纳税人身份的增值税税负轻，选择一般纳税人身份可以节税；当实际抵扣率小于无差别平衡点抵扣率时，选择一般纳税人身份比选择小规模纳税人身份的增值税税负重，选择小规模纳税人身份可以节税。

三、对任务案例进行纳税筹划

若采用增值率判断法，则

增值率=（S-P）÷S=[（800÷（1+13%）-500]÷[800÷（1+13%）]=29.37%>23.08%

根据结论 1，此时选择作为小规模纳税人可节税。具体验证过程如下。

方案一：选择成为一般纳税人，则

应纳增值税额=800÷（1+13%）×13%-500×13%=92.04-65=27.04 万元

方案二：继续保留小规模纳税人身份，则

应纳增值税税额=800 ÷（1+3%）× 3%=23.30 万元

若采用抵扣率判断法，则

抵扣率=1−增值率=1−29.37%=70.63%<76.92%

根据结论 2，此时选择继续作为小规模纳税人可节税。具体验证过程同上。

➢ 任务完成结论

从以上分析可以看出，方案二比方案一少缴纳增值税 3.74 万元，因此应当选择方案二。

➢ 分组工作

明确增值税纳税人身份筹划的其他因素。

在会计实践中，企业在进行增值税纳税人身份的筹划时，除了要考虑增值税税负因素之外，还应注意增值税相关税费（包括城市维护建设税、教育费附加、地方教育费附加、基金）、纳税人身份转化成本、企业产品的性质及相关客户的要求对纳税人身份的制约、转换后导致的产品收入和成本的增加或者减少、营销策略的变动及合同的签订等因素。

➢ 能力拓展

【实践训练 1】会通过合并转换纳税人身份进行纳税筹划。

甲公司为工业企业，属于小规模纳税人，年应税销售额为 480 万元，该公司购货金额为 350 万元。另有乙公司属于商业企业，年应税销售额为 430 万元，该企业购货金额为 320 万元，主要经营甲公司产品。若甲公司有意将乙公司合并，成立产销一体化公司，且是否合并对乙公司并无大的影响。请对以上业务进行纳税筹划。

筹划过程如下。

方案一：甲乙两个小规模纳税人保持现状，则

甲公司应纳增值税=480 ÷（1+3%）× 3%=13.98 万元

乙公司应纳增值税=430 ÷（1+3%）× 3%=12.52 万元

甲乙两公司应纳增值税额合计=13.98+12.52=26.50 万元

方案二：甲公司与乙公司合并，并申请成立一般纳税人，则

合并后的公司应纳增值税=（480+430）÷（1+13%）× 13%−（350+320）÷（1+13%）× 13%
=104.69−77.08=27.61 万元

从以上计算可看出，方案二比方案一要多缴纳增值税 1.11 万元，且小规模纳税人一旦通过合并转化为一般纳税人，一般情况下就不得再恢复成为小规模纳税人，如企业原有的销售客户大多是小规模纳税人，则企业是不适合作为一般纳税人的，况且身份转换还得考虑变更费用因素，综合考虑该企业应当选择方案一。

【实践训练 2】会通过分立转换纳税人身份进行纳税筹划。

某市 A 企业，主要生产销售电梯并负责安装及保养和维修。2021 年取得含税收入 11 300 万元，其中安装费约占总收入的 30%，保养费、维修费约占收入总额的 10%，假设本年度进项税额 600 万元，应纳税额计算如下：

应纳增值税税额=销项税额−进项税额=11 300 ÷（1+13%）× 13%−600=700 万元

应纳城建税、教育费附加、地方教育附加合计=700 ×（7%+3%+2%）=84 万元

这样计算的依据是，大型设备生产企业既生产销售设备又负责安装维修保养的行为是典型的混合销售行为。大型设备生产企业向购买方收取的价款包括设备价款和安装费两部分，《增值税暂行条例实施细则》第十三条规定：混合销售行为和兼营的非应税劳务，依照本细则第五条、第六条规定应当征收增值税的，其销售额分别为货物与非应税劳务的销售额的合计、货物或者应税劳务与非应税劳务的销售额的合计。

若 A 企业投资设立一个独立核算的安装公司 B，由 A 企业生产并销售电梯，B 安装公司专门负责电梯的安装、保养和维修，那么 A 企业和 B 安装公司分别就销售电梯收入、建安收入开具普通发票，对购货方而言作为固定资产或在建工程入账，均不存在进项抵扣问题，并不产生任何影响。

现阶段，安装阶段提供的是建筑服务，一般纳税人可以选择 9%的增值税税率，也可以按甲工程简易计税选择 3%征收率。维护保养阶段提供的是其他现代服务，一般纳税人适用 6%的增值税税率。

按照这个思路，A 企业设立 B 安装公司后，增值税应纳税额计算如下：

A 企业应纳增值税税额=销项税额-进项税额

=11 300×（1-30%-10%）÷（1+13%）×13%-600

=780-600=180 万元

A 企业应纳城建税、教育费附加、地方教育附加合计=180×（7%+3%+2%）=21.60 万元

B 安装公司应纳增值税税额=11 300÷（1+13%）×30%×9%+113 00÷（1+13%）×10%×6%

=270+60=330 万元

B 公司应纳城建税、教育费附加、地方教育附加合计=330×（7%+3%+2%）=39.60 万元

通过分立筹划不难看出，A 企业比筹划前节省增值税税额合计 274 万元，节省城市维护建设税和教育费附加 22.80 万元。上述筹划思路一般适用于电梯、机电设备等大型设备生产企业，对于这类企业，还可根据需要再分设独立核算的运输公司，因为对既销售货物又负责货物运输的混合销售行为也要按照收取的全部价款计算增值税。在实际操作中应当注意两个问题：一是设立安装公司所增加的支出纳税筹划的代理费用应小于节税收益；二是不能一味为降低税负任意抬高安装费降低货物销售额，因为生产企业与安装公司存在关联方关系，关联方交易价格与销售给其他非关联独立企业交易价格应具可比性，否则税务机关有权加以核定，合理调整。

如果企业的销售客户大多数是一般纳税人，则企业本身是不适合作为小规模纳税人的。若一般纳税人转变为小规模纳税人应考虑经营规模、信誉度等条件变化给自身带来的不利影响，所以一般纳税人应做利弊分析后再做选择。

任务二　掌握增值税采购行为（进项税额）的纳税筹划

➢ 任务达成目标

1. 掌握增值税一般纳税人从小规模纳税人购进货物进行筹划分析方法。
2. 熟悉小规模纳税人选择供货方的纳税筹划方法。

3. 能通过购货对象的选择进行纳税筹划。
4. 熟悉存货发生非正常损失的纳税筹划方法。
5. 会通过购进国内旅客运输服务的选择进行纳税筹划。

➢ 核心技能

掌握价格折扣平衡点的应用。

➢ 任务思维导图

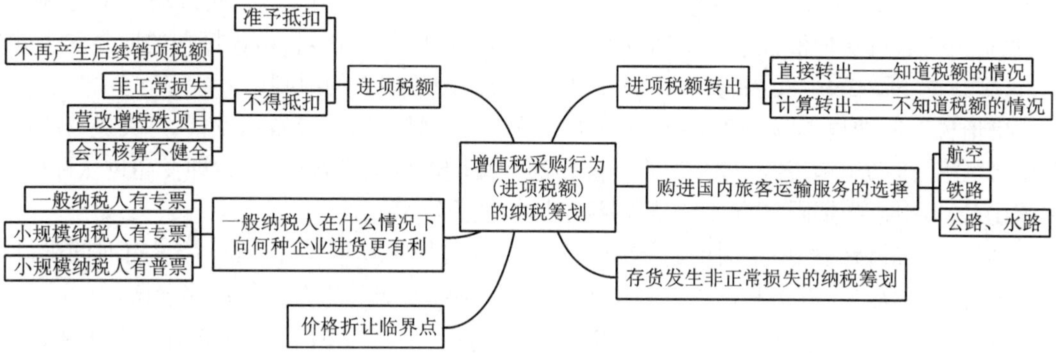

➢ 任务知识-1

一、进项税额

(一)含义

进项税额是与销项税额相对应的另一个概念,它是指纳税人购进货物、劳务、服务、无形资产或者不动产,支付或者负担的增值税额。这里的购进货物或应税劳务包括外购(含进口)货物或应税劳务、以物易物换入货物、抵偿债务收入货物、接受投资转入的货物、接受捐赠转入的货物以及在购销货物过程当中支付的运费。进项税额抵扣必须按税法相关规定严格审核。

企业在开具增值税专用发票的情况下,销售方收取的销项税额,就是购买方支付的进项税额。一般纳税人计算应纳增值税时,销项税额扣减进项税额后的数字才是应缴纳的增值税。因此进项税额的大小直接关系到应纳税额的多少。一般进项税额应采用以下的公式进行计算:

进项税额=(外购原料、燃料、动力)÷(1+税率)× 税率

进项税额是已经支付的钱,在编制会计分录时应记在借方,但应注意以下几点:

(1)进项税额与销项税额相对应;

(2)进项税额并不都可以从销项税额中抵扣;

(3)进项税额确定方法有凭票抵扣和计算抵扣两种。

(二)准予抵扣的进项税额

1. 凭票抵扣

(1)从销售方取得的增值税专用发票(含税控机动车销售统一发票,下同)上注明的增值

税额。

（2）从海关取得的海关进口增值税专用缴款书上注明的增值税额。

（3）纳税人购进服务、无形资产或不动产，取得的增值税专用发票上注明的增值税额为进项税额，准予从销项税额中抵扣。

（4）纳税人从境外单位或者个人购进劳务、服务、无形资产或者境内的不动产，从税务机关或者扣缴义务人取得的代扣代缴税款的完税凭证上注明的增值税额。

【注意】《国家税务总局关于取消增值税扣税凭证认证确认期限等增值税征管问题的公告》（国家税务总局公告 2019 年第 45 号）规定：自 2020 年 3 月 1 日起，一般纳税人取得 2020 年 1 月 1 日及以后开具的增值税专用发票、海关进口增值税专用缴款书、机动车销售统一发票、收费公路通行费增值税电子普通发票，取消认证确认、稽核比对、申报抵扣的期限。也就是说，这类票据不受 360 日认证确认、稽核比对、申报抵扣的期限的限制。

增值税一般纳税人取得 2017 年 1 月 1 日及以后开具的增值税专用发票、海关进口增值税专用缴款书、机动车销售统一发票、收费公路通行费增值税电子普通发票，即使超过认证确认、稽核比对、申报抵扣期限，也可以按规定认定抵扣进项税额。

纳税人在进行纳税申报时的具体操作方法：可以自 2020 年 3 月 1 日后（没有时间限制），通过本省（自治区、直辖市和计划单列市）增值税发票综合服务平台进行用途确认。

取得 2016 年 12 月 31 日及以前开具的增值税专用发票、海关进口增值税专用缴款书、机动车销售统一发票，超过认证确认、稽核比对、申报抵扣期限，按《国家税务总局关于逾期增值税扣税凭证抵扣问题的公告》（国家税务总局公告 2011 年第 50 号）、《国家税务总局关于进一步优化增值税、消费税有关涉税事项办理程序的公告》（国家税务总局公告 2017 年第 36 号、国家税务总局公告 2018 年第 31 号修正）等文件相关规定，经主管税务机关核实、逐级上报，由省税务局认证并稽核比对后，对比对相符的增值税扣税凭证，允许纳税人继续抵扣其进项税额。其他原因造成增值税扣税凭证逾期的，仍应按照增值税扣税凭证抵扣期限有关规定执行。

2.“农产品”的抵扣政策

（1）购进农产品取得增值税专用发票或海关进口增值税专用缴款书的，“凭票抵扣”进项税额。

（2）从适用“3%征收率”的小规模纳税人处购入农产品，取得（3%税率的）“增值税专用发票”以及购进免税农产品，取得或开具“农产品收购（销售）发票”根据用途分别适用规定的扣除率计算抵扣进项税额：

①后续用于生产或委托加工 13%税率的货物，适用 10%的扣除率；

②后续用于生产或委托加工 9%税率的货物或 6%税率的服务，适用 9%的扣除率；

③进项税额计算公式为进项税额=买价（金额）× 扣除率（9%或 10%）。

【举例】甲公司从乙公司处购入一批山楂，见表 2-4。

表 2-4　甲公司购进原材料分析表

万元

乙公司性质	取得凭证	金额	准予抵扣税额	
			清洗包装后直接出售	加工成山楂汁出售
一般纳税人	增值税专用发票	价款 10 税款 0.9	凭票抵扣 0.9	
境外机构	进口增值税专用缴款书			
小规模纳税人	增值税专用发票	价款 10 税款 0.3	10×9%=0.9	10×10%=1
农业生产者	农产品收购(销售)发票	买价 10		

【课外阅读】对从一般纳税人处购入农产品(山楂)取得增值税专用发票和进口农产品取得海关进口增值税专用缴款书的企业,后续将农产品用于深加工业务(山楂汁),在“生产领用时”可以“加计抵扣 1%”。

(3)购进境内旅客运输服务的抵扣政策及计算方法(2019 年 4 月 1 日起施行),见表 2-5。

表 2-5　国内旅客运输服务可抵扣进项税额的计算方法表

取得的抵扣凭证		抵扣政策	凭证内容
取得增值税专用发票	增值税专用发票	发票上注明的税额 (凭票抵扣)	
未取得增值税专用发票	增值税电子普通发票		计算抵扣进项税的车票(或机票、船票)要求在车票上注明乘坐人姓名或身份证号
	注明旅客身份信息的航空运输电子客票行程单	(票价+燃油附加费)÷(1+9%)×9%	
	注明旅客身份信息的铁路车票	票面金额 ÷(1+9%)×9%	
	注明旅客身份信息的公路、水路等其他客票	票面金额 ÷(1+3%)×3%	

(4)桥、闸通行费以通行费发票为抵扣凭证,计算抵扣增值税。桥、闸通行费可抵扣进项税额=桥、闸通行费发票上注明的金额 ÷(1+5%)×5%。

(5)完税凭证:应当具备书面合同、付款证明和境外单位的对账单或者发票。资料不全的,其进项税额不得从销项税额中抵扣。

二、一般纳税人应纳税额的计算原理

一般纳税人应纳税额的计算原理如图 2-1 所示。

➢ 任务导入-1

根据增值税法律的规定,增值税一般纳税人可以开具 13%、9%、6%的增值税专用发票,同理,一般纳税人从其他一般纳税人处采购货物、接受应税劳务和应税服务,就可以按照对方开具的增值税专用发票上注明的税额进行抵扣,这也是实践中基本的以票抵税途径。若小规模纳税人能给予采购方价格上一定程度的折扣,一般纳税人也可以考虑将小规模纳税人作为供货方。但现实中小规模纳税人是不能开具增值税专用发票的,若一般纳税人从小规模纳税人处采购货物,只能有以下两条路径。

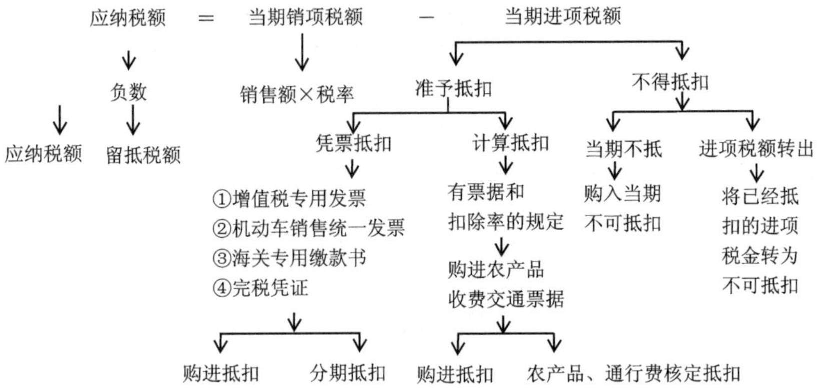

图 2-1　一般纳税人应纳税额的计算原理

路径 1:由小规模纳税人到税务机关代开 3%的增值税专用发票并提供给一般纳税人,一般纳税人只能按照 3%的增值税征收率进行抵扣。

路径 2:小规模纳税人只能提供给一般纳税人普通发票,该发票上的税额一般纳税人是不能抵扣的。

问:小规模纳税人究竟给一般纳税人多大的折扣才能弥补其因扣除率低,或者不能取得增值税专用发票而产生的损失呢?

➢ 任务实施-1

一、对比分析一般纳税人在什么情况下向何种企业进货更有利

第一种情况:假设甲公司为增值税一般纳税人,欲购进一批应税货物,现有 A、B、C 三家公司同时向其推荐同样的货物。A 公司是增值税一般纳税人,能够提供符合规定的增值税专用发票;B、C 两家公司均为小规模纳税人,享受企业所得税优惠税率,但 B 公司承诺能提供注明 3%征收率的增值税专用发票;C 公司只能提供普通发票。若 A、B、C 三家公司的货物售价一样(均为含税价 15 000 元),则 A 公司无疑成为甲公司首选的购货对象,因为甲公司向 A 公司购货时能获用 A 公司开具的增值税专用发票,甲公司在该批货物销售后(假定含税售价为 18 000 元,不考虑其他费用因素),已支付的进项税额能够全额抵扣。若选择 B 公司为进货对象,则甲公司也能取得扣税凭证,但扣税率为 3%,将有可能导致甲公司购货时已支付的进项税额得不到足额抵扣,本环节必须多缴增值税。若选择 C 公司为购货对象,则甲公司由于得不到任何扣税凭证,必须按货物销售收入依法定增值税税率全额计算缴纳增值税,由此造成的损失是显而易见的。

若甲公司从 A 公司进货

应交增值税=18 000÷(1+13%)×13%−15 000÷(1+13%)×13%=345.14 元

若甲公司从 B 公司进货

应交增值税=18 000÷(1+13%)×13%−15 000×3%=1 620.80 元

若甲公司从 C 公司进货

应交增值税=18 000÷(1+13%)×13%=2 070.80 元

可见,由于进货单位不同,税负相差很大。

第二种情况：假设A公司货物售价为15 000元、B公司货物售价为14 000元、C公司货物售价为13 000元，甲公司的销售价仍为18 000元，以上均为含税价，不考虑其他费用因素，同时假设甲公司始终为盈利企业，那么，我们试对甲公司向A、B、C三家公司分别购货取得的相对收益做以下定量分析：

甲公司从A公司进货的应交增值税=18 000÷（1+13%）×13%-15 000÷（1+13%）×13%
=2 070.80-1 725.66=345.14元

甲公司从B公司进货的应交增值税=18 000÷（1+13%）×13%-14 000×3%
=2 070.80-420=1 650.80元

甲公司从C公司进货的应交增值税=18 000÷（1+13%）×13%=2 070.80元

值得注意的是：甲公司向B公司购货时只取得注明3%税率的增值税专用发票，向C公司购货只能取得不能抵扣进项税额的增值税普通发票，从B公司进货比从A公司进货少抵扣了1 305.66元的进项税额，从C公司进货比从A公司进货少抵扣了1 725.66元税款，而且还必须代征7%的城建税、3%的教育费附加和2%的地方教育费附加、以实际税率减按10%征收的企业所得税。因此，甲公司向B公司进货时，实际需要缴纳的税费合计为2 013.98元。甲公司向C公司进货时，实际要上交的税费合计为2 526.38元。

从表面看，甲公司从A、B、C三家公司进货的毛利（含税售价减去含税进价）分别为3 000元、4 000元、5 000元，但税后收益（毛利减去上交税费）却是2 654.86元、1986.02元和2 473.62元。

比较上述两种情况可知，虽然进货价格有较大差别，但公司的税后收益仍然是A>C>B。一般来说，能索取13%、3%专用发票和不能索取专用发票时的税费总额是依次递增的。因此，即便小规模纳税人在售价上有一定的价格优势，但对一般纳税人来说，向能提供增值税合法凭证的供货企业购进货物仍然能获得相对大的收益。至于小规模纳税人比一般纳税人同类货物的价格折让多少才能使向其购货的一般纳税人不受损失，要通过比较价格折让临界点来确定。

二、推导价格折让临界点

设任意一个增值税一般纳税人，当某货物的含税销售额为S（适用13%税率）时，该货物的采购情况分别为索取13%、3%专用发票和不索取专用发票，含税购进额分别为A、B和C（供货质量相同），城建税和教育费附加两项合计按12%计算，企业所得税税率为25%，为了方便起见，我们暂不考虑采购费用对所得税的影响，也不考虑资金的时间价值的计算。令增值税税率为13%，征收率为3%，以购销双方互不吃亏状态下的现金净流量为标准，则有：

现金净流量=现金流入额-现金流出额
=含税销售额-（含税购进额+应纳增值税+应纳城建税+应纳教育费附加）-应纳企业所得税

（1）当采购企业能取得13%的增值税专用发票时：

$$\text{现金净流量}=S-\{A+[S\div(1+13\%)\times13\%-A\div(1+13\%)\times13\%]+[S\div(1+13\%)\times13\%-A\div(1+13\%)\times13\%]\times(7\%+3\%+2\%)\}-\{S\div(1+13\%)-A\div(1+13\%)-[S\div(1+13\%)\times13\%-A\div(1+13\%)\times13\%]\times(7\%+3\%+2\%)\}\times25\%$$
$$=0.653\,4S-0.653\,4A \qquad (2\text{-}1)$$

（2）同理，不难计算出采购企业取得3%的专用发票情况下：

现金净流量=0.653 4*S*−0.725 8*B* （2-2）

（3）同理，不难计算出采购企业不能取得专用发票情况下：

现金净流量=0.653 4*S*−0.763 2*C* （2-3）

现在，采购企业以式（2-1）购销双方互不吃亏状态下的现金净流量为标准，若令式（2-2）等于式（2-1），即索取3%专用发票情况下的现金净流量跟式（2-1）这个标准现金净流量相等时，可求出式（2-2）中的*B*与式（2-1）中的*A*之比为90.02%，也就是说，当采购企业在增值税税率为13%、城建税税率为7%、教育费附加为3%、企业所得税税率为25%的境遇下，当采购企业能索取3%的专用发票购货时，只要供货方给予一般纳税人含税价9.98%的价格折让，采购企业就不会吃亏。同样的方法，能够计算出采购企业在不能索取增值税专用发票情况下，售货方的价格折让临界点为14.39%。具体见表2-6。

表2-6 一般纳税人价格折让临界点

一般纳税人的价格折让点	小规模纳税人的价格折让点	价格折让临界点（含税）
13%	3%	90.02%
13%	0	85.61%

➢ 任务完成结论

对于增值税一般纳税人来说，在购货时运用价格折让临界点原理，就可以放心大胆地跟小规模纳税人打交道，只要所购货物的质量符合要求，价格折让能够达到相应的临界点指数，增值税一般纳税人完全应当弃远求近，从身边的小规模纳税人那里购货，以节省采购时间和采购费用，增加企业效益。

➢ 分组工作

分别以采购企业（一般纳税人）和供货企业（小规模纳税人）角度展开讨论。

某服装生产企业（增值税一般纳税人），每年要外购棉布500吨。每年从外省市棉纺厂购入（一般纳税人），假定每吨价格需3万元（含税价）。当地有几家规模较小的棉纺企业（小规模纳税人），所生产棉布的质量可与该外省市棉纺厂生产的棉布相媲美。假定当地棉纺企业能从税务局开出3%的增值税专用发票，那么，该服装生产企业以什么价格从价格折让点小规模纳税人那里购进才不会吃亏呢？按上面的公式，企业能索取3%专用发票时的价格折让点为9.98%，即该服装生产企业只要以27 006元/吨的价格购入，就不会吃亏。如果考虑到运费的支出，以这个价格购入还会节省不少费用。

对于小规模纳税人来说，运用价格折让临界点原理，在销售产品时可以保护自己的既得利益。例如，可用价格折让点来反驳或说服购货方（增值税一般纳税人）无理的折让要求，促使购销双方达成共识，互惠互利，平等合作。

➢ 任务知识-2

一、不得抵扣的进项税额

（一）不再产生后续销项税额（即纳税链条终止）

用于简易计税方法计税项目、免征增值税项目、集体福利或者个人消费的购进货物、劳务、服务、固定资产、无形资产和不动产。

1. 固定资产、无形资产、不动产

不得抵扣的固定资产、无形资产、不动产，仅指“专用”于上述项目的固定资产、无形资产（不包括其他权益性无形资产）、不动产。

【注意】无论“购入”或“租入”固定资产、不动产，“既”用于一般计税方法计税项目，“又”用于简易计税方法计税项目、免征增值税项目、集体福利或者个人消费的，其进项税额“准予全额抵扣”。

【举例】某企业购入（或租入）一栋楼房，既用于生产经营，又用于职工宿舍，进项税额准予抵扣；某企业购入（或租入）一栋楼房，专门用于职工宿舍，进项税额不得抵扣。

2. 货物

一般纳税人“兼营”简易计税方法计税项目、免税项目而无法划分不得抵扣的进项税额的，按照下列公式计算不得抵扣的进项税额：

不得抵扣的进项税额=当期无法划分的全部进项税额 ×（当期简易计税方法计税项目销售额+免征增值税额项目销售额）÷ 当期全部销售额

（二）非正常损失

（1）“非正常损失”的购进货物，以及相关的加工修理修配劳务和交通运输服务。

（2）“非正常损失”的在产品、产成品所耗用的购进货物（不包括固定资产）、加工修理修配劳务和交通运输服务。

（3）非正常损失的不动产，以及该不动产所耗用的购进货物、设计服务和建筑服务。

（4）非正常损失的不动产在建工程（纳税人新建、改建、扩建、修缮、装饰不动产，均属于不动产在建工程）所耗用的购进货物、设计服务和建筑服务。

【注意 1】非正常损失是指因以下两类原因造成的损失：

（1）管理不善造成货物被盗、丢失、霉烂变质；

（2）因违反法律法规造成货物被依法没收、销毁、拆除的货物或不动产。

【注意 2】因地震等“自然灾害”造成的非正常损失，进项税额准予抵扣；生产经营过程中的“合理损耗”进项税额准予抵扣。

【注意 3】非正常损失货物在增值税中不得扣除（如购进时已抵扣，须做进项税额转出处理）；在企业所得税中，经批准准予作为财产损失在税前扣除。

（三）营改增特殊项目

（1）购进的“贷款服务、餐饮服务、居民日常服务和娱乐服务”（主要接受对象是个人，属于最终消费，无销项税额，因此不得抵扣；但住宿服务和旅游服务未列入，可抵扣）。

（2）纳税人接受贷款服务向贷款方支付的与该笔贷款直接相关的投融资顾问费、手续费、咨询费等，其进项税额不得从销项税额中抵扣。

【注意】旅游服务是否可以抵扣进项要具体问题具体分析处理，关键点在看用途。若纳税人用于集体福利或者个人消费，支付的旅游费就不能作为进项税额抵扣。支付的旅游费若用于生产经营，如：公务考察时，由旅游公司统一安排交通和住宿，支付给旅游公司的支出属于用于生产经营的；旅游公司将部分业务进行外包，向其他旅游公司购买部分旅游服务，取得合法有效扣税凭证后可以抵扣。

（四）会计核算不健全

一般纳税人“会计核算不健全”，不能够准确提供税务资料，或应当办理一般纳税人资格登记而未办理，按照13%税率征收增值税，不得抵扣进项税额，不得使用增值税专用发票。

二、扣减进项税的规定——进项税额转出计算

（一）直接转出——知道税额的情况

进项税额转出=已抵扣税款

【举例】某企业上月已认证抵扣原材料的进项税额70万元。本月该材料发生非正常损失10%，则转出的进项税额=70×10%=7万元。

（二）计算转出——不知道税额的情况下，先算出税额还原成“（一）直接转出”

1. 存货

进项税额转出=不含税价款 × 税率

【举例】某企业上月外购一批水泥，取得增值税专用发票注明价款70万元，已认证抵扣。本月将该批水泥用于建设职工食堂，则转出的进项税额=70×13%=9.1万元。

2. 服务（以运费为例）

进项税额转出=运费 ×9%

【举例】某企业因管理不善导致库存原材料毁损，材料总成本75万元，其中含运费成本5万元，则转出的进项税额=（75-5）×13%+5×9%=9.55万元。

3. 购入“免税”农产品

1）用于生产或委托加工13%税率的货物

进项税额转出=成本 ÷（1-10%）×10%

2）用于生产或委托加工9%税率的货物或6%税率的服务

进项税额转出=成本 ÷（1-9%）×9%

【举例】某企业库存购入的用于简单加工后销售的免税农产品成本86万元，因管理不善，腐烂变质，则转出的进项税额=86÷（1-9%）×9%=8.51万元。

4. 固定资产、无形资产、不动产

进项税额转出=固定资产、无形资产、不动产净值 × 适用税率

或者　进项税额转出=已抵扣进项税额 × 净值率

净值率=净值 ÷ 原值 ×100%

【注意】固定资产、无形资产、不动产净值是指纳税人根据财务会计制度计提折旧或摊销后的余额。

【举例】某企业于2020年5月购入一台生产设备，增值税专用发票上注明的买价为200万元，增值税为26万元，2021年5月因管理不善烧毁，烧毁时已计提折旧40万元，则

转出的进项税额=(200−40)×13%=20.8万元。

三、转增进项税额的规定——进项税额转入

不得抵扣且未抵扣进项税额的固定资产、无形资产、不动产发生用途改变，用于允许抵扣进项税额的应税项目，可在改变用途的次月，依据"合法有效的增值税扣税凭证"，计算可抵扣的进项税额。

可抵扣的进项税额=固定资产、无形资产、不动产净值 ÷(1+适用税率)× 适用税率

或者　可抵扣的进项税额=增值税扣税凭证注明或计算的进项税额 × 净值率

净值率=(净值 ÷ 原值)×100%

【举例】某企业将用于职工活动中心的计算机改用于生产车间，该批计算机购入时取得的增值税专用发票上注明的价款为20万元，增值税为2.6万元。截至变更用途时，该批计算机已计提折旧6.78万元，则该批计算机应转增进项税额=(20+2.6−6.78)÷(1+13%)×13%=1.82万元。

➢ 任务导入-2

甲公司为增值税一般纳税人，本年2月购进一批价值1 000 000元(不含税)的原材料，进项税额130 000元，认证通过后已经作为进项税额抵扣处理。8月由于管理不善变质，产生毁损。现面临两种处置方案:报废和贱卖。

问:哪种方案能将企业的损失降到最低值?

➢ 任务实施-2

对于大多数的生产企业来说，存货是企业生产制造及销售过程中最主要的基础物料，在企业日常的生产经营中，不可避免要发生存货损失，在此我们就存货发生非正常损失有关增值税税收筹划问题进行讨论。

一、掌握不同方案下的纳税筹划

方案一:报废。

根据增值税法及相关规定:非正常损失的购进货物的进项税额不得从销项税额中抵扣。换句话说，由于报废没有产生增值税的纳税义务，不确认销项税额。相应地，其已产生的进项税额也因增值税专用发票"链条"的中断而不予抵扣。即原先已做进项抵扣的税额130 000元要做进项税额转出。同时根据《企业资产损失所得税税前扣除管理办法》(国家税务总局公告2011年第25号)相关规定，可予抵扣企业所得税的金额为(1 000 000+130 000)×25%=282 500元。因此，企业的损失为(1 000 000+130 000)−282 500=847 500元。

方案二：贱卖。

由于贱卖产生了增值税的纳税义务，确认了销项税额。购进货物的增值税专用发票的“链条”没有中断，故无须做进项税额转出，但应确认贱卖收入产生的销项税额。假使贱卖取得收入 100 000 元，其应确认的销项税额为 100 000 × 13%=13 000 元。另外，可予抵扣企业所得税的金额为（1 000 000−100 000）× 25%=225 000 元。因此，企业的损失为（1 000 000−100 000）−225 000+13 000=688 000 元。

分析：相比之下，方案二虽然只取得了 100 000 元，损失却减少了 847 500−688 000=159 500 元。但是，这种处理方法是否正确？对实际上已经发生非正常损失的存货，只要还可以对外廉价变卖，企业就对外廉价变卖，并按照正常结转销售收入和销售成本的方法来掩盖已经发生的非正常损失，从而不将其中的进项税额转出。造成此情形的主要原因是错误理解或故意歪曲税法规定，不属于税务筹划，实际上是一种偷（逃）税行为。

二、存货非正常损失处理有技巧

（一）第一种处理方法：全部计入损失

甲企业在进行账务处理时将该批原材料全部转入清理，将该批原材料全部发生损失，与该批原材料有关的进项税额也应全部转出不得抵扣。同时企业在将原材料清理出售时取得的变价收入还应按 13%的税率计算应缴纳的增值税。

1. 转入清理时

借：待处理财产损溢——待处理流动资产损溢　　1 130 000

　　贷：原材料　　1 000 000

　　　　应交税费——应交增值税（进项税额转出）　　130 000

2. 取得变价收入时

《财政部 国家税务总局关于全国实施增值税转型改革若干问题的通知》（财税〔2008〕170 号）规定：纳税人销售自己使用过的 2009 年 1 月 1 日以后购进或者自制的固定资产（进项税已抵扣），按照适用税率征收增值税。

企业增值税=100 000 ÷（1+13%）× 13%=11 504.42 元

借：银行存款　　100 000

　　贷：待处理财产损溢——待处理流动资产损溢　　88 495.58

　　　　应交税费——应交增值税（销项税额）　　11 504.42

3. 结转清理损溢

借：营业外支出　　1 041 504.42

　　贷：待处理财产损溢——待处理流动资产损溢　　1 041 504.42

（二）第二种处理方法：扣除变价收入计入损失

企业在将原材料变价时取得收入 100 000 元，不是全部发生损失，不得抵扣的进项税额应该是发生非正常损失部分的进项税额，应该将这部分对应的进项税额转出。而对于取得的清理收入部分则可以认为未发生损失，不做进项税额转出。

1. 转入清理时

企业的存货非正常损失金额=（1 000 000−100 000）÷（1+13%）=796 460.18 元

存货非正常损失应转出的进项税额=796 460.18 × 13%=103 539.82 元

企业实际发生损失时，按扣除取得的变价收入后的金额转入待处理财产损溢。

借：待处理财产损溢——待处理流动资产损溢　　900 000
　贷：原材料　　796 460.18
　　应交税费——应交增值税（进项税额转出）　　103 539.82

2. 取得变价收入时

将取得的变价收入确认为其他业务收入，同时结转该部分原材料的成本计入其他业务支出

借：银行存款　　100 000
　贷：其他业务收入　　88 495.58
　　应交税费—应交增值税（销项税额）　　11 504.42
借：其他业务成本　　88 495.58
　贷：原材料　　88 495.58

第二种处理方法相比第一种处理方法少缴增值税 11 504.42 元。若以实现税负最小化为目标，应当选择第二种处理方法。对非正常损失存货进行账务处理，关键是正确计算其涉及的不得从销项税额中抵扣的进项税额。

➢ 任务知识-3

根据《财政部 税务总局 海关总署关于深化增值税改革有关政策的公告》（财政部　税务总局 海关总署公告 2019 年第 39 号）规定：增值税一般纳税人购进国内旅客运输服务，其进项税额允许从销项税额中抵扣。这里指的是与本单位建立了合法用工关系的雇员所发生的国内旅客运输费用（含因公务支付的退票费）允许抵扣其进项税额。纳税人如果为非雇员（如客户、邀请讲课专家等存在业务合作关系的人员）支付的旅客运输费用，不能纳入抵扣范围。实际工作中，有些单位还存在劳务派遣的用工形式，劳务派遣人员发生的旅客运输费用，应由用工单位抵扣进项税额，而不是劳务派遣单位抵扣。需要注意的是，上述允许抵扣的进项税额，应用于生产经营所需，如属于集体福利或者个人消费，其进项税额不得从销项税额中抵扣。需要注意的是，上述允许抵扣的进项税额，应用于生产经营所需，如属于集体福利或者个人消费，其进项税额不得从销项税额中抵扣。根据规定，纳税人购买货物、加工修理修配劳务、服务、无形资产和不动产，用于集体福利或者个人消费项目的进项税额不得从销项税额中抵扣。如公司用于奖励优秀员工团队的机票，就属于集体福利项目，对应的进项税额不得从销项税额中抵扣。

目前暂可以作为进项税额抵扣的凭证有：增值税专用发票、增值税电子普通发票，注明旅客身份信息的航空运输电子客票行程单、铁路车票以及公路、水路等其他客票。

国内旅客运输服务如图 2-2 所示。

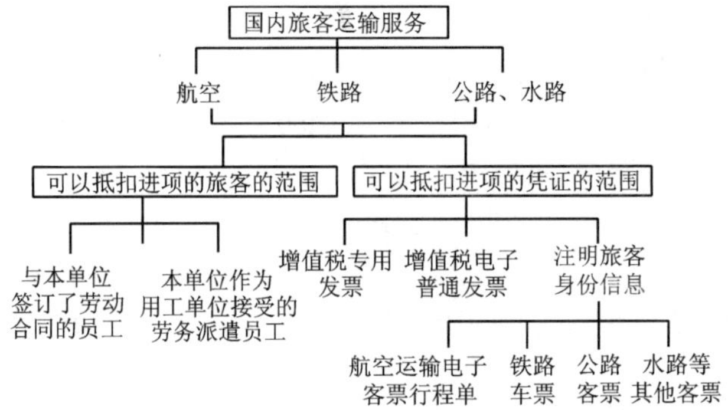

图 2-2 国内旅客运输服务

➢ 任务导入-3

甲企业为增值税一般纳税人，本月员工出差共有 3 种方案可供选择。

方案一：乘坐飞机，可取得注明身份信息的航空运输电子客票行程单若干张，票价、燃油附合计 20 000 元。

方案二：乘坐动车（高铁），可取得注明身份信息的铁路车票若干张，票面金额合计 20 000 元。

方案三：乘坐长途汽车，可取得注明身份信息的公路车票若干张，票面金额合计 20 000 元。

请对上述业务进行纳税筹划。

➢ 任务实施-3

一、计算不同方案下的可抵扣进项税额

方案一：乘坐飞机出差，可取得注明身份信息的航空运输电子客票行程单若干张，票价、燃油附合计 20 000 元。

甲企业可抵扣的进项税额=（票价+燃油附加费）÷（1+9%）× 9%

=20 000 ÷（1+9%）× 9%

=1 651.38 元

方案二：乘坐动车（高铁），可取得注明身份信息的铁路车票若干张，票面金额合计 20 000 元。

甲企业可抵扣的进项税额=票面金额 ÷（1+9%）× 9%

=20 000 ÷（1+9%）× 9%

=1 651.38 元

方案三：乘坐长途汽车，可取得注明身份信息的公路车票若干张，票面金额合计 20 000 元。

甲企业可抵扣的进项税额=票面金额 ÷（1+3%）× 3%

=20 000 ÷（1+3%）× 3%

=582.52 元

二、熟悉不同方案下的具体账务处理

对于方案一和方案二,其账务处理是:

借:销售费用(管理费用)——差旅费　18 348.62
　应交税费——应交增值税(进项税额)　1 651.38
　贷:银行存款/库存现金等　20 000

对于方案三,其账务处理是:

借:销售费用(管理费用)——差旅费　19 417.48
　应交税费——应交增值税(进项税额)　582.52
　贷:银行存款/库存现金等　20 000

➢ 任务完成结论-3

本案例中,方案三比方案一、二少抵扣增值税进项税额 1 068.86 元,若以实现增值税税负最小化为纳税筹划目标,应选择方案一、二。实践中,我们审核时一定要注意计算抵扣进项税的车票(或机票、船票)必须在车票上注明乘坐人姓名或身份证号,机票行程单票面列示的保险费和建设基金是不可以作为计算可抵扣进项税的销售额的。

任务三　掌握增值税销售行为(销项税额)的纳税筹划

➢ 任务达成目标

1. 掌握商业折扣的纳税筹划技术。
2. 掌握现金折扣的纳税筹划技术。
3. 掌握实物折扣的纳税筹划技术。
4. 掌握返还现金的纳税筹划技术。
5. 熟悉直销行为的纳税筹划技术。
6. 熟悉代销行为的纳税筹划技术。

➢ 核心技能

能对商业折扣、现金折扣、实物折扣、返还现金、直销、代销等销售行为进行纳税筹划。

➢ 任务思维导图

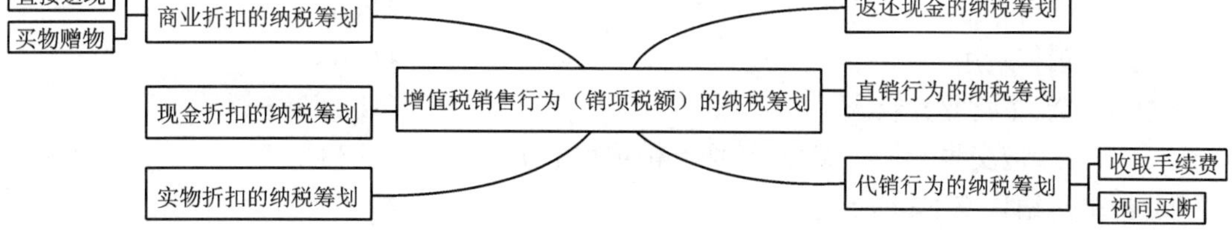

➢ 任务知识-1

商业折扣又称“折扣销售”，是指实际销售商品或提供劳务时，将价目单中的报价打一个折扣后提供给客户，这个折扣就叫商业折扣。

商业折扣通常以百分数明列出来，如5%、10%，买方只需按照标明价格减扣商业折扣后的百分比付款即可。商业折扣通常作为促销的手段，目的是扩大销路，增加销量。一般情况下，商业折扣都直接从商品价目单价格中扣减，购买单位应付的货款和销售单位所应收的货款，都根据直接扣减商业折扣后的价格来计算。因此，商业折扣对企业的会计记录没有影响。

纳税人采取折扣方式销售货物，如果销售额和折扣额在同一张发票上分别注明的，可按折扣后的销售额征收增值税。纳税人采取折扣方式销售货物，销售额和折扣额在同一张发票上分别注明是指销售额和折扣额在同一张发票上的“金额”栏分别注明的，可按折扣后的销售额征收增值税。未在同一张发票“金额”栏注明折扣额，而仅在发票的“备注”栏注明折扣额的，折扣额不得从销售额中减除。

对于基本的商业折扣形式来说，会计处理和税法规定是一致的。

【案例】某超市属于增值税一般纳税人，增值税税率为13%。为抢抓商机，增加销量，某节日前开展促销活动，母婴柜前期开展“折扣销售”方式出售“大华牌全脂婴幼儿奶粉”，售（标）价46.8元/袋（200 g），成本为27元/袋。规定在促销期内凡消费者在本柜一次购买5袋指定奶粉的，按七折优惠价格成交。月末结账前，经核算1月份消费者一次购买5袋的有200次，共出售了1 000袋，钱货当时两清（不考虑其他零售数额）。

（1）假定折扣部分与销售额开具在同一张发票上。

主营业务收入=46.8×1 000×70%÷（1+13%）=28 991.15元

销项税额=28 991.15×13%=3 768.85元

借：银行存款/库存现金/其他货币资金　　32 760

　　贷：主营业务收入　　28 991.15

　　　　应交税费——应交增值税（销项税额）　　3 768.85

同时，结转销售成本：

主营业务成本=27×1 000=27 000元

借：主营业务成本　　27 000

　　贷：库存商品　　27 000

（2）假定折扣部分与销售额开具在两张发票上。

主营业务收入=46.8×1 000÷（1+13%）=41 415.93元

销项税额=41 415.93×13%=5 384.07元

借：银行存款/库存现金/其他货币资金　　32 760

　　销售费用　　14 040

　　贷：主营业务收入　　41 415.93

　　　　应交税费——应交增值税（销项税额）　　5 384.07

同时，结转销售成本：

主营业务成本=27×1 000=27 000元

借:主营业务成本　27 000

　　贷:库存商品　　27 000

但是随着企业促销方式的发展变化,在基本的商业折扣形式之外,又衍生出多种其他形式,如返利、买物赠物、优惠积分卡、折扣券(代金券)、有奖销售等。这些促销形式虽然从外表看各不相同,但有一个共同的特点,就是其伴随着销售行为产生,并且与销售行为不可分割,因此,从本质上看仍属于商业折扣,通过预先筹划,是可以按商业折扣的规定进行会计处理和纳税的。

➢ 任务导入-1

某市内大型购物广场有限公司为增值税一般纳税人,适用13%的增值税税率,企业所得税税率为25%。假定每销售1 000元(含税价,下同)的商品其成本为800元(含税价),购进货物能取得增值税专用发票,针对节假日来临的实际,公司策划部策划出了以下两种方案。

方案一:对购物满1 000元消费者返还100元(现金或微信、支付宝转账)。

方案二:购物满1 000元,赠送100元的商品(成本80元,含税价)。

请对该公司的上述方案进行纳税筹划。

➢ 任务实施-1

一、掌握直接返现方式下的纳税筹划及会计处理

方案一:直接返还

若顾客购物满1 000元,返还现金100元。在这种方式下,企业返还的现金属于赠送行为,不允许在企业所得税前扣除,100元成本应作为"销售费用"处理,同时,企业还应代扣代缴顾客有偿取得的100元所得的个人所得税。顾客得到的100元属于税后净收益,个人所得税应由商场承担。因此,赠送现金的商场需要缴纳增值税、城建税和教育费附加、企业所得税和为消费者代扣代缴个人所得税。

(1)应纳增值税税额=1 000÷(1+13%)×13%-800÷(1+13%)×13%=23元

　　城建税、教育费附加和地方教育费附加=23×(7%+3%+2%)=2.76元

(2)代扣代缴个人所得税=100÷(1-20%)×20%=25元

(3)企业利润总额=(1 000-800)÷(1+13%)-100-25-2.76=49.23元

由于赠送的现金成本及代扣代缴的个人所得税不允许在税前扣除,因此:

　　应纳企业所得税=调整后的利润总额 × 企业所得税税率

　　　　　　　　=(49.23+100+25)×25%=43.56元

　　税后净利润=利润总额-应纳企业所得税=49.23-43.56=5.67元

会计处理如下(为了方便处理,假设买了1 000元的时候就进行会计处理,全为现销)。

①确认销售收入时。

　　销售收入=1 000-100=900元

　　主营业务收入=1 000÷(1+13%)=884.96元

　　销项税额=884.96×13%=115.04元

借:库存现金/其他货币资金——微信(支付宝) 900
　　销售费用 100
　　贷:主营业务收入 884.96
　　　　应交税费——应交增值税(销项税额) 115.04

②结转销售成本时。

主营业务成本=800÷(1+13%)=707.96 元

借:主营业务成本 707.96
　　贷:库存商品 707.96

③计提企业所得税及须由企业承担并代扣代缴的个人所得税时。

借:所得税费用 43.56
　　销售费用 25
　　贷:应交税费——应交所得税 43.56
　　　　应交税费——代扣代缴个人所得税 25

此外,实践中还有冲抵后期货款的方式。如某品牌生产企业销售政策规定,若经销商每月平均完成任务量 10 万元,全年累计任务量达到 120 万元就可享受返利 2%,返利冲抵后期货款。2020 年 A 经销商度每月购货 10 万元,应享受返利 2.4 万元。这 2.4 万元在 2021 年开给 A 企业的销售发票中作为折扣处理。但采用这种方法会产生两个缺陷,需要特别注意。

(1)由于后期销售额不确定,若后期销售额小于前期,可能造成折扣太大、销售净额偏低。

(2)如果与经销商中止业务,剩余返利的处理面临难题。此时企业支付的返利,因无法做到在同一张发票上注明折扣,也就无法在计算增值税时从销售额中减除,在企业所得税方面纳税人销售货物给购货方的回扣,其支出不得在所得税前列支而收到返利的经销商却要缴纳企业所得税,并要按税法中关于平销返利的规定计算冲减进项税额。

二、掌握买物赠物方式下的纳税筹划及会计处理

方案二:购物满 1 000 元,赠送 100 元商品(成本 80 元,含税价)。

税收法规中的赠送,强调的是无偿性,对外捐赠是指企业自愿无偿将其有权处分的合法财产赠送给合法的受赠人,用于与生产经营活动没有直接关系的公益事业的行为。促销政策中的搭赠与税收法规中的赠送本质区别在于:买物赠物是有偿的,而赠送是无偿的。

实践中,买物赠物可采取两种途径,一是将赠品记入成本,二是将赠品在发票中体现,同时以赠品价格作为商业折扣。根据税法规定,纳税人将自产、委托加工或购买的货物无偿赠送他人属于视同销售,应计算销项税额,缴纳增值税。本案例中,视同销售的销项税应由商场承担,且赠送商品成本不允许在企业所得税前扣除。同时,对于消费者在购物过程中取得的 100 元的商品,商场还应代扣代缴个人所得税。

(1)应纳增值税=销售 1 000 元的商品应缴纳的增值税+视同销售 100 元商品应纳的增值税
=[1 000÷(1+13%)×13%−800÷(1+13%)×13%]+[100÷(1+13%)×13%−80÷(1+13%)×13%]
=23+2.3=25.3 元

城建税和教育费附加、地方教育费附加=25.3×(7%+3%+2%)=3.04 元

(2)代顾客缴纳的个人所得税=100÷(1−20%)×20%=25 元

（3）企业利润总额=营业收入-营业成本-税金及附加-销售费用

=[1 000 ÷（1+13%）-800 ÷（1+13%）]-80-3.04-25

=176.99-80-3.04-25=68.95 元

（4）由于赠送的商品成本及代扣代缴的个税不允许在税前扣除，因此，

应纳企业所得税=调整后的税前利润 × 企业所得税税率

=68.95+80+25+[100 ÷（1+13%）-80 ÷（1+13%）]× 25%

=（68.95+80+25+17.7）× 25%=191.65 × 25% =47.91 元

（5）净利润=税前利润-应纳企业所得税=68.95-47.91=21.04 元

其会计处理如下。

①确认销售收入。

主营业务收入=1 000 ÷（1+13%）=884.96 元

销项税额=884.96 × 13%=115.04 元

借：库存现金/其他货币资金——微信（支付宝）　1 000

　贷：主营业务收入　884.96

　　应交税费——应交增值税（销项税额）　115.04

同时，计提城建税和教育费附加：

城建税=115.04 × 7%=8.05 元

教育费附加=115.04 ×（3%+2%）=5.75 元

借：税金及附加　13.8

　贷：应交税费——应交城建税　8.05

　　应交税费——应交教育费附加　5.75

②结转销售成本时。

主营业务成本=800 ÷（1+13%）=707.96 元

借：主营业务成本　707.96

　贷：库存商品　707.96

③对于赠品，其成本应作为销售费用处理，赠送商品时。

库存商品=80 ÷（1+13%）=70.8 元

销项税额=70.8 × 13%=9.2 元

借：销售费用　80

　贷：库存商品　70.8

　　应交税费——应交增值税（销项税额）　9.2

④计提企业所得税及须由企业代扣代缴的个人所得税时。

借：所得税费用　47.91

　销售费用　25

　贷：应交税费——应交所得税　47.91

　　应交税费——代扣代缴个人所得税　25

采取买物赠物的促销政策应注意以下几点。

（1）对于赠品的会计处理，或计入成本，或计入收入并同时做折扣，表明赠品是销售业务的一部分。不能将赠品记为销售费用或营业外支出。

（2）企业应有明确的促销政策作为开展活动的依据，同时明确活动的起止时间。

（3）在结转销售成本时，必须同步结转主货物与赠品的价值，并且在数量上保持一致，使收入与成本相配比。

➢ 任务知识-2

现金折扣又称销货折扣，是指企业在销售货物或者提供应税劳务之后，为了鼓励客户在一定期限内早日偿还货款而给予客户的折扣优惠。销售企业将其称为销货折扣；购货企业将其称为购货折扣。现金折扣通常发生在以赊销方式销售货物及提供劳务的交易之中，企业为了鼓励客户提前偿付货款，通常与债务人达成协议，债务人在不同的期限内可以享受不同比例的折扣。现金折扣一般用符号“折扣/付款日期”表示。例如，5/10 表示买方在 10 日内付款，可以享受售价的 5%的折扣；3/20 表示买方在 11~20 日内付款，可以按售价享受 3%的折扣；n/30 表示这笔交易额付款期限为 30 日之内，若 20 日之后 30 日之内付款，不享受任何的折扣。现金折扣使得企业应收账款的实收数额，随着客户付款的时间不同而有所差异。这样，就产生了应收账款的现金折扣计价核算问题。

现金折扣会计处理方法一般有总价法与净价法两种。我国会计实务处理通常采用总价法，即企业在销售业务发生时，将应收账款和销售收入按未扣减现金折扣前的实际发生的现金折扣作为对购货方提前付款的鼓励性支出。

现金折扣的税务处理规则。根据相关规定，现金折扣（销售折扣）的折扣额不得从销售额中扣除，折扣额应计入财务费用。根据相关规定，债权人为鼓励债务人在规定的期限内付款而向债务人提供的债务扣除属于现金折扣，销售商品涉及现金折扣的，应当按扣除现金折扣前的金额确定销售商品收入金额，现金折扣在实际发生时作为财务费用扣除。其实通俗地说，税法才不管你什么时候收款，以什么样的方式收款，反正你的商品值这么多钱，你就要按这个价钱交这么多的税。不过损失也确实发生了，企业就把它计入财务费用，等交所得税的时候再予以扣除。

➢ 任务导入-2

甲企业与乙企业均为增值税一般纳税人，适用的增值税率为 13%，4 月 5 日，甲和乙签订销售合同约定销售商品一批，按价目表上标明的价格计算，不含增值税的售价总额为 200 000 元，为鼓励乙公司及早付清款项，甲在合同约定的货到后现金折扣条件为 2/10，1/20，n/30。货物于 4 月 7 日到乙公司，经核对验货后入库。请对以上业务进行纳税筹划及会计处理。

➢ 任务实施-2

一、计算销售折扣方式下的增值税销项税额及会计处理

方案一：采取销售折扣方式，甲企业应按照 200 000 元全额计算增值税。

应纳销项税额=200 000 × 13%=26 000 万元

按总价法的会计分录。

借：应收账款　　226 000

　贷：主营业务收入　　200 000

　　应交税费——应交增值税（销项税）　26 000

假定乙公司在 4 月 17 日前付款,则甲企业现金折扣含增值税税额的会计核算如下。

现金折扣=226 000 × 2%=4 520 元

借:银行存款　221 480

　财务费用　4 520

　贷:应收账款　226 000

假定乙公司在 4 月 27 日前付款,则:

现金折扣=226 000 × 1%=2 260 元

借:银行存款　223 740

　财务费用　2 260

　贷:应收账款　226 000

假定乙公司在 5 月 7 日前付款,则乙企业不享受现金折扣。

借:银行存款　226 000

　贷:应收账款　226 000

若以上业务现金折扣不含增值税税额,甲企业的会计核算如下:

假定乙公司在 4 月 17 日前付款,则:

借:银行存款　222 000

　财务费用　4 000

　贷:应收账款　226 000

假定乙公司在 4 月 27 日前付款,则:

借:银行存款　224 000

　财务费用　2 000

　贷:应收账款　226 000

假定乙公司在 5 月 7 日付款,则:

借:银行存款　226 000

　贷:应收账款　226 000

二、变"销售折扣"为"折扣销售"的纳税筹划

方案二:现甲企业主动压低该批货物价格,将合同金额降低为 160 000 元,相当于给乙方 20%的折扣后的金额,同时在合同中约定,购货方超过 10 天付款加收 45 200 元的违约金。这种情况下,甲企业的收入并无实时性影响,且回款变得更有保障。

若乙公司按时履约,在 10 天内付完货款,则

甲企业应纳增值税销项税额=160 000 × 13%=20 800 元

方案一比方案一要少缴纳增值税 5 200 元。

若乙方没有在 10 天内付款,甲企业就可以向对方收取 45 200 元的违约金,并以"全部价款和价外费用"计算增值税应纳税额,则

甲企业应纳增值税销项税额=[160 000+45 200 ÷ (1+13%)] × 13%

=26 000 元

这样与方案一的增值税税负相同。

➢ 任务完成结论-2

由于事前约定违约金，一般情况下，购货方会选择按时付款，超过合同约定的时间付款，对购货方来说是不利的，而对销货方来讲是很划算的，不仅收入能增加 45 200 元（含增值税），更可以晚交增值税，因此方案二优于方案一。

【记忆口诀】：折扣销售分开扣，销售折扣不抵扣。

➢ 任务知识-3

实物折扣，俗称“加量不加价”，是指在销售货物的过程中，当购买方所购货物达到一定数量时，销售方便配送或赠送一定数量的货物。常见的形式有“买一赠一”“买十赠一”等降价销售、捆绑销售（送同类不同型号产品、送非同类产品），赠送小礼品，有奖销售，等等。这种折扣方式通过无偿赠送货物降低了货物的单价，从而给购货方一定的优惠。现行会计制度通常的做法是将折扣额冲减当期的销售收入，类似于商业折扣方式销售货物的会计处理方法。实物折扣的实质是以“货物”取代“价格”的商业折扣，即以赠送货物代替价格折让的商业折扣。

根据增值税法律相关规定，折扣销售（也就是会计中的商业折扣）仅限于货物价格的折扣，如果销货方将自产、委托加工和购买的货物用于实物折扣，则应该实物款额不能从货物销售额中减除，应“视同销售货物”中的“无偿赠送他人”计算缴纳增值税。

根据有关规定，企业以买一赠一等方式组合销售本企业商品的，不属于捐赠，应将总的销售金额按各项商品的公允价值比例来分摊确认各项销售收入，计入企业所得税收入总额。

纳税人采取折扣方式销售货物，如果销售额和折扣额在同一张发票上分别注明的，可按折扣后的销售额征收增值税；如果将折扣额另开发票，不论其在财务上如何处理，均不得从销售额中减除折扣额。纳税人采取折扣方式销售货物，销售额和折扣额在同一张发票上分别注明是指销售额和折扣额在同一张发票上的“金额”栏分别注明的，可按折扣后的销售额征收增值税。未在同一张发票“金额”栏注明折扣额，而仅在发票“备注”栏注明折扣额的，折扣额不得从销售额中减除。

根据国家税务总局《关于确认企业所得税收入若干问题的通知》（国税函〔2008〕875 号）：“企业为促进商品销售而在商品价格上给予的价格扣除属于商业折扣，商品销售涉及商业折扣的，应当按照扣除商业折扣后的金额确定销售商品收入金额。”如买一送一、买就送自产产品等，增值税销售额不得减除折扣额，企业所得税销售收入不得扣除折扣额。

➢ 任务导入-3

某啤酒厂对 A 型啤酒销售实行实物折扣，买 10 箱啤酒赠送 1 箱，某购物中心一次性购买该厂 A 型啤酒 400 箱，同时啤酒厂另赠送购物中心 A 型啤酒 40 箱，货款尚未收回，A 型啤酒不含税单价为每箱 118 元，生产成本为每箱 65 元，双方均为增值税一般纳税人，适用 13%的增值税税率。请对以上业务进行纳税筹划及会计处理。

➢ 任务实施-3

一、计算实物折扣方式下的增值税销项税额及会计处理

方案一：采取实物折扣方式，啤酒厂销售 400 箱 A 型啤酒应按照 118×400=47 200 元全额计算增值税。

应纳增值税销项税额=47 200×13%=6 136 元

赠送 40 箱啤酒视同销售，则

应纳增值税销项税额=65×13%×40=338 元

合计应纳增值税=2 040+204=2 244 元。

其会计处理如下。

（1）确认销售收入。

借：应收账款　53 336
　贷：产品销售收入——A 型啤酒　47 200
　　应交税费——应交增值税（销项税额）　6 136

（2）结转正常销售成本。

主营业务成本=65×400=26 000（元）

借：产品销售成本　26 000
　贷：产成品——A 型啤酒　26 000

（3）实物折扣 40 箱 A 型啤酒。

实物折扣的计税金额=65×40=2 600 元

销项税额=118××13%×40=613.6 元

借：营业外支出　3 213.6
　贷：产成品——A 型啤酒　2 600
　　应交税费——应交增值税（销项税额）　613.6

（4）结转赠送成本。

借：主营业务成本　2 600
　贷：产成品——A 型啤酒　2 600

二、变“实物折扣”为“价格折扣”的纳税筹划

将实物折扣在开发票时变为价格折扣，即原价 118 元每箱的 A 型啤酒打九折，且将总折扣额写在发票上的“金额”栏备注处，则：

该啤酒厂销售 400 箱 A 型啤酒应纳增值税销项税额=118×0.9×400×13%=5 522.4 元

➢ 任务完成结论-3

通过变换折扣方式，企业可以在发票上分别开具销售货物和赠送货物的数量、单价和金额，并在同一张发票上开具赠送货物折扣数量的折扣金额，或者企业开具发票时，将销售货物和赠送货物的各自原价和折扣额在同一张发票上注明。经过这样处理后，企业就符合国税发〔1993〕154 号文件的规定，可以按照折扣后的销售额纳税。

我们不难发现:方案二比方案一少缴纳增值税 613.6 元,因此应选择方案二。

➢ 任务知识-4

直销是指直销企业招募直销员,由直销员在固定营业场所之外直接向最终消费者推销产品的经销方式。按照世界直销协会联盟(World Federation of Direct Selling Associations, WFD-SA)的定义,直销是指在固定零售店铺以外的地方(例如个人住所、工作地点或者其他场所),由独立的营销人员以面对面的方式,通过讲解和示范方式将产品和服务直接介绍给消费者,进行消费品的行销。

《国家税务总局关于直销企业增值税销售额确定有关问题的公告》(国家税务总局公告 2013 年第 5 号)规定:

(1)直销企业先将货物销售给直销员,直销员再将货物销售给消费者的,直销企业的销售额为其向直销员收取的全部价款和价外费用。直销员将货物销售给消费者时,应按照现行规定缴纳增值税;

(2)直销企业通过直销员向消费者销售货物,直接向消费者收取货款,直销企业的销售额为其向消费者收取的全部价款和价外费用。

➢ 任务导入-4

甲化妆品公司雇佣一些兼职人员采用直销方式推销产品,由公司与业务员签订劳务合同,其中有这样的条款:“业务员在本公司的提货价必须与销售给客户的零售价格一致,然后根据销售额的 5%从公司获取销售提成。”当年该公司直销收入为 2 000 万元,进项税额为 150 万元。请对该公司的上述业务进行纳税筹划。

➢ 任务实施-4

一、计算两道环节下的应纳增值税税额

方案一:执行原合同条款,分两道环节计算企业应纳增值税税额。

第一道环节,公司将商品按照提货价销售给业务员,则

应纳增值税=2 000 × 13%−150=260−150=110 万元

第二道环节,业务员再将商品按照零售价销售给消费者,则

应纳增值税=2 000 × 3%=60 万元

显然,这 60 万元的增值税,业务员不可能去缴纳,只能由公司代缴。

二、修改合同条款,单一环节直销下的应纳增值税税额

方案二:为了避免小规模纳税人从一般纳税人处购货的情况,公司修改合同条款:“业务员必须以公司的名义去销售,按照公司统一定价销售给消费者,然后根据销售额的 5%从公司获得提成。”这种情形下,公司仅有一道销售环节,真正属于公司直销到客户。

应纳增值税=2 000 × 13%−150=260−150=110 万元

➢ 任务完成结论-4

本案例中我们不难看出，由于环节的减少，方案二比方案一少缴纳增值税 60 万元，因此若以实现增值税税负最小化为纳税筹划目标，应选择方案二。实践中，由于两类纳税人的增值税计算方法不同，纳税人的实际税负并不相同，所以在个人（小规模纳税人）为企业（一般纳税人）的直销业务中，合同应当尽量避免小规模纳税人从一般纳税人处购进货物，然后再由个人对外销售的条款。

➢ 任务知识-5

代销又称委托代销，是指委托方以支付手续费等经济利益为条件，将自己的货物交付给他人，由他人代为销售的一种商品销售方式。这种销售方式一方面能减少委托方的商品积压和库存压力、仓储费用，尤其对于初创企业扩大商品覆盖面和影响力极有帮助，另一方面也能减少受托方的商品资金占用和经营风险。在很多情况下对委托方和受托方来说，代销是一种双赢的销售模式，因此被越来越多的商家采用。

代销商品方式通常有两种，一种为收取手续费方式，即双方签订的代销协议明确规定了代销商品的售价，受托方必须严格按规定售价销售商品，在售出商品后根据代销清单上商品数量按协议规定的费率向委托方收取手续费，同时销售商品所得款项扣除手续费后必须汇还委托方。对于这种代销货物属于视同销售行为，价外费用是销售时向购买方收取的，并非向委托方收取，不属于价外费用，也不属于平销返利行为，属于兼营行为。另一种为视同买断方式，即由委托方和受托方签订协议，委托方按协议价收取所代销商品的货款，受托方可将代销商品加价出售，实际售价与协议价之间的差额归受托方所有，受托方不再额外收取手续费。一般在委托方收到代销清单或者收到全部或者部分货款时，再确认本企业的销售收入。未收到代销清单或者货款时，发出代销货物满 180 天后再确认本企业的销售收入。

➢ 任务导入-5

某市甲、乙两公司均为增值税一般纳税人，甲公司生产并销售净水器，每台售价为 3 000 元（不含税），刚推向市场，虽初步得到市场肯定并取得一定的销售业绩和口碑，但同类产品竞争激烈。为扩大市场份额，进一步扩大产品影响力，提高销售额，拟同乙公司（国内家电零售连锁企业）签订代销协议，委托乙公司代销。暂时有两个代销协议方案双方可以协商选择。

方案一：采用收取手续费方式。乙公司根据代销产品销售额（不含税）的 20%收取手续费，即每售出一台，乙公司可收取 600 元手续费作为收入，余款 2 400 元支付给甲公司。

方案二：采用视同买断方式。乙公司每售出一台净水器，甲公司按 2 400 元/台的协议价与乙公司结算，乙公司在市场上仍以 3 000 元/台的价格销售甲公司净水器，实际售价与协议价的差额 600 元归乙公司所有。首批暂定代销 20 000 件。

请对该公司的上述业务进行纳税筹划。

➢ 任务实施-5

一、计算不考虑资金回笼时间，即不考虑利用金融工具（如银行理财）获取收益的情况

方案一：收取手续费方式下，双方的收益和应缴纳税金的情况如下。

（1）甲公司。

假定甲公司该产品的生产成本为 1 500 元（不含税）且不考虑应计入产品成本的制造费用，至年底结账时，收到乙公司代销清单合计 20 000 件。城建税税率为 7%，应纳教育费附加费率为 3%、应纳地方教育费附加费率为 2%。

根据《增值税暂行条例实施细则》第四条规定："将货物交付其他单位或个人代销，企业应视同销售，委托方与受托方均要交纳增值税。"

甲公司收入增加=（3 000−600）× 20 000=48 000 000 元

甲公司增值税销项税额=20 000 × 3 000 × 13%=7 800 000 元

甲公司增值税进项税额=20 000 × 1 500 × 13%=3 900 000 元

甲公司应纳增值税=7 800 000−3 900 000=3 900 000 元

甲公司应纳城建税、教育费附加及地方教育费附加=3 900 000 ×（7%+3%+2%）

=468 000 元

甲公司结转的产品成本=20 000 × 1 500=30 000 000 元

甲公司支付的代销手续费=20 000 × 600=12 000 000 元

甲公司所得税前收益=20 000 × 3 000−30 000 000−468 000−12 000 000=17 532 000 元

（2）乙公司。

《财政部 国家税务总局关于全面推开营业税改征增值税试点的通知》（财税〔2016〕36 号）附件 2《营业税改征增值税试点有关事项的规定》第一条第（一）项规定：试点纳税人销售货物、加工修理修配劳务、服务、无形资产或者不动产适用不同税率或者征收率的，应当分别核算适用不同税率或者征收率的销售额，未分别核算销售额的，按照以下方法适用税率或者征收率。

①兼有不同税率的销售货物、加工修理修配劳务、服务、无形资产或者不动产，从高适用税率。

②兼有不同征收率的销售货物、加工修理修配劳务、服务、无形资产或者不动产，从高适用征收率。

③兼有不同税率和征收率的销售货物、加工修理修配劳务、服务、无形资产或者不动产，从高适用税率。

乙公司收取的手续费必须缴纳增值税，由于乙公司在此方式下购进的商品价格等于售出价格，因此增值税销项税额等于进项税额，相抵后无须缴纳增值税。

乙公司取得的收入=20 000 × 600=12 000 000 元

乙公司（收取手续费属于兼营应税服务）应纳增值税=20 000 × 600 × 6%=720 000 元

乙公司应纳城建税、教育费附加及地方教育费附加=720 000 ×（7%+3%+2%）

=86 400 元

乙公司所得税前收益=12 000 000−86 400=11 913 600 元

甲乙两家企业合计，收入增加 60 000 000 元，缴纳税额合计为：5 100 000+612 000+720 000+86 400=6 518 400 元。

方案二：采取视同买断方式下，双方的收益和应缴纳税金的情况如下。

（1）甲公司。

甲公司收入增加=2 400 × 20 000=48 000 000 元

甲公司增值税销项税额=20 000 × 2 400 × 13%=6 240 000 元

甲公司增值税进项税额=20 000 × 1 500 × 13%=3 900 000 元

甲公司应纳增值税=6 240 000−3 900 000=2 340 000 元

甲公司应纳城建税、教育费附加及地方教育费附加=2 340 000 ×（7%+3%+2%）=280 800 元

甲公司结转的产品成本=20 000 × 1 500=30 000 000 元

甲公司所得税前收益=20 000 × 2 400−30 000 000−280 800=17 719 200 元

（2）乙公司。

对于乙公司来说，视同买断方式实质上与一般的商品购销并无太大区别，相当于以 2400 元/台的价格购买净水器再以 3000 元/台的价格出售。

甲公司收入增加=（3 000−2 400）× 20 000=12 000 000 元

乙公司增值税销项税额=20 000 × 3 000 × 13%=7 800 000 元

乙公司增值税进项税额=20 000 × 2 400 × 13%=6 240 000 元

乙公司应纳增值税=7 800 000−6 240 000=1 560 000 元

乙公司应纳城建税、教育费附加及地方教育费附加=1 560 000 ×（7%+3%+2%）=187 200 元

乙公司所得税前收益=20 000 ×（3 000−2 400）−187 200=11 812 800 元

甲乙两家企业合计，收入增加 60 000 000 元，缴纳税额合计为：2 340 000+280 800+1 560 000+187 200=4 368 000 元。

➢ 任务完成结论-5

本案中，若将委托企业与受托企业作为一个整体来筹划，方案二比方案一少缴纳流转税 2 150 400 元，不难看出，视同买断的方式比收取手续费的代销方式更有利，因此应选择方案二。

在实际运用中，若采取视同买断代销方式的前提是双方都是增值税一般纳税人。若委托方与受托方不全是增值税一般纳税人，不妨采取租赁经营的方式，这种方式一般适用于所有小规模纳税人的生产企业需要借助一般纳税人的商业企业开拓市场，或者一般纳税人的生产企业需要借助小规模纳税人的商业企业开拓市场的各种情况，也适用于小规模纳税人之间的各种委托代销业务。若委托方与受托方有一方属于增值税小规模纳税人或者双方都是小规模纳税人，还应该考虑自行销售方式。需要注意的是，委托方与受托方在签订代销合同时发出的货物应该在 180 天内售出，并能及时取得销售收入。

➢ 分组工作

常见的几种折扣方式销售货物税务处理如表 2-7 所示。

表 2-7 常见的几种折扣方式销售货物税务处理

销售方式	发生时间	产生原因	表现形式	税务处理
折扣销售 价格折扣	在销售货物或者应税劳务之时	购货方购买数量较大	买 10 件折扣 10%，买 20 件折扣 20%	销售额和折扣额必须在同一张发票上分别注明，才可按折扣后的余额作为销售额计算增值税
折扣销售 实物折扣	在销售货物或者应税劳务之时	促销	买一台微波炉送一桶食用油	该实物款不能从货物销售额中减除，且应按“视同销售”中的赠送他人计算增值税
销售折扣 现金折扣	在销售货物或者应税劳务之后	鼓励购货方及早偿还货款，融通资金	10 天内付款折扣 2%，否则全额付款	折扣额不得从销售额中减除
销售折让	在销售货物或者应税劳务之后	品种或数量等引起的部分货物的退折	销价 200 元，售后发现外观瑕疵折让 10 元	对销售折让可按折让后的销售额，但注意在折让的处理过程中如何开红字专用发票

任务四　掌握增值税混合销售与兼营的纳税筹划

➢ 任务达成目标

1. 理解并辨别混合销售与兼营的区别。
2. 能利用混合销售与兼营在税率上的差异进行纳税筹划。

➢ 核心技能

掌握增值税混合销售与兼营的纳税筹划。

➢ 任务思维导图

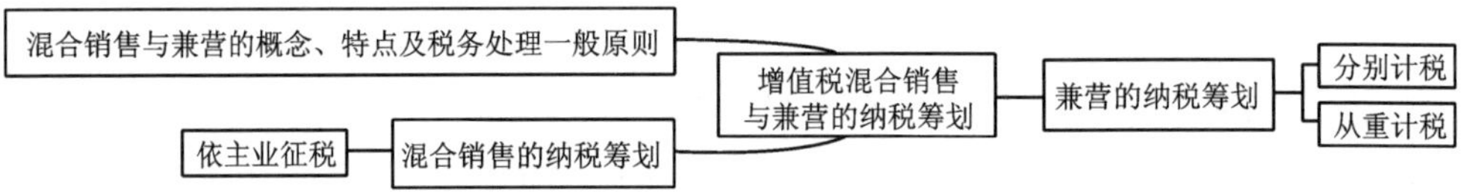

➢ 任务知识

《财政部　国家税务总局关于全面推开营业税改征增值税试点的通知》（财税〔2016〕36号）附件 1《营业税改征增值税试点实施办法》第四十条规定：“一项销售行为如果既涉及服务又涉及货物，为混合销售。从事货物的生产、批发或者零售的单位和个体工商户的混合销售行为，按照销售货物缴纳增值税；其他单位和个体工商户的混合销售行为，按照销售服务缴纳增值税。本条所称从事货物的生产、批发或者零售的单位和个体工商户，包括以从事货物的生产、批发或者零售为主，并兼营销售服务的单位和个体工商户在内。”

混合销售与兼营的概念、特点及税务处理一般原则见表 2-8。

表 2-8　混合销售与兼营的概念、特点及税务处理一般原则

经营行为	概念和特点	税务处理原则
混合销售	概念：一项销售行为既涉及货物又涉及服务，强调在“一项销售行为中”存在着两类经营项目的混合。 特点：销售货物与提供服务之间存在因果关系、从属关系和内在联系	按纳税人主营项目的性质来划分适用的项目来缴纳增值税。 一般情况下，销售货物为主的企业的混合销售按照销售货物缴纳增值税，销售服务为主的企业的混合销售按照销售服务缴纳增值税
兼营	概念：纳税人销售货物、加工修理修配劳务、服务、无形资产或者不动产适用不同税率或者征收率。 特点：强调同一纳税人存在两类经营项目，但不是发生在同一销售行为中，二者无从属关系	按纳税人的核算水平来计征，分别核算划清销售额，适用不同的税率或征收率计税。 未分别核算销售额的，一律从高从重计税

特殊规定

（1）《国家税务总局关于进一步明确营改增有关征管问题的公告》（国家税务总局公告2017年第11号）。

①纳税人销售活动板房、机器设备、钢结构件等自产货物的同时提供建筑、安装服务，不属于《营业税改征增值税试点实施办法》（财税〔2016〕36号文件印发）第四十条规定的混合销售，应分别核算货物和建筑服务的销售额，分别适用不同的税率或者征收率。

②建筑企业与发包方签订建筑合同后，以内部授权或者三方协议等方式，授权集团内其他纳税人（以下称“第三方”）为发包方提供建筑服务，并由第三方直接与发包方结算工程款的，由第三方缴纳增值税并向发包方开具增值税发票，与发包方签订建筑合同的建筑企业不缴纳增值税。发包方可凭实际提供建筑服务的纳税人开具的增值税专用发票抵扣进项税额。

③纳税人在同一地级行政区范围内跨县（市、区）提供建筑服务，不适用《纳税人跨县（市、区）提供建筑服务增值税征收管理暂行办法》（国家税务总局公告2016年第17号）。

④一般纳税人销售电梯的同时提供安装服务，其安装服务可以按照甲供工程选择适用简易计税方法计税。

纳税人对安装运行后的电梯提供的维护保养服务，按照“其他现代服务”缴纳增值税。

（2）《国家税务总局关于明确中外合作办学等若干增值税征管问题的公告》（国家税务总局公告2018年第42号）。

一般纳税人销售自产机器设备的同时提供安装服务，应分别核算机器设备和安装服务的销售额，安装服务可以按照甲供工程选择适用简易计税方法计税。

一般纳税人销售外购机器设备的同时提供安装服务，如果已经按照兼营的有关规定，分别核算机器设备和安装服务的销售额，安装服务可以按照甲供工程选择适用简易计税方法计税。

纳税人对安装运行后的机器设备提供的维护保养服务，按照“其他现代服务”缴纳增值税。

实际工作中，我们必须要注意以下3点。

（1）从2016年到2018年，混合销售和兼营的变化经历了三个阶段，希望各位能够搞清楚。

（2）目前，销售自产货物同时提供建筑服务不属于混合销售，应分开交税，通常应选择13%+9%组合，但如果是自产机器设备则视为甲供工程，可以选择13%+3%组合。

（3）销售非自产货物同时提供建筑服务通常仍应理解为混合销售，应合并按照主业 13% 交税，但如果是外购机器设备则可以按照兼营处理，分开核算，分开选择 13%+3%组合。

➢ 任务导入-1

某建筑材料商店主营建筑材料批发和零售，同时对外承接安装、装饰工程作业。2021 年 6 月，该商店承接安装、装饰工程作业总收入为 100 万元，为进行安装装饰工程购进材料取得的增值税专用发票上注明的税额为 8.26 万元，销售建筑材料的增值税适用税率为 13%，安装装饰作业的增值税适用税率为 9%。请根据以上业务对该公司进行税收筹划。

➢ 任务实施-1

一、设计税务筹划思路

由于现行增值税法对于增值税混合销售的税务处理原则为“依主业征税”，所以企业就可以通过控制销售和服务所占的比例，结合销售货物和服务的税率（征收率），来选择按照货物销售货物还是提供服务缴纳增值税。即在混合销售行为中，若想按照销售货物类缴纳增值税，则尽量使得纳税人从事货物的生产、批发或者零售的年货物销售额超过 50%；反之，若想按照提供服务类缴纳增值税，则尽量使得纳税人从事货物的生产、批发或者零售的年货物销售额低于 50%。

二、计算两种方案下的企业应纳增值税

方案一：该商店从事货物的生产、批发或者零售的年货物销售额若超过 50%，则按照销售货物缴纳增值税。

应纳增值税=100÷（1+13%）×13%−8.26=11.5−8.26=3.24 万元

方案二：该商店从事货物的生产、批发或者零售的年货物销售额若低于 50%，则按照提供安装装饰服务缴纳增值税。

应纳增值税=100÷（1+9%）×9%−8.26=8.26−8.26=0

➢ 任务完成结论-1

方案二比方案一少缴纳增值税 3.24 万元，因此应当选择方案二。但这里要注意一点，增值税的一般纳税人在对混合销售业务进行纳税筹划时，事先必须要得到税务机关的认可，即对于纳税人的主业是销售货物为主还是提供服务为主的判定，必须要由主管国家税务机关根据年货物销售额的一定比例判定，而不是纳税人想当然的操作。

➢ 任务导入-2

某婚庆公司为增值税一般纳税人，同时对外承接婚礼设备租赁、舞台布置等作业。2021 年 9 月，该公司共取得营业额 300 万元，其中提供设备租赁收入 200 万元，提供婚礼舞台布置、婚礼主持等服务取得收入 100 万元，当月可抵扣的进项税额合计 20 万元。请为该公司的上述业务进行税收筹划。

➢ 任务实施-2

一、设计税务筹划思路

《营业税改征增值税试点实施办法》第三十九条规定："纳税人兼营销售货物、劳务、服务、无形资产或者不动产,适用不同税率或者征收率的,应当分别核算适用不同税率或者征收率的销售额;未分别核算的,从高适用税率。"

根据《营业税改征增值税试点有关事项的规定》第一条第(一)项的规定:试点纳税人销售货物、加工修理修配劳务、服务、无形资产或者不动产适用不同税率或者征收率的,应当分别核算适用不同税率或者征收率的销售额,未分别核算销售额的,按照以下方法适用税率或者征收率:

(1)兼有不同税率的销售货物、加工修理修配劳务、服务、无形资产或者不动产,从高适用税率。

(2)兼有不同征收率的销售货物、加工修理修配劳务、服务、无形资产或者不动产,从高适用征收率。

(3)兼有不同税率和征收率的销售货物、加工修理修配劳务、服务、无形资产或者不动产,从高适用税率。

二、计算两种方案下的企业应纳增值税

方案一:若该公司未分别核算营业额,则

应纳增值税$=300\div(1+13\%)\times 13\%-20$

$=14.51$ 万元

方案二:若该公司分别核算营业额,则

应纳增值税$=[200\div(1+13\%)\times 13\%+100\div(1+6\%)\times 6\%]-20$

$=8.66$ 万元

➢ 任务完成结论-2

方案二比方案一少缴纳增值税 5.85 万元,因此应当选择方案二。值得注意的是,增值税的一般纳税人有形动产租赁服务(包括有形动产融资租赁和有形动产经营租赁)适用税率13%。实践中,有的纳税人既销售蔬菜又销售其他增值税应税货物的,也如此例应分别核算。但要注意的是,现行税法对从事蔬菜批发、零售的纳税人销售的蔬菜免征增值税。但各种蔬菜罐头不属于免税范围。

对销项税额的税收筹划的关键在于销售额,尽量合法合理地使销售额减少。

(1)尽量不要让包装物作价随同货物一起销售,而应采取收取包装物押金的形式,且包装物押金单独核算。

(2)采取合理方式坐支,少计销售收入。

(3)视同销售的情况下,作价尽量合法合理地使销售额减少。

(4)采取合理方式,回扣冲减销售额。

(5)采用用于本企业继续加工的方式,避免作为对外销售处理。

(6)纳税人因销售退回或折让而退还的增值税,应从当期的销项税额中扣除。

(7)采取特殊的销售方式,如折扣销售、销售折扣、销售折让、以旧换新、以物易物。

(8)注意用电子商务形式,减少纳税。

任务五　掌握增值税税率的纳税筹划

➢ 任务达成目标

1. 能根据增值税税率变动及时变更签订合同形式。
2. 会分类核算应纳增值税税额,提高纳税节约意识。

➢ 核心技能

1. 审核合同时尽量规避税务风险,最好能作出税收筹划。
2. 能正确计算不同会计核算形式下的应纳增值税税额。

➢ 任务知识-1

作为中国第一大税种,增值税的改革力度之大前所未有,近些年减税超 3 万亿元不仅减轻了企业负担,税制也得到进一步健全。"十四五"时期的增值税改革不仅关系着千万家企业税负,也影响着中国税制现代化进程,乃至国家治理能力,因此备受关注。近些年的增值税减税举措中,一大重点就是税率简并和降低。2017 年增值税税率由四档(6%、11%、13%、17%)简并为三档(6%、11%、17%),2018 年 17%税率降至 16%、11%税率降至 10%,2019 年进一步降至 13%和 9%,现行增值税税率维持三档(6%、9%、13%)并且将朝着两档方向简并,减负依然是大势所趋,国家将发挥继续增值税"中性"优势,减少对经济的扭曲。

➢ 任务导入-1

甲公司为从事货物加工的增值税一般纳税人,加工的货物及采购的原材料适用增值税率为 13%,城建税税率为 7%,教育费附加的征收率为 3%,地方教育费附加的征收率为 2%,企业未享受企业所得税优惠,适用企业所得税率为 25%。根据 202× 年度财务预算,甲公司 5 月至 12 月销售收入 100 000 万元,销售成本 80 000 万元。为简化分析,假定企业当月购进原材料全部加工成产品并销售,在销售成本中人工成本占总成本的比重为 20%,暂不考虑其他费用因素的影响。本案例分析企业经营中购销合同标的分别是否含增值税,按税改前后(由于目前增值税简并还在进行中,我们这里假设增值税税率从 13%降至 10%)两种方案进行比较。

➢ 任务实施-1

方案一:以不含增值税价格作为标的签订合同。

即企业签订购销合同均是以不含增值税价格作为合同标的,且合同期限覆盖 202× 年全年,预计税改后仍按原合同继续执行。

(1)按税改前政策。202× 年 5 月至 12 月,实现销售收入 100 000 万元,销项税额 13 000 万元。相应发生销售成本 80 000 万元。其中,人工成本 16 000 万元,扣除人工成本后的原材料成本 64 000 万元;因企业未采取劳务派遣等外包用工方式,人工成本不涉及进项税额抵扣,故进项税额为 8 320 万元。这期间应缴纳增值税为 4 680 万元。

(2)按税改后政策。202× 年 5 月至 12 月,实现销售收入 100 000 万元,销项税额 10 000 万元。相应发生销售成本 80 000 万元,扣除人工成本后的原材料成本 64 000 万元,进项税额 6 400 万元。这期间应缴纳增值税为 3 600 万元。

(3)增值税变化。税改后政策与税改前政策相比较,甲公司应缴纳增值税减少了 1 080 万元。

(4)利润变化。因企业签订购销合同均是以不含增值税价格作为合同标的,故销售收入、销售成本在税改前后不会发生变化。但是由于应缴纳的增值税减少,其相应的城建税及附加税费减少了 129.6 万元,故该期间利润增加 129.6 万元。

方案二:以含增值税价格作为标的签订合同。

即企业签订的购销合同均以含增值税价格为标的,且合同期限覆盖 202× 年全年,预计税改后仍按原合同继续执行。

(1)按税改前政策。与方案一的计算相同,即应缴纳增值税为 4 680 万元。

(2)按税改后政策。由于是以含增值税价格作为标的签订合同,在货物适用的增值税率发生变化时,其对应的收入和成本会发生变化。

202× 年 5 月至 12 月,按照税改前所签订的合同约定以含税价作为标的,则含税销售额在税改前后均不变,为 113 000 万元,税改后实现的销售收入将变为 102 727.27 万元,销项税额为 10 272.73 万元。发生的销售成本中,人工成本在税改前后均不变为 16 000 万元,扣除人工成本后原材料成本的含税金额在税改前后均不变,为 72 320 万元,税改后将变为 65 745.45 万元,则发生的销售成本将变为 81 745.45 万元,进项税额为 6 574.55 万元。应缴纳增值税为 3 698.18 万元。

(3)增值税变化。税改后政策与税改前政策相比较,甲公司应缴纳增值税减少了 981.82 万元。

(4)利润变化。相比税改前,税改后销售收入增加 2 727.27 万元,销售成本增加 1 745.45 万元。因应缴纳的增值税减少,其相应的城建税及附加税费也减少了 117.82 万元,故该期间利润增加了 1 099.64 万元。

➢ 任务完成结论-1

通过以上分析,我们不难看出对处于增值税抵扣链条中间环节的甲公司而言,相比于方案一,方案二获利更多。

企业间的合作是共赢,面对国家出台的减税大礼包,合作双方应主动协商,共同分享税改政策红利。

1. 全面分析,积极应对

合同在企业经济活动中扮演着重要的角色,一份合同同时涉及法律、税务、业务等多个领域的知识,通常需要公司多个部门协作。企业财务应积极关注现行增值税政策变化,全面梳理已签订的各项采购、销售和服务合同,分析税改对企业的影响,既要考虑对自身的影响,还要考虑对合作方的影响。对已签订尚未执行的合同,企业可积极与合作方协商,约定如果在税改后实施合同,按照合作双赢原则,考虑在标的价格或质量等方面做相应变动,以共享税改政策红利。

2. 妥善处理好过渡期交易

如前述案例分析，因增值税税率的降低，税改前以含增值税价格为标的签订的合同，在税改后对销售方而言获利多些，对购进方而言获利要少些。因为此次税改新政从某年 10 月 1 日起实施，在新政实施前，即当年 9 月这个过渡期内实施的合同，如果是以含增值税价格作为合同标的的采购事项，应尽量执行，避免税改后执行，导致出现可抵扣的进项税额减少且购进成本增加的不利现象出现。反之，对于销售合同，如果购进方许可，可考虑适度延后。

3. 完善合同标的定价方式，尽量规避税务风险

为应对国家对增值税税率由三档简并至两档的政策的预期变化，企业应及时修改采购制度，除国家有特殊规定外，拟采购项目招标的标书等可用不含增值税的报价为基础进行比价。对尚未签订的采购合同，也可约定以不含增值税价为合同标的。

4. 积极响应，让利于民

对处于增值税抵扣链条最终环节的企业，可考虑通过提高产品（服务）品质、适当降低价格等方法，提高产品竞争力。

➢ 任务知识-2

纳税人销售货物、加工修理修配劳务、服务、无形资产或者不动产适用不同税率或者征收率的，应当分别核算适用不同税率或者征收率的销售额，未分别核算销售额的，按照以下方法适用税率或者征收率：

（1）兼有不同税率的销售货物、加工修理修配劳务、服务、无形资产或者不动产，从高适用税率；

（2）兼有不同征收率的销售货物、加工修理修配劳务、服务、无形资产或者不动产，从高适用征收率；

（3）兼有不同税率和征收率的销售货物、加工修理修配劳务、服务、无形资产或者不动产，从高适用税率。

➢ 任务导入-2

甲公司为增值税一般纳税人，本月共取得销售额 80 万元，其中提供设备租赁取得含税收入 50 万元，对境内单位提供信息技术咨询服务取得含税收入 30 万元，当月可抵扣的进项税额为 6 万元。

请对其进行纳税筹划。

➢ 任务实施-2

筹划思路：纳税人应当尽量将不同税率的货物或应税劳务分别核算，以适用不同的税率，从而规避从高适用税率，进而减轻企业负担。

方案一：未分别核算销售额，则

应纳增值税=80÷（1+13%）×13%−6=9.2−6=3.2 万元

方案二：分别核算销售额，则

应纳增值税=50÷（1+13%）×13%+30÷（1+6%）×6%−6=5.75+1.7−6=1.45 万元

➢ 任务完成结论-2

由此可见，方案二比方案一少缴纳增值税1.75万元，因此，若以实现增值税税负最小化为目标，应当选择方案二。

实际工作中，分别核算在一定程度上会加大核算成本，但若分开核算后的节税额比较大，则核算成本的增加是非常值得的。

任务六　掌握全面“营改增”后的纳税筹划

➢ 任务达成目标

1. 能根据运输服务提供方选择进行纳税筹划。
2. 会根据计税方法的选择进行纳税筹划。

➢ 核心技能

1. 能正确处理从销项税额中抵扣进项税额。
2. 能正确计算不同租赁形式下的应纳增值税税额。

➢ 任务思维导图

➢ 任务知识-1

《营业税改征增值税试点实施办法》第二十五条规定，下列进项税额准予从销项税额中抵扣。

（1）从销售方取得的增值税专用发票（含税控机动车销售统一发票，下同）上注明的增值税税额。

（2）从海关取得的海关进口增值税专用缴款书上注明的增值税税额。

（3）购进农产品，除取得增值税专用发票或者海关进口增值税专用缴款书外，按照农产品收购发票或者销售发票上注明的农产品买价和13%的扣除率计算的进项税额。计算公式为：

进项税额=买价 × 扣除率

买价，是指纳税人购进农产品在农产品收购发票或者销售发票上注明的价款和按照规定缴纳的烟叶税。购进农产品，按照《农产品增值税进项税额核定扣除试点实施办法》抵扣进项税额的除外。

（4）从境外单位或者个人购进服务、无形资产或者不动产，自税务机关或者扣缴义务人取得的解缴税款的完税凭证上注明的增值税额。

根据《营业税改征增值税试点实施办法》第二十七条规定，下列项目的进项税额不得从销项税额中抵扣。

（1）用于简易计税方法计税项目、免征增值税项目、集体福利或者个人消费的购进货物、加工修理修配劳务、服务、无形资产和不动产。其中涉及的固定资产、无形资产、不动产，仅指专用于上述项目的固定资产、无形资产（不包括其他权益性无形资产）、不动产。

纳税人的交际应酬消费属于个人消费。

（2）非正常损失的购进货物，以及相关的加工修理修配劳务和交通运输服务。

（3）非正常损失的在产品、产成品所耗用的购进货物（不包括固定资产）、加工修理修配劳务和交通运输服务。

（4）非正常损失的不动产，以及该不动产所耗用的购进货物、设计服务和建筑服务。

（5）非正常损失的不动产在建工程所耗用的购进货物、设计服务和建筑服务。

纳税人新建、改建、扩建、修缮、装饰不动产，均属于不动产在建工程。

（6）购进的旅客运输服务、贷款服务、餐饮服务、居民日常服务和娱乐服务。

（7）财政部和国家税务总局规定的其他情形。

本条第（4）项、第（5）项所称货物，是指构成不动产实体的材料和设备，包括建筑装饰材料和给排水、采暖、卫生、通风、照明、通信、煤气、消防、中央空调、电梯、电气、智能化楼宇设备及配套设施。

➢ 任务导入-1

某市甲企业为增值税一般纳税人，2021 年 6 月欲销售一批货物，找第三方物流公司进行运输，现有以下三种方案可供选择。

方案一：由乙企业（增值税一般纳税人）负责运输，并能取得乙企业开具的增值税专用发票，注明金额为 46 157.82 元。

方案二：由丙企业（增值税小规模纳税人）负责运输，取得征收率为 3%的增值税专用发票，注明金额为 44 596.17 元。

方案三：由丁企业（增值税小规模纳税人）负责运输，取得丁企业普通发票，注明金额为 42 386.25 元。

请为该公司的上述业务进行纳税筹划。

➢ 任务实施-1

一、设计纳税筹划思路

企业在购进运输服务时，一般应考虑对方提供的运输服务的价格和可抵扣的增值税进项税额、运输服务的质量、企业信用、耗用时间等多方面因素。尤其对于存在的可抵扣进项税额应重点关注，因为这不仅会减少企业的实际税收负担，还会相应减少企业的城建税及教育费附加、地方教育费附加及基金的缴纳。因此，企业要比较不同方案下的现金净流量或者现金流出量，最终选择现金净流量或现金流出量最小的方案。

二、计算三种方案下的企业应纳增值税

方案一：甲企业接受乙企业提供的运输服务，购进时取得增值税专用发票上注明的金额为 46 157.82 元。

甲企业的现金流出量=46 157.82−46 157.82 × 9% ×（1+7%+3%+2%）

=41 505.11 元

方案二：甲企业接受丙企业提供的运输服务，购进时取得征收率为 3%的增值税专用发票上注明的金额为 44 596.17 元。

甲企业的现金流出量=44 596.17−44 596.17 × 3% ×（1+7%+3%+2%）

=43 097.74 元

方案三：甲企业接受丁企业提供的运输服务，购进时取得丁企业普通发票，注明金额为 42 386.25 元。

甲企业的现金流出量=42 386.25 元

➢ 任务完成结论-1

方案一比方案二现金流出量少 1 592.63 元，方案一比方案三现金流出量少 881.14 元，若以实现现金流量最大化为纳税筹划目标，则优先选择方案一。

➢ 任务导入-2

某市甲公司属于增值税一般纳税人，经营范围为汽车及零配件销售与服务，适用企业所得税率为 25%。2020 年 12 月，公司董事会决议，从 2021 年 1 月 1 日起，将公司所属的某地块闲置资产对外出租，并与乙公司达成意向性经营租赁协议。为规避税收风险，甲公司将草拟的资产租赁合同委托税务师事务所审核。

租赁合同中注明：1. 租赁建筑面积 50 000 平方米，厂房类型为钢结构。本合同租赁物包括厂房及其 A 车辆与 B 设备等相关附属设施。2. 租赁期限为 2021 年 1 月~2025 年 12 月 31 日，年租金 955.62 万元（租赁合同中分别列明厂房租金 720 万元、土地租金 180 万元及车辆、A 车辆与 B 设备租金 55.62 万元）。上述租金标准，还包括租赁厂房占用的相应土地的租赁费用、A 车辆与 B 设备等相关附属设施租赁费用，并附出租资产清单。

甲公司提供的计算资产租金明细表反映，厂房建筑面积 50 000 平方米，账面净值 8 000 万元。土地面积 125 000 平方米，净值 2 000 万元。上述房屋、土地与不动产权证书记载面积相符，金额也与账面记录一致。出租 A 车辆与 B 设备等相关附属设施各 5 台，净值分别为 206 万元和 412 万元。上述房屋、土地及 A 车辆与 B 设备均于 2019 年 5 月购进的，若以各项资产账面净值为基数，并结合当前市场行情，按年报酬率 9%计算，年租金收入 955.62 万元。

请为该公司的上述业务进行纳税筹划。

➢ 任务知识-2

按照增值税法律相关规定，企业将设备出租给他人使用，属于应税服务中的有形动产租赁服务，适用增值税税率为 13%。企业提供不动产租赁服务属于应税服务中的不动产租赁服务，增值税适用税率为 9%。纳税人兼营不同税率的货物或者应税劳务，应当分别核算不同税率货物或者应税劳务的销售额；未分别核算销售额的，从高适用税率。

不同标的物出租取得的租金收入，适用不同的税收待遇，从而对税负产生影响。纳税人应在税收政策允许范围内，积极筹划不同标的物出租的最优方案，通过降低税负，实现企业价值最大化目标。

➢ 任务实施-2

据此合同,以厂房设备年总租金 955.62 万元和分别按不同租赁物列明的租金,我们可以计算比较其税负。

方案一:按原协议条款总的计算租金应交税费

应交房产税 = 9 556 200 × 12% = 1 146 744 元

应交增值税 = 9 556 200 × 13% = 1 242 306 元

应交城建税、教育费附加和地方教育费附加 = 1 242 306 ×(7% + 3% + 2%)
= 149 076.72 元

应交印花税 = 9 556 200 × 0.001 = 9 556.2 元

上述合计应交税费 2 687 203.44 元。可税前扣除少缴企业所得税 =(1 146 744 + 149 076.72 + 9 556.2)× 25% = 1305376.92 × 25% = 326 344.23 元

综合税费现金净流出量 = 2 687 203.44 − 326 344.23 = 2 360 859.21 元

方案二:按不同出租标的物租金分别计算应交税费

根据租赁合同中分别列明的厂房租金 720 万元、土地租金 180 万元及 A 车辆、B 设备租金 55.62 万元,分别计算应交税费如下。

应交房产税 = 7 200 000 × 12% = 864 000 元

出租厂房及土地应交增值税 =(7 200 000 + 1 800 000)× 9% = 810 000 元

出租 A 车辆与 B 设备应交增值税 =(2 060 000 + 4 120 000)× 9% × 13%
= 72 306 元

应交城建税、教育费附加和地方教育费附加 =(810 000 + 72 306)×(7% + 3% + 2%)
= 105 876.72 元

应交印花税 = 9 556 200 × 0.001 = 9 556.20 元

除增值税外,上述税费可税前扣除少缴企业所得税 =(864 000 + 105 876.72)× 25% = 969 876.72 × 25% = 242 469.18 元。

综合税费现金净流出量 = 969 876.72-242 469.18 = 727 407.54 元。

➢ 任务完成结论-2

比较两种不同租赁条款,在分别列明出租资产租金情形下,方案二比方案一每年可减少税费现金净流出量 = 2 360 859.21 − 727 407.54 = 1 633 451.67 元。因此,建议在租金总额不变的前提下,运用方案二,将合同条款修改为分别列明不同标的出租物和租金,以实现节约税收支出的目标。

➢ 任务拓展

实际工作中,机械工程公司的租赁业务还是比较常见的,现有某机械工程公司成立于 2018 年,主要从事建筑机械设备、工程机械设备、生产设备、通用机械的租赁业务。对于各种经营形式下的该公司架构与业务开展,对增值税的缴纳有何影响呢?我们不妨继续深入探究。

经营形式一:该公司直接对外提供“施工设备”的租赁服务,不配备操作人员,设备使用前的运输与安装由机械工程公司全部负责(如:塔式起重机的安装)。这种情况下,该公司取得

的租赁收入，按“有形动产”租赁服务纳税，适用13%的增值税税率或3%的征收率（财税〔2016〕36号）。

经营形式二：该公司直接对外提供“施工设备”的租赁服务，同时配备了操作人员，设备使用前的运输与安装由机械工程公司全部负责（如：塔式起重机的安装）。这种情况下，该公司取得的租赁收入，按“建筑服务”纳税，适用9%的增值税税率或3%的征收率（财税〔2016〕140号）。

经营形式三：该公司直接对外提供“施工设备”的租赁服务，不配备操作人员，设备使用前的运输与安装由机械工程公司全部负责，但是财务在核算时，分开核算运输、安装、租赁，是否能分别适用不同的税率呢？此种情况下，我们先看财税〔2016〕36号文中对混合销售的解释为：一项销售行为如果既涉及服务又涉及货物，为混合销售。那么，全部为服务，是否属于混合服务呢？目前还没有相关政策规定。虽然企业分开核算了运输、安装、租赁业务，但运输、安装很多时候都是为企业提供租赁而服务的，存在因果关系。某公司取得的租赁收入，很有可能会被税务以同一种适用税率按“有形动产”租赁服务纳税，适用13%的增值税税率或3%的征收率。

经营形式四：该机械工程公司将运输、安装、租赁分别成立子公司，那么，其纳税又将如何确认呢？

（1）运输公司将适用9%的增值税税率或3%的征收率。

（2）安装公司将适用9%的增值税税率或3%的征收率。

（3）租赁公司“施工设备”租赁不配备操作人员，将适用13%的增值税税率或3%的征收率。

（4）租赁公司“施工设备”租赁配备操作人员，将适用9%的增值税税率或3%的征收率。

经营形式五：该公司合理运用税收优惠政策，机械设备租赁可成立一家或多家机械设备租赁中心，享受核定征收，降低税负可不可行呢？目前，个人独资企业综合税负，最低可至3%。目前我国的西部大开发或者少数民族自治区都出台了一些税收优惠政策（税收洼地）来带动当地经济发展。将企业注册到有税收政策的税收优惠区，不仅最节税而且合理合法。园区对注册企业的增值税以地方留存的附加税给予30%~60%扶持奖励；企业所得税以地方留存的30%~60%给予扶持奖励；财政扶持按月返还，当月纳税，次月扶持奖励；个人独资企业（小规模）的可以申请核定征收，核定后综合税负4%以内；小规模有限公司也可核定，综合税负4%以内。这里我们试计算一下，假定该公司1年销售额为300万，增值税降税之后个人独资企业纳税情况：

应纳增值税=300 ÷ 1.03 × 1%=2.91万元

应纳城建税、教育费附加及地方教育费附加=2.91 ×（7%+3%+2%）× 60%=0.21万元

现行个人所得税对于服务类型行业和建筑工程行业的在税收洼地的应税所得率均为10%。

个人经营所得税的应纳税所得额=300 × 10%=30万元

应纳个人所得税税额=30 × 30%−4.05=4.95万元

以上税负合计8.07万元，综合税率为2.69%，从计算结果可知，企业税负降低了将近2个点。

通过对以上不同形式的业务分析可以发现，不同的形式下税率的差异与涉税风险是巨大的，只有选择了正确、有效、适合自己企业的方式才是最有利的纳税筹划。

任务七 熟悉增值税税收优惠的纳税筹划

➢ 任务达成目标

1. 熟悉增值税免税的含义及纳税筹划。

2. 掌握起征点与免征额政策，能掌握现行税法中关于起征点的规定并能运用起征点进行纳税筹划。

➢ 核心技能

能利用免税政策、起征点政策进行纳税筹划。

➢ 任务思维导图

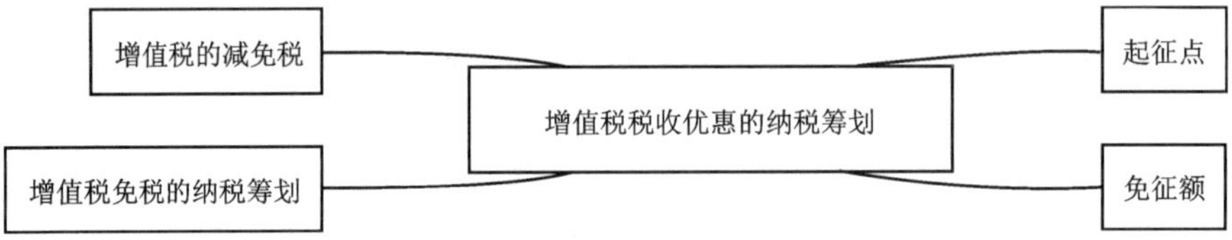

➢ 任务知识-1

一、增值税免税的含义、类别与经济后果

（一）增值税免税的含义

免税是指税法对某些纳税人或征税对象免予征税的规定，是国家为了实现一定的政治、经济目的而给予某些纳税人或征税对象的鼓励或照顾措施，属于税收优惠的形式之一。增值税免税就是指税法对某些纳税人或征税对象免予征收增值税的优惠政策。免税政策一直被我国作为一项减轻纳税人负担的税收优惠措施而广泛运用。

（二）增值税免税的类别

目前，世界上已有170多个国家和地区开征了增值税，这些国家和地区采用的增值税免税形式可分为有抵扣权的免税和无抵扣权的免税两类。

有抵扣权的免税是指允许享受免税待遇的纳税人不需缴纳免税环节的增值税，还可以抵扣进项税额。

无抵扣权的免税是指对特定的生产经营项目免征增值税，但不允许纳税人抵扣这些免税项目耗用的投入物所缴纳的税款。也就是说，在无抵扣权的免税形式下，经营者不需要缴纳增值税，但必须负担购入的货物、劳务或服务在以前的阶段缴付的全部增值税税款。无抵扣权的免税又可分为以下两种形式：第一种是对应税项目的生产经营过程中的某一阶段免征增值税，但此阶段之前的各个阶段不予免税；第二种是对特定的纳税人免税，即这些纳税人的所有应税项目都可以享受免征增值税。

(三)增值税免税的经济后果

由于增值税采用税款抵扣机制,层层抵扣、环环征税,并以增值税专用发票等税款抵扣凭证作为维持该机制运行的载体。所以在无抵扣权的免税形式下,纳税人在某一环节享受增值税免税待遇,就意味着增值税抵扣链条中断,该环节上的纳税人丧失了抵扣权,必须负担此前的所有流转环节已由国家征收的增值税款。由此可见,享受增值税免税待遇并不意味着不负担增值税。并且,在免税环节上享受增值税免税待遇的纳税人,在销售免税货物、提供免税劳务或服务时,不能向购买方开具增值税专用发票等税款抵扣凭证,可能影响企业产品销售价格和销售数量,对企业经营和产业发展产生负面影响。

因此,增值税一般纳税人如果存在免税收入,应根据具体情况进行适用不同政策的情况下具体税负的详细测算,以确定利弊,择优选择。

➢ 任务导入-1

甲有机化肥生产企业为增值税一般纳税人,其生产的化肥一直享受增值税免税优惠政策。该企业生产的有机化肥既作为最终消费品直接销售给农业生产者,又作为原材料销售给其他化工企业,这些其他化工企业均为增值税一般纳税人。在享受增值税免税优惠的情况下,该企业每吨有机化肥的对外售价均为 700 元/吨,有机化肥的生产成本为 490 元/吨。这 490 元中包含从"应交税费——应交增值税(进项税额转出)"明细账户中转入的 52 元,也就是因为享受增值税免税优惠政策而导致的原材料被购进后不能抵扣的进项税额。该有机化肥生产企业生产有机化肥所用的原材料均从一般纳税人处采购并取得增值税专用发票,从购入原材料到投入生产直至生产出产成品的时间为 7 天。该有机化肥生产企业适用 25%的企业所得税税率。

年初,该有机化肥生产企业的管理层商讨是否能放弃享受增值税免税优惠的问题。有关的资料如下:假设放弃享受增值税免税优惠后,为了不影响销售量,销售给农业生产者的有机化肥的含税售价仍为 700 元/吨;但由于放弃享受增值税免税优惠政策后购买方能够取得该有机化肥生产企业开具的增值税专用发票用于抵扣进项税额,所以把销售给其他化工企业的有机化肥的价格提高为不含税售价 700 元/吨。以销售总量为 100 吨为例,对农业生产者的销售量超过多少时,和享受增值税免税优惠相比,放弃增值税免税优惠将对该有机化肥生产企业不利?

➢ 任务实施-1

一、掌握现行税法中关于增值税免税的相关规定

根据《国家税务总局关于明确有机肥产品执行标准的公告》(国家税务总局公告 2015 年第 86 号),就享受增值税免税政策的有机肥产品执行标准作出调整。公告中明确,自 2016 年 1 月 1 日起,有机肥按《有机肥料》(NY525—2012)、《有机-无机复混肥料》(GB18877—2009)、《生物有机肥》(NY884—2012)标准执行。今后,有机肥产品的国家标准、行业标准如在执行过程中有更新、替换,统一按最新的国家标准、行业标准执行。公告明确:我国从 2015 年 9 月 1 日起,化肥生产销售和进口恢复征收增值税,同时保留了有机类肥料国内生产销售的增值税

免税优惠政策。

《增值税暂行条例》第十条规定，用于免征增值税项目的购进货物或者应税劳务，其进项税额不得从销项税额中抵扣。

《增值税条例实施细则》第二十一条规定："条例第十条第（一）项所称购进货物，不包括既用于增值税应税项目（不含免征增值税项目）也用于非增值税应税项目、免征增值税（以下简称免税）项目、集体福利或者个人消费的固定资产。"

《营业税改征增值税试点实施办法》第二十七条规定，用于简易计税方法计税项目、免征增值税项目、集体福利或者个人消费的购进货物、加工修理修配劳务、服务、无形资产和不动产的进行税额不得从销项税额中抵扣。其中涉及的固定资产、无形资产、不动产，仅指专用于上述项目的固定资产、无形资产（不包括其他权益性无形资产）、不动产。

《国家税务总局关于加强免征增值税货物专用发票管理的通知》（国税函〔2005〕780号）规定："增值税一般纳税人销售免税货物，一律不得开具专用发票（国有粮食购销企业销售免税粮食除外）。如违反规定开具专用发票的，则对其开具的销售额依照增值税适用税率全额征收增值税，不得抵扣进项税额，并按照《中华人民共和国发票管理办法》及其实施细则的有关规定予以处罚。"

《营业税改征增值税试点实施办法》第四十八条规定："纳税人发生应税行为适用免税、减税规定的，可以放弃免税、减税，依照本办法的规定缴纳增值税。放弃免税、减税后，36个月内不得再申请免税、减税。"

二、根据上述规定，可以得出如下结论

第一，用于免征增值税项目的购进货物或劳务不能抵扣进项税额。

第二，专用于免税项目的购进固定资产、无形资产（不包括其他权益性无形资产）、不动产进项税额不能抵扣；既用于增值税应税项目也用于免征增值税项目、集体福利的固定资产、无形资产（不包括其他权益性无形资产）、不动产，购进时的进项税额可以全额抵扣。

第三，除固定资产、无形资产（不包括其他权益性无形资产）、不动产外的购进货物或劳务既用于增值税应税项目也用于免征增值税项目而无法划分不得抵扣的进项税额的，按公式计算不得抵扣的进项税额。

第四，增值税一般纳税人销售免税货物，一律不得开具专用发票（国有粮食购销企业销售免税粮食除外）。

第五，纳税人可以放弃免税，放弃免税后，36个月内不得再申请，36个月后才可以再次申请。

三、在任务案例中做具体分析

设对农业生产者的销售量为M吨，则对其他化工企业的销售量为$100-M$吨。为了便于解答和易于理解，以如下的相关会计分录作为辅助的分析工具，不考虑除增值税和企业所得税之外的其他税费。

方案一：享受增值税免税优惠。

在这种情况下，该有机化肥生产企业不需要计算增值税销项税额，也不能抵扣增值税进项税额，相关的会计分录如下。

（1）购进 1 吨原材料，作会计分录如下。

借：原材料　490

　贷：银行存款（或应付账款等）　490

（2）把购入的 1 吨原材料转入生产，作会计分录如下。

借：生产成本　490

　贷：原材料　490

（3）向农业生产者销售 1 吨有机化肥，作会计分录如下。

借：银行存款（或应收账款等）　700

　贷：主营业务收入——销售给农业生产者的收入　700

向其他化工企业销售 1 吨有机化肥，作会计分录如下。

借：银行存款（或应收账款等）　700

　贷：主营业务收入——销售给其他化工企业的收入　700

（4）结转 1 吨有机化肥的销售成本（不考虑原材料之外的其他成本项目），作会计分录如下。

借：主营业务成本　490

　贷：库存商品（或生产成本）　490

方案二：放弃增值税免税优惠。

在这种情况下，该有机化肥生产企业应当计算增值税销项税额，并且可以抵扣采购原材料等负担的增值税进项税额，假定有机化肥增值税税率为 9%，设购进原材料税率都不变，相关的会计分录如下。

（1）购进 1 吨原材料，作会计分录如下。

借：原材料　438

　应交税费——应交增值税（进项税额）　52

　贷：银行存款（或应付账款等）　490

（2）把购入的 1 吨原材料转入生产，作会计分录如下。

借：生产成本　438

　贷：原材料　438

（3）向农业生产者销售 1 吨有机化肥，作会计分录如下。

主营业务收入=700÷（1+9%）=642.2 元

销项税额=642.2×9%=57.8 元

借：银行存款（或应收账款等）　700

　贷：主营业务收入——销售给农业生产者的收入　642.2

　　应交税费——应交增值税（销项税额）　57.8

向其他化工企业以不含税价格销售 1 吨有机化肥，作会计分录如下。

销项税额=700×9%=63 元

借：银行存款（或应收账款等）　763

　贷：主营业务收入——销售给其他化工企业的收入　700

　　应交税费——应交增值税（销项税额）　63

（4）结转 1 吨有机化肥的销售成本（不考虑原材料之外的其他成本项目），作会计分录如下。

借:主营业务成本 438

贷:库存商品(或生产成本) 438

➢ 任务完成结论-1

从以上分析不难看出,该有机化肥生产企业在方案一下,不需计算增值税销项税额,也不能抵扣进项税额。所以其应纳增值税额 $T_1=0$。在方案二下,该企业应当计算增值税销项税额,并且可以抵扣采购原材料等负担的进项税额。所以,其应交增值税税额

$T_2=[700\div(1+9\%)\times9\%-52]M+(700\times9\%-52)(100-M)=1\ 100-5.2M$,可得:当 $T_2>T_1$ 时,增值税税负增加,放弃增值税免税优惠对有机化肥生产企业不利。此时有:$1\ 100-5.2M>0$,并且 $0\leqslant M\leqslant100$,解得 $0\leqslant M\leqslant100$。

也就是说,在销售总量为 100 吨的条件下,企业对农业生产者的销售量为 0~100 吨的区间内任意一个数值时,放弃增值税免税优惠导致的应交增值税税额都大于 0,故放弃增值税免税权对该有机化肥生产企业不利。

由于增值税是价外税,从价计征并实行税款抵扣机制,所以增值税税额的增加往往伴随着收入的增加。但是,应纳增值税税款的增加并不意味着纳税人获得的可支配经济利益减少。因此,以应交增值税税额作为评价指标往往不能反映出纳税方案对纳税人的总体影响,企业往往还需要考虑使用具有综合衡量功能的评价指标,例如销售毛利润、销售产生的净利润、现金净流量等。

下面不妨采用这些不同的评价指标来进行进一步深入探讨评价纳税方案。

(1)采用销售毛利润作为决策评价指标。对纳税方案的分析如下。

在享受增值税免税优惠的情况下,有机化肥生产企业获得的销售毛利润(P_1)为销售收入减去销售成本,即 $P_1=[700M+700(100-M)]-490\times[M+(100-M)]=21\ 000$ 元。

在放弃增值税免税优惠的情况下,该有机化肥生产企业获得的销售毛利润为

$P_2=[700\div(1+9\%)M+700(100-M)]-[438M+438(100-M)]=26\ 200-57.8M$。

当 $P_1>P_2$ 时,获得的销售毛利润减少,放弃增值税免税优惠对该有机化肥生产企业不利。此时有 $21\ 000>26\ 200-57.8M$,并且 $0\leqslant M\leqslant100$,解得 $89.97<M\leqslant100$。

所以,如果采用销售毛利润作为决策评价指标,且销售总量为 100 吨,则当企业对农业生产者的销售量超过 89.97 吨时,放弃增值税免税权对该有机化肥生产企业不利。

由上述求解过程可以推出 $0\leqslant M<89.97$ 时,$P_1<P_2$,也就是说,如果采用销售毛利润作为决策评价指标,且销售总量为 100 吨,则当企业对农业生产者的销售总量小于 89.97 吨时放弃增值税免税权对该有机化肥生产企业是有利的。

(2)采用销售产生的净利润作为决策评价指标。销售产生的净利润=销售毛利润 ×(1-企业所得税税率),对纳税方案的分析如下。

在享受增值税免税优惠的情况下,有机化肥生产企业获得的销售产生的净利润为

$P_1=21\ 000\times(1-25\%)=15\ 750$ 元

在放弃增值税免税优惠的情况下,有机化肥生产企业获得的销售产生的净利润为

$P_2=(26\ 200-57.8M)\times(1-25\%)=19\ 650-43.35M$

当 $P_1>P_2$ 时,获得的销售产生的净利润相对减少,放弃增值税免税优惠对该有机化肥生产

企业不利。此时有：$15\,750>19\,650-43.35M$，并且 $0\leqslant M\leqslant 100$，解得 $89.97<M\leqslant 100$。

所以，如果采用销售产生的净利润作为决策评价指标，企业销售总量为 100 吨，则当企业对农业生产者的销售量超过 89.97 吨时，放弃增值税免税权对该有机化肥生产企业不利。

由上述求解过程可以推出：$0\leqslant M<89.97$ 时，$P_1<P_2$，也就是说，如果采用销售产生的净利润作为决策评价指标，且销售总量为 100 吨，则当企业对农业生产者的销售量小于 89.97 吨时，放弃增值税免税权对该有机化肥生产企业有利。

（3）采用现金净流量作为评价指标。假设该企业全部是现金销售并且每次购买原材料都支付现金，又因为从购入原材料到投入生产直至生产出产成品只需要 7 天，所以计算现金净流量时不需要进行折现。

现金净流量的计算公式为：

现金净流量=收到的含增值税的销售收入产生的现金流入量−支付购买材料等生产成本（或销售成本）导致的含增值税的现金流出量−缴纳的增值税−缴纳的企业所得税

在享受增值税免税优惠的情况下，有机化肥生产企业获得的现金净流量为：

$$F_1=700\times[M+(100-M)]-490\times[M+(100-M)]-0-P_1\times 25\%=21\,000\times(1-25\%)$$

在放弃增值税免税优惠的情况下，有机化肥生产企业获得的现金净流量为：

$$F_2=[700M+763(100-M)]-490\times[M+(100-M)]-(1\,100-5.2M)-P_2\times 25\%$$
$$=(26\,200-57.8M)\times(1-25\%)$$

当 $F_1>F_2$ 时，企业获得的现金净流量相对减少，放弃增值税免税对该有机化肥生产企业不利。此时，$21\,000\times(1-25\%)>(26\,200-57.8M)\times(1-25\%)$ 且 $0\leqslant M\leqslant 100$，解得 $89.97<M\leqslant 100$。

所以，如果采用现金净流量作为决策评价指标，企业销售总量为 100 吨，则当企业对农业生产者的销售量超过 89.97 吨时，放弃增值税免税对该有机化肥生产企业不利。

由上述求解过程可以推出：$0\leqslant M<89.97$ 时，$F_1<F_2$，也就是说如果采用现金净流量作为决策评价指标，且销售总量为 100 吨，则当企业对农业生产者的销售量小于 89.97 吨时，放弃增值税免税权对该有机化肥生产企业有利。

值得一提的是，在上述求解过程中，采用销售毛利润、销售产生的净利润、现金净流量分别作为评价指标所求得的计算结果和结论是相同的，但这纯属巧合，是由本例的前提假设导致的。

【启示】

（1）增值税免税政策可能会导致纳税人的税负增加。我国现行增值税法采用抵扣计税的方式设定的增值税免税的规定属于无抵扣权的免税，涉及能否抵扣增值税进项税额的问题。但不同于其他税种的免税规定，增值税免税政策通常能够减轻纳税人的税收负担，但在另一些情况下却会加重纳税人的税收负担。对纳税人来说，如果税法允许纳税人选择是否放弃免税权，则享受免税优惠不一定真的更加优惠，放弃免税权也不见得对企业不利。

（2）税法规定的选择性条款为纳税筹划提供了空间、可能和思路。筹划者可以根据税法规定的选择性条款设计出多个纳税筹划方案并从中选择对纳税人最有利的方案。

（3）纳税筹划方案的效果可以采用不同的指标进行评价。这些不同的评价指标可能导致纳税人做出不同的选择，甚至会误导纳税人的决策。所以，纳税人应当根据不同涉税业务的特点，选择和设置最合适、最科学的评价指标。

例如，纳税人在针对是否放弃享受增值税免税政策进行纳税筹划时，需要根据不同的筹划目标设计不同的方案并使用不同的评价指标。如果仅仅为了减少增值税的支出，那么纳税筹划的着眼点应当是考虑增值税应税项目放弃免税之后，应计的销项税额与可以抵扣的进项税额之间的数值对比。如果为了提高纳税人的整体经济效益，那么纳税筹划方案应当力争促使纳税人的整体经济效益最优，并使用具有综合性的评价指标，如销售毛利润、销售产生的净利润或现金净流量等。

对本任务案例中，在进行纳税方案评价时，分别使用了应交增值税税额、销售毛利润、销售产生的净利润、现金净流量作为评价指标。当对农业生产者的销售量 M 取值为 $0 \leqslant M < 89.97$ 时：如果采用应交增值税税额作为评价指标，则会得出此时放弃增值税免税优惠对该有机化肥生产企业不利的结论；如果采用销售毛利润、销售产生的净利润或现金净流量作为评价指标，则会得出此时放弃增值税免税权对该有机化肥生产企业有利的结论，四者的结论不完全一致。就这四个评价指标相比较而言，应交增值税额这个指标只考虑了增值税因素，不具有综合性，无法反映纳税筹划方案的总体经济效果。而销售毛利润、销售产生的净利润和现金净流量这 3 个评价指标具有一定的综合性，可以更全面地反映纳税方案的总体经济效果。

实践中，作为增值税一般纳税人放弃免税权还应该注意以下事项。

（1）放弃免税权不能随意选择，应当以书面形式提交放弃免税权声明，报主管税务机关备案。纳税人自提交备案资料的次月起，按照现行有关规定计算缴纳增值税。

（2）放弃免税权的纳税人符合一般纳税人认定条件尚未认定为增值税一般纳税人的，应当按现行规定认定为增值税一般纳税人，其销售的货物或劳务可开具增值税专用发票。

（3）放弃免税权后，不能在限定期限和限定范围内随意变更。

一是放弃免税后，36 个月内不得再申请免税，并且纳税人在免税期内购进用于免税项目的货物或者应税劳务所取得的增值税扣税凭证，一律不得抵扣。二是不得根据不同的销售对象选择部分货物或劳务放弃免税权，不能因为部分销售对象不索取专用发票就按免税申报。

（4）如果企业有多种免税项目，有的免税项目能准确分开核算，有的不能准确分开核算，在进行免税还是应税筹划时，不能只计算某一类免税项目放弃后的利弊，而要计算所有的免税权都放弃的情况下是否划算，不能误以为放弃一部分免税权后可以继续享受其他免税项目的免税权。统筹考虑免税项目是选择可否放弃免税权的关键。

➢ 任务知识-2

《营业税改征增值税试点实施办法》第四十九条规定：“个人发生应税行为的销售额未达到增值税起征点的，免征增值税；达到起征点的，全额计算缴纳增值税。增值税起征点不适用于认定为一般纳税人的个体工商户。”

《国家税务总局关于小规模纳税人免征增值税政策有关征管问题的公告》（国家税务总局公告 2019 年第 4 号）：

自 2019 年 1 月 1 日起，小规模纳税人发生增值税应税销售行为，合计月销售额未超过 10 万元（以 1 个季度为 1 个纳税期的，季度销售额未超过 30 万元，下同）的，免征增值税。

小规模纳税人发生增值税应税销售行为，合计月销售额超过 10 万元，但扣除本期发生的销售不动产的销售额后未超过 10 万元的，其销售货物、劳务、服务、无形资产取得的销售额免征增值税。

根据国家税务总局《国家税务总局关于小规模纳税人免征增值税征管问题的公告》(国家税务总局公告 2021 年第 5 号):

自 2021 年 4 月 1 日起,小规模纳税人发生增值税应税销售行为,合计月销售额未超过 15 万元(以 1 个季度为 1 个纳税期的,季度销售额未超过 45 万元,下同)的,免征增值税。

小规模纳税人发生增值税应税销售行为,合计月销售额超过 15 万元,但扣除本期发生的销售不动产的销售额后未超过 15 万元的,其销售货物、劳务、服务、无形资产取得的销售额免征增值税。

➢ 任务导入-2

某商贸有限公司为小规模纳税人,主要从事文具的销售,2021 年第三季度取得销售额为 464 000 元(含税),当地政府规定的按季申报增值税起征点为 450 000 元(不考虑城建税及教育费附加)。

请对该公司的上述业务进行税收筹划。

➢ 任务实施-2

一、掌握起征点与免征额政策并能作区分

起征点亦称"起税点"。它是税法规定的对课税对象开始征税的最低数量界限。纳税人销售额未达到国务院财政、税务主管部门规定的增值税起征点的,免征增值税;达到起征点的,依照规定全额计算缴纳增值税。起征点如表 2-10 所示。

表 2-10 2011 年 11 月 1 日起的起征点规定

按期纳税的	月销售额 5 000~20 000 元(含本数)
按次纳税的	每次(日)销售额 300~500 元(含本数)

免征额亦称"免税额",它指税法中规定的课税对象全部数额中免予征税的数额,如个人所得税中工资、薪金所得减除费用标准 5 000 元/月。

起征点和免征额的主要区别在于:当课税对象数额超过起征点和免征额时,采用起征点制度的要对课税对象的全额征税,而免征额的仅对课税对象的超过免征额的部分(差额)征税。

所以对于个人纳税人来讲,若销售收入刚好超过起征点,应减少应税收入在起征点以下,从而规避纳税。

二、计算增值税起征点的应纳税额

方案一:将季度含税销售额定为 464 000 元,则

不含税销售额=464 000 ÷(1+3%)=450 485.44 元

已经超过当地政府规定的按季纳税的起征点 450 000 元,则

该商贸公司应纳增值税=450 485.44 × 3%=13 514.56 元

税后收入=450 485.44−13 514.56=436 970.88(元)

方案二:将季度含税销售额酌定为 463 500 元,则

不含税销售额=463 500 ÷ (1+3%)=450 000(元)

刚好符合当地政府规定的按季纳税的起征点 450 000 元,则免于缴纳增值税。

税后收入=450 000(元)

➢ 任务完成结论-2

方案二比方案一少缴纳增值税 13 514.56 元,因此应当选择方案二。

任务八 掌握增值税纳税时机或方式的纳税筹划

➢ 任务达成目标

1. 掌握开具发票时间及销售结算时间的纳税筹划方法。
2. 掌握纳税缴库时间的纳税筹划方法。

➢ 核心技能

1. 能利用销售结算时间进行纳税筹划。
2. 能通过延期纳税进行纳税筹划。

➢ 任务思维导图

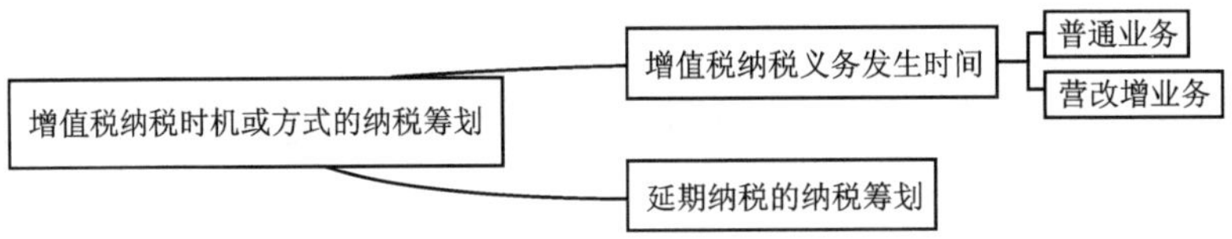

➢ 任务知识

一、增值税纳税义务发生时间(一般也为开具发票时间)

纳税人销售货物或者应税劳务,采取的计算方式不同,其纳税义务发生时间也不相同。一般情况下,其纳税义务发生时间为收讫销售款项或者取得索取销售款项凭据的当天,先开发票的为开具发票的当天。

收讫销售款项或者取得索取销售款项凭据的当天,按销售结算方式的不同,具体如下。

(1)采取直接收款方式销售货物,不论货物是否发出,其增值税纳税义务发生时间均为收到销售款或者取得索取销售款凭据的当天。

国家税务总局《关于增值税纳税义务发生时间有关问题的公告》(国家税务总局公告 2011 年第 40 号)规定:从 2011 年 8 月 1 日起,纳税人生产经营活动中采取直接收款方式销售货物,已将货物移送对方并暂估销售收入入账,但既未取得销售款或取得索取销售款凭据也未开具销售发票的,其增值税纳税义务发生时间为取得销售款或取得索取销售款凭据的当天;先开具发票的,为开具发票的当天。

对于这种结算方式,可以理解为以“一手交钱一手交货”的方式销售货物。其常见于零售市场。具体可以分以下 2 种情形。第一种,先收取货款后交货的,以收取货款的当天为纳税义务的发生。比如顾客到商店购买需要送货的商品,货物交付通常在收取货款之后,纳税义务应当为收取货款的当天。第二种,货物交付后,以收到销售款或者取得索取销售款凭据的当天为纳税义务的发生。本条应当以孰先原则判断纳税义务的发生。如果在货物交付后未取得索取销售款凭据,一段时间内直接收取货款,那就按收到销售款的当天为纳税义务的发生,如果在货物交付后取得索取销售款凭据(这时应当尚未收款),取得索取销售款凭据的当天为纳税义务的发生。索取销售款项凭据应当同时符合下面两个条件:第一,索取销售款项凭据中载明的金额必须具有确定性;第二,销售方凭借索取销售款项凭据,随时可以去结款,而不能再附加其他条件。

(2)采取托收承付和委托银行收款方式销售货物的增值税纳税义务发生时间为发出货物并办妥托收手续的当天。

托收承付结算是指根据购销合同由收款人发货后委托银行向异地购货单位收取货款,购货单位根据合同对单或对证验货后,向银行承认付款的一种结算方式。委托收款是收款人委托银行向付款人收取款项的结算方式,一般凭已承兑商业汇票、债券、存单等付款人债务证明委托银行收取货款。这两种收款方式销售货物同时满足两个条件即为纳税义务的发生:第一,货物已发出;第二,销售方到银行办妥托收手续。

(3)采取赊销和分期收款方式销售货物的增值税纳税义务发生时间为书面合同约定的收款日期的当天,无书面合同的或者书面合同没有约定收款日期的为货物发出的当天。

先货后款,税法考虑纳税能力,按照顺序判断,有书面合同且约定收款日的以按合同约定收款日为纳税义务的发生,否则为货物发出的当天。

(4)采取预收货款方式销售货物的增值税纳税义务发生时间为货物发出的当天,但生产销售生产工期超过 12 个月的大型机械设备、船舶、飞机等货物的增值税纳税义务发生时间为收到预收款或者书面合同约定的收款日期的当天。

先款后货,普通货物以发货当天为纳税义务的发生,但是为了保证税款及时入库,对于工期超过 12 个月的大型机械设备、船舶、飞机等货物,增值税纳税义务的发生时间为收到预收款或者书面合同约定的收款日期的当天,这是先款后货的特殊情形。

(5)委托其他纳税人代销货物的增值税纳税义务发生时间为收到代销单位的代销清单或者收到全部或者部分货款的当天。未收到代销清单及货款的增值税纳税义务发生时间,为发出代销货物满 180 天的当天。

为了防止企业无限期递延纳税,税法给委托代销设定一个合理的期限——发出代销货物满 180 天的当天。

(6)销售应税劳务的增值税纳税义务发生时间为提供劳务同时收讫销售款或者取得索取销售款的凭据的当天。

这里强调已经开始提供劳务后,收到款或取得索取销售款的凭据的当天,劳务未发生,即使先收取销售款或取得索取销售款的凭据,也不能确认纳税义务的发生,这与提供劳务的性质息息相关,实际上劳务不开始提供,也是很难收到款的。

(7)纳税人发生相关视同销售货物行为的增值税纳税义务发生时间为货物移送的当天。

二、“营改增”纳税义务、扣缴义务发生时间

《营业税改征增值税试点实施办法》第四十五条对增值税纳税义务，扣缴义务发生时间做了如下规定。

（1）纳税人发生应税行为并收讫销售款项或者取得索取销售款项凭据的当天；先开具发票的，为开具发票的当天。

收讫销售款项，是指纳税人销售服务、无形资产、不动产过程中或者完成后收到款项。一般通过以下规则来掌握。

①按照收讫销售款项确认应税行为纳税义务发生时间的，应以发生应税行为为前提。

②收讫销售款项，是指在应税行为发生后收到的款项，包括在应税行为发生过程中或者完成后收取的款项。

③除了提供建筑服务、租赁服务采取预收款方式外，在发生应税行为之前收到的款项不属于收讫销售款项，不能按照该时间确认纳税义务发生。

取得索取销售款项凭据的当天，是指书面合同确定的付款日期；未签订书面合同或者书面合同未确定付款日期的，为服务、无形资产转让完成的当天或者不动产权属变更的当天。纳税人发生应税行为，由于增值税实行凭专用发票抵扣税款的办法，购买方在取得销售方开具的专用发票后，即使尚未向提供方支付相关款项，仍然可以按照有关规定凭专用发票抵扣进项税额。因此，如果再以收讫销售款项或者取得索取销售款项凭据的当天作为销售方的纳税义务发生时间，就会造成增值税的征收与抵扣相脱节，即销售方尚未申报纳税，购买方已经提前抵扣了税款。

此外，为使纳税人开具增值税普通发票与开具专用发票的征税原则保持一致。本条规定：如果纳税人发生应税行为时先开发票的，纳税义务发生时间为开具发票的当天。

需要注意的是，以开具发票的当天为纳税义务发生时间的前提，是纳税人发生应税行为。

（2）纳税人提供建筑服务、租赁服务采取预收款方式的，其纳税义务发生时间为收到预收款的当天。

例如：某试点纳税人出租一辆小轿车，租金为 5 000 元/月，一次性预收了对方一年的租金共 60 000 元，则应在收到 60 000 元租金的当天确认纳税义务发生，并按 60 000 元确认收入。

（3）纳税人从事金融商品转让的，其纳税义务发生时间为金融商品所有权转移的当天。

（4）纳税人发生本办法第十四条规定情形的，其纳税义务发生时间为服务、无形资产转让完成的当天或者不动产权属变更的当天。

视同发生应税行为的纳税义务发生时间：纳税人发生《营业税改征增值税试点实施办法》第十四条视同发生应税行为的，其纳税义务发生时间为应税行为完成的当天。

《营业税改征增值税试点实施办法》第十四条以公益活动为目的或者以社会公众为对象外，向其他单位或者个人无偿提供服务，以及向其他单位或者个人无偿转让无形资产或者不动产，应视同发生应税行为缴纳增值税。由于无偿提供应税服务、无偿转让无形资产或者不动产不存在收讫销售或者取得索取销售款项凭据的情况，因此将其纳税义务发生时间确定为应税行为完成的当天。

（5）增值税扣缴义务发生时间为纳税人增值税义务发生的当天。

➢ 任务导入

甲公司为钢材生产企业（增值税一般纳税人），2021 年 3 月 15 日向乙房地产公司销售建筑钢材，钢材总成本 30 000 000 元，含税总金额 3 900 000 元。根据双方合同约定，乙房地产公司分三期向甲公司支付价款：收到钢材后 30 天，支付 50%的价款，收到钢材后满 1 年，支付 30%价款，收到钢材后满 2 年，支付 20%的余款。甲公司收到第一期货款后，钢材所有权归属于乙房地产公司。

问：甲公司销售该涂料，应如何开具发票、缴税和进行账务处理？

➢ 任务实施

一、掌握赊销和分期收款方式销售货物的税务处理

纳税人采用赊销和分期收款方式销售货物，采取赊销和分期收款方式销售货物，为书面合同约定的收款日期的当天，无书面合同的或者书面合同没有约定收款日期的，为货物发出的当天。由此可见，甲公司采用分期收款方式销售钢材，在合同约定的收款日期的当天发生增值税纳税义务。

根据《增值税专用发票使用规定》第十一条的要求，专用发票应按照增值税纳税义务发生时间开具。

《企业所得税法实施条例》第二十三条第一项规定："以分期收款方式销售货物的，按照合同约定的收款日期确认收入的实现。"

就甲公司而言，其以分期收款方式销售钢材，需要按照合同约定的收款日期确认收入。与增值税纳税义务发生时间大体一致。

《企业所得税法》第八条规定："企业实际发生的与取得收入有关的、合理的支出，包括成本、费用、税金、损失和其他支出，准予在计算应纳税所得额时扣除。"甲公司以分期收款方式销售钢材，销售成本也要按照合同约定的收款日期按收入比例扣除。

二、掌握赊销和分期收款方式销售货物的下的会计处理

《企业会计准则第 14 号——收入》第四条规定，销售商品收入同时满足下列条件的，才能予以确认：①企业已将商品所有权上的主要风险和报酬转移给购货方；②企业既没有保留通常与所有权相联系的继续管理权，又没有对已售出的商品实施有效控制；③收入的金额能够可靠地计量；④相关的经济利益很可能流入企业；⑤相关的已发生或将发生的成本能够可靠地计量。第五条规定，企业应当按照从购货方已收或应收的合同或协议价款确定销售商品收入金额，但已收或应收的合同或协议价款不公允的除外。合同或协议价款的收取采用递延方式，实质上具有融资性质的，应当按照应收的合同或协议价款的公允价值确定销售商品收入金额。应收的合同或协议价款与其公允价值之间的差额，应当在合同或协议期间内采用实际利率法进行摊销，计入当期损益。

甲公司发出钢材时，虽然钢材的成本能够确认，但钢材的所有权未发生转移，不符合收入确认条件。其在收到第一笔价款时所有权发生转移，同时满足收入确认的其他条件，甲公司应在收到首笔价款时确认收入。

甲公司直接向终端客户销售钢材，商品经销环节次数减少，减少对分销等中间环节支出。甲公司居于乙房地产公司的大集团采购采用分期付款，主要目的在于推销产品，而不是融资。因此，甲公司以分期收款方式向乙房地产公司销售钢材，应按合同约定价款确认钢材销售收入。

企业所得税方面，甲公司按合同约定日分期确认收入；在会计方面，甲公司应在收到第一笔价款时按合同金额确认销售收入。甲公司会计上确认的应收账款账面价值与其计税基础不一致产生暂时性差异，需确认或转回递延所得税负债。

会计分录如下。

（1）2021 年 3 月 15 日发出货物。

借：发出商品　30 000 000

　贷：库存商品　30 000 000

（2）2021 年 4 月 15 日收到第一笔货款并确认收入。

主营业务收入=39 000 000 ÷（1+13%）=34 513 274.34 元

销项税额=34 513 274.34 × 13%=4 486 725.66 元

其中本期销项税额与待转销项税额各占 50%，即 2 243 362.83 元。

借：银行存款　19 500 000

　应收账款　19 500 000

　贷：主营业务收入　34 513 274.34

　　应交税费——应交增值税（销项税额）　2 243 362.83

其他应付款——待转销项税额　2 243 362.83

甲公司 2021 年 4 月 15 日向 B 房地产公司开具 19 500 000 元的增值税普通发票时，结转成本。

借：主营业务成本　19 500 000

　贷：发出商品　19 500 000

（3）2021 年 12 月 31 日，确认递延所得税负债。

所得税费用=19 500 000 × 25%=4 875 000 元

借：所得税费用　4 875 000

　贷：递延所得税负债　4 875 000

甲公司进行 2021 年度企业所得税申报时，应作纳税调减 2 256 637.17 元。

（4）2022 年 4 月 15 日收到第二笔货款。

借：银行存款　11 700 000

　贷：应收账款　11 700 000

借：其他应付款——待转销项税额　1 346 017.7

　贷：应交税费——应交增值税（销项税额）　1 346 017.7

甲公司于 2022 年 4 月 15 日向乙房地产公司开具 11 700 000 元的增值税普通发票。

（5）2022 年 12 月 31 日递延所得税负债余额为 19 50 000 元，需转回递延所得税负债时：

递延所得税负债=4 875 000−19 50 000=2 925 000 元

借：递延所得税负债　2 925 000

　贷：所得税费用　2 925 000

甲公司进行 2022 年度企业所得税申报时,应作纳税调增 1 353 982.3 元。

(6)2023 年 4 月 15 日收到第三笔货款。

借:银行存款 7 800 000

贷:应收账款 7 800 000

借:其他应付款——待转销项税额 897 345.13

贷:应交税费——应交增值税(销项税额) 897 345.13

甲公司于 2023 年 4 月 15 日向乙房地产公司开具 780 万元的增值税普通发票。

(7)2023 年 4 月递延所得税负债余额为零,转回递延所得税负债。

借:递延所得税负债 1 950 000

贷:所得税费用 1 950 000

甲公司进行 2023 年度企业所得税申报时,应作纳税调增 902 654.86 元。

三、计算不同结算方式下甲企业应纳增值税

方案一:若甲企业采取直接收款方式,或者合同中未体现出购销或者分期收款结算的具体日期,则税务机关推定为甲企业采取的是直接收款方式。

甲企业销项税额=39 000 000 ÷(1+13%)× 13%=4 486 725.66 元

方案二:若甲企业对第二笔和第三笔业务采用赊销和分期收款方式,在合同书上注明收款日期,当实际收到货款时在开具发票,则可以分期计算销售收入,延缓纳税时间。应纳税额及延缓天数如下。

第二年应纳税额=39 000 000 × 30% ÷(1+13%)× 13%=1 346 017.7 元

因此,延期 365 天。

第三年应纳税额=39 000 000 × 20% ÷(1+13%)× 13%=897 345.13 元

因此,延期 730 天。

假定年利率为 6%,可以为甲企业节约货币时间价值为:

[1 346 017.7 ×(1+6%)+897 345.13 ×(1+6%)× 2]−(1 346 017.7+897 345.13)

=3 329 150.44−22 43 362.83

=1 085 787.61 元

甲企业本期应纳增值税销项税额=39 000 000 × 50% ÷(1+13%)× 13%=2 243 362.83 元

甲企业 3 年合计应纳增值税销项税额为 4 486 725.66 万元。

➢ 任务完成结论

不难看出,甲企业在方案一和方案二下的总应纳税额相同,但有 1 346 017.7 元的增值税税款可以迟延 365 天缴纳, 897 345.13 元的增值税税款可以迟延 730 天缴纳,在采用直接收款结算方式不能及时收到货款的情况下,通过修改合同结算条款,就可以延缓纳税时间,为纳税人节约流动资金,并赢得货币的时间价值。

任务九 熟悉税负转嫁的纳税筹划

➢ 任务达成目标

能利用税负转嫁进行增值税纳税筹划。

➢ 核心技能

会通过税负转嫁方法对企业销售业务进行纳税筹划。

➢ 任务思维导图

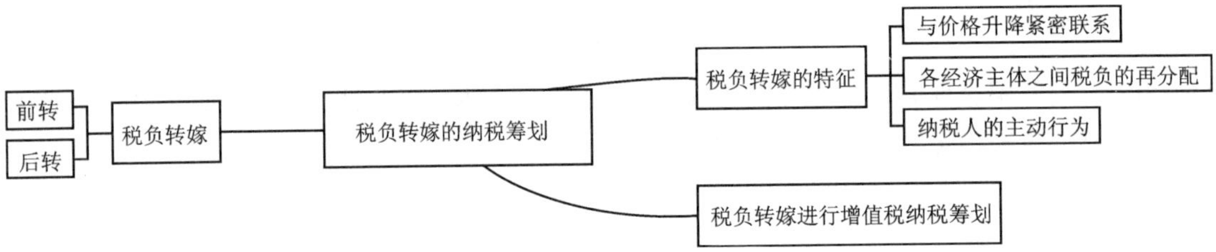

➢ 任务知识

税负转嫁是指商品交换过程中,纳税人通过提高销售价格或压低购进价格的方法,将税负转嫁给购买者或供应者的一种经济现象。一般包括前转和后转两种基本形式。前转指纳税人将其所纳税款顺着商品流转方向,通过提高商品价格的办法,转嫁给商品的购买者或最终消费者负担,实践中常见的形式是卖方将税负转嫁给买方负担,通常通过提高商品售价的办法,顺着商品流转顺序从生产到零售再到消费者,因而也叫顺转。后转即纳税人将其所纳税款逆商品流转的方向,以压低购进商品价格的办法,向后转移给商品的提供者,又称逆转。例如对某种商品在零售环节征税,零售商将所纳税款通过压低进货价格,把税负逆转给批发商,批发商又以同样的方式把税负逆转给制造商,制造商再以同样方式压低生产要素价格把税负逆转于生产要素供应者负担。

税负转嫁一般具有以下三个特征:

(1)它与价格升降紧密联系;

(2)它是各经济主体之间税负的再分配,也是经济利益的一种再分配,其结果必导致纳税人与负税人不一致;

(3)它是纳税人的一般行为倾向,即是纳税人的主动行为。

➢ 任务导入

甲、乙两公司同属于增值税一般纳税人, 2021 年 6 月 3 日,两公司签订购销合同,双方约定,甲公司从乙公司购入 A 型产品一批,价税合计总额 226 万元,乙公司向甲公司开具增值税专用发票上注明的价款为 200 万元,增值税税款 26 万元。由于甲乙公司属于长期合作客户,且本次合同金额较大,乙公司允诺甲公司可以在 8 月 1 日前付款。请对上述业务进行纳税筹划。

➢ 任务实施

一、熟悉增值税一般纳税人在供过于求情况下的转嫁原理

实践中，当某种产品出现供过于求的状况时，企业面临着市场价格降低，销量减少的局面。买卖双方容易出现如下情形：购买方在没有给销售方付款的情形下，要求销售方先开具增值税专用发票，然后根据本企业未来的资金使用情况再付款给销售方，这就会出现税负转嫁。一方面，当销售方把增值税专用发票开具给购货方以后，销售方客观上就会形成销售收入，就需要缴纳增值税；另一方面，购买方在没有付款的情况下，对于取得的增值税专用发票，纳税人在进行增值税纳税申报时，通过本省（自治区、直辖市和计划单列市）增值税发票综合服务平台对上述扣税凭证信息进行用途确认后，符合相关条件的，即可抵扣其进项税额。若该笔支出同时结转了成本，还可以抵减企业所得税。这就相当于购买方利用逆转的税负转嫁原理将税负转嫁给了销售方。

二、计算不同结算时间方式下甲企业应纳增值税

方案一：甲公司于 2021 年 6 月 3 日付款，乙公司向甲公司开具增值税专用发票。

甲公司 2021 年 7 月在申报缴纳 6 月增值税时，就可以将已经认证通过的增值税进项税额 26 万元抵扣当期销项税额，相当于减少当期增值税税负 26 万元。

乙公司 2021 年 6 月需将 26 万元计入当期销项税额，即相当于增加 6 月份增值税税负 34 万元。

方案二：甲公司于 2021 年 7 月 31 日付款，乙公司向甲公司开具增值税专用发票。

甲公司 2021 年 7 月在申报缴纳 6 月增值税时，仍可以将已经认证通过的增值税进项税额 26 万元抵扣当期销项税额，相当于减少当期增值税税负 26 万元。但这 26 万元的税款加上货款本金 200 万元并未实际支付给乙公司，甲公司因此获得了近 2 个月的货币资金使用时间。

乙公司 2021 年 6 月依然需将 26 万元计入当期销项税额，即相当于增加 6 月份增值税税负 26 万元，但对于乙公司来讲，6 月份并未收到甲公司的 226 万元货款加税金，相当于乙公司先自己“提前垫税”。

➢ 任务完成结论

方案二与方案一相比，甲公司在尚未付款的前提下得到进项税抵扣的好处，且充分利用了资金的时间价值，因此应当选择方案二。反过来，乙公司若想保证自己在正常交易中，税收利益不受损害，就要多方考虑，选择最有利的时机开票。

业务技能自测（二）

一、单选题

1. 下列行为中，应按照“销售不动产”税目计缴增值税的是（　　）。

A. 将建筑物广告位出租给其他单位用于发布广告

B. 销售底商

C. 转让国有土地使用权

D. 转让高速公路经营权

2. 下列行为中不属于视同销售行为的是( )。

A. 企业将自产的服装发给职工作福利

B. 企业将自产的服装用于分红

C. 企业将外购的服装发给职工作福利

D. 企业将外购的服装用于投资

3. 下列各项行为中,应当征收增值税的是( )。

A. 某服装商店为服装厂代销儿童服装

B. 某超市将外购部分饮料分发本公司员工作为福利

C. 某家具公司将外购木料用于本公司在建工程

D. 某石油管道公司将外购洗衣粉用于个人消费

4. 下列各项中,属于“金融服务”的有( )。

A. 融资性售后回租

B. 邮政储蓄服务

C. 人身保险服务

D. 动产融资租赁

5. 下列关于混合销售与兼营的说法中错误的是( )。

A. 混合销售是指一项销售行为既涉及货物又涉及服务

B. 兼营是指纳税人的经营范围既包括销售货物和应税劳务,又包括销售服务、无形资产或者不动产

C. 兼营发生在一项销售行为中,混合销售行为不发生在同一项销售行为中

D. 混合销售行为发生在一项销售行为中,兼营不发生在同一项销售行为中

6. 下列关于增值税一般纳税人资格登记的具体管理规定,表述不正确的有( )。

A. 一般纳税人资格登记的权限,在县(市、区)税务局或者同级别的税务分局

B. 纳税人年应税销售额超过小规模纳税人标准,未办理一般纳税人资格登记手续的,应按销售额依据增值税税率计税,不得抵扣进项税额,但可以使用增值税专用发票

C. 除国家税务总局另有规定外,纳税人一经登记为一般纳税人后,不得转为小规模纳税人

D. 纳税人应当向其机构所在地主管税务机关办理一般纳税人资格登记

7. 根据现行增值税规定,下列产品适用 9%低税率的是( )。

A. 酸奶 B. 鱼罐头 C. 茶饮料 D. 玉米胚芽

8. 下列关于增值税计税销售额的表述中,不正确的有( )。

A. 金融企业转让金融商品,按照卖出价扣除买入价后的余额为销售额

B. 银行提供贷款服务,以提供贷款服务取得的全部利息及利息性质的收入为销售额

C. 建筑企业提供建筑服务适用一般计税方法的,以取得的全部价款和价外费用扣除支付的分包款后的余额为销售额

D. 房地产开发企业销售其开发的房地产项目,适用一般计税方法的,以取得的全部价款和价外费用,扣除受让土地时向政府部门支付的土地价款后的余额为销售额

9. 下列各项中,应征收增值税的有( )。

A. 甲粮油集团将本公司生产的食用植物油批发给代理商

B. 乙航空公司根据国家指令无偿向受灾地区提供救灾物资的运输服务

C. 丙公司从开户银行取得的活期存款利息

D. 丁某丢失汽车从保险公司处获得的保险赔付

10. 甲企业销售给乙企业一批货物，乙企业因资金紧张，无法支付货币资金，经双方友好协商，乙企业用自产的产品抵顶货款，则下列表述正确的是(　　)。

A. 甲企业收到乙企业的抵顶货物不应作购货处理

B. 乙企业发出抵顶货款的货物不应作销售处理，不应计算销项税额

C. 甲、乙双方发出货物都作销售处理，但收到货物所含增值税额一律不能进入进项税额

D. 甲、乙双方都应作购销处理，可对开增值税专用发票，分别核算销售额和购进额，并计算销项税额和进项税额

11. 某家具店为增值税小规模纳税人，9 月实行还本销售家具，家具现零售价 25 000 元，5 年后还本，该家具店增值税的计税销售额为(　　)元。

A.25 000　　B.24 038.46　　C.24 271.84　　D. 不征税

12. 某生产企业为(增值税一般纳税人)，10 月销售化工产品取得含税销售额 793.26 万元，为销售货物出借包装物收取押金 15.21 万元，约定 3 个月内返还；当月没收逾期未退还包装物的押金 1.3 万元。该企业 10 月上述业务计税销售额为(　　)万元。

A.703.15　　B.679.11　　C.684.97　　D.809.77

13. 某酒厂(增值税一般纳税人)6 月销售粮食白酒和啤酒给副食品公司，其中白酒开具增值税专用发票，收取不含税价款 50 000 元，另外收取包装物押金 3 000 元；啤酒开具普通发票，收取的价税合计款 2 3400 元，另外收取包装物押金 1 500 元。副食品公司按合同约定，于当年 12 月将白酒、啤酒包装物全部退还给酒厂，并取回全部押金。就此项业务，该酒厂当年 6 月计算的增值税销项税额应为(　　)元。

A.11 900　　B.9 537.17　　C.9 117.95　　D.9 553.85

14. 某商场为增值税一般纳税人，10 月份售出甲产品 80 套，含税金额 9 492 元，另外为回馈老客户，当月无偿赠送乙商品 80 套(每套含税价格 16.95 元)，则该商场当月的销项税额为(　　)。

A.1 389.96 元　　B.1 410.24 元　　C.1 092 元　　D.1 248 元

15. 根据增值税法律制度的规定，下列关于增值税销售服务征税范围的表述中，错误的是(　　)。

A. 航空服务按照交通运输服务——航空运输服务缴纳增值税

B. 无运输工具承运业务按照交通运输服务缴纳增值税

C. 融资性售后回租按照金融服务——贷款服务缴纳增值税

D. 航天运输服务按照交通运输服务——航空运输服务缴纳增值税

16. 某家用电器修理厂会计核算健全，2020 年营业额 520 万元，但一直未向主管税务机关申请增值税一般纳税人登记。2021 年 5 月，该厂提供修理劳务并收取修理费价税合计 31.4 万元；购进的料件、电力等均取得增值税专用发票，对应的增值税税款合计 2 万元。该修理厂本月应缴纳增值税(　　)万元。

A.4.33　　B.2.33　　C.1.61　　D.3.61

17. 甲公司为增值税一般纳税人，本月将一批新研制的高档美白化妆品赠送给老顾客使用，甲公司并无同类产品销售价格，其他公司也无同类货物，已知该批产品的生产成本为 10 万

元,甲公司的成本利润率为10%,高档化妆品的消费税税率为15%,增值税税率为13%,则甲公司当月该笔业务增值税销项税额的下列计算中,正确的是(　　)。

A. 100 000×13%=13 000元

B. [100 000×(1+10%)÷(1−15%)]×13%=16 823.53元

C. 100 000×(1+10%)×13%=14 300元

D. [100 000×(1+10%)÷(1+15%)]×13%=12 434.78元

18. 某汽修厂为增值税小规模纳税人,12月取得修理收入为60 000元,处置使用过的举升机一台,取得收入5 000元。汽修厂12月份应缴纳增值税(　　)元。

A.1 747.57　　B.1 893.20　　C.1 844.66　　D.1 980.58

19. 商业企业一般纳税人零售下列货物,可以开具增值税专用发票的是(　　)。

A. 烟酒　　B. 食品　　C. 化妆品　　D. 办公用品

20.7月15日,甲公司与乙公司签订了一设备的合同,约定合同价款为69.54万元。8月5日,甲公司就69.54万元货款给乙公司开具了增值税专用发票,9月10日,甲公司发出了货物,9月25日,甲公司收到乙公司货款69.54万元。根据增值税法律制度的规定,甲公司增值税纳税义务发生时间为(　　)。

A.7月15日　　B.8月5日　　C.9月10日　　D.9月25日

二、多选题

1. 根据增值税法律制度的规定,一般纳税人购进的下列货物、服务中,其进项税额不得从销项税额中抵扣的有(　　)。

A. 购进国内旅客运输服务所支付的进项税额

B. 购进生产免税货物耗用材料所支付的进项税额

C. 购进试制新产品耗用材料所支付的进项税额

D. 购进贷款服务所支付的进项税额

2. 依据"营改增"的政策规定,下列行为中属于商务辅助服务的有(　　)。

A. 企业管理服务　　B. 货物运输代理服务

C. 场所住宅保安服务　　D. 认证服务

3. 下列属于增值税征税范围的有(　　)。

A. 单位聘用的员工为本单位提供的运输服务

B. 出租车公司向使用本公司自有出租车的出租车司机收取的管理费用

C. 广告公司提供的广告代理业务

D. 房地产评估咨询公司提供的房地产评估业务

4. 根据"营改增"的有关规定,下列属于视同提供应税服务的有(　　)。

A. 为本单位员工无偿提供搬家运输服务　　B. 向客户无偿提供信息咨询服务

C. 销售货物同时无偿提供运输服务　　D. 为客户无偿提供广告设计服务

5. 根据增值税规定,下列行为应视同销售征收增值税的有(　　)。

A. 将外购的服装作为春节福利发给企业员工

B. 将自产的办公桌用于财务部门办公使用

C. 将委托加工收回的卷烟用于赠送客户

D. 将新研发的玩具交付某商场代为销售

6. 下列业务属于增值税混合销售的有(　　)。

A. 手机制造商销售手机,出租仓库

B. 软件厂销售软件并同时收取安装费、培训费

C. 房地产开发公司销售房产,转让自用二手车

D. 餐厅为现场餐饮消费的顾客提供销售香烟

E. 服装厂为航空公司设计并制作工作服

7. 以下适用“营改增”相关免税政策的有(　　)。

A. 个人转让著作权　　B. 个人转让商标权

C. 残疾人员本人为社会提供的服务　　D. 个人销售自建自用住房

8. 价外费用不包括下列项目中的(　　)。

A. 受托加工应征消费税的消费品所代收代缴的消费税

B. 承运部门的运输费用发票开具给购买方的代垫运输费用,纳税人将该项发票转交给购买方的代垫运输费用

C. 销售货物的同时代办保险等而向购买方收取的保险费

D. 代为收取的所收款项取得财政票据并全额上缴财政行政事业性收费

9. 下列关于固定资产处理的说法,不正确的是(　　)。

A. 小规模纳税人销售自己使用过的固定资产的,应按 3%征收率征收增值税

B. 小规模纳税人销售自己使用过的除固定资产以外的物品,应减按 2%的征收率征收增值税

C. 一般纳税人销售自己使用过的 2009 年 1 月 1 日以后购进的固定资产,按照 3%征收率减按 2%征收增值税

D. 自 2009 年 1 月 1 日起,增值税一般纳税人购进固定资产发生的进项税额可以从销项税额中抵扣

10. 根据增值税法律制度的规定,下列各项业务的处理方法中,不正确的有(　　)。

A. 纳税人销售货物或提供应税劳务,采用价税合并定价并合并收取的,以不含增值税的销售额为计税销售额

B. 纳税人以价格折扣方式销售货物,不论折扣额是否在同一张发票上注明,均以扣除折扣额以后的销售额为计税销售额

C. 纳税人采取以旧换新方式销售货物,以扣除旧货物折价款以后的销售额为计税销售额

D. 纳税人采取以物易物方式销售货物,购销双方均应作购销处理,以各自发出的货物核算计税销售额并计算销项税额,以各自收到的货物核算购货额并计算进项税额

11. 下列各项中,应计入增值税的应税销售额的有(　　)。

A. 向购买方收取的违约金

B. 销售货物的同时代办保险而向购买方收取的保险费

C. 因销售货物向购买方收取的手续费

D. 受托加工应征消费税的消费品所代收代缴的消费税

12. 根据增值税法律制度的规定,下列各项中,免征增值税的有(　　)。

A. 电信公司提供语音通话服务　　B. 医疗机构提供医疗服务

C. 婚姻介绍所提供的婚姻介绍服务　　D. 科研机构进口直接用于科学研究的仪器

13. 根据增值税法律制度的规定，下列关于增值税纳税义务发生时间的表述中，正确的是(　　)。

A. 进口货物，为报关进口的当天

B. 从事金融商品转让的，为金融商品所有权转移的当天

C. 采取托收承付和委托银行收款方式销售货物，为收到银行款项的当天

D. 提供租赁服务采取预收款方式的，为收到预收款的当天

14. 根据增值税法律制度的规定，下列服务中，应按照“现代服务——租赁服务”税目缴纳增值税的有(　　)。

A. 有形动产融资租赁服务　　B. 不动产融资租赁服务

C. 有形动产经营租赁服务　　D. 有形动产融资性售后回租服务

15. 根据增值税法律制度的规定，甲企业的下列行为中，属于视同销售货物的有(　　)。

A. 将委托加工的 X 型高档化妆品用于职工福利

B. 将外购的 Z 产品用于公司管理人员消费

C. 将新研制的 W 产品交付张某代销

D. 将自产的 Y 产品投资于乙企业

三、判断题

1. 单位或个体经营者聘用员工为单位或雇主提供加工、修理修配劳务的，属于增值税应税劳务。(　　)

2. 一般纳税人从按照简易计税方法依照 3%征收率计算增值税的小规模纳税人购入农产品，取得增值税专用发票的，以增值税专用发票上注明的增值税额抵扣进项税额。(　　)

3. 有形动产修理属于加工修理修配劳务，建筑物、构筑物的修补、加固、养护、改善属于建筑服务中的修缮服务。(　　)

4. 固定电话、有线电视、宽带、水、电、燃气、暖气等经营者向用户收取的安装费、初装费、开户费、扩容费以及类似收费，按照安装服务缴纳增值税。(　　)

5. 纳税人销售自己使用过的、未抵扣进项税额的固定资产，减按 3%征收率征税。(　　)

6. 按照增值税有关规定，现金折扣可以从销售额中扣除。(　　)

7. 纳税人一经放弃免税权，其生产销售的全部增值税应税货物或劳务均应按照适用税率征税，不得选择某一免税项目放弃免税权，也不得根据不同的销售对象选择部分货物或劳务放弃免税权。(　　)

8. 小规模纳税人销售货物或者提供应税劳务需要开具增值税专用发票的，可向主管税务机关申请代开。(　　)

9. 将购进的货物用于集体福利和个人消费，应视同销售货物缴纳增值税。(　　)

10. 增值税专用发票记账联作为购买方核算采购成本的记账凭证，也是购买方报送主管税务机关认证和留存备查的扣税凭证。(　　)

四、案例分析

【案例 1】A 市 B 区所属的某广告公司为增值税一般纳税人，本年 6 月取得广告营业收入

106 万元（含税），取得加工销售收入 140.4 万元（含税），本月购进材料取得增值税发票上注明的税额 16.4 万元，已通过认证。已知广告服务业增值税税率为 6%，文化事业建设基金费率为 3%，货物加工销售增值税税率为 13%。假定该公司 5 月末没有留抵税额，请回答以下问题。

（1）该广告公司 6 月应分别向税务部门申报哪些税费？税（费）额各是多少？

（2）6 月份这些税费应如何进行账务处理？

【案例 2】某空调生产企业为增值税一般纳税人，2021 年 7 月销售空调 5 000 台，单价为 3 000 元（不含增值税），请分析该企业是选择另外收取空调的包装物的租金 113 元对企业有利呢，还是选择采取收取包装物押金 113 元对企业更有利？

政策提示：包装物租金属于价外费用，凡随同销售产品向购买方收取的价外费用，无论在会计上如何核算，均应并入销售额计算应纳税额。值得注意的是，对增值税一般纳税人向购买方收取的价外费用，应视为含增值税收入，在征税时应换算为不含税收入再并入销售额。而包装物押金（酒类产品除外，但不包括啤酒、黄酒）单独核算而又未逾期的，不并入销售额计税。但对因逾期未收回的包装物或者已收取时间超过 12 个月的押金，应并入销售额，缴纳税费。

筹划思路：包装物租金应并入销售额计算应纳税额，而包装物押金不并入销售额计算应纳税额。因此企业可以考虑在情况允许时，采取收取包装物押金的方式。若包装物押金逾期或超过 1 年未归还，押金按 13%缴纳增值税，但即使这样，也使企业获得了 1 年的延迟纳税期。

五、实践训练

（1）某商场为增值税一般纳税人，8 月销售三批同一规格、质量的货物，每批各 300 件，销售价格（不含增值税）分别为每件 1 200 元、1 000 元和 400 元。经税务机关认定，第三批销售价格每件 400 元明显偏低且无正当理由。计算该商场 8 月份增值税销售额。

（2）某商业零售企业为增值税一般纳税人，以旧换新方式销售玉石首饰，旧玉石首饰作价 78 万元，实际收取新旧首饰差价款共计 90 万元；采取以旧换新方式销售原价为 3 500 元的金项链 200 件，每件收取差价款 1 500 元。计算当月销项税额。

（3）甲公司为增值税一般纳税人，2020 年 6 月销售新型彩电 1 000 台，每台含增值税售价 5 650 元，另外采取以旧换新方式销售同型号彩电 200 台，收回的旧彩电每台折价 260 元，实际每台收款 5 390 元。甲公司当月上述业务增值税销项税额。

（4）某饲料加工厂为增值税一般纳税人，2020 年 12 月从某农场购进自产玉米，收购凭证注明价款为 65 830 元，从某供销社（一般纳税人）购进玉米，增值税专用发票上注明销售额 300 000 元，计算进项税额及采购成本。

（5）某制药厂为增值税一般纳税人，2017 年 9 月销售免税药品取得价款 20 000 元，销售非免税药品取得含税价款 93 600 元。当月购进原材料、水、电等取得的增值税专用发票（已通过税务机关认证）上的税款合计为 10 000 元，其中有 2 000 元进项税额对应的原材料用于免税药品的生产；5 000 元进项税额对应的原材料用于非免税药品的生产；对于其他的进项税额对应的购进部分，企业无法划分清楚其用途。计算该企业本月应缴纳的增值税？

（6）甲食品加工企业 2020 年 12 月外购原材料，取得防伪税控增值税专用发票，注明金额 200 万元、增值税 26 万元，运输途中发生损失 5%，经查实属于非正常损失。向农民收购一批免税农产品，收购凭证上注明买价 40 万元，支付运输费用，取得运费增值税专用发票上注明运费 3 万元，购进后将其中的 60%用于企业职工食堂。可抵扣的进项税额是多少？

（7）甲企业为增值税一般纳税人，4 月发生以下业务。

①购进挖掘机一台，取得的增值税专用发票上注明的价款为 60 万元，增值税税额为 7.8 万元。

②购进一批低值易耗品，取得的增值税专用发票上注明的增值税税额为 8 万元。

③采取分期收款方式销售原煤 9000 吨，每吨不含税单价 500 元。购销合同约定，本月应收取 1/3 的价款，但实际只收取不含税价款 120 万元。

④为职工宿舍供暖，使用本月开采的原煤 200 吨；另将本月开采的原煤 500 吨赠送给某有长期业务往来的客户。

⑤月末盘点时发现月初购进的低值易耗品的 1/5 因管理不善而丢失。

已知：相关票据在本月通过主管税务机关认证并申报抵扣；增值税月初留抵税额为 0。要求：

①计算该企业当月可以抵扣的增值税进项税额；

②计算该企业当月的增值税销项税额；

③计算该企业当月应缴纳的增值税税额。

（8）烽火电子有限公司系增值税一般纳税人，2021 年 4 月外购原材料一批，已收到增值税专用发票一张，发票上注明价款 20 000 元，增值税 2 600 元，另由销货方代垫铁路运费 1 000 元（转来承运部门开具给烽火电子有限公司），款项已付，原材料已验收入库。要求：计算该公司增值税进项税额，并进行相应的会计处理。

（9）某商店为小规模纳税人。2021 年 6 月，发生如下业务。

①销售体育用品取得含增值税销售额为 2 163 元，对外开具了普通发票。

②购进文具类的货物一批，支付货款 4 000 元，增值税税额为 680 元。

③当月销售文具用品的含税销售额为 2 060 元，开具了普通发票；销售给一般纳税人某公司仪器 1 台，取得的不含增值税的销售额为 18 000 元，增值税税款为 540 元，商店财务人员自己开具增值税专用发票。

要求：

①计算该商店 6 月的增值税的应纳税额；

②对该商店的业务进行相应的会计处理。

（10）甲制药厂为增值税一般纳税人，主要生产和销售降压药、降糖药及免税药。2021 年 3 月有关经济业务如下。

①购进降压药原料，取得的增值税专用发票上注明的税额为 85 万元；支付其运输费取得的增值税专用发票上注明的税额为 1.32 万元。

②购进免税药原料，取得的增值税专用发票上注明的税额为 51 万元；支付其运输费取得的增值税专用发票上注明的税额为 0.88 万元。

③采取预收款方式销售降压药 600 箱，该批药品不含税价款 702 万元，收到预收款 500 万元（不含增值税），下个月发货。

④将 10 箱自产的新型降压药赠送给某医院临床使用，成本为每箱 4.68 万元，无同类药品销售价格。

⑤销售降糖药 500 箱，其中 450 箱不含增值税单价为每箱 1.5 万元，50 箱不含增值税单价为每箱 1.6 万元。没

收逾期未退还包装箱押金 23.4 万元。

已知：降压药、降糖药增值税税率为 13%，成本利润率为 10%。取得的增值税专用发票已通过税务机关认证。上月留抵的进项税额 18.75 万元。

试计算该药厂当月应纳增值税。

业务技能自测完成情况	单选题	多选题	判断题	案例分析	实践训练
教师评语 					

项目三　消费税的纳税筹划

任务一　企业销售应税消费品过程中的纳税筹划

➢ 任务达成目标

掌握企业销售应税消费品过程中的主要纳税筹划方法。

1. 能利用关联企业转让定价进行纳税筹划。
2. 能对包装物进行有效分类处理并进行纳税筹划。
3. 能对成套销售消费品进行纳税筹划。
4. 兼营不同税率应税消费品的纳税筹划。
5. 能通过换货、抵债、投资入股的方式来降低计税依据进行纳税筹划。

➢ 核心技能

会通过缩小计税依据来进行纳税筹划。

➢ 任务思维导图

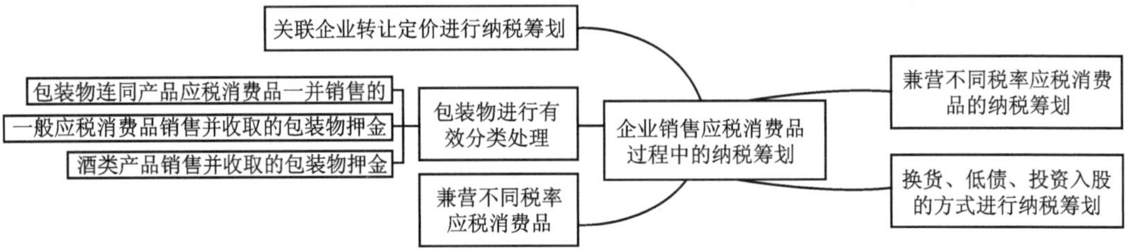

➢ 任务知识-1

一、关联企业

关联企业是指与其他企业存在直接或间接控制关系或对其他企业重大影响关系的企业。相互之间具有联系的各企业互为关联企业。关联企业在法律上可表现为控制公司和从属公司。而控制公司与从属公司的形成主要在于关联公司之间的统一管理关系的存在。这种关系往往借助控制公司对从属公司实质上的控制而形成。我国税法所说的关联企业，是指与企业有以下关系之一的公司、企业、和其他经济组织：

（1）在资金、经营、购销等方面，存在直接或者间接的拥有控制关系；

（2）直接或者间接地同为第三者所拥有或者控制；

（3）在利益上具有相关联的其他关系。

二、转让定价

转让定价是指关联企业之间在销售货物、提供劳务、转让无形资产等时制定的价格。一般指大企业集团尤其是跨国公司，利用不同企业不同地区税率以及免税条件的差异，将利润转移到税率低或可以免税的分公司，实现整个集团的税收最小化。具体来说，该企业集团倾向于在税率高的地方定价偏低，而在税率较低的地方定价偏高。这种不依照市场公平交易规则和市场价格进行的交易往往根据双方或者多方意愿，产品的转让价格可以高于或者低于市场价格，从而达到少纳税甚至不纳税的目的。

➢ 任务导入-1

国内 A 日化集团下属 B 香水公司为增值税一般纳税人，B 公司生产的某品牌高档香水不含税价格为每箱 1.8 万元，该公司给批发商的不含税价格为每箱 1.5 万元，本年预计零售及消费者到 B 公司专卖店直接购买数量为 6 万箱。香水消费税税率为 15%。

请对 A 公司以上业务进行纳税筹划。

➢ 任务实施-1

一、熟悉税法并设计筹划纳税思路

作为典型的价内税，消费税在我国属于单一环节课征的税种之一。应税消费品在生产环节或进口环节征收消费税之后，除个别消费品（如金银首饰）的纳税环节为零售环节外，再继续转销该消费品不再征收消费税。以零售环节为纳税环节的应税消费品，在零售环节以前的诸环节都不征收消费税；在生产环节征收的消费税，不在流通环节征收消费税。我国消费者购买零售消费品，一般按消费品标明价格支付货币，并不知道消费品已缴税款有多少，这也就是消费税具有隐蔽、间接、稳定的特点。

由于消费税的纳税行为发生在生产领域而非流通领域或者终极的销售环节（卷烟、金银首饰除外），所以设立独立核算的销售公司作为关联企业，若先以较低但不明显违反公平交易的价格将应税消费品销售给其关联企业，则可以降低本公司销售额，从而减少应纳消费税税额；然后关联企业再以较高的市场售价出售，在此环节只征收增值税，不征收消费税，这样就使得集团公司的整体消费税税负下降，但增值税税负不变。

二、计算不同方案下的消费税应纳税额

方案一：B 香水公司转移定价前直接销售给零售户及消费者，则

应纳消费税=1.8 × 60 000 × 15%=16 200 万元

方案二：B 香水公司先将产品以每箱 1.5 万元的价格出售给其独立核算的销售公司，作为关联企业，销售公司再以每箱 1.8 万元的公司正常售价销售给零售户及消费者，则

应纳消费税=1.5 × 60 000 × 15%=13 500 万元

➢ 任务完成结论-1

方案二与方案一相比，B 香水公司少缴纳消费税 2 700 万元，因此应当选择方案二。实践

中,设立独立核算的销售公司作为关联企业,必然增加公司注册、开户验资等支出,且纳税人必须要以较低的价格将应税消费品销售给其独立核算的关联企业,才能避开生产销售环节达到少缴纳税款的目的。如果纳税人通过自设非独立核算门市部销售的自产应税消费品,应当按照门市部对外销售额或销售数量计算缴纳消费税。另外,要注意转让定价的处理,由于独立核算的关联企业与生产企业之间存在着这样或那样的关联关系。

《税收征管法》第三十六条规定,企业或者外国企业在中国境内设立的从事生产、经营的机构、场所与其关联企业之间的业务往来,应当按照独立企业之间的业务往来收取或者支付价款、费用;不按照独立企业之间的业务往来收取或者支付价款、费用,而减少其应纳税的收入或者所得额的,税务机关有权进行合理调整。

《企业所得税法》第四十一条第一款规定,企业与其关联方之间的业务往来,不符合独立交易原则而减少企业或者其关联方应纳税收入或者所得额的,税务机关有权按照合理方法调整。因此,企业销售给下属的关联企业的应税消费品价格应当参照销售给其他没有关联关系的独立企业的价格或者其他商家当期的平均销售价格确定,若销售价格"明显偏低",主管税务机关将会对价格进行调整。但也存在例外,《特别纳税调整实施办法(试行)》(国税发〔2009〕2号)第三十条规定,实际税负相同的境内关联方之间的交易,只要该交易没有直接或间接导致国家总体税收的减少,原则上不作转让定价调查、调整。因此,当关联方之间所得税税负相同时,相互之间调增与调减可抵销,不需要作纳税调整。

➢ 任务知识-2

一、包装物

包装物是指产品生产企业用于包装其产品的各种包装容器,如箱、桶、罐、瓶等。在一般产品销售活动中,包装物随产品销售是很普遍的,从流转形式上看,可以分成如下几种类型:

(1)随同产品出售但不单独计价的包装物;

(2)随同产品出售单独计价的包装物;

(3)出租或出借给购买产品的单位使用的包装物。

纳税人在出租出借这种形式下,对包装物的处理可以采取以下三种方式:

(1)包装物不作价随同产品出售,只是单纯收取押金;

(2)既作随同产品出售,同时又另外收取押金;

(3)不作价随同产品出售,在收取租金的基础上,又收取包装物押金。

如某啤酒厂,在销售啤酒的过程中,对周转箱不作价销售,只是收取押金,这属于第一种情况。该啤酒厂以较低的价格对周转箱作价,计入销售额,另外又规定归还包装物的时间,并收取了押金,这属于第二种情况。如果该酒厂将周转箱不是作价销售,而是借给购货方使用,按实际使用期限收取租金,同时,为了保证包装物的完好,又另外收取部分押金,这就属于第三种情况。

二、现行税法对从价计税的包装物征税规定

（1）根据消费税法律相关规定，应税消费品连同包装物销售的，无论包装物是否单独计价以及在会计上如何核算，均应并入应税消费品的销售额中，按其所包装消费品的适用税率缴纳消费税。

（2）包装物租金属于价外费用，凡随同应税消费品向购买方收取的价外费用，无论在会计上如何核算，均应并入销售额中计算应纳税额。对增值税一般纳税人向购买方收取的价外费用，视为含税收入，纳税时要换算成不含税收入，再并入销售额。

（3）包装物的押金应区别不同情况进行处理，如果包装物不作价随同产品销售，而是收取押金，此项押金则不应并入应税消费品的销售额中征税。但对因逾期未收回的包装物不再退还的或者已收取时间超过 12 个月的押金，应并入应税消费品的销售额，按照应税消费品的适用税率缴纳消费税。对既作价随同应税消费品销售，又另外收取的包装物押金，凡纳税人在规定期限内没有退还的，均应并入应税消费品的销售额，按照应税消费品的适用税率缴纳消费税。

另外，《财政部　国家税务总局关于酒类产品包装物押金征税问题的通知》(财税字〔1995〕53 号)规定，对酒类产品生产企业销售酒类产品而收取的包装物押金，无论押金是否返还及会计上如何核算，均需并入酒类产品销售额中征收消费税（啤酒、黄酒除外）。具体见表 3-1。

表 3-1　包装物处理情形及税务处理

<table>
<tr><th>情形</th><th colspan="2">税务处理</th></tr>
<tr><td>包装物连同产品应税消费品一并销售的</td><td colspan="2">应并入应税消费品的销售额中缴纳消费税和增值税</td></tr>
<tr><td rowspan="2">一般应税消费品销售并收取的包装物押金</td><td colspan="2">一般情况下收取的押金不征消费税和增值税</td></tr>
<tr><td colspan="2">因逾期未收回包装物不再退还的押金或者收取时间超过 12 个月的押金，应并入应税消费品的销售额，按照应税消费品的适用税率计算缴纳消费税和增值税</td></tr>
<tr><td rowspan="3">酒类产品销售并收取的包装物押金</td><td rowspan="2">啤酒、黄酒</td><td>增值税：收取时不征收，逾期不退时并入纳税</td></tr>
<tr><td>消费税：啤酒、黄酒从量定额征收消费税，包装物押金不征收消费税</td></tr>
<tr><td>其他酒类</td><td>收取的包装物押金，应并入酒类产品销售额，征收消费税和增值税</td></tr>
</table>

➢ 任务导入-2

任务导入-2

某涂料厂属增值税一般纳税人，本年 6 月向某经销商销售 A 型涂料 5 000 桶，每桶售价为 300 元，含可供周转的包装箱价值为 80 元，以上价格均为不含增值税的价格，涂料的消费税税率为 4%。

问：该涂料厂对包装箱如何处理，才能最大限度地节税？

➢ 任务实施-2

一、熟悉税法并设计筹划纳税思路

根据上述规定,只有包装物押金单独核算又未过期时,此项押金才可以不并入销售产品的销售额中征税,因此采取收取押金的方式有利于节税。所以企业可以考虑在情况允许时,对于能周转使用的包装物,尽量不随同产品出售,以降低税负;预计不易收回的包装物,也可以采取收取包装物押金的方式,等到到期后收不回来时再纳税,以推迟缴纳税款。

二、计算不同方案下的包装物的应纳税额

方案一:连同包装物一并销售的方式。由于包装物作价随同产品销售,因此包装物于当年6月应并入应税消费品的销售额中计征增值税和消费税。

应纳增值税销项税额 $= 300 \times 5\,000 \times 13\% = 195\,000$ 元

应纳消费税 $= 300 \times 5\,000 \times 4\% = 60\,000$ 元

方案二:采取收取包装物押金的方式。涂料厂与经销商协商改包装物作价销售为收取押金,且包装物单独开具发票并记账,则此项押金不并入当月应税消费品的销售额中征税,具体又可分为两种情况。

(1)若包装物在12个月内能收回,则此项押金不并入应税消费品的销售额中征税

应纳增值税销项税额 $=(300-80)\times 5\,000 \times 13\% = 143\,000$ 元

应纳消费税 $=(300-80)\times 5\,000 \times 4\% = 44\,000$ 元

如此一来,涂料厂就可以减少增值税应纳税额52 000元(195 000-143 000),可减少消费税16 000元。

(2)若包装物在12个月内未收回,则当年6月

应纳增值税销项税额 $= 300 \times 5\,000 \times 13\% = 195\,000$ 元

应纳消费税 $= 300 \times 5\,000 \times 4\% = 60\,000$ 元

12个月后,到了次年6月,此项押金应补税,则次年6月

需补缴增值税 $= 80 \times 5\,000 \times 13\% = 52\,000$ 元

应纳消费税 $= 80 \times 5\,000 \times 4\% = 16\,000$ 元

➢ 任务完成结论-2

从以上分析不难看出,不论包装物是否收回,都应该选择方案二。这里需要注意的是,对因逾期未收回包装物不再退还的押金,税法规定应按所包装货物适用的税率计算缴纳消费税、增值税。这其中的“逾期”以12个月为限。对收取的押金超过12个月以上的,无论是否退还都应并入销售额计税。虽然暂时少纳的税款最终是要缴纳的,但由于其缴纳时限延缓了1年,相当于免费使用银行资金,增加了企业的营运资金,获取了资金的时间价值,为企业的生产经营提供了便利。因此,企业如果想在包装物上节省消费税,关键是包装物不能作价随同产品出售,而应采取收取“押金”的形式,这样“押金”就不并入应税消费品的销售额计算消费税额。即使在经过1年以后,需要将押金并入应税消费品销售额,按照应税消费品的适用税率征收消费税,也使企业获得了该笔消费税的1年免费使用权。

➢ 任务知识-3

纳税人兼营不同税率应税消费品的,应当分别核算不同税率应税消费品的销售额、销售数量,按不同税率分别征税;未分别核算销售额、销售数量或者将不同税率的应税消费品组成成套消费品销售的,从高适用税率。所以当纳税人兼营不同税率的应税消费品时,分别核算、分别纳税既是消费税法的基本要求,也是纳税人通过筹划选择降低税负的途径。

➢ 任务导入-3

甲公司既生产粮食白酒,又生产果木酒,为了进一步扩大市场占有份额,本年 12 月,该公司决定将粮食白酒与果木酒各 1 瓶(均为 500 克装)组成礼品装进行销售。当月对外销售 3 000 套套装酒,单价 200 元/套,若单独销售白酒价格为 150 元/瓶,果木酒 50 元/瓶。粮食白酒适用比例税率 20%,定额税率 0.5 元/500 克;果木酒适用比例税率 10%。按现行税法,假设此包装属于简易包装,包装费忽略不计。

请对该公司的此项销售业务进行纳税筹划。

➢ 任务实施-3

一、熟悉税法并设计筹划纳税思路

对于成套销售会加重纳税人税负的实际,从纳税筹划的角度考虑,纳税人首先在会计核算中尽量应做到账目清楚,分开核算;其次,纳税人应慎重选择成套销售的方式,对于确实需要成套销售的,可以采用改变包装地点、包装环节等方法寻求节税的途径,具体方案如下。

方案一:采用变“先包装后销售”为“先销售后包装”的方式。即把产品先分品种和类别销售给分销商,然后由分销商包装后再对外销售,这种方法实际上是通过改变包装地点来节税,在销售流程上分别作销售收入,分别开发票。

方案二:改变包装环节。对于一些不适宜在零售环节组成成套的应税消费品或者当地税务机关对于有关流转环节监控比较严格的情形下,纳税人可以采取分设机构的方法,即单独设立一个独立核算的销售公司进行产品的组合销售。生产企业先将产品分销给独立核算的关联销售公司,以避开生产领域(进口应税消费品可选择在进口后组装成套装的形式销售),然后再由销售公司将适用不同税率的消费品或是应税消费品与非应税消费品包装组成成套消费品后对外销售,这样既不影响成套消费品销售,又达到了分别核算、分别纳税、税负不因此增加的目的。

二、计算不同方案下应纳消费税

筹划前该厂将商品“先包装后销售”方式销售给批发或者零售商家,则

该企业应纳消费税=(150+50)×3 000×20%+3 000×1×2×0.5

=123 000 元

方案一:该企业采取“先销售后包装”的方式,即先将上述粮食白酒和果木酒分品种销售给零售商,在此销售环节对粮食白酒和果木酒分别开具发票,在账务处理环节也分别核算销售收入,然后再由零售商包装为成套消费品对外销售。在此情况下,由批发或者零售企业根据消

费者的购买意愿决定是否使用礼盒。果木酒不仅可以按照10%的比例税率从价计税，整体上降低纳税人的税负，还能增加消费者的消费选择，可谓一举两得。

该企业应纳消费税=（150×3 000×20%+3 000×0.5）+50×3 000×10%
=106 500元

方案二：该企业采取"改变包装环节"的方式，将上述商品先分别以低于的市场价格销售给公司内部独立核算的乙销售公司，由乙销售公司包装后再按市场价格销售，则

该企业应纳消费税=（150×3 000×20%+3 000×0.5）+50×3 000×10%
=106 500元

➢ 任务完成结论-3

可以看出，无论采用哪种方案，都比"先包装后销售"税负低16 500元。但要注意改变包装地点的筹划可能增加独立核算的销售公司的营运成本，包装手续费等因素，以筹划所增加的成本费用不高于少缴纳的消费税为原则。而对于一些市场需求具有刚性的应税消费品，企业可以通过适当提高市场售价的方法来弥补增加的纳税负担，从而实现税负转嫁的目的。如某企业为增值税一般纳税人，主要生产甲、乙两种应税消费品，甲、乙适用消费税税率分别为20%、10%，甲、乙市场售价分别为200元、180元，两种应税消费品的销售利润率均为50%，销售价格均含税，成本均不含税。现该企业准备将甲、乙两种应税消费品组合成成套礼盒出售，则礼盒应该定价为多少才不会增加企业纳税负担？

若甲、乙两种应税消费品单独销售时，企业税后毛利的计算为：

企业每销售一件甲消费品与乙消费品的生产成本=200×50%+180×50%=190元

企业每销售一件甲消费品应缴纳消费税=200÷（1+13%）×20%=35.4元

企业每销售一件乙消费品应缴纳消费税=180÷（1+13%）×10%=15.93元

企业每销售一件甲消费品与乙消费品的毛利=（200+180）÷（1+13%）−190−35.4−15.93
=336.28−190−35.4−15.93
=94.95元

当甲消费品与乙消费品组成成套消费品销售时，企业应当适当提高总售价，才能将增加的税收负担转嫁出去，从而获得一定的利润。假设提高后的总售价为P，则

企业每销售一套消费品的生产成本=（200+180）×50%=190元

企业每销售一套消费品应缴纳消费税=P÷（1+13%）×20%元

企业每销售一套消费品的毛利=P÷（1+13%）−190−P÷（1+13%）×20%

令P÷（1+13%）−190−P÷（1+13%）×20%≥94.95元，可得P≥315.2元，即只有成套产品定价高于315.2元，该企业才能有利可图。

➢ 任务知识-4

《国家税务总局关于印发〈消费税若干具体问题的规定〉的通知》（国税发〔1993〕156号）第三条第（六）款规定："纳税人自产的应税消费品用于换取生产资料和消费资料，投资入股或抵偿债务等方面的应税消费品，应当以纳税人同类应税消费品的最高销售价格作为计税依据计算消费税。"

在实际操作中，当纳税人用应税消费品换取货物或者投资入股时，价格一般是按照双方的

协议价或评估价确定的,而协议价往往是市场的平均价。按照同类应税消费品的最高销售价作为计税依据,显然会加重纳税人的负担。纳税人可以考虑采取先销售应税消费品给对方,然后再以现金进行以物易物(入股、抵债)的方式,从而降低消费税税负。

➢ 任务导入-4

甲摩托车生产企业为增值税一般纳税人,本年4月对外销售A型摩托车共有3种不含税价格,以5 000元价格销售600辆,以5 500元价格销售400辆,以6 000元价格销售300辆。甲企业当月以100辆同型号摩托车对甲企业进行投资,双方按当月的加权平均销售价格确定投资金额,已知此类摩托车的消费税税率为10%,请对甲企业的上述业务进行纳税筹划并做出相应的会计处理。

➢ 任务实施-4

一、计算不同方案下甲企业应纳消费税

方案一:甲企业直接以100辆A型摩托车来对乙企业进行投资,则

应纳消费税=6 000 × 100 × 10%=60 000 元

方案二:甲企业先按照当月的加权平均价将这100辆摩托车销售给乙企业,再以收到的现金来对乙企业进行投资,则

应纳消费税=(5 000 × 600+5 500 × 400+6 000 × 300)÷(600+400+300)× 100 × 10%

=538 46.15 元

二、甲企业的会计处理

主营业务收入=(5 000 × 600+5 500 × 400+6 000 × 300)÷(600+400+300)× 100

=538461.54 元

(1)确认收入时。

借:长期股权投资 608 461.54

贷:主营业务收入 538 461.54

应交税费——应交增值税(销项税额) 70 000

(2)计提消费税时。

借:税金及附加 53 846.15

贷:应交税费——应交消费税 53 846.15

(3)实际缴纳消费税时

借:应缴税费——应交消费税 53 846.15

贷:银行存款 53 846.15

➢ 任务完成结论-4

不难看出,方案二比方案一少缴纳消费税6 153.85元,因此应选择方案二。实践中,纳税人只要通过货币资金的适当转移,就可以实现先销售后入股、换货或抵债。这样虽然可能多一道环节,但能给纳税人降低税负。

任务二 掌握消费税生产经营过程中的纳税筹划

➢ 任务达成目标

1. 能对自产自用应税消费品进行纳税筹划。
2. 能对外购或委托加工收回的应税消费品进行纳税筹划。
3. 能对进口应税消费品进行纳税筹划。

➢ 核心技能

会通过降低成本来进行纳税筹划。

➢ 任务思维导图

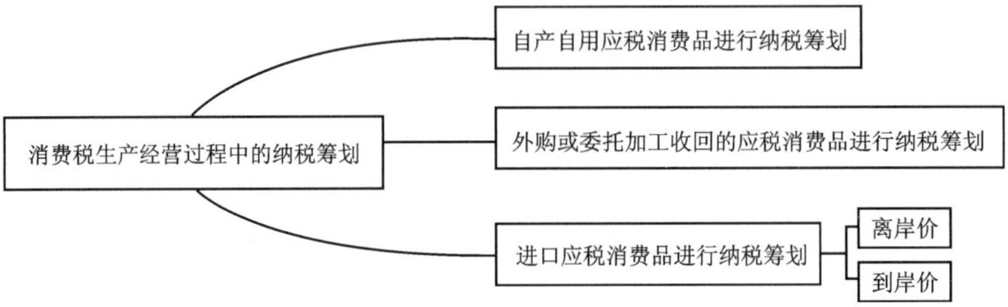

➢ 任务知识-1

根据消费税法律的规定,纳税人自用未对外销售的应税消费品,按照纳税人销售的同类消费品的销售价格计算纳税;没有同类消费品销售价格的,按照组成计税价格计算纳税。

实行从价计税办法计算纳税的组成计税价格计算公式:

组成计税价格=(成本+利润)÷(1-比例税率)

实行复合计税办法计算纳税的组成计税价格计算公式:

组成计税价格=(成本+利润+自用数量×定额税率)÷(1-比例税率)

具体标准如表 3-2 所示。

表 3-2 平均成本利润率表

货物名称	利润率	货物名称	利润率
1. 甲类卷烟	10%	8. 化妆品	5%
2. 乙类卷烟	5%	9. 鞭炮、烟火	5%
3. 雪茄烟	5%	10. 贵重首饰及珠宝玉石	6%
4. 烟丝	5%	11. 摩托车	6%
5. 粮食白酒	10%	12. 高尔夫球及球具	10%
6. 薯类白酒	5%	13. 高档手表	20%
7. 其他酒	5%	14. 游艇	10%

续表

货物名称	利润率	货物名称	利润率
15. 木质一次性筷子	10%	18. 中轻型商用客车	5%
16. 实木地板	10%	19. 电池	4%
17. 乘用车	8%	20. 涂料	7%

➢ 任务导入-1

春节将至，甲花炮厂将自产的特制礼花（假设该种礼花不对外销售，且无市场销售价）作为职工福利发放给大家，该批礼花的成本为 60 万元（若通过成本控制，可以将成本降低至 45 万元），已知该批烟火的成本利润率为 5%，消费税税率为 15%。

请对以上业务进行纳税筹划。

➢ 任务实施-1

一、熟悉税法并设计筹划纳税思路

对于自产自用应税消费品用于其他方面需要纳税的情形，当纳税人的计税依据没有同类消费品的销售价格时，其计税价格就需要采用组成计税价格因为成本的高低直接影响组成计税价格的高低，进而影响应纳消费税税额的多寡，所示成本控制就成为纳税筹划的当务之急。企业的生产成本需要通过一定的分配方法在生产在产品、半成品、产成品之间进行合理分配，因此，当企业本期预计有应税消费品要用于非应税项目，且本企业也没有同类型的应税消费品同期销售价格时，就可以通过分配方法的选择降低成本，进而降低组成计税价格，从而达到减轻企业消费税税负的初衷。

二、计算计算不同方案下甲企业应纳消费税

方案一：维持该批产品成本不变，则

组成计税价格=60×（1+5%）÷（1-15%）=74.12 万元

甲花炮厂应纳消费税=74.12×15%=11.12 万元

方案二：甲花炮厂通过成本控制，降成本降低至 45 万元，则

组成计税价格=45×（1+5%）÷（1−15%）=55.59 万元

甲花炮厂应纳消费税=55.59×15%=8.34 万元

➢ 任务完成结论-1

不难看出，方案二比方案一少缴纳消费税 2.78 万元，因此应选择方案二。实践中，降低企业成本具有一定难度，并不是每个企业都能轻易地大幅降低生产成本，在涉及多种产品成本分配利润的情况下，企业不妨采用合理的成本分配方法，将成本合理分摊到不需要缴纳消费税的产品上，从而减轻企业整体税负。但要注意的是，纳税人一旦确定某种成本分摊方法，不得轻易变更，否则税务机关有权调整。

➢ 任务知识-2

一、税务规定

根据消费税法律规定，外购的应税消费品用于连续生产应税消费品的，符合下列情形的所纳消费税税款准予按规定抵扣：

(1)烟丝生产卷烟的；

(2)鞭炮、焰火生产鞭炮、焰火的；

(3)杆头、杆身和握把生产高尔夫球杆的；

(4)木制一次性筷子生产木制一次性筷子的；

(5)实木地板生产实木地板的；

(6)石脑油、燃料油生产成品油的；

(7)汽油、柴油、润滑油分别生产汽油、柴油、润滑油的；

(8)集团内部企业间用啤酒液生产啤酒的；

(9)葡萄酒生产葡萄酒的；

(10)高档化妆品生产高档化妆品的。

除第(6)、(7)、(8)项外，上述准予抵扣的情形仅限于进口或从同税目纳税人购进的应税消费品。

上述当期准予扣除外购应税消费品已纳税额的计算公式为：

当期准予扣除的外购应税消费品已纳税款=当期准予扣除的外购应税消费品买价 × 外购应税消费品适用税率

当期准予扣除的外购应税消费品买价=期初库存的外购应税消费品的买价+当期购进的应税消费品的买价 – 期末库存的外购应税消费品的买价

委托加工应税消费品已纳税额的计算：

委托加工应税消费品已纳税额=期初库存的委托加工应税消费品已纳税额+当期收回的委托加工应税消费品已纳税额-期末库存的委托加工应税消费品已纳税额

从扣税方法看两者处理是一致的，都按当期生产领用数量扣除已纳消费税。

二、会计处理

外购或委托加工收回的应税消费品连续生产其他新应税消费品时会计处理是不同的。

(1)外购的应税消费品的处理：外购的应税消费品包含的消费税，在外购时计入材料成本，在生产领用时按生产领用消费品包含的消费税计入“应交税费——应交消费税”借方，最终计算的消费税等于“应交税费——应交消费税”账户的贷方减借方，扣除的是生产领用消费品包含的消费税。

(2)委托加工收回的应税消费的处理：委托加工收回的应税消费，在委托加工收回时，其包含的消费税不计入委托加工收回材料的成本，全部计入了“应交税费——应交消费税”的借方，最终计算的消费税等于“应交税费——应交消费税”账户的贷方减借方，扣除的消费税是委托加工收回消费品包含的全部消费税，而不是生产领用的委托加工消费品包含的消费税。

会计处理上，外购的应税消费品扣除的消费税是生产领用应税消费品包含的消费税，而委托加工收回的应税消费品，扣除的是全部委托加工收回消费品的消费税，不是生产领用消费品包含的消费税，两者计算结果是不一致的。

同时，外购的应税消费品已纳税额的扣除和税法规定是一致的，扣除的都是生产领用部分含的消费税；委托加工应税消费品已纳税额的扣除和税法是不一致的，会计上扣除的是全部委托加工收回消费品的消费税，而不是生产领用部分的消费税。

➢ 任务导入-2

国内甲白酒生产企业为增值税一般纳税人，为了开拓市场，近期需要 5 吨白酒作原料加工生产新款凤香兼浓香型白酒，现有 3 种方案可供选择。

方案一：从外市 A 酒厂购进白酒，需支付价款 10 万元。

方案二：委托 B 酒厂加工，需支付原料粮食价款 5.5 万元，另付加工费 2 万元，已知 B 酒厂无同类产品白酒生产价格。

方案三：由本企业自行加工白酒，需要原料粮食价格为 5 万元，加工费 0.8 万元。

问：甲企业采用哪种方案对其有利？

➢ 任务实施-2

不同方案下甲企业应纳消费税税额的计算如下。

方案一：外购白酒的购买价款 10 万元由三部分组成，分别是 A 酒厂加工生产白酒的成本、利润及销售方缴纳的消费税。

A 酒厂缴纳的消费税=（10×20%）+（5×2 000×0.5）÷10 000=2.5 万元。

方案二：委托 B 酒厂加工，需支付原料粮食价款 5.5 万元、另付加工费 2 万元，则

B 酒厂代收代缴的消费税 =（5.5+2）+（5×2 000×0.5）÷10 000]÷（1-20%）×20%+[（5×2 000× 0.5）÷10 000]=2.5 万元。

方案三：由本企业自行加工白酒用于继续加工凤兼浓香型白酒，其中中间产品不需要缴纳消费税，因此作为生产新款凤香兼浓香型白酒原料的白酒加工成本=5+0.8=5.8（万元）。

➢ 任务完成结论-2

从以上分析不难看出，由于外购白酒和委托加工白酒都包含 2.5 万元的消费税，而自行加工的白酒用于连续生产新款凤香兼浓香型白酒不需要缴纳消费税，因此自行加工白酒的成本低于外购与委托加工生产白酒的成本。所以，应当选择方案三。

➢ 任务知识-3

（1）根据消费税法规定，纳税人进口应税消费品，应当自海关填发海关进口消费税专用缴款书之日起十五日内缴纳税款。企业不缴税不得提货。进口应税消费品，应在进口时由进口企业缴纳消费税，缴纳的消费税应计入进口应税消费品的成本。进口的应税消费品的消费税基本计算公式如下。

①适用比例税率的进口应税消费品实行从价定率办法按组成计税价格计算应纳税额。

组成计税价格=(关税完税价格+关税)÷(1-消费税税率)

应纳税额=组成计税价格 × 消费税税率

公式中的关税完税价格是指海关核定的关税计税价格。

②实行定额税率的进口应税消费品实行从量定额办法计算应纳税额。

应纳税额=应税消费品数量 × 消费税单位税额

③实行复合计税办法计算纳税的组成计税价格计算公式。

组成计税价格=(关税完税价格+关税+进口数量 × 消费税定额税率)÷(1-比例税率)

应纳税额=应税消费品数量 × 消费税单位税额+组成计税价格 × 消费税税率

二、到岸价、离岸价与关税完税价格

按照《海关法》的规定,进口货物的完税价格包括以下几项:

(1)货物的货价;

(2)运抵输入地点起卸前的运输及其相关费用;

(3)保险费。

离岸价和到岸价是国际贸易中比较常用的两种基本贸易方式。根据《国际贸易术语解释通则 2020》规定的术语:离岸价指 FOB(Free on Board)价,是货物成本价,卖方只要按期在约定地点完成装运,并向卖方提交合同约定的提单等有关单据就算完成了交货义务。即:货物越过船舷后,卖方就有根据合同约定向对方索取货款的权利。卖方不需要承担国际运费及货运保险等方面的费用。到岸价 DES(Delivered Ex Ship)"目的港船上交货(……指定目的港)"是指在指定的目的港,货物在船上交给买方处置,但不办理货物进口清关手续,卖方即完成交货。卖方必须承担货物运至指定的目的港卸货前的一切风险和费用。一般在当货物经由海运或内河运输或多式联运在目的港船上货使用。

➢ 任务导入-3

甲公司计划从国外进口一批高档小汽车,已知该型小汽车的离岸价格为 50 万元/辆,途中运费为 5 万元,保险费 3 万元,其他相关费用为 2 万元。关税税率为 25%,消费税税率为 12%,增值税税率为 13%。请对该公司的上述业务进行纳税筹划。

➢ 任务实施-3

一、熟悉税法并设计筹划纳税思路

纳税人进口应税消费品,关键的税基因素在于关税完税价格,关税完税价格越小,对纳税人越有利。进口企业可以通过设在国内的出口企业关联方进行转让定价的方式来降低关税完税价格,从而降低整体税负。

二、 计算不同方案下甲公司应纳消费税

海关审定的关税完税价格=50+5+3+2=60 万元

方案一:甲公司直接从国外公司进口,则

进口环节每辆车应纳关税=60 × 25%=15 万元

进口环节每辆车应纳消费税=(60+15)÷(1-12%)×12%=10.23 万元

进口环节每辆车应纳增值税=(60+15+10.23)×13%=11.08 万元

甲公司进口环节每辆汽车应纳税合计=15+10.23+11.08=36.31 万元

方案二:甲公司从国外公司设在国内的直营店购进,而国外公司以 40 万元的离岸价出口给直营店,其他税费不变,此时海关审定的关税完税价格为 40+5+3+2=50 万元,则直营店:

进口环节每辆车应纳关税=50×25%=12.5 万元

进口环节每辆车应纳消费税=(50+12.5)÷(1-12%)×12%=8.52 万元

进口环节每辆车应纳增值税=(50+12.5+8.52)×13%=9.23 万元

直营店进口环节每辆汽车应纳税合计=12.5+8.52+9.23=30.25 万元

甲公司直接到该汽车直营店提车,不需要缴纳关税和消费税。但是 12.5 万元的进口关税、8.52 万元的进口消费税需要自己负担,且甲公司可以将 9.23 万元的增值税作为当期进项税额从当期销项税额中抵扣。

➢ 任务完成结论-3

方案二比方案一每辆汽车进口环节少纳税 6.06 万元,因此应当选择方案二。实践中,为简化核算手续,进口应税消费品缴纳的消费税一般不通过“应交税费——应交消费税”科目核算,在将消费税计入进口应税消费品成本时,直接贷记“银行存款”科目。在特殊情况下,如出现先提货、后缴纳消费税的,或者用于连续生产其他应税消费品按规定允许扣税的,也可以通过“应交税费——应交消费税”科目核算应缴消费税额。

企业进口的应税消费品可能是固定资产、原材料等。因此,在进口时,应按应税消费品的进口成本连同消费税及不允许抵扣的增值税,借记“固定资产”“物资采购”等科目,按支付的允许抵扣的增值税,借记“应交税费——应交增值税(进项税额)”科目,按采购成本、缴纳的增值税、消费税合计数,贷记“银行存款”等科目。

任务三 掌握消费税税率的纳税筹划

➢ 任务达成目标

1. 能通过降价来降低消费税税率来进行纳税筹划。
2. 能变“实物折扣”为“价格折扣”来进行纳税筹划。

➢ 核心技能

会利用消费税税率或税额的差异进行纳税筹划。

➢ 任务知识-1

我国现行消费税法对啤酒采用定额税征收,分类如表 3-3 所示。

表 3-3　啤酒消费税征收标准

分类	认定标准（含包装物及包装物押金）	消费税税额
甲类啤酒	每吨不含增值税出厂价格≥3 000 元	250 元/吨
乙类啤酒	每吨不含增值税出厂价格<3 000 元	220 元/吨

实践中，娱乐业、饮食业自制啤酒视同甲类啤酒，按照 250 元/吨的标准征收。

➢ 任务导入-1

某市甲啤酒厂最近推出一种新品啤酒，成本为 2 000 元/吨，有两个定价方案，方案一拟将吨酒销价定为 2 800 元/吨，方案二拟将吨酒销价定为 2 700 元/吨，可准予抵扣的进项税额为 300 元/吨，以上价格均为不含增值税价格，另收取包装物押金 300 元/吨（假定押金到期均能退还）。已知啤酒增值税税率 13%，城建税税率 7%，教育费附加 3%，地方教育附加 2%，请对该公司的上述业务进行纳税筹划。

➢ 任务实施-1

一、熟悉税法并设计筹划纳税思路

啤酒企业税收主要有三部分：①消费税；②增值税；③企业所得税。特别是在消费税和增值税上，由于销售定价不同，如成本价均为 2 000 元/吨的同一品种啤酒，在 3 000 元/吨的临界点上下定价，缴纳的消费税就会不同，销售毛利也会有差异。

定价为 3 029 元/吨时，啤酒的销售毛利=3 029−2 000−250=779 元。

定价为 2 999 元/吨时，啤酒的销售毛利=2 999−2 000−220=779 元。

显而易见，同一品种的啤酒，销售定价时间但企业取得的销售毛利却完全一样。低价销售无疑具有更大的竞争力。前后两种定价策略孰优孰劣，一目了然。实践中，若巧用临界点税率变化来定价，就会产生薄利多销的积极后果。

二、计算不同方案下甲企业应纳消费税税额

方案一：将啤酒价格定为 2 800 元/吨，则

该啤酒的出厂价格=2 800+300÷（1+13%）=2 800+265.48=3065.48 元

销售每吨啤酒应纳增值税=3 065.48×13%−300=398.51−300=98.51 元

销售每吨啤酒应纳消费税=250（元）

销售每吨啤酒应纳城建税、教育费附加、地方教育费附加=（98.51+250）×（7%+3%+2%）
=41.82 元

销售每吨啤酒的税后利润=（3 065.48−2 000−250−41.82）×（1−25%）=580.25 元

方案二：将啤酒价格定为 2 700 元/吨，则

该啤酒的出厂价格=2 700+300÷（1+13%）=2 700+265.48=2 965.49 元

销售每吨啤酒应纳增值税=2 965.49×13%−300=385.51−300=85.51 元

销售每吨啤酒应纳消费税=220 元

销售每吨啤酒应纳城建税、教育费附加、地方教育费附加=（85.51+220）×（7%+3%+2%）
=36.66 元

销售每吨啤酒的税后利润=（2 965.49−2 000−220−36.66）×（1−25%）=531.62 元

➢ 任务完成结论-1

方案二比方案一每吨啤酒增值税应纳税额减少 13 元，消费税应纳税额减少 30 元，城建税及附加应纳税额减少 5.16 元，合计减少应纳税额为 48.16 元，因此从降低税负角度来考虑，应当选择方案二。但若仅从企业利润角度评价，方案二比方案一企业税后利润减少 48.63 元，选择方案一更有利。

➢ 任务知识-2

根据现行消费税规定，成品油中汽油、柴油的消费税税额分别为 1.52 元/升、1.2 元/升。汽油与柴油的换算标准分别为：1 吨汽油=1 388 升，1 吨柴油=1 176 升。

《关于企业促销展业赠送礼品有关个人所得税问题的通知》（财税〔2011〕50 号）规定：企业在外务宣传、广告等活动中，随机向本单位以外的个人赠送礼品，对个人取得的礼品所得，按照“其他所得”项目，全额适用 20%的税率缴纳个人所得税。

➢ 任务导入-2

某成品油销售企业在每年的五一或十一节日期间开展促销活动，活动周期假设均为 1 个月，月零售成品汽油 10 万吨，销售额 8 亿元。现采用挂牌价直降 2%、昆仑加油卡一次性储值 2 000 元以上绑定油品价格折扣优惠 2%、累计加油满 300 送 1%非油购物券且累计月度内加满 1 000 元抽取非油换购券三种备选方案。假定不考虑城建税、教育费附加、地方教育费附加，请对该公司的上述业务进行纳税筹划。

➢ 任务实施-2

不同方案下该企业应纳税额的计算如下。

方案一：挂牌价直降 2%，根据现行税法规定价格折扣无法在发票票面体现的，需按折扣前金额计算增值税，则

该企业应纳增值税=800 000 000×13%=104 000 000 元

该企业应纳增消费税=1.52×100 000×1 388=210 976 000 元

此方案无节税收益。

挂牌直降损失额=800 000 000÷（1−2%）−800 000 000= 16 330 000 元

方案二：昆仑加油卡储值 2 000 元以上绑定油品价格折扣优惠 2%，折扣金额于发票票面列示，根据现行税法规定，价格折扣按折扣后金额计算增值税和消费税，则

该企业应纳增值税=800 000 000×（1−2%）×13%=101 920 000 元

该企业应纳增消费税=1.52×100 000×1 388=210 976 000 元

方案二节约增值税 2 080 000 元。同时，假设客户均选择储值 2 000 元以上，卡销比 100%，平均消费周期为 2 个月，则月平均资金沉淀利息为 2 200 000 元，折扣率 2%优惠损失为 16 330 000 元，促销综合成本为 12 050 000 元。

方案三：累计加油满 300 送 6 元非油购物券，假设全部满足条件，当月销售额全部来源于油非互动模式，购物券视同销售计算，赠品毛利按 10%计算，增加增值税 208 000 元，促销商品成本为 14 400 000 元，促销综合成本为 16 330 000−2 080 000−14 400 000=17 220 000 元。

➢ 任务完成结论-2

对比以上不同促销方式，从税负成本出发，综合考虑资金成本，方案二最优，方案三次之，方案一最差。

任务四 掌握消费税税收优惠的纳税筹划

➢ 任务达成目标

熟悉销售高档手表时的消费税政策，能利用定价策略进行纳税筹划。

➢ 核心技能

会利用消费税现行税收优惠政策进行纳税筹划。

➢ 任务知识

《财政部 国家税务总局关于调整和完善消费税政策的通知》（财税〔2006〕33 号）文件规定，高档手表是指销售价格（不含增值税）每只在 10 000 元（含）以上的各类手表。现行消费税税率为 20%。

另外，《国务院关税税则委员会关于调整进境物品进口税有关问题的通知》（税委会〔2019〕17 号）规定：

自 2019 年 4 月 9 日起实施调整《中华人民共和国进境物品进口税率表》。高档手表税率为 50%，如表 3-4 所示。

表 3-4 中华人民共和国进境物品进口税率表

税目序号	物品名称	税率（%）
1	书报、刊物、教育用影视资料；计算机、视频摄录一体机、数字照相机等信息技术产品；食品、饮料；金银；家具；玩具，游戏品、节日或其他娱乐用品；药品①	13
2	运动用品（不含高尔夫球及球具）、钓鱼用品；纺织品及其制成品；电视摄像机及其他电器用具；自行车；税目 1、3 中未包含的其他商品	20
3②	烟、酒；贵重首饰及珠宝玉石；高尔夫球及球具；高档手表；高档化妆品	50

①对国家规定减按 3%征收进口环节增值税的进口抗癌药品，按照货物税率征税。
②税目 3 所列商品的具体范围与消费税征收范围一致。

➢ 任务导入

位于某市内的甲公司为增值税一般纳税人，生产销售某款手表每只 1 万元，按《财政部 国家税务总局关于调整和完善消费税政策的通知》及其附件《消费税新增和调整税目征收范围注释》的规定,该手表正好为高档手表。假定该款手表的成本为 6 000 元,以上价格均为不含税价格,城市维护建设税税率为 7%,教育费附加为 3%,地方教育费附加为 2%.

请对该公司的上述业务进行纳税筹划。

➢ 任务实施

一、熟悉税法并设计筹划纳税思路

高档手表的起征点为 10 000 元,纳税人可以利用起征点的规定,适当降低产品价格,从而巧妙减轻税负,进而增加税后利润。

二、计算不同方案下甲公司的应纳税额

方案一:每只手表定价为 10 000 元不变,则

每只手表含税收入=10 000+10 000 × 13%=11 300 元

应纳增值税=10 000 × 13%-6 000 × 13%=520 元

应纳消费税=10 000 × 20%=2 000 元

应纳城建税、教育费附加、地方教育费附加=(520+2 000)×(7%+3%+2%)=302.4 元

销售每只手表应纳税额合计=520+2 000+302.4=2 822.4 元

每只手表的税后收益为 2 477.6 元。

方案二:将手表销售价格降低 100 元,每只 9 900 元,则

销售每只手表共向购买方收取 9 900+9 900 × 13%=11 187 元

应纳增值税=9 900 × 13%−6 000 × 13%=507 元

应纳消费税=0 元

应纳城建税、教育费附加、地方教育费附加=507 ×(7%+3%+2%)=60.84 元

销售每只手表应纳税额合计=507+60.84=567.84 元

每只手表的税后收益为 4 619.16 元。

➢ 任务完成结论

通过以上计算不难看出,纳税人将销售价格降低 100 元,反而能多获利 2 141.56 元。显然,获利原因在于此方案可以避开消费税,销售过程中,少缴纳消费税 2 000 元,少缴纳由消费税而产生的城建税、教育费附加、地方教育费附加为 240 元。

实践中,我们还可以对这类通过价格调整获起更多税后收益的筹划方案做进一步研究。

假设生产每只手表需购进材料成本为 C,销售价格 P(不含增值税)刚刚超过 10 000 元,那么厂家购进材料时现金流出 $1.13C$,销售手表现金流入 $1.13P$,其应纳增值税=$(P-C)\times 13\%$,应纳消费税=$P\times 20\%$,应纳城建税、教育费附加、地方教育附加=$[(P-C)\times 13\%+P\times 20\%]\times(7\%+3\%+2\%)$

应纳企业所得税=$\{P-C-P\times 20\%-[(P-C)\times 13\%+P\times 20\%]\times(7\%+3\%+2\%)\}\times 25\%$(为方便起见,不考虑其他税前扣除,且适用 25%的企业所得税税率,下同),则该企业合计应纳税=$(P-C)\times 13\%+P\times 20\%+\{P-C-P\times 20\%-[(P-C)\times 13\%+P\times 20\%]\times(7\%+3\%+2\%)\}\times 25\%=0.570\,5P-0.402\,5C$,其最后收益=$1.13P-1.13C-(0.570\,5P-0.402\,5C)=0.570\,3P-0.738\,3C$。

如果其销售价格 N 刚刚少于 1 万元，则厂家向购买方收取价税合计为 $1.13N$，由于其不属于高档手表，不纳消费税，只需缴纳增值税 $(N-C)\times13\%$，城建税、教育费附加、地方教育附加 $(N-C)\times13\%\times(7\%+3\%+2\%)=(N-C)\times1.56\%$，企业所得税 $[N-C-(N-C)\times1.56\%]\times25\%=(N-C)\times24.61\%$，纳税合计 $(N-C)\times13\%+(N-C)\times1.56\%+(N-C)\times24.61\%=(N-C)\times39.17\%$，其最后收益为 $1.13N-1.13C-(N-C)\times39.17\%=0.738\,3N-0.738\,3C$。

对此进行比较，当 $0.738\,3N-0.738\,3C>0.570\,3P-0.738\,3C$，即当 $N>P\times0.772\,5$ 时，定价低些反而收益更高。

应当说明的是，这一思路的操作空间有限。当 $P>12\,944.98$ 时，$12\,944.98$ 元 $\times0.772\,5=10\,000$ 元，同样属于高档手表，要征消费税，方案就不适用了。

一般而言，产品销售价格越高，企业获利越多。但若考虑税收因素，则未必如此。有的时候，主动降低销售价格反而可能获得更高的税收收益。或者转销其他非应税消费品，规避消费税，也能获得不错的税后收益。

任务五 消费税纳税时机或方式的纳税筹划

➢ 任务达成目标

能通过延长纳税期进行消费税的纳税筹划。

➢ 核心技能

会利用消费税纳税时机或纳税方式的选择进行纳税筹划。

➢ 任务知识-1

一、消费税的计税时间

根据消费税法相关规定，消费税的计税期间分别为十日、十五日、一个月、一个季度或者半年。纳税人的具体计税期间，由主管税务机关根据纳税人应纳税额的大小分别核定；不能按照固定计税期间纳税的，可以按次纳税。

纳税人以一个月、一个季度或者半年为一个计税期间的，自期满之日起十五日内申报纳税；以十日或者十五日为一个计税期间的，自期满之日起五日内预缴税款，于次月一日起十五日内申报纳税并结清上月应纳税款。

扣缴义务人解缴税款的计税期间和申报纳税期限，依照前两款规定执行。

纳税人进口应税消费品，应当自海关填发海关进口消费税专用缴款书之日起十五日内缴纳税款。

《国家税务总局关于合理简并纳税人申报缴税次数的公告》（国家税务总局公告 2016 年第 6 号）第一条规定：增值税小规模纳税人缴纳增值税、消费税、文化事业建设费，以及随增值税、消费税附征的城市维护建设税、教育费附加等税费，原则上实行按季申报。

纳税人要求不实行按季申报的，由主管税务机关根据其应纳税额大小核定纳税期限。

二、消费税的纳税义务发生时间

消费税纳税义务发生时间，按以下规定确定。

（1）纳税人销售应税消费品，纳税义务发生时间为收讫销售款项或者取得索取销售款项凭据的当天；先开具发票的，为开具发票的当天。

（2）委托加工应税消费品，除受托方为个人外，由受托方在向委托方交货时代收代缴税款，纳税义务发生时间为受托方向委托方交货的当天。

（3）未对外销售，自用应税消费品纳税义务发生时间为移送货物的当天。

（4）进口应税消费品，纳税义务发生时间为进入关境的当天。

➢ 任务导入-1

按照规定，1 日、3 日、5 日、10 日、15 日、一个月为一期的纳税人，应在纳税期满后 5 日内预缴税款。经主管税务机关核定，甲电池厂以 5 日为一期纳税，按上月应纳税额预缴，月度终了后申报纳税，结清本月税额。4 月份电池厂应纳消费税 180 000 元，按每期应预缴税款为 30 000 元。

请对该企业的上述业务进行纳税筹划。

➢ 任务实施-1

一、熟悉税法并设计筹划纳税思路

在本例中，电池厂以 5 日为一期纳税，则应分别在 5 月 5 日、5 月 10 日、5 月 15 日、5 月 20 日、5 月 25 日后的 5 日内，按规定的数额预缴税款。假定电池厂通常在期满后 5 日内预缴税款，则应当按规定分别在 5 月 10 日、15 日、20 日、25 日、6 月 1 日预缴 1 日至 5 日、6 日至 10 日、11 日至 15 日、16 日至 20 日、21 日至 25 日的消费税税款 30 000 元。

二、熟悉会计账务处理

在具体进行会计核算时，每次预缴税款后应当根据实际预缴的税款额做如下会计分录。

借：应交税费——应交消费税　30 000

　　贷：银行存款　　　　　　　　30 000

➢ 任务完成结论-1

消费税的纳税人在合法的期限内纳税是纳税人应尽的义务，同样，合法纳税，时间上有的纳税对企业有利，有的对企业不利。因此，纳税人合理利用消费税纳税期限的有关规定，在合法的期限内尽量推迟纳税时间纳税，在欠税挂账有利的情况下，尽可能欠税挂账。这样不但可以加速资金周转，而且可以获取一定的利息收入。

➢ 任务知识-2

《中华人民共和国消费税暂行条例实施细则》（财政部国家税务总局第 51 号令）第二十二条规定：出口的应税消费品办理退税后，发生退关，或者国外退货进口时予以免税的，报关出口者必须及时向其机构所在地或者居住地主管税务机关申报补缴已退的消费税税款。

纳税人直接出口的应税消费品办理免税后，发生退关或者国外退货，进口时已予以免税的，经机构所在地或者居住地主管税务机关批准，可暂不办理补税，待其转为国内销售时，再申报补缴消费税。

➢ 任务导入-2

甲公司是一家生产电池的企业，属于增值税一般纳税人。本年 9 月出口一批电池，价款为 400 万元，消费税税率为 4%，办理出口免税手续后因故发生退货，所退货物将于本年 12 月转内销，假设 1 个月的市场利率为 1%。城市维护建设税税率为 7%，教育费附加征收率为 3%，地方教育费附加征收率为 2%。

请对甲公司的上述业务进行纳税筹划。

➢ 任务实施-2

企业在发生出口货物退关或者退货时，若经机构所在地或者居住地税务机关批准，可暂不办理补税手续，待货物转为国内销售时，再申报补缴消费税，这样就可以在一定时间内占用消费税税款，延迟了补税时间，充分利用资金的时间价值。

方案一：本年 9 月退货时申报补缴消费税。

补缴消费税=400×4%=16 万元

补缴城建税、教育费附加、地方教育费附加=16×（7%+3%+2%）=1.92 万元

补缴税额合计=16+1.92=17.92 万元

补缴税额现值合计=17.92 万元

方案二：本年 12 月转为国内销售时申报补缴消费税。则：

补缴消费税=400×4%=16 万元

补缴城建税、教育费附加、地方教育费附加=16×（7%+3%+2%）=1.92 万元

补缴税额合计=16+1.92=17.92 万元

当可以延期 5 个月纳税，则

补缴税额现值合计=17.92×（P/F，1%，5）=17.92×0.951 5=17.05 万元

➢ 任务完成结论-2

方案二比方案一补缴税额现值共少 0.87 万元，若以实现涉税资金时间价值最大化为纳税筹划目标，则应当选择方案二。

业务技能自测（三）

一、单选题

1. 关于消费税的说法，错误的是（　　）。

A. 酒类生产企业向商业销售单位收取“品牌使用费”应缴纳消费税

B. 用于投资入股的应税消费品，按同类产品的平均销售价格作为消费税计税依据

C. 用于抵偿债务的应税消费品，按同类产品的最高销售价格作为消费税计税依据

D. 自产自用应税消费品的计税依据为应税消费品的同类销售价格或组成计税价格

2. 某厂商甲将一批应税消费品委托给某加工商乙加工，加工后甲将该批消费品销售给零售商丙，在这项应税行为中消费税的纳税人应是(　　)。

A. 厂商甲　　B. 加工商乙

C. 厂商甲和加工商乙　　D. 零售商丙

3. 根据消费税规定，成品油纳税环节是(　　)。

A. 批发环节　　B. 加油站加油环节

C. 生产销售环节　　D. 消费者购买环节

4. 下列行为涉及的货物中属于消费税征收范围的是(　　)。

A. 批发商批发销售的雪茄烟　　B. 竹木制品厂销售的竹制一次性筷子

C. 鞭炮加工厂销售田径比赛用发令纸　　D. 商场销售的金银首饰

5. 根据消费税的有关规定，下列纳税人自产自用应税消费品不缴纳消费税的是(　　)。

A. 高尔夫球具厂用于本企业职工福利的自产球具

B. 汽车厂用于管理部门的自产汽车

C. 日化厂用于赠送客户样品的自产高档化妆品

D. 卷烟厂用于生产卷烟的自制烟丝

6. 根据消费税法律制度的规定，下列各项中需要计算缴纳消费税的是(　　)。

A. 汽车专卖店销售小汽车　　B. 酒厂委托加工白酒

C. 烟草专卖店零售卷烟　　D. 珠宝店进口钻石饰品

7. 根据消费税法律制度的规定，下列各项中不属于消费税纳税人的是(　　)。

A. 金首饰零售商　　B. 高档化妆品进口商

C. 鞭炮批发商　　D. 涂料生产商

8. 某汽酒进口公司，2021 年 9 月进口一批汽酒，已知该批汽酒的关税完税价格 10 800 元，消费税税率 10%，关税税率 14%。该批汽酒进口环节应缴纳消费税税额的下列计算中正确的是(　　)。

A.10 800 × 10%=1 080 元

B.10 800 ×（1+14%）× 10%=1 231.2 元

C.10 800 × 14% × 10%=151.2 元

D.10 800 ×（1+14%）÷（1−10%）× 10%=1 368 元

9.2021 年 8 月，甲烟草批发企业向乙卷烟零售店销售卷烟 200 标准条，取得不含增值税销售额 20 000 元；向丙烟草批发企业销售卷烟 300 标准条，取得不含增值税销售额为 30 000 元。已知卷烟批发环节消费税比例税率为 11%，定额税率为 0.005 元/支；每标准条 200 支卷烟。甲烟草批发企业上述业务应缴纳消费税税额的下列计算列式中，正确的是(　　)。

A.20 000 × 11%+200 × 200 × 0.005=2 400 元

B.20 000 × 11%+200 × 200 × 0.005+30 000 × 11%+300 × 200 × 0.005=6 000 元

C.20 000 × 11%+30 000 × 11%=5 500 元

D.30 000 × 11%+300 × 200 × 0.005=3 600 元

10. 根据消费税法律制度的规定，下列各项中，委托加工收回的应税消费品的已纳税款可以扣除的是(　　)。

A. 以委托加工收回的已税小汽车为原料生产的小汽车

B. 以委托加工收回的已税高档化妆品为原料生产的高档化妆品

C. 以委托加工收回的已税珠宝、玉石为原料生产的金银首饰

D. 以委托加工收回的已税白酒为原料生产的白酒

11. 某公司为增值税一般纳税人，外购高档香水精生产高档香水，11 月份生产销售高档香水取得不含税销售收入 100 万元。该公司 11 月初库存高档香水精 10 万元，11 月购进高档香水精 100 万元，11 月底库存高档香水精 20 万元。已知高档化妆品适用的消费税税率为 15%。根据消费税法律制度的规定，该公司当月应缴纳消费税税额的下列计算中，正确的是(　　)。

A.100 × 15%-100 × 15%=0 万元

B.100 × 15%-(10+100-20) × 15%=1.5 万元

C.100 × 15%-(20-10) × 15%=13.5 万元

D.100 × 15%=15 万元

12. 根据消费税法律制度的规定，下列关于消费税纳税义务发生时间的表述中，不正确的有(　　)。

A. 纳税人自产自用应税消费品的，为移送使用的当天

B. 纳税人进口应税消费品的，为报关进口的当天

C. 纳税人委托加工应税消费品的，为支付加工费的当天

D. 纳税人销售应税消费品采取预收款方式的，为发出应税消费品的当天

13. 根据消费税法律制度的规定，下列关于消费税纳税地点的表述中，正确的是(　　)。

A. 纳税人销售的应税消费品，除另有规定外，应当向纳税人机构所在地或居住地的主管税务机关申报纳税

B. 纳税人总机构与分支机构不在同一省的，由总机构汇总向总机构所在地的主管税务机关申报纳税

C. 进口的应税消费品，由进口人或者其代理人向机构所在地的主管税务机关申报纳税

D. 委托加工的应税消费品，受托方为个人的，由受托方向居住地的主管税务机关申报纳税

14. 甲公司是一家化妆品生产企业，属于增值税一般纳税人，2019 年 8 月，该厂销售高档化妆品取得不含增值税销售收入 100 万元，销售普通化妆品取得不含增值税销售收入 80 万元，将高档化妆品与普通化妆品组成礼盒成套销售，取得不含增值税销售额 50 万元，已知高档化妆品的消费税税率为 15%，增值税税率为 13%。则该企业当月应纳消费税的下列计算中正确的是(　　)。

A.100 × 15%=15 万元　　B.(100+50) × 15%=22.5 万元

C.100 × 13%=13 万元　　D.(100+50) × 13%=19.5 万元

15. 根据城市维护建设税法律制度的规定，下列关于城市维护建设税税收优惠的表述中，不正确的是(　　)。

A. 对增值税实行即征即退办法的，除另有规定外，不予退还增值税附征的城市维护建设税

B. 海关对进口产品代征的增值税，不征收城市维护建设税

C. 对增值税实行先征后退办法的，除另有规定外，不予退还增值税附征的城市维护建设税

D. 对出口产品退还增值税的，可同时退还已缴纳的城市维护建设税

二、多选题

1. 下列各项中，应同时征收增值税和消费税的有(　　)。

A. 批发环节销售的卷烟　　B. 生产环节销售的普通化妆品

C. 零售环节销售的金银铂金首饰　　D. 进口的小汽车

2. 现行消费税税目中，下列适用定额税率征收消费税的货物有(　　)。

A. 酒精　　B. 黄酒　　C. 汽油　　D. 轮胎

3. 下列各项中，外购应税消费品已纳消费税款准予扣除的有(　　)。

A. 外购已税烟丝生产的卷烟

B. 外购已税汽车生产的小轿车

C. 外购已税珠宝原料生产的金银镶嵌首饰

D. 外购已税石脑油为原料生产的应税消费品

4. 甲商店为增值税一般纳税人，主要从事副食品批发、零售业务。2021 年 11 月向枣农收购一批红枣，农产品收购发票上注明买价 30 000 元。该批红枣一部分用于销售，一部分无偿赠送关联企业，一部分用于职工个人消费。甲商店收购红枣增值税进项税额税务处理的下列表述，正确的是(　　)。

A. 用于职工个人消费部分的允许抵扣

B. 用于销售部分的允许抵扣

C. 全部不允许抵扣

D. 用于无偿赠送关联企业部分的允许抵扣

5. 根据消费税法律制度的规定，下列业务中，应征收消费税的有(　　)。

A. 烟草批发企业将卷烟销售给零售单位　　B. 外贸公司进口高档手表

C. 地板经销商提供实木地板保养服务　　D. 金店零售金银首饰

6. 根据消费税法律制度的规定，下列各项中，应并入白酒的销售额计征消费税的有(　　)。

A. 优质费　　B. 逾期付款违约金

C. 包装物的押金　　D. 品牌使用费

7. 根据消费税法律制度的规定，下列情形中，应以纳税人同类应税消费品的最高销售价格作为计税依据计算消费税的有(　　)。

A. 将自产应税消费品用于无偿赠送　　B. 将自产应税消费品用于投资入股

C. 将自产应税消费品用于换取生产资料　　D. 将自产应税消费品用于抵债

8. 根据消费税法律制度的规定，下列消费品中，实行从价定率和从量定额相结合的复合计征办法征收消费税的有(　　)。

A. 白酒　　B. 卷烟　　C. 啤酒　　D. 烟丝

9. 根据消费税法律制度的规定，关于消费税纳税义务发生时间的下列表述中，正确的有(　　)。

A. 纳税人采取预收货款结算方式销售应税消费品的，为收到预收款的当天

B. 纳税人自产自用应税消费品的，为移送使用的当天

C. 纳税人委托加工应税消费品的,为纳税人提货的当天

D. 纳税人进口应税消费品的,为报关进口的当天

10. 根据城市维护建设税法律制度的规定,下列各项中,属于城市维护建设税纳税人的有(　　)。

A. 实际缴纳增值税的中外合资企业　　B. 实际缴纳增值税的私营企业

C. 实际缴纳消费税的个体工商户　　D. 实际缴纳消费税的股份制银行

三、判断题

1. 纳税人将自产应税消费品用于连续生产应税消费品的,应缴纳消费税。(　　)

2. 纳税人采用以旧换新方式销售的金银首饰,应按实际收取的不含增值税的全部价款征收消费税。(　　)

3. 纳税人通过自设非独立核算门市部销售的自产应税消费品,应当按照门市部对外销售额或者销售数量征收消费税。(　　)

4. 纳税人在被查补"两税"和被处以罚款时,可以不对其城市维护建设税进行补税、征收滞纳金和罚款。(　　)

5. 由受托方代扣代缴、代收代缴"两税"的单位和个人,其代扣代缴、代收代缴的城市维护建设税按"委托方"所在地适用税率执行。(　　)

四、实践训练

1. 某啤酒厂销售A型啤酒20吨给副食品公司,开具税控专用发票注明价款58 000元,收取包装物押金3 000元;销售B型啤酒10吨给宾馆,开具普通发票收取27 760元,收取包装物押金1 500元。计算该啤酒厂应纳消费税。

2. 甲公司拟委托其他企业加工一批节日庆典用焰火,由受托单位代收代缴消费税100万元。现有两个受托单位可以选择:一是设在县城的乙公司;二是不在市区、县城或者镇的丙公司,请对甲企业的上述业务进行纳税筹划。

业务技能自测完成情况	单选题	多选题	判断题	实践训练
教师评语 				

项目四 企业所得税的纳税筹划

任务一 熟悉企业所得税纳税人的纳税筹划

➢ 任务达成目标

1. 能利用企业所得税纳税人身份的选择进行纳税筹划。
2. 能通过企业设立时组织形式的选择进行纳税筹划。
3. 能通过子公司与分公司的选择进行纳税筹划。
4. 了解不同纳税人之间的合并、分立及资产、股权重组时的税务处理。

➢ 核心技能

会利用企业所得税子公司与分公司的选择进行纳税筹划。

➢ 任务思维导图

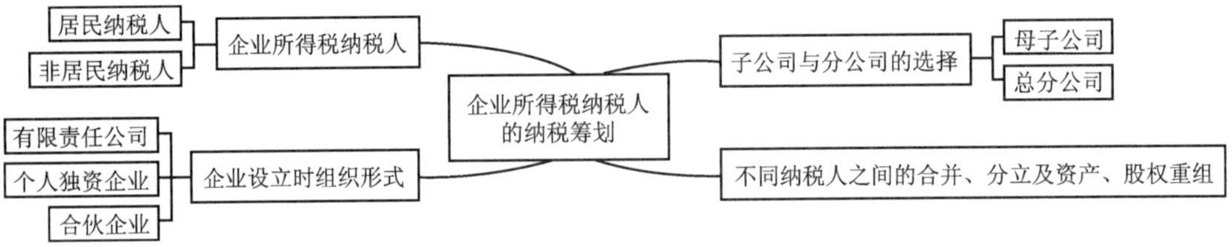

➢ 任务知识-1

《中华人民共和国企业所得税法》第三条第三款规定，非居民企业在中国境内未设立机构、场所的，或者虽设立机构、场所但取得的所得与其所设机构、场所没有实际联系的，应当就其来源于中国境内的所得缴纳企业所得税。适用税率为20%，实际征收时按照10%的税率征收企业所得税。

➢ 任务导入-1

俄罗斯生产的果酱举世闻名，某果酱公司在中国的销售量逐年提高，去年销售额为3 000万元，相关成本费用为1 600万元，现有三种方案可供选择：方案一，在中国境内设立实际管理机构；方案二，在中国境内不设实际管理机构，但设立营业机构，销售收入由营业机构取得；方案三，在中国境内既不设立实际管理机构，也不设立营业机构，而在中国派出一个海上车间，在中国青岛港停留30天，在这30天里，将在山东收购的苹果加工成果酱，然后返售给中国。假设不考虑增值税，请对该企业的上述业务进行纳税筹划。

➢ 任务实施-1

一、熟悉税法的相关计算方法

在中国境内未设立机构、场所的，或者虽设立机构、场所但取得的所得与其所设机构、场所没有实际联系的非居民企业，其取得的来源于中国境内的所得，按照下列方法计算其应纳税所得额。

（1）股息、红利等权益性投资收益和利息、租金、特许权使用费所得，以收入全额为应纳税所得额。

（2）转让财产所得，以收入全额减除财产净值后的余额为应纳税所得额；财产净值，是指有关资产、财产的计税基础减除已经按照规定扣除的折旧、折耗、摊销、准备金等后的余额。

（3）其他所得，参照前两项规定的方法计算应纳税所得额。

注意非居民企业减按 10%的所得税税率征收企业所得税。

二、计算不同方案下企业应纳的企业所得税

方案一：由于该公司在中国境内设立实际管理机构，应被认定为居民企业，适用 25%的企业所得税税率。

该公司应纳企业所得税=（3 000−1 600）× 25%=350 万元

方案二：该公司在中国境内设立营业机构，且取得的收入与其所设机构、场所有实际联系，也应被认定为居民企业，适用 25%的企业所得税税率。

该公司应纳企业所得税=（3 000−1 600）× 25%=350 万元

方案三：由于该公司在中国青岛港设立海上车间，应被认定为非居民企业，对其来自中国境内的所得按照 10%税率的计算应纳企业所得税，且该公司的成本费用一般不允许税前列支。

该公司应纳预提企业所得税=3 000 × 10%=300 万元

➢ 任务完成结论-1

从税负角度考虑，方案三比方案一、方案二少缴纳企业所得税 50 万元，应当选择方案三。这种筹划方法理论上是可行的，实践中在海上设立车间有时不现实或需要花费很大成本，企业需要综合考虑。

➢ 任务知识-2

《企业所得税法》第一条规定，在中华人民共和国境内，企业和其他取得收入的组织（以下统称企业）为企业所得税的纳税人，依照本法的规定缴纳企业所得税。个人独资企业、合伙企业不适用本法。

《企业所得税法实施条例》第二条规定，只有依照中国法律成立的个人独资企业和合伙企业才缴纳个人所得税，按照外国法律成立的合伙企业、个人独资企业，由于外国法律体系的不同，其来源于中国的所得，也要缴纳企业所得税。

对于小微企业定义，根据《财政部 税务总局关于实施小微企业普惠性税收减免政策的通知》（财税〔2019〕13 号）及《国家税务总局关于实施小型微利企业普惠性所得税减免政策有关

问题的公告》(国家税务总局公告2019年第2号),小微企业是指从事国家非限制和禁止行业,且同时符合年度应纳税所得额不超过300万元、从业人数不超过300人、资产总额不超过5 000万元等三个条件的企业。同时满足"1+3":"1"是非禁限行业,"3"是纳税额+从业人数+资产总额三个指标,具体如表4-1所示。

表4-1 小微利企业条件一览表

序号	类型	应纳税所得额	从业人数	资产总额	备注
1	不属于限制和禁止行业的企业	不超过300万	不超过300人	不超过5 000万	

注:此处不超过是指小于或等于;年度应纳税所得额是据税法计算后的所得额;从业人数应签有相关合同。

注意,从业人数,包括与企业建立劳动关系的职工人数和企业接受的劳务派遣用工人数。所称从业人数和资产总额指标,应按企业全年的季度平均值确定。具体计算公式如下:

季度平均值=(季初值+季末值)÷2

全年季度平均值=全年各季度平均值之和 ÷4

年度中间开业或者终止经营活动的,以其实际经营期作为一个纳税年度确定上述相关指标。

对于小微企业应纳企业所得税的计算,财税〔2019〕13号文件规定,从2019年1月1日至2021年12月31日,"对小型微利企业年应纳税所得额不超过100万元的部分,减按25%计入应纳税所得额,按20%的税率缴纳企业所得税;对年应纳税所得额超过100万元但不超过300万元的部分,减按50%计入应纳税所得额,按20%的税率缴纳企业所得税。"其年应纳税所得额不超过100万元的部分,企业所得税的征收率是5%;年应纳税所得额100万~300万元的部分,企业所得税的征收率是10%。注意,是分段核算,比如某小型微利企业2020年如果取得应纳税所得额280万元,应缴纳的企业所得税=100×25%×20%+(280−100)×50%×20%=23万元。

《关于实施小微企业和个体工商户所得税优惠政策的公告》(财政部 税务总局公告2021年第12号)文件规定,"自2021年1月1日至2022年12月31日,对小型微利企业年应纳税所得额不超过100万元的部分,在《财政部 税务总局关于实施小微企业普惠性税收减免政策的通知》(财税〔2019〕13号)第二条规定的优惠政策基础上,再减半征收企业所得税。如此,小型微利企业年应纳税所得额不超过100万元的部分,实际税负仅2.5%,年应纳税所得额超过100万元但不超过300万元的部分,维持不变。

➢ 任务导入-2

自然人小李2021年欲在市区内成立一个特色美食店,预计年利润总额为1 000 000元,现有两种方案可以考虑。

方案一:设立为一人有限责任公司。假定没有企业企业所得税纳税调整项目,符合小型微利企业条件,税后利润提取法定盈余公积金后全部余额分配给小李。

方案二:设立为个人独资企业。假定小李分得的利润刚好等于其计算经营所得个人所得税的应纳税所得额。

本年度小李除了上述所得收益外,没有获取个人所得税综合所得。

请对上述方案进行纳税筹划。

➢ 任务实施-2

一、熟悉相关法律并设计筹划纳税思路

(一)个人独资企业

1. 概念

《个人独资企业法》第二条规定:“本法所称个人独资企业,是指依照本法在中国境内设立,由一个自然人投资,财产为投资人个人所有,投资人以其个人财产对企业债务承担无限责任的经营实体。”也就是媒体通常说的“一元钱当老板”的企业,由个人全资拥有,投资人对企业任何事务具有绝对决策权。它不是法人,需要承担无限责任。

《个人独资企业登记管理办法》规定,个人独资企业的名称中不得使用“有限”“有限责任”和“公司”字样。这就提醒投资人,虽然个人独资企业设立起来不难,但所负的经营责任重大。如果企业经营不善,资不抵债,那么后果就不仅仅是企业破产,可能还会导致家庭“破财”。这就要求投资人做好充分准备,把握市场规律,防范风险,慎重经营。

个人独资企业纳税方式有两种,即核定征收和查账征收。关键是利用好相关优惠政策,达到免税和减税的效果。

2. 个人独资企业具有以下优势

(1)注册手续简单、费用低。个人独资企业的注册手续简单,获取相关的注册文件比较容易,费用比较低。

(2)决策自由。企业所有事务由投资人说了算,不用开会研究,也不用向董事会和股东大会做出说明,所谓“船小好调头”,经营者可以根据市场变化情况随时调整经营方向。

(3)税收负担较轻。由于企业为个人所有,企业所得即个人所得,因此只征收企业所得税而免征个人所得税。

(4)注册资金随意。《个人独资企业法》对注册资金没有规定,极端的说法就是“一元钱可以当老板”。

3. 个人独资企业的劣势如下

(1)信贷信誉低,融资困难。由于注册资金少,企业抗风险能力差,不容易取得银行信贷,同时面向个人的信贷也不容易。

(2)无限责任。一旦经营亏损,除了企业本身的财产要清偿债务外,个人财产也不能幸免,加大了投资风险。

(3)缺乏财务和企业管理。这是个人独资企业的一个大问题。

(二)有限责任公司

《公司法》第二条规定:本法所称公司是指依照本法在中国境内设立的有限责任公司和股份有限公司。有限责任公司的债务承担为有限责任制。有限责任公司的股东可以是两人以上五十人以下,也可以是一人制有限责任公司。当然这里的股东可以是自然人,也可以是法人。

公司的纳税方式有两种,即核定征收和查账征收。

首先一人制有限责任公司设立方便,由于是自己出资自己设立,不需要寻找其他合作伙

伴,不用担心合作问题,想设立时随时设立,只不过应当在公司登记中注明自然人独资或者法人独资,并在公司营业执照中载明。其次,管理方便,管理成本低。因为只有一个股东,公司的事务股东一人决定即可,不像其他公司那样要有股东会、董事会、监事会,节约了成本。但它容易被股东个人完全控制,将公司财产充作私用,损害债权人的利益。因此法律对一人公司做了特殊的规定,以严格规制。自然人设立一人公司数量有限制。一个自然人只能投资设立一个一人公司,当然这只是对自然人而言,对法人设立一人公司的家数则不受限制。此外,自然人设立的一人公司不能再对外投资设立新的一人公司。一人公司应当在每一会计年度终了时编制财务会计报告,并且必须经会计师事务所审计,这是对一人公司的硬性规定。

有限责任公司要设立股东会,可以根据其自己的经营模式来决定是否要设立董事会、监事会。公司运营情况策略由公司股东会决定,股东会为公司最高决定权力机构。股东会成员由公司股东组织。但一人有限责任公司不设股东会。一人有限责任公司应当在每一会计年度终了时编制财务会计报告,并经会计师事务所审计。

综上,纳税人可以通过计算不同组织形式下的税负大小,来选择税负最低的企业组织形式。

二、计算不同方案下企业应纳的企业所得税

方案一:设立为有限责任公司,因为“一人有限责任公司”注册是企业法人性质,根据现行《公司法》及《企业所得税法》的相关规定,应缴纳企业所得税。当“一人公司”税后利润分红,股东取得红利所得时,《个人所得税法》第十二条规定:纳税人取得经营所得,按年计算个人所得税。

该一人有限公司应纳企业所得税=1 000 000×25%×20%×50%=25 000 元

该一人有限公司税后利润=1 000 000-25 000=975 000 元

该一人有限公司提取法定盈余公积金=975 000×10%=97 500 元

该一人有限公司应向投资者小李分配的利润合计=975 000-97 500=877 500 元

假定该公司实现的税后利润全部余额分配给投资者小李,则:

该投资者小李应纳个人所得税=877 500×20%=175 500 元

应纳税额合计=25 000+175 500=200 500 元

方案二:设立为个人独资企业,则只按照个体工商户生产经营所得缴纳个人所得税。查询经营所得个人所得税税率表,应纳税所得额 100 万,适用税率 35%,速算扣除数 65 500 元。

该投资者小李应纳个人所得税=1 000 000×35%-65 500=284 500 元

➢ 任务完成结论-2

从税负角度考虑,方案二比方案一还多缴纳税款 84 000 元,应当选择方案一。若从长远发展来看,成立法人资格的企业有利于扩大企业生产规模,赢得更多客户、扬长避短,夺占市场。

➢ 任务知识-3

《公司法》第十四条规定:“公司可以设立分公司。设立分公司,应当向公司登记机关申请登记,领取营业执照。分公司不具有法人资格,其民事责任由公司承担。公司可以设立子公

司，子公司具有法人资格，依法独立承担民事责任。”

一般认为，分公司与子公司有如下差异。

1. 身份不同

分公司是指受总公司管辖的分支机构。分公司可以有自己的名称，但没有法人资格，没有独立的财产，也不能享受所在国为新设公司提供的免税期或其他税收优惠政策，其经营活动所有后果由总公司承担。子公司是对应母公司而言的，是指被另一家公司（母公司）有效控制的下属公司或者是母公司直接或间接控制的一系列公司中的一家公司。子公司是一个独立企业，具有独立的法人资格，能够享受所在国为新设公司提供的免税期或其他税收优惠政策。

2. 设立手续不同

设立子公司需要办理许多手续，设立程序相对复杂，开办费用也较大；设立分公司的程序比较简单，无须经过一般公司设立的许多法律程序，而只是在当地履行简单的登记和管理手续即可，也即是应当向公司登记机关申请登记，领取五证。费用较低。

3. 核算和纳税形式不同

子公司是独立法人企业，财产与母公司的财产彼此独立，对各自的债务各自负责，互不连带，所以一般独立计算并申报纳税；分公司不是独立法人企业，没有自己的独立财产，其实际占有、使用的财产作为总公司的财产而计入总公司的资产负债表，同时总公司应以其全部财产对其分公司活动所产生的债务承担责任，分公司必须和总公司进行合并计算，在申报纳税的时候也要合并申报。

4. 管理要求不同

设立子公司要缴纳印花税，财务制度较为严格，财务信息需要全部公开，并需要复杂的审计和证明，经营亏损不能冲抵母公司的利润，与母公司的交易往往是税务机关反避税审查的重点对象。设立分公司不需要缴纳印花税，在国外建立的分公司财务信息可以不全部公开，财务制度较为宽松，可以减少复杂的审计等麻烦，公司的利润与亏损可以与总公司合并计算，这一点对于开办初期有亏损的分公司的税收筹划具有重要的意义。

➢ 任务导入-3

甲公司经营情况良好，为扩大规模，拟在乙地增设一分支机构。相关部门提出了三个分支机构设置方案供选择：

方案一：设立子公司。

方案二：设立分公司。假设分公司所得税不实行就地预缴政策，由总公司统一汇总缴纳。

方案三：先设立分公司，一年后注销再设立子公司。

假设分支机构设立后，甲公司总部及乙地分支机构的经营情况（利润总额）预测如表4-2所示。

表4-2　甲公司与分支机构盈亏状况分析表　元

公司	年份					
	第一年	第二年	第三年	第四年	第五年	第六年
甲公司	1 000	1 100	1 200	1 300	1 400	1 500
乙分支机构	−1 000	200	200	300	300	400

甲公司和分支机构均适用25%的企业所得税税率。请对甲公司的上述业务进行纳税筹划。

➢ 任务实施-3

一、熟悉相关法律并设计筹划纳税思路

《企业所得税法》第十八条规定，企业纳税年度发生的亏损，准予向以后年度结转，用以后年度的所得弥补，但结转年限最长不得超过五年。

国家税务总局印发的《企业所得税税前弥补亏损审核管理办法》规定，纳税人可在税前弥补的亏损数额，是指经主管税务机关按照税收法规规定核实，调整后的数额。

纳税人若将分支机构设立为分公司，利润一般必须在当年汇回总公司汇总纳税，总公司与分支机构的盈亏可以互抵；若纳税人将分支结构设立成子公司，子公司就可以单独纳税，对于子公司的亏损只能用下一年度的所得来弥补。

【记忆口诀】：亏损弥补、有亏即补、先亏先补、连续弥补、不超过五。

二、计算不同方案下企业应纳企业所得税

方案一：将分支机构设立为分公司。由于分公司独立纳税条件，所以需要汇总到总公司纳税。

第一年总公司应纳企业所得税=（1 000−1 000）×25%=0 万元
第二年总公司应纳企业所得税=（1 100+200）×25%=325 万元
第三年总公司应纳企业所得税=（1 200+200）×25%=350 万元
第四年总公司应纳企业所得税=（1 300+300）×25%=400 万元
第五年总公司应纳企业所得税=（1 400+300）×25%=425 万元
第六年总公司应纳企业所得税=（1 500+400）×25%=475 万元

6 年内，总公司应纳企业所得税为 1 975 万元，而分公司不需要纳税。

方案二：将分支机构设立为子公司。则二者关系为母子公司形式，母子公司均需独立纳税。

（1）母公司应纳企业所得税。

第一年母公司应纳企业所得税=1 000×25%=250 万元
第二年母公司应纳企业所得税=1 100×25%=275 万元
第三年母公司应纳企业所得税=1 200×25%=300 万元
第四年母公司应纳企业所得税=1 300×25%=325 万元
第五年母公司应纳企业所得税=1 400×25%=350 万元
第六年母公司应纳企业所得税=1 500×25%=375 万元

6 年内，母公司缴纳企业所得税合计 1 875 万元。

（2）子公司应纳企业所得税。由于分支机构为子公司，应独立纳税，并且亏损可以在 5 年内税前弥补，所以子公司在第一年至第五年都不需要缴纳企业所得税。

第六年子公司应缴纳企业所得税=400×25%=100 万元。

(3)母子公司应纳企业所得税。

6 年内,公司总部和分支机构应纳企业所得税为 1 975 万元。

方案三:第一年,公司总部和分支机构应合并纳税,所以二者应纳企业所得税如下。

总公司应纳企业所得税=(1 000−1 000)×25%=0

1 年后,由于公司改制,所以应由公司总部和子公司分别独立纳税,则

甲公司第二年至第六年应纳企业所得税=(1 100+1 200+1 300+1 400+1 500)×25%
=1 625 万元

乙分支机构(子公司)第二年至第六年应纳企业所得税=(200+200+300+300+400)×25%
=350 万元

6 年内,总公司和公司分支机构应纳企业所得税为 1 975 万元。

可见,不论何种设立公司形式,只要总公司和分支机构适用企业所得税税率相同,二者的实际税负并无多大差别,由此可见,现行税法对于公司设立漏洞的缺口已补上,纳税人筹划的难度增大。但如果总机构与子公司或分支机构所得税适用税率不同,则上述情况将发生变化。

➢ 能力拓展

承接上例,分析总机构与子公司或分支机构适用所得税税率不同情况下的筹划。假设甲公司的企业所得税税率为 25%,分支机构的所得税税率为 15%,同时,公司总部规定,子公司税后利润 50%汇回总公司,50%自己留用。

一、熟悉相关法律并设计筹划纳税思路

为深入实施西部大开发战略,促进西部地区产业结构调整和特色优势产业发展,经国务院批准,发展改革委发布了《西部地区鼓励类产业目录》(中华人民共和国国家发展和改革委员会令第 15 号),自 2014 年 10 月 1 日起施行。

财政部　税务总局 国家发展改革委《关于延续西部大开发企业所得税政策的公告》(财政部公告 2020 年第 23 号)规定,自 2021 年 1 月 1 日至 2030 年 12 月 31 日,对设在西部地区的鼓励类产业企业减按 15%的税率征收企业所得税。本条所称鼓励类产业企业是指以《西部地区鼓励类产业目录》中规定的产业项目为主营业务,且其主营业务收入占企业收入总额 60%以上的企业。公告所称西部地区包括内蒙古自治区、广西壮族自治区、重庆市、四川省、贵州省、云南省、西藏自治区、陕西省、甘肃省、青海省、宁夏回族自治区、新疆维吾尔自治区和新疆生产建设兵团。湖南省湘西土家族苗族自治州、湖北省恩施土家族苗族自治州、吉林省延边朝鲜族自治州和江西省赣州市,可以比照西部地区的企业所得税政策执行。

二、计算不同方案下企业应纳企业所得税

方案一将分支机构设立为分公司。由于分公司不具备独立纳税条件,所以需要汇总到总公司纳税。

第一年总公司应纳企业所得税=(1 000−1 000)×25%=0

第二年总公司应纳企业所得税=(1 100+200)×25%=325 万元

第三年总公司应纳企业所得税=(1 200+200)×25%=350 万元

第四年:总公司应纳企业所得税=(1 300+300)×25%=400 万元

第五年总公司应纳企业所得税=（1 400+300）×25%=425 万元

第六年总公司应纳企业所得税=（1 500+400）×25%=475 万元

6 年内，总公司应纳企业所得税合计 1 975 万元，而分公司不需要纳税。

方案二：将分支机构设立为子公司。则二者关系为母子公司形式，母子公司均需独立纳税。

（1）母公司应纳企业所得税。

第一年母公司应纳企业所得税=1 000×25%=250 万元

第二年母公司应纳企业所得税=1 100×25%=275 万元

第三年母公司应纳企业所得税=1 200×25%=300 万元

第四年母公司应纳企业所得税=1 300×25%=325 万元

第五年母公司应纳企业所得税=1 400×25%=350 万元

第六年母公司应纳企业所得税=1 500×25%=375 万元

母公司缴纳所得税总额为 1 875 万元。

（2）子公司应纳企业所得税。由于分支机构为子公司，应独立纳税，并且亏损可以在 5 年内税前弥补，所以子公司在第一年至第五年都不需要缴纳企业所得税。

第六年应缴纳企业所得税=400×15%=60 万元

根据《企业所得税法》第二十六条的规定，企业的下列收入为免税收入：

①国债利息收入；

②符合条件的居民企业之间的股息、红利等权益性投资收益；

③在中国境内设立机构、场所的非居民企业从居民企业取得与该机构、场所有实际联系的股息、红利等权益性投资收益；

④符合条件的非营利公益组织的收入。

《企业所得税法实施条例》第八十三条规定，《企业所得税法》第二十六条第（二）项所称符合条件的居民企业之间的股息、红利等权益性投资收益，是指居民企业直接投资于其他居民企业取得的投资收益。

为更好体现税收优惠政策，保证企业投资充分享受到西部大开发、高新技术企业、小型微利企业等实行低税率的好处，实施条例明确不再要求补税率差。居民企业的投资收益属于免税收入，不需要考虑税率差的问题。

故本例中母公司对于这部分分回利润也不予以补税。

（3）母子公司应纳企业所得税。

6 年内，公司总部和分支机构应纳企业所得税合计 1 935 万元。

【思考】：若如果子公司税后利润全部汇回总公司，则总体税负与设立分公司是否一样？

方案三：第一年公司总部和分支机构应合并纳税，所以二者应纳企业所得税如下。

总公司应纳企业所得税=（1 000−1 000）×25%=0

1 年后，由于公司改制，所以应由公司总部和子公司独立纳税，则

总公司第二年至第六年应纳企业所得税=（1 100+1 200+1 300+1 400+1 500）×25%
=1 625 万元

分支机构（子公司）第二年至第六年应纳企业所得税=（200+200+300+300+400）×15%
=210 万元

6 年内，总公司和公司分支机构应纳企业所得税合计 1 835 万元。

➢ 任务完成结论-3

如表 4-3 所示，从企业所得税应纳税额考虑，方案三最优，方案二次之，方案一最差。

同时，通过上面的分析可以看出，设立子公司与设立分公司的节税利益孰低孰高并不是绝对的，它受到国家税制、纳税人经营状况及企业内部利润分配政策等多种因素的影响，这是投资者在进行企业内部组织结构选择时必须加以考虑的。

表 4-3　6 年内不同方案下企业所得税税负分析表　万元

方案	公司纳税		
	公司总部	分支机构	合计纳税
方案一	1 975	0	1 975
方案二	1 875	60	1 935
方案三	1 625	210	1 835

需要补充的是，在企业组织形式选择的税收筹划过程中，一定要融入动态筹划的思想。例如，在生产经营初期设立分公司或者常设机构，等到生产经营正常化后，再改设为子公司。因为在设立初期，其产生亏损的概率极大，运用分公司或常设机构形式进行生产经营活动，可以用其产生的亏损冲减总公司利润，减少总公司的应纳税额。而等到生产经营出现盈利后，改设子公司，可以充分利用国家对新建企业尤其是小微企业的税收优惠政策进行筹划。如果不考虑子公司所在地的税收优惠，单从应税所得额考虑，单独按过渡性税率征税，也是有税收筹划空间的。

除此之外，公司集团在选择子公司或者分公司的时候，不但要考虑到子公司和分公司所能带来的税收优惠，还要考虑到以下问题。

（1）分公司一般不具有独立法人资格，所以不利于进行独立的利润分配。同时，分公司如果有风险及相关法律责任，可能会牵连总公司，而子公司则没有这种担忧。

（2）在选择组织形式时，企业必须要考虑到管理的难易程度，根据管理需要，选择合适的组织形式。公司制企业严格按照公司章程和《公司法》的有关规定进行管理，管理比较规范，组织结构比较稳定，有利于企业的长期发展。而分公司不是公司，它的设立无须依照公司设立程序，只要履行简单的登记和营业手续即可成立。它没有自己的章程，没有董事会等形式的公司经营决策和业务执行机关。

因此，在实际税收筹划中，一定要在确定组织形式前做好充分调研，收集经营投资所在地的相关经济、法律及行业信息，最好模拟计算综合税负，分析税务风险，综合、全面考虑，以确定所采用的设立形式。

➢ 任务知识-4

一、企业合并的税务问题

企业合并亦称“公司合并”。两个或者两个以上的企业通过订立合并协议，依照有关法律法规的规定，将资产合为一体，组成一个新企业的行为过程。企业合并的结果是，新企业的资产等于各个合并企业的资产总和。企业合并可分为吸收合并和新设合并两种形式。

被合并企业的税务处理问题是指在企业合并中被合并企业向合并企业转移各类资产所涉及的税务问题。这里须明确企业合并中资产的转移不同于一般情况下资产的买卖，因为企业合并是企业整体产权的转移，并不是单项资产的买卖。现区分不同资产类型加以论述。

（1）企业合并涉及不动产、土地使用权转移的。对于被合并企业来说，根据《财政部、国家税务总局印发的关于全面推开营业税改征增值税试点的通知》（财税〔2016〕36 号）附件 2：《营业税改征增值税试点有关事项的规定》，在资产重组过程中，通过合并、分立、出售、置换等方式，将全部或者部分实物资产以及与其相关联的债权、负债和劳动力一并转让给其他单位和个人，其中涉及的不动产、土地使用权转让行为，属于不征收增值税项目，不征收增值税。根据《财政部　国家税务总局关于土地增值税一些具体问题规定的通知》规定，在企业兼并中，对被兼并企业将房地产转让到兼并企业中，暂免征收土地增值税。

（2）企业合并涉及设备、存货等应纳增值税项目的资产的，根据《国家税务总局关于纳税人资产重组有关增值税问题的公告》（国家税务总局公告 2011 年第 13 号）的规定，纳税人在资产重组过程中，通过合并、分立、出售、置换等方式，将全部或者部分实物资产以及与其相关联的债权、负债和劳动力一并转让给其他单位和个人，不属于增值税的征税范围，其中涉及的货物转让，不征收增值税。

（3）企业合并涉及的印花税。因为印花税税目为列举税目，如果是单纯的合并协议，则不要贴花；企业合并中涉及的财产所有权等转让合同，需要贴花。《财政部 国家税务总局关于企业改制过程中有关印花税政策的通知》（财税〔2003〕183 号）规定，以合并或分立方式成立的新企业，其新启用的资金账簿记载的资金，凡原已贴花的部分可不再贴花，未贴花的部分和以后新增加的资金按规定贴花。

（4）合并企业需要缴纳的税费，根据合并企业支付的合并对价而定。若合并企业支付的对价中涉及不动产，则应视为销售不动产，缴纳营业税、城建税、印花税、土地增值税和企业所得税；若涉及存货和设备，也应视为销售，缴纳增值税、城建税和企业所得税。

（5）企业合并涉及的契税。根据《财政部　国家税务总局关于企业事业单位改制重组契税政策的通知》（财税〔2012〕4 号）的规定，两个或两个以上的公司，依据法律规定、合同约定，合并为一个公司，且原投资主体存续的，对其合并后的公司承受原合并各方的土地、房屋权属，免征契税。

（6）企业合并涉及的税收难点是所得税问题。根据《财政部　国家税务总局关于企业重组业务企业所得税处理若干问题的通知》（财税〔2009〕59 号）的规定，关于企业合并的企业所得税问题，分为一般税务处理和特殊的税务处理。

通常情况下企业合并中，合并企业应按公允价值确定接受被合并企业各项资产和负债的计税基础。被合并企业应视为按公允价值转让、处置全部资产，计算资产的转让所得，依法缴纳所得税。被合并企业以前年度的亏损，不得结转到合并企业弥补。被合并企业的股东取得合并企业的股权视为清算分配。

企业重组符合下列条件的，可以使用特殊性税务处理规定：

①具有合理的商业目的，且不以减少、免除或者推迟缴纳税款为主要目的；

②被收购、合并或分立部分的资产或股权比例符合规定的比例；

③企业重组后的连续 12 个月内不改变重组资产原来的实质性经营活动；

④重组交易对价中涉及股权支付金额符合本规定的比例；

⑤企业重组中取得股权支付的原主要股东，在重组后连续 12 个月内，不得转让所取得的股权。

企业合并在符合上述条件的前提下，可使用特殊税务处理，即企业合并，被合并企业股东在该企业合并发生时取得的股权支付金额不低于其交易支付总额的 85%，以及同一控制下且不需要支付对价的企业合并，可以选择按以下规定处理：

①合并企业接受被合并企业资产和负债的计税基础，以被合并企业的原有计税基础确定；

②被合并企业合并前的相关所得税事项由合并企业承继；

③可由合并企业弥补的被合并企业亏损的限额=被合并企业净资产公允价值 × 截至合并企业业务发生当年年末国家发行的最长期限的国债利率；

④被合并企业股东取得合并企业股权的计税基础，以其原持有的被合并企业股权的计税基础确定。

特殊情况下的税务处理对企业而言，在税收方面存在一定的优势，如甲企业合并乙企业，乙企业被合并时账面净资产为 5 000 万元，评估公允价值为 6 000 万元。乙企业股东收到合并后企业股权 5 500 万元，其他非股权支付 500 万元，则股权支付额占交易支付总额比例为 92%，超过 85%，双方可以选择特殊性税务处理，即资产增值部分 1 000 万元不缴纳企业所得税。同时，甲乙双方的股份置换也不确认转让所得或损失。假设此比例不超过 85%，则资产增值部分 1 000 万元要缴纳企业所得税 250 万元，股份支付也要确认所得或损失。

另外，根据财税〔2009〕59 号文件第六项规定，重组交易各方按规定对交易中股权支付暂不确认有关资产的转让所得或损失的，其非股权支付仍应在交易当期确认相应的资产转让所得或损失，并调整相应资产的计税基础。

非股权支付对应的资产转让所得或损失=（被转让资产的公允价值-被转让资产的计税基础）×（非股权支付金额 ÷ 被转让资产的公允价值）

按上例，乙企业股东取得新合并企业股权 5 500 万元，取得非股权 500 万元。假如乙企业股东原投入乙企业的股权投资成本为 4 000 万元，则增值 2 000 万元。股东取得的非股权收入 500 万元对应的转让所得为 500 ÷ 6 000 × 2 000=166.7 万元。股东取得新股的计税成本不是 5 500 万元，而是 3 666.7 万元。这就是财税〔2009〕59 号文件第六条第四项规定的“被合并企业股东取得合并企业股权的计税基础，以其原持有的被合并企业股权的计税基础确定”。

因此，企业在进行合并时应区分不同的税务处理方式给企业带来的影响，权衡利弊，以选择正确有利的合并企业方式。

二、企业分立的税务问题

企业分立是指一个企业依照有关法律、法规的规定，分立为两个或两个以上的企业的法律行为，包括被分立企业将部分或全部营业分离转让给两个或两个以上现存或新设的企业（以下简称分立企业），为其股东换取分立企业的股权或其他财产的经济行为。企业分立也有两种基本类型，即存续分立和新设分立。

如同企业合并一样，根据上述国家税务总局财税〔2016〕36 号的规定，企业分立过程不涉及增值税、契税。同时,印花税与企业合并相同。土地增值税参考《土地增值税暂行条例》的相关规定:对分立企业承受被分立企业的不动产、土地使用权的,不征收土地增值税。

与企业合并一样,企业分立的难点也是所得税问题。

一般情况下,企业分立时,被分立企业对分立出去的资产应按公允价值确认资产转让所得或损失,分立企业应按公允价值确认接受资产的计税基础,被分立企业继续存在时,其股东取得的对价应视同被分立企业分配进行处理,被分立企业不再继续存在时,被分立企业及其股东都应按清算进行所得税处理,企业分立相关企业的亏损不得相互结转弥补。

在符合上述企业分立的特定条件下,被分立企业所有股东按原持股比例取得分立企业的股权,分立企业和被分立企业均不改变原来的实质经营活动,且被分立企业股东在该企业分立发生时取得的股权支付金额不低于其交易支付总额的85%,可以选择按以下规定处理:

(1)分立企业接受被分立企业资产和负债的计税基础,以被分立企业的原有计税基础确定;

(2)被分立企业已分立出去资产相应的所得税事项由分立企业承继;

(3)被分立企业未超过法定弥补期限的亏损额可按分立资产占全部资产的比例进行分配,由分立企业继续弥补。

(4)被分立企业的股东取得分立企业的股权(以下简称新股),如需部分或全部放弃原持有的被分立企业的股权(以下简称旧股),新股的计税基础应以放弃旧股的计税基础确定。如不需放弃旧股,则其取得新股的计税基础可从以下两种方法中选择确定:

①直接将新股的计税基础确定为0;

②以被分立企业分立出去的净资产占被分立企业全部净资产的比例先调减原持有的旧股的计税基础,再将调减的计税基础平均分配到新股上。

因此,企业在进行分立时,要重视免税分立这种方式。选择这种方式既可以免缴企业所得税,又可以通过亏损弥补冲减利润。但这种方式下的资产计价是以账面价值为基础的,这会影响以后分立企业的折旧费用,从而影响所得税税负,对此企业要综合考虑。

三、资产收购的税务问题

资产收购是指一家企业(以下称为受让企业)购买另一家企业(以下称为转让企业)实质经营性资产的交易。资产收购的对象和范围必须是实质性经营资产,即企业用于从事生产经营活动、与产生经营收入直接相关的资产,包括经营所用各类资产、企业拥有的商业信息和技术、经营活动产生的应收款项、投资资产等。受让企业支付对价的形式包括股权支付、非股权支付或者两者的组合。

对转让企业而言,在转让资产中涉及存货、固定资产等内容,则需要缴纳增值税、城建税、教育费附加、印花税;若涉及无形资产、不动产等则需要交纳增值税、城建税、教育费附加、土地增值税、印花税等。

对受让企业而言,其支付对价的方式有股权支付和非股权支付,若采用股权支付,则实际上是受让企业向转让企业转让股权,然后以转让股权获得的收益购买转让企业的资产,这种情况下,受让企业(股权转让)只涉及印花税和所得税。若采用非股权支付,相当于受让企业先向转让企业转让非货币性资产,再用转让取得的经济利益购买转让企业的股权。因此,若非股权支付涉及存货和固定资产等内容,则受让企业应依法计算缴纳增值税等;若是其他资产形式，则可能需要缴纳增值税、土地增值税等。

财税〔2009〕59号规定，资产收购企业所得税的处理分为一般税务处理与特殊税务处理。一般情况下企业资产收购重组交易，被收购方应确认资产转让所得或损失；被收购企业的相关所得税事项原则上保持不变；收购方取得资产的计税基础应以公允价值为基础确定。若符合企业重组的特定条件，受让企业收购的资产不低于转让企业全部资产的75%，且受让企业在该资产收购发生时的股权支付金额不低于其交易支付总额的85%，则交易各方对其交易中的股权支付部分，可以按以下规定进行特殊性税务处理：

（1）转让企业取得受让企业股权的计税基础，以被转让资产的原有计税基础确定；

（2）受让企业取得转让企业资产的计税基础，以被转让资产的原有计税基础确定。

通过上述分析可知，资产收购中，由于资产转让的转让方和受让方均可能出现存货、固定资产、无形资产、不动产等的有偿转让，因而，转让方和受让方都需要缴纳增值税、城建税及其他相关税费。

四、股权收购的税务问题

股权收购是指一家企业（以下称为收购企业）购买另一家企业（以下称为被收购企业）的股权，以实现对被收购企业的控制的交易。收购企业支付对价的形式包括股权支付、非股权支付或两者的组合。

股权收购的税务问题相对资产收购要简单，对被收购企业而言，实际上是被收购企业的股东转让股权，根据增值税的相关法律规定，股权转让涉及企业资产、债权、债务及劳动力的行为，因此，转让企业全部产权涉及的应税货物的转让，不属于增值税的征税范围，不征收增值税。也就是说，股权收购涉及的只是股东的所得税和印花税，对被收购企业本身而言，不发生任何税收。

对收购企业而言，其涉及的税收则与其支付对价的形式有关，具体可以参考资产收购，二者同理，在此不做赘述。

股权收购企业所得税的处理分为一般税务处理与特殊税务处理。一般情况下企业股权收购重组交易，被收购方应确认股权转让所得或损失；被收购企业的相关所得税事项原则上保持不变；收购方取得股权的计税基础应以公允价值为基础确定。若符合企业重组的特定条件，收购企业购买的股权不低于被收购企业全部股权的75%，且收购企业在该股权收购发生时的股权支付金额不低于其交易支付总额的85%，可以选择按以下规定处理：

（1）被收购企业的股东取得收购企业股权的计税基础，以被收购股权的原有计税基础确定；

（2）收购企业取得被收购企业股权的计税基础，以被收购股权的原有计税基础确定；

（3）收购企业、被收购企业的原有各项资产和负债的计税基础和其他相关所得税事项保持不变。

五、资产收购与股权收购的比较

对于公司并购重组中经常采用的方式，有必要先从法律上将资产收购与股权收购进行区分。

(一)资产收购和股权收购的相同点

二者的目的均为凭借财产权及股权的控制,掌握公司的经营权,并以此获利。

(二)资产收购与股权收购的不同点

1. 主体不同

资产收购的主体是作为买卖双方的两家公司,即收购方和目标公司(资产所有权人)。股权收购的主体是收购方和目标公司的股东。资产收购的签约主体是目标公司与收购方,股权收购的签约主体是目标公司的股东和收购方。

2. 收购标的不同

资产收购的标的是资产的所有权,出售的资产可以是目标公司的全部资产,也可以是经过选择的特定资产,且不包括该公司的负债,与公司的债权债务不发生任何关系,收购价格一般仅取决于资产的市场价值。股权收购的标的是目标公司的投资者的股权,可以是部分股权也可以是全部股权。而影响收购价格的因素则很多,包括目标公司的资产价值、债权债务数额及或有负债。

3. 价金支付对象不同

资产收购中,收购方所支付的价金支付给享有该财产权的公司,用于支付收购款的通常只能是货币,而股权收购中,收购方的价金支付给公司的股东,支付手段除了货币外,还有很多种,譬如股权、实物资产、经营管理权等。

4. 收购受益人不同

资产收购后,资产的所有权与目标公司分离,收购款进入目标公司成为公司的收入,但股东不能直接从资产出售行为中直接受益。股权收购后,资产仍留在目标公司,股东直接取得收购款后,股东与目标公司分离,失去对目标公司控制权。

5. 对目标公司的影响不同

股权收购对公司的影响表现为公司的股东发生了变化,而对公司的资产无任何影响,资产收购则会使公司资产形态发生变化。

(四)资产收购的特点

资产收购主要有如下优点。

(1)可以避免被收购方向收购方转嫁“或有负债”。在进行资产收购过程中,交易双方必须对交易的资产进行逐项核对,进行清产核资和评估。这样就可以比较准确地评估和避免负债的影响。同时收购方也可以在收购资产的同时剔除某些负债,除非资产收购的结果形成法定合并。但是在股权收购中,收购方作为被收购方的股东,当然要对被收购公司的债务负责。

(2)可以避免少数股东的阻挠。如果采取股权收购的方式,部分股东想继续保留公司的股份而不愿意出售手中的股票,那么可以采取资产收购的方式避开上述股东的阻挠。

但是与股权收购相比,资产收购具有以下几种弊端。

(1)收购方不能承继被收购方的税收优惠。在资产收购中,由于被收购方的法律主体地位的独立,收购方将不能享有被收购方的税收优惠。但是如果采取股权收购的方式,由于收购方和被收购方的法律地位不变,被收购方的税收优惠将会得到保留。

（2）税收成本较大。采取资产收购的方式，被收购方除了缴纳企业所得税外，还可能涉及土地增值税、增值税、消费税等。如果被收购方出售全部资产之后解散，分配给股东的投资金额还要由股东缴纳个人所得税。但是采取股权收购的方式，交易发生在收购方与被收购方的股东之间，目标公司本身不承担任何税收支出。

（3）收购方不能承受被收购公司因亏损而带来的所得税减免。在股权收购中，由于收购企业和被收购企业的法律主体和会计地位不变，被收购企业的以前年度的亏损被保留下来，可以抵减以后年度的所得额。但是在资产整体收购的情况下，存续公司能否承受被收购企业的亏损额，各个国家和地区有不同的规定。

（五）股权收购的主要特点

1. 不需要征得目标公司的同意

股权收购的主体是收购公司和被收购公司的股东，因此收购不需要征得目标公司的同意，也不需要征得目标公司管理层的同意。交易的决策权在各个分散的股东的手中。因此，被收购公司管理层不能从根本上阻止收购活动的进行。

2. 需要的收购资金较少

就股权收购而言，只需要取得被收购公司的控制权就可以了，一般而言，拥有公司 50%以上股权就可以控制目标公司，这种控制权称为绝对控制权，但是对于一些股权比较分散的公司来说，收购公司取得 50%以下的股权就可以控制该公司，因此在很多情况下，收购公司只需要部分出资就可以控制目标公司，从而实现以少量资本控制大量资本的目的。

3. 法律程序简单

在法律程序上，股权收购只要收购公司与目标公司的股东达成协议收购股权，并取得目标公司的股权优势后，再进行董事、监事改选即可。但是收购如果采取资产收购的方式，则必须根据《公司法》，由目标公司的董事会、股东会做出特别决议，交易双方签订协议之后，还要公告并通知债权人。虽然股权收购的程序比较简单，但是收购之前也要进行一系列的信息收集、资金筹集、收购策略的制定等前期工作。

任务二　掌握企业所得税税率的纳税筹划

➢ 任务达成目标

1. 能利用小型微利企业低税率政策进行纳税筹划。
2. 能把一般企业转变为小型微利企业进行纳税筹划。
3. 能通过创造条件成为国家重点扶持的高新技术企业进行纳税筹划。

➢ 核心技能

能利用税率差异对企业进行纳税筹划。

➢ 任务思维导图

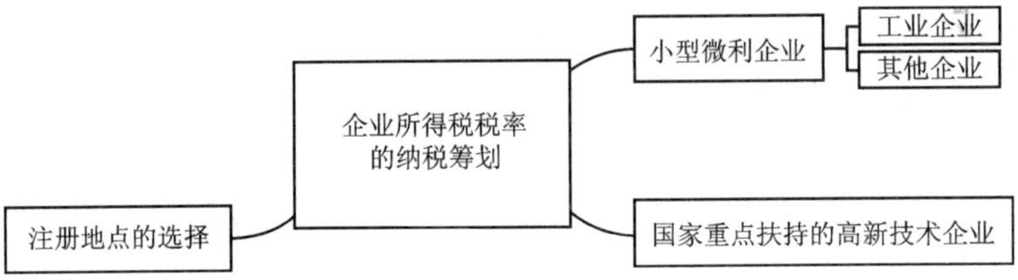

➢ 任务知识-1

一、小微企业的认定

小微企业是小型微利企业的统称，最初由郎咸平教授提出。在不同的税收优惠政策中，小微企业的界定标准并不统一，具体有企业所得税法的认定标准、增值税口径的认定标准和工信部的认定标准三个。

企业所得税所称符合条件的小微企业，从应纳税所得额、从业人数和资产总额三个方面进行衡量。财税〔2019〕13号文件规定，小型微利企业是从事国家非限制和禁止行业，且同时满足年度应纳税所得额不超过300万元、从业人数不超过300人、资产总额不超过5 000万元等三个条件的企业。

增值税口径的小微企业是以小规模纳税人的月销售额为标准确定的，根据2021年政府工作报告，月销售额在15万元以下（含本数），且是增值税小规模纳税人，可以享受免征增值税的优惠政策。

工信部口径小微企业的认定标准主要依据的是《工业和信息化部、国家统计局、国家发展和改革委员会、财政部关于印发中小企业划型标准规定的通知》（工信部联企业〔2019〕300号）文件。该文件结合从业人员、营业收入、资产总额等指标和不同行业的特点，为16个行业制定了不同的标准。比如，农、林、牧、渔业中营业收入500万（含）~2 000万元的为中型企业，营业收入50万（含）~500万元的为小型企业，营业收入<50万元的为微型企业。

二、关于小微企业相关税费优惠政策

我国小型微利企业所得税优惠制度的建立，是我国税法效率原则追求社会整体效益最大化的具体表现。关于小微企业的企业所得税税率优惠政策，《企业所得税法》第二十八条规定，符合条件的小型微利企业，减按20%的税率征收企业所得税。这个已在任务一中详述，这里不再赘述。

根据财税〔2019〕13号文件精神，各省、自治区、直辖市人民政府可以根据本地区实际情况，对增值税小规模纳税人在50%的税额幅度内减征资源税、城市维护建设税、房产税、城镇土地使用税、印花税（不含证券交易印花税）、耕地占用税和教育费附加、地方教育附加。需要说明的是，已经享受了相关税费优惠的增值税小规模纳税人仍然可以叠加享受本条规定的优惠政策。

【案例】A企业为增值税小规模纳税人，且符合小型微利企业的条件资格，假设每月销售

额为 15 万元（不含税价，下同），2021 年销售额为 180 万元，各项成本费用支出 100 万元，该企业 2022 年需要缴纳多少增值税和企业所得税呢？

① 现行优惠政策下。

增值税=180×1%=1.8 万元

企业所得税=（180−100）×25%×20%=4 万元

合计=1.8+4=5.8 万元

② 按照政府工作报告相关内容执行后。

增值税=0 万元

企业所得税=（180−100）×25%×20%×50%=2 万元

合计=0+2=2 万元

A 企业在享受“免增值税提额”“降所得税税负”这两大福利后，增值税和企业所得税这两大主要税种降低了 65.52%。

➢ 任务导入-1

某工业企业 2021 年应纳税所得额为 109 万，员工人数为 56 人，资产为 4 800 万元，职工人员工资为 400 万元。在企业未筹划前，通过人数和资产总额等指标我们可以判断该企业为小型微利企业，年应纳税所得额大于 100 万，不能享受最优惠的政策，但是不超过 300 万，可以享受减按 50%计入应纳税所得额，按 20%税率缴纳企业所得税的优惠政策，因此该年度企业所得税为 100×25%×20%×50%+9×50%×20%=2.5+0.9=3.4 万元。

请对该企业 2021 年的企业所得税进行纳税筹划。

➢ 任务实施-1

方案一：考虑到税率分档，我们可以延期确认收入，把该年的部分收入递延到下一年度。具体可以采用分期收款的方式，在合同中明确收款的时间或者采用延期发货的方法，将 9 万元确认为下一年度的收入。在以后年度也可以采用同样的方法递延企业的收入以使其适用小微企业所得税的最优惠政策。

筹划后该企业应交纳的企业所得税=100×25%×20%×50% =2.5 万元

方案二：利用企业的加计扣除政策，如企业工作并不复杂可以考虑安排 2 名残疾人工作，对于残疾人的工资可以加计 100% 扣除，如残疾人员的工资总额为 14 万元，此时

企业应交纳的企业所得税=（109−14）×25%×20%×50%=2.38 万元

方案三：适当增加企业开支。企业可以通过公益捐赠，提高员工奖金，增加企业产品促销力度等放回增加企业支出，使得企业应纳税所得额保持在 100 万元以内，在给企业降低税负的同时，也提升了企业的社会形象、产品的知名度和员工的幸福感，可谓一举多得。

➢ 任务完成结论-1

从以上分析我们不难看出，筹划与不筹划对企业的影响是不一样的。企业在进行企业所得税纳税筹划时，可以利用上述方法将企业年应纳税额保持在相应的档位，如年应纳税所得额不超过 100 万元可以享受最为优惠的所得税优惠政策，超过 100 万元但不超过 300 万元也可以享受到国家的税改红利。

➢ 任务导入-2

甲商业企业主要经营地方特色美食，资产总额为 5 000 万元，员工人数为 300 人。该企业预计 2021 年利润总额为 480 万元，假设没有纳税调整项目，其税前利润刚好等于应纳税所得额，请对该公司企业所得税纳税业务进行纳税筹划。

➢ 任务实施-2

企业根据自身经营水平和盈利水平的预测，如果企业规模超过了小型微利企业的认定标准，则可考虑采取分立企业的方式来享受小型微利企业的优惠待遇。

方案一：甲商业企业维持现状，则

甲企业当年应纳企业所得税=480×25%=120 万元

方案二：将甲企业均分，分别注册为独立的企业甲公司和乙公司，则

甲公司与乙公司当年应纳企业所得税=100×25%×20%×50%+140×50%×20%

=16.5 万元

企业集团合计应纳企业所得税=16.5×2=33 万元

➢ 任务完成结论-2

从以上分析不难看出，方案二比方案一少缴纳企业所得税 87 万元。从企业所得税税负角度考虑，应当选择方案二。但设立分支机构需要花费一定的费用，对于特色品牌来讲，还有可能影响正常的生产经营，也不利于经营管理，因此企业需要综合分析才能做出正确选择。

➢ 任务知识-3

高新技术企业是指《国家重点支持的高新技术领域》内，持续进行研究开发与技术成果转化，形成企业核心自主知识产权，并以此为基础开展经营活动，在中国境内（不包括港、澳、台地区）注册的居民企业。《中华人民共和国企业所得税法》第二十八条第二款规定，国家需要重点扶持的高新技术企业，减按 15%的税率征收企业所得税。企业要取得高新技术资格需要经过资格认定，认定通过后才能享受税收优惠政策。其中，高新技术企业所得税优惠适用于账证健全、实行查账征收的企业，核定征收企业不能享受高新技术企业所得税优惠。

我国目前认定为高新技术企业须同时满足以下条件。

（1）企业申请认定时须注册成立一年以上。

（2）企业通过自主研发、受让、受赠、并购等方式，获得对其主要产品（服务）在技术上发挥核心支持作用的知识产权的所有权。

（3）对企业主要产品（服务）发挥核心支持作用的技术属于《国家重点支持的高新技术领域》规定的范围。

（4）企业从事研发和相关技术创新活动的科技人员占企业当年职工总数的比例不低于10%。

（5）企业近三个会计年度（实际经营期不满三年的按实际经营时间计算，下同）的研究开发费用总额占同期销售收入总额的比例符合如下要求。

①最近一年销售收入小于 5 000 万元（含）的企业，比例不低于 5%。

②最近一年销售收入在 5 000 万元至 2 亿元（含）的企业，比例不低于 4%。

③最近一年销售收入在 2 亿元以上的企业，比例不低于 3%。

其中，企业在中国境内发生的研究开发费用总额占全部研究开发费用总额的比例不低于 60%。

（6）近一年高新技术产品（服务）收入占企业同期总收入的比例不低于 60%，收入按收入总额减去不征税收入的规定计算（收入总额与不征税收入按照《中华人民共和国企业所得税法》，以下称"《企业所得税法》"，以及《中华人民共和国企业所得税法实施条例》，以下称"《企业所得税法实施条例》"）。

（7）企业创新能力评价应达到相应要求。

（8）企业申请认定前一年内未发生重大安全、重大质量事故或严重环境违法行为。

国家重点支持的高新技术涵盖八大领域：电子信息技术、生物与新医药技术、航空航天技术、新材料技术、高技术服务业、新能源及节能技术、资源与环境技术、高新技术改造传统产业。每个领域包含各自大类。

根据《财政部 税务总局 商务部 科技部 国家发展改革委关于将技术先进型服务企业所得税政策推广至全国实施的通知》（财税〔2017〕79 号）、《财政部 税务总局 商务部 科技部 国家发展改革委关于将服务贸易创新发展试点地区技术先进型服务企业所得税政策推广至全国实施的通知》（财税〔2018〕44 号），自 2018 年 1 月 1 日起，对经认定的技术先进型服务企业（服务贸易类），减按 15%的税率征收企业所得税。技术先进型服务企业是国家为了扶持高端技术性服务业的发展，对从事技术外包、业务外包和知识外包服务的企业进行税收等多项政策支持的企业类型。技术先进型服务企业（服务贸易类）须符合的条件及认定管理事项，要按照相关规定执行。其中，企业须满足的技术先进型服务业务领域范围按照本通知所附《技术先进型服务业务领域范围（服务贸易类）》执行，包括信息系统集成服务、数据服务、研究和实验开发服务、工业设计服务、知识产权跨境许可与转让、文化产品数字制作及相关服务、文化产品的对外翻译、配音及制作服务、中医药医疗保健及相关服务。

《财政部　税务总局关于延长高新技术企业和科技型中小企业亏损结转年限的通知》（财税〔2018〕76 号）第一条规定，自 2018 年 1 月 1 日起，当年具备高新技术企业或科技型中小企业资格（以下统称资格）的企业，其具备资格年度之前 5 个年度发生的尚未弥补完的亏损，准予结转以后年度弥补，最长结转年限由 5 年延长至 10 年。

除此之外，科技型中小企业是指依托一定数量的科技人员从事科学技术研究开发活动，取得自主知识产权并将其转化为高新技术产品或服务，从而实现可持续发展的中小企业。主要是企业依托自身平台，为政府和企业提供业务整体解决方案，关键的是开展外包服务。技术先进型服务企业的外向性特征很明显。

➢ 任务导入-3

甲公司主要从事生物与新医药生产与研发，现有职工总数 128 人，本年预计应按税所得额 1 300 万元。现欲申请成为国家重点扶持的高新技术企业，8 个条件中仅有第 4 个条件还未能满足，因为从事研发的相关技术创新活动的科技人员仅有 11 名。

请对该公司的上述业务进行纳税筹划。

➢ 任务实施-3

高新技术企业证书是含金量相当高的国家级资质认证,企业拥有该证书可以享受减按15%税率征收企业所得税、研发费用加计扣除、亏损弥补年限延长等税收优惠。高新技术企业资格好处多多,其认定程序亦是非常严格的。《高新技术企业认定管理办法》以下简称“《认定办法》”)及《高新技术企业认定管理工作指引》,以下简称“《工作指引》”)是两款在认定过程中起着指导性作用的文件,符合条件的企业可对照自身条件按照文件要求进行资格认定申请,从而获得税率上的优惠。

方案一:现有条件下不能申请认定为高新技术企业,因为该企业目前从事研发的相关技术创新活动的科技人员只有 11 名,11 ÷ 128=8.59%<10%。则

该企业当年应纳企业所得税=1 400 × 25%=350 万元

方案二:企业引进 2 名从事研发的相关技术创新活动的科技人员,使得该企业从事研发的相关技术创新活动的科技人员增加到 13 名, 13 ÷ 128=10.16%>10%。则企业就可以申请成为高新技术企业,适用 15%的企业所得税税率。则

该企业当年应纳企业所得税=1 400 × 15%=210 万元

➢ 任务完成结论-3

方案二比方案一少缴纳企业所得税 140(350-210)万元,从企业所得税税负角度考虑,应当选择方案二。企业通过筹划招兵买马,不仅可以抵减当年的应纳税所得额,还可以壮大研发团队,加快研发速度。实际工作中,获得高新技术企业资格认定的企业,其资格自颁发证书之日起有效期为 3 年。自高新技术企业证书颁发之日所在年度起享受税收优惠,不需经过税务机关审批,企业享受优惠事项采取“自行判别、申报享受、相关资料留存备查”的办理方式,按照要求备案即可享受税收优惠。企业在获得高新技术企业资格后,还应于每年 5 月底前在“高新技术企业认定管理工作网”填报上一年度知识产权、科技人员、研发费用、经营收入等年度发展情况报表。但是如果经税务机关检查,发现企业不符合高新技术企业规定条件的,会提请认定机构复核,复核后确认不符合认定条件的,由认定机构取消其高新技术企业资格,并通知税务机关追缴不符合认定条件年度起已享受的税收优惠。

任务三　掌握企业所得税扣除项目的纳税筹划

➢ 任务达成目标

1. 能利用成本费用的选择进行纳税筹划。
2. 能利用筹资渠道的差异进行对比纳税筹划。
3. 会区分“福利性补贴”与“职工福利费”。
4. 能对企业捐赠支出进行纳税筹划。

➢ 核心技能

1. 掌握企业所得税成本费用税前扣除的纳税筹划方法。

2. 能根据企业资金需求量，选择合理的融资结构，有效降低成本。

➢ 任务思维导图

➢ 任务知识-1

一、企业所得税税前扣除项目的规定

根据《企业所得税法》第八条规定："企业实际发生的与取得收入有关的、合理的支出，包括成本、费用、税金、损失和其他支出，准予在计算应纳税所得额时扣除。"《企业所得税法实施条例》第二十七条规定："企业所得税法第八条所称有关的支出，是指与取得收入直接相关的支出；所称合理的支出，是指符合生产经营活动常规，应当计入当期损益或者有关资产成本的必要和正常的支出。"具体来讲，准予在税前扣除的项目如下。

（1）成本。成本是指企业在生产经营活动中发生的销售成本、销货成本、业务支出以及其他耗费。

（2）费用。费用是指企业在生产经营活动中发生的销售费用、管理费用和财务费用。已经计入成本的有关费用除外。

（3）税金。税金《企业所得税法实施条例》第三十一条规定，企业所得税前允许扣除的税金，是指企业发生的除企业所得税和允许抵扣的增值税以外的各项税金及其附加，即纳税人按照规定已缴纳的消费税、城建税、资源税、土地增值税、出口关税及教育费附加，以及发生的房产税、车船税、城镇土地使用税、印花税等。企业缴纳的增值税为价外税，不包含在计税中，计算应纳税所得额时不得扣除。

（4）损失。损失是指企业在生产经营活动中发生的固定资产和存货的盘亏、毁损、报废损失，转让财产损失，呆账损失，坏账损失，自然灾害等不可抗力因素造成的损失以及其他损失。

（5）其他支出。其他支出是指除成本、费用、税金、损失外，企业在生产经营活动中发生的与生产经营活动有关的、合理的支出。

费用要在税前进行扣除必须具备两大条件：第一，发生的费用与企业的生产经营有关，主要通过合同、协议和企业内部的各项制度来界定；第二，要有合法的凭证。合法有效凭证分为四大类，一是税务发票；二是财政收据；三是境外收据；四是自制凭证。各类凭证都有各自的使用范围，不可相互混用。

二、税前扣除的成本发票应符合的条件

（1）资金流、物流和票流的三流统一，即银行收付凭证、交易合同和发票上的收款人和付款人和金额必须一致。

（2）必须有真实交易的行为。

（3）符合国家相关政策的规定。

企业所得税税前扣除明细及法规依据如表 4-4 所示。

表 4-4 企业所得税税前扣除明细及法规依据表

费用类别	扣除标准（限额比例）	说明事项（限额比例计算基数，其他说明事项）	政策依据
职工工资	据实扣除	任职或受雇，合理	《企业所得税法实施条例》第 34 条
	加计 100%扣除	支付残疾人员的工资	《企业所得税法》第 30 条 《企业所得税法实施条例》第 96 条 《财政部 国家税务总局关于安置残疾人员就业有关企业所得税优惠政策问题的通知》（财税〔2009〕70 号）
职工福利费	14%	企业按照有关规定实际发放的工资薪金总额，不包括企业的三项经费和五险一金	《企业所得税法实施条例》第 40 条 《国家税务总局关于企业工资薪金及职工福利费扣除问题的通知》（国税函〔2009〕3 号）
职工教育经费	8%	工资薪金总额；超过部分，准予在以后纳税年度结转扣除	《财政部 税务总局关于企业职工教育经费税前扣除政策的通知》（财税〔2018〕51 号）
	全额扣除	集成电路设计企业和符合条件软件企业、航空企业	《财政部 国家税务总局关于企业所得税若干优惠政策的通知》（财税〔2008〕1 号） 《国家税务总局关于进一步鼓励软件产业和集成电路产业发展企业所得税政策的通知》（财税〔2012〕27 号） 《财政部 国家税务总局 发展改革委 工业和信息代部关于软件和集成电路产业企业所得税优惠政策有关问题的通知》（财税〔2016〕49 号） 《国家税务总局关于企业所得税若干问题的公告》（国家税务总局公告〔2011〕34 号）
职工工会经费	2%	工资薪金总额；凭工会组织开具的工会经费收入专用收据和税务机关代收工会经费凭据扣除	《企业所得税法实施条例》第 41 条 《国家税务总局关于工会经费企业所得税税前扣除凭据问题的公告》（国家税务总局公告 2010 年第 24 号） 《国家税务总局关于税务机关代收工会经费企业所得税税前扣除凭据问题的公告》（国家税务总局公告 2011 年第 34 号）
业务招待费	（60%，5‰）	发生额的 60%，销售或营业收入的 5‰；股权投资业务企业分回的股息、红利及股权转让收入可作为收入计算基数	《企业所得税法实施条例》第 43 条 《关于贯彻落实企业所得税法若干税收问题的通知》（国税函〔2010〕79 号）
广告费和业务宣传费	15%	当年销售（营业）收入，超过部分向以后结转	《企业所得税法实施条例》第 44 条
	30%	当年销售（营业）收入；化妆品制造或销售、医药制造和饮料制造（不含酒类制造），超过部分，准予在以后纳税年度结转扣除。	《财政部 税务总局关于广告费和业务宣传费支出税前扣除有关事项的公告》（财政部 税务总局公告 2020 年第 43 号）（自 2021 年 1 月 1 日起至 2025 年 12 月 31 日止执行）
	不得扣除	烟草企业的烟草广告费和业务宣传费支出	《财政部 税务总局关于广告费和业务宣传费支出税前扣除有关事项的公告》（财政部 税务总局公告 2020 年第 43 号）（自 2021 年 1 月 1 日起至 2025 年 12 月 31 日止执行）

续表

费用类别	扣除标准（限额比例）	说明事项（限额比例计算基数，其他说明事项）	政策依据
捐赠支出	12%	年度利润（会计利润）总额；公益性捐赠；有捐赠票据，名单内所属年度内可扣，会计利润≤0不能算限额，超过年度利润总额12%的部分，准予结转以后三年内在计算应纳税所得额时扣除。	《企业所得税法》第9条 《企业所得税法实施条例》第53条 《国家税务总局关于企业所得税执行中若干税务处理问题的通知》（国税函〔2009〕202号） 《财政部 税务总局关于公益性捐赠支出企业所得税税前结转扣除有关政策的通知》（财税〔2018〕15号） 《财政部 税务总局 民政部关于公益性捐赠税前扣除有关事项的公告》（财政部公告2020年第27号）
利息支出（向企业借款）	据实（非关联企业向金融企业借款）	非金融向金融借款的利息支出、金融企业的各项存款利息支出和同业拆借利息支出、企业经批准发行债券的利息支出	《企业所得税法实施条例》第38条第（一）项 《国家税务总局关于企业所得税若干问题的公告》（国家税务总局公告〔2011〕34号）
	同期同类范围内可扣（非关联企业间借款）	非金融向非金融，不超过同期同类计算数额，并提供“金融企业的同期同类贷款利率情况说明”	《企业所得税法实施条例》第38条第（二）项 《国家税务总局关于企业向自然人借款的利息支出企业所得税税前扣除问题的通知》（国税函〔2009〕777号）
	权益性投资5倍或2倍内可扣（关联企业借款）	金融企业债权性投资不超过权益性投资的5倍内，其他业2倍内	《企业所得税法》第46条 《企业所得税法实施条例》第119条 《财政部　国家税务总局关于企业关联方利息支出税前扣除标准有关税收政策问题的通知》（财税〔2008〕121号） 《特别纳税调整实施办法（试行）》（国税发〔2009〕2号）
	据实扣（关联企业付给境内关联方的利息）	提供资料证明交易符合独立交易原则或企业实际税负不高于境内关联方	《企业所得税法》第46条 《企业所得税法实施条例》第119条 《财政部　国家税务总局关于企业关联方利息支出税前扣除标准有关税收政策问题的通知》（财税〔2008〕121号） 《特别纳税调整实施办法（试行）》（国税发〔2009〕2号）
利息支出（向自然人借款）	同期同类范围内可扣（无关联关系）	同期同类可扣并签订借款合同	《企业所得税法》第46条 《企业所得税法实施条例》第119条 （财税〔2008〕121号） 《财政部国家税务总局关于企业关联方利息支出税前扣除有关税收政策问题的通知》（财税〔2008〕121号） 《特别纳税调整实施办法（试行）》（国税发〔2009〕2号） 《企业所得税法实施条例》第38条 《国家税务总局关于企业向自然人借款的利息支出企业所得税税前扣除问题的通知》（国税函〔2009〕777号）
	权益性投资5倍或2倍内可扣（有关联关系自然人）		
	据实扣（有关联关系自然人）	能证明关联交易符合独立交易原则	
利息支出（规定期限内未缴足应缴资本额的）	部分不得扣除	不得扣除的借款利息=该期间借款利息额×该期间未缴足注册资本额÷该期间借款额	《国家税务总局关于企业投资者投资未到位而发生的利息支出企业所得税前扣除问题的批复》（国税函〔2009〕312号）
非银行企业内营业机构间支付利息	不得扣除		《企业所得税法实施条例》第49条

续表

费用类别	扣除标准（限额比例）	说明事项（限额比例计算基数，其他说明事项）	政策依据
住房公积金	据实	规定范围内	《企业所得税法实施条例》第 35 条
各类基本社会保障性缴款	据实	规定范围内（“五费一金”：基本养老保险费、基本医疗保险费、失业保险费、工伤保险费、生育保险费等基本社会保险费和住房公积金）	《企业所得税法实施条例》第 35 条
补充养老保险	5%	工资总额	《企业所得税法实施条例》第 35 条 《财政部国家税务总局关于补充养老保险费、补充医疗保险费有关企业所得税政策问题的通知》（财税〔2009〕27 号）
补充医疗保险	5%	工资总额	
与取得收入无关支出	不得扣除		《企业所得税法实施条例》第 10 条
不征税收入用于支出所形成费用	不得扣除	包括不征税收入用于支出所形成的财产，不得计算对应的折旧、摊销扣除	《企业所得税法实施条例》第 28 条
环境保护、生态保护等专项资金	据实	按规提取；改变用途的不得扣除	《企业所得税法实施条例》第 45 条
财产保险	据实		《企业所得税法实施条例》第 46 条
特殊工种职工的人身安全险	可以扣除		《企业所得税法实施条例》第 36 条
其他商业保险	不得扣除	国务院财政、税务主管部门规定可以扣除的除外	《企业所得税法实施条例》第 36 条
租入固定资产的租赁费	按租赁期均匀扣除	经营租赁租入	《企业所得税法实施条例》第 47 条
	分期扣除	融资租入构成融资租入固定资产价值的部分可提折旧	《企业所得税法实施条例》第 47 条
劳动保护支出	据实	合理	《企业所得税法实施条例》第 48 条
企业间支付的管理费（如上缴总机构管理费）	不得扣除		《企业所得税法实施条例》第 49 条
企业内营业机构间支付的租金	不得扣除		《企业所得税法实施条例》第 49 条

续表

费用类别	扣除标准（限额比例）	说明事项（限额比例计算基数，其他说明事项）	政策依据
企业内营业机构间支付的特许权使用费	不得扣除		《企业所得税法实施条例》第49条
向投资者支付的股息、红利等权益性投资收益	不得扣除		《企业所得税法实施条例》第10条
所得税税款	不得扣除		《企业所得税法实施条例》第10条
未经核定准备金	不得扣除		《企业所得税法实施条例》第10条 《财政部　国家税务总局关于证券行业准备金支出企业所得税税前扣除有关问题的通知》（财税〔2009〕33号） 《财政部　国家税务总局关于保险公司准备金支出企业所得税税前扣除有关问题的通知》（财税〔2009〕48号） 《财政部　国家税务总局关于中国银联股份有限公司特别风险准备金税前扣除问题的通知》（财税〔2010〕25号） （注：以上文件执行至2010年12月31日止，目前尚无新的政策规定）
固定资产折旧	规定范围内可扣	不超过最低折旧年限	《企业所得税法》第11条 《企业所得税法实施条例》第57~60条
生产性生物资产折旧	规定范围内可扣	林木类10年，畜类3年	《企业所得税法实施条例》第62~64条
无形资产摊销	不低于10年分摊	一般无形资产	《企业所得税法》第12条 《企业所得税法实施条例》第65~67条
	法律或合同约定年限分摊	投资或受让的无形资产	《企业所得税法实施条例》第67条
	不可扣除	自创商誉；外购商誉的支出，在企业整体转让或清算时扣除	《企业所得税法》第12条 《企业所得税法实施条例》第67条
	不可扣除	与经营活动无关的无形资产	《企业所得税法》第12条
长期待摊费用	限额内可扣	（1）已足额提取折旧的房屋建筑物改建支出，按预计尚可使用年限分摊	《企业所得税法》第13条 《企业所得税法实施条例》第68条
		（2）租入房屋建筑物的改建支出，按合同约定的剩余租赁期分摊	《企业所得税法》第13条 《企业所得税法实施条例》第68条
		（3）固定资产大修理支出，按固定资产尚可使用年限分摊	《企业所得税法》第13条 《企业所得税法实施条例》第69条
		（4）其他长期待摊费用，摊销年限不低于3年	《企业所得税法》第13条 《企业所得税法实施条例》第70条

续表

费用类别	扣除标准（限额比例）	说明事项（限额比例计算基数，其他说明事项）	政策依据
资产损失	实际资产损失 法定资产损失	清单申报和专项申报两种申报形式申报扣除	《企业所得税法》第8条 《企业所得税法实施条例》第32条 《财政部 国家税务总局关于企业资产损失税前扣除政策的通知》(财税〔2009〕57号) 《国家税务总局关于发布〈企业资产损失所得税税前扣除管理办法〉的公告》(国家税务总局公告2011年第25号)
开办费	可以扣除	开始经营当年一次性扣除或作为长期待摊费用摊销	《国家税务总局关于企业所得税若干税务事项衔接问题的通知》(国税函〔2009〕98号)
低值易耗品摊销	据实扣除		
审计及公证费	据实扣除		
研究开发费用	加计扣除(未形成无形资产的，据被扣附后基础上按研发费用的50%加计扣除；形成无形资产的，按成本的150%摊销)	从事国家规定项目的研发活动发生的研发费，年度汇算时向税局申请加扣	《企业所得税法》第30条 《企业所得税法实施条例》第95条 《企业研究开发费用税前扣除管理办法(试行)》(国税发〔2008〕116号)
税金	可以扣除	所得税和增值税不得扣除	
咨询、诉讼费	据实		
差旅费	据实		
会议费	据实	会议纪要等证明真实的材料	
工作服饰费用	据实		
运输、装卸、包装费等费用	据实		
印刷费	据实		
咨询费	据实		
诉讼费	据实		
邮电费	据实		
租赁费	据实		
水电费	据实		
取暖费÷防暑降温费	并入福利费算限额	属职工福利费范畴，福利费超标需调增	
公杂费	据实		
车船燃料费	据实		

续表

费用类别	扣除标准（限额比例）	说明事项（限额比例计算基数,其他说明事项）	政策依据
交通补贴及员工交通费用	2008 年以前并入工资，2008 年以后的并入福利费算限额	2008 年以前计入工资总额同时缴纳个税；2008 年以后的则作为职工福利费列支	
电子设备转运费	据实		
修理费	据实		
安全防卫费	据实		
董事会费	据实		
绿化费	据实		
手续费和佣金支出	保险企业：年全部保费收入扣除退保金等后余额的 18%（含本数）	超过部分，允许结转以后年度扣除	《财政部　国家税务总局关于企业手续费及佣金支出税前扣除政策的通知》（财税〔2009〕29 号） 《财政部 税务总局关于保险企业手续费及佣金支出税前扣除政策的公告》（财政部 税务总局公告 2019 年第 72 号）
	其他企业：按与具有合法经营资格的中介服务机构或个人（不含交易双方及其雇员、代理人和代表人等）所签订服务协议或合同确认的收入金额的 5%计算限额。	（1）除委托个人代理外，企业以现金等非转账方式支付的手续费及佣金不得在税前扣除。 （2）企业为发行权益性证券支付给有关证券承销机构的手续费及佣金不得在税前扣除。 （3）企业不得将手续费及佣金支出计入回扣、业务提成、返利、进场费等费用。 （4）企业已计入固定资产、无形资产等相关资产的手续费及佣金支出，应当通过折旧、摊销等方式分期扣除，不得在发生当期直接扣除。 （5）企业支付的手续费及佣金不得直接冲减服务协议或合同金额，并如实入账	
煤矿企业维简费支出高危行业企业安全生产费用支出	实际发生扣除；预提不得在税前扣除	属于收益性支出的，可直接作为当期费用在税前扣除；属于资本性支出的，应计入有关资产成本，并按企业所得税法规定计提折旧或摊销费用在税前扣除	《国家税务总局关于煤矿企业维简费和高危行业企业安全生产费用企业所得税税前扣除问题的公告》（国家税务总局公告〔2011〕第 26 号）
交易所会员年费	据实	票据	
交易席位费摊销	按 10 年分摊		

续表

费用类别	扣除标准（限额比例）	说明事项（限额比例计算基数，其他说明事项）	政策依据
同业公会会费	据实	票据	
信息披露费	据实		
公告费	据实		
其他	视情况而定		

➢ 任务导入-1

某市甲公司属于增值税一般纳税人，主要从事电热水器的研发、生产和销售。2021 年预计销售收入为 8 000 万元（不含税），其所用原材料成本为 3 000 万元，现假定该企业当期期初存货为零，企业现有三种方案可供选择。

方案一：从乙企业（一般纳税人）购进 3 000 万元的原材料。

方案二：从丙企业（一般纳税人）购进 4 000 万元的原材料。

方案三：从丁企业（一般纳税人）购进 5 000 万元的原材料。

假定购进时均能取得增值税专用发票，该企业适用增值税税率 13%，城市维护建设税税率为 7%，教育费附加为 3%，地方教育费附加为 2%，企业所得税税率为 25%。请对该企业的上述业务进行纳税筹划。

➢ 任务实施-1

一、熟悉税法并设计筹划纳税思路

企业在计算企业所得税时，收入与成本均为不含税收入，《企业所得税法》第二章第六条规定："企业以货币形式和非货币形式从各种来源取得的收入，为收入总额。包括：销售货物收入；提供劳务收入；转让财产收入；股息、红利等权益性投资收益；利息收入；租金收入；特许权使用费收入；接受捐赠收入；其他收入。"一般情况下，企业只要能从销货方取得增值税专用发票，根据专用发票上注明的增值税额就可以从当期销项税额中抵扣，事实上，这是一把"双刃剑"，一方面企业尽可能多地抵扣进项税额，从而降低增值税税负；另一方面，若企业当期进项税额大于销售税额时，就会出现留抵税额，就会增加企业的现金流出。因此，企业应在满足正常生产经营的前提下，比较不同采购规模对企业税负及现金流出量的影响，从而做出合理的决策。

二、计算不同方案下企业应纳企业所得税及现金流出量

方案一：甲企业从乙企业购进 3 000 万元的不含税原材料。

当期应纳增值税=8 000 × 13%−3 000 × 13%=650 万元

当期应纳城建税、教育费附加、地方教育费附加=650 ×（7%+3%+2%）=78 万元

当期应纳企业所得税=（8 000−3 000−78）×25%=1 230.5 万元

当期应纳税款合计=650+78+1 230.5=1 958.5 万元

该公司实现净利润=8 000−3 000−78−1 230.5=3 691.5 万元

当期现金流出量=3 000+3 000×13%+1 958.5=5 348.5 万元

方案二：甲企业从丙企业购进 4 000 万元的不含税原材料。

当期应纳增值税=8 000×13%−4 000×13%=520 万元

当期应纳城建税、教育费附加、地方教育费附加=520×（7%+3%+2%）=62.4 万元

当期应纳企业所得税=（8 000−4 000−62.4）×25%=984.4 万元

当期应纳税款合计=520+62.4+984.4=1 566.8 万元

该公司实现净利润=8 000−4 000−62.4−984.4=2 593.2 万元

当期现金流出量=4 000+4 000×13%+1 566.8=6 086.8 万元

方案三：甲企业从丁企业购进 5 000 万元的不含税原材料。

当期应纳增值税=8 000×13%−5 000×13%=390 万元

当期应纳城建税、教育费附加、地方教育费附加=390×（7%+3%+2%）=46.8 万元

当期应纳企业所得税=（8 000−5 000−46.8）×25%=738.3 万元

当期应纳税款合计=390+46.8+738.3=1 175.1 万元

该公司实现净利润=8 000−5 000−46.8−738.3=2214.9 万元

当期现金流出量=5 000+5 000×13%+1 175.1=6 825.1 万元

➢ 任务完成结论-1

从税负角度考虑，方案三纳税总额税负最轻，方案二次之，方案一最重；但是从现金流出角度分析，刚好相反，方案一流出最少，方案二次之，方案三流出最多；从长期角度分析，以上三种方案的实际税负是相同的，只不过纳税时间有差别，但方案一节约的现金流量高于其他两种方案，从货币时间价值角度分析，应当优先采用方案一。

一般情况下，企业的采购应该以材料的供应及时为原则，因此采购的时间不能够确定。大多数企业为了能够留住更多的资金，只是在需要某种产品的时候才去采购，并没有去充分地考虑市场的供求关系，这样就造成了企业成本的增加，不利于企业的发展。另外，大多数企业还没有充分认识到市场的残酷，管理者决策的失误也会导致盲目扩大生产，从而造成产品的积压。很多企业只要求质量，而忽视了销售，致使产品过剩，在增值税计算中，进项税能够在销项税中抵扣，一些企业为了能够少交税，盲目地去购进材料和产品，从而来增加进项税。这些行为都严重地影响了企业的存货流转，使产品不能很好地流转。长此以往，企业的实际负税就加强了，这样并不是纳税筹划。所以在实践中，一定要注意加强库存成本控制，重视存货采购量的合理，在确保适当质量的前提下，以合适的价格采购具有合适数量的产品和服务，并在合适的时间交到合适的地点，即做到“5R”：①合适的质量；②合适的价格；③合适的数量；④合适的时间；⑤合适的地点。

➢ 任务知识-2

《企业所得税法》第二章第五条规定：企业每一纳税年度的收入总额，减除不征税收入、免税收入、各项扣除以及允许弥补的以前年度亏损后的余额，为应纳税所得额。《企业所得税法

实施条例》第十条规定:企业所得税法第五条所称亏损,是指企业依照企业所得税法和本条例的规定将每一纳税年度的收入总额减除不征税收入、免税收入和各项扣除后小于零的数额。

以上两条可归纳为以下两个公式(直接法)。

应纳税所得额=收入总额-不征税收入-免税收入-各项扣除-允许弥补的以前年度亏损(按税法口径计算的亏额)

=应纳税所得额 × 税率

亏损额=收入总额-不征税收入-免税收入-各项扣除(小于 0 的金额)

会计实践中,我们更多应用的是以下公式(间接法)。

应纳税所得额=会计利润 ± 纳税调整增加额(减少额)

从以上公式可以看出,应纳税所得额与各项扣除呈反方向变动关系,即当各项扣除越大,应纳税额越少,纳税人企业所得税税负越轻;反之,当各项扣除越小,应纳税额越大,纳税人企业所得税税负越重。因此企业若能根据自己的实际合理合法地增加当期扣除项目,事先调整存货成本的计价方法,就可以达到调整应纳税所得额及降低企业所得税税负的目的。

《企业所得税法》第十五条规定:企业使用或者销售存货,按照规定计算的存货成本,准予在计算应纳税所得额时扣除。

《企业所得税法实施条例》第七十二条规定:企业所得税法第十五条所称存货,是指企业持有以备出售的产品或者商品、处在生产过程中的在产品、在生产或者提供劳务过程中耗用的材料和物料等。

《企业所得税法实施条例》第七十三条规定:企业使用或者销售的存货的成本计算方法,可以在先进先出法、加权平均法、个别计价法中选用一种。计价方法一经选用,不得随意变更。

按照以上法律规定,企业在计算企业所得税时,禁止使用后进先出法。

➢ 任务导入-2

某专卖店经营的"存货——库存商品"采用实际成本计价,且品种单一,8 月扣除销售的库存商品成本前的账面利润为 2 000 000 元,假定该企业可以选择先进先出法或加权平均法计价之中的任何一种。当月存货进、销、存的数据见表 4-5。

表 4-5 月库存商品进、销、存明细表

日期	摘要	单位成本(元/件)	购进数量(件)	发出数量(件)	结存数量(件)
8 月 1 日	月初结存	1 000			250
8 月 5 日	购进	1 100	200		450
8 月 9 日	发出			300	150
8 月 14 日	购进	1 200	400		550
8 月 18 日	发出			400	150
8 月 24 日	购进	1 300	150		300

请根据以上业务对该专卖店进行纳税筹划。

➢ 任务实施-2

一、计算不同方案下企业应纳企业所得税

方案一:该专卖店发出存货采用先进先出法。

该专卖店可以扣除的存货成本=250×1 000+50×1 100+150×1 100+250×1 200

=250 000+55 000+165 000+300 000

=770 000 元

该专卖店 8 月应纳企业所得税=(2 000 000−770 000)×25%=307 500 元

方案二:该专卖店发出存货采用加权平均法。

加权平均法单价=(期初成本+购进成本)÷(期初数量+购进数量)

=(250×1 000+200×1 100+400×1 200+150×1 300)÷(250+200+400+150)

=1 145 元/件

该专卖店可以扣除的存货成本=1 145×(300+400)=801 500 元

该专卖店 8 月应纳企业所得税=(2 000 000−801 500)×25%=299 625 元

二、总结不同成本核算情形下的企业所得税的纳税筹划方法

从以上两种方案我们可以看出,在不同的计价方法下,存货计价方法对企业当期利润的影响确实不一样,方案二下要比方案一少缴纳企业所得税 7 875 元。事实上,不同的计价方法,在一个纳税年度中反映的存货成本也是有差异的,对于纳税人来讲,应以成本费用的抵税效应得到最充分发挥为标准来选择存货的计价方法。具体又可分为三种情形。

(1)若企业在盈利期间,由于存货成本能从企业应纳税所得额中扣除,此时存货成本的抵税效应能够充分发挥。因此,计价方法应选择前期成本较大的计价方法。具体来讲,在通货膨胀阶段,尽可能选择加权平均法;在通货紧缩阶段,尽可能选择先进先出法。

(2)若企业在亏损期间,出现亏损继续经营是很正常的,因此,选择的计价方法应与企业的亏损弥补情况相结合,使不能得到或者不能完全得到的税前亏损弥补的亏损年度的成本费用降低,保证成本费用的抵税效应得到最大限度的发挥。

(3)若企业在享受减免税期间,此时由于减免税优惠的利好,会使得成本费用的抵税效应得不到充分发挥,所以,应选择成本少的存货计价方法,而在减免税优惠期过后选择成本多的存货计价方法。

➢ 任务完成结论-2

当然,在一个纳税年度内,纳税人只能选择一种存货计价方法,不得同时选择其他计价方法。因此,在实际工作中,企业应根据自身的实际状况,综合考虑存货的价格变动、存货的采购时间节点等因素来做出正确的选择。否则就会导致事与愿违的不利后果。

➢ 任务知识-3

《企业所得税法实施条例》第三十四条规定:企业发生的合理的工资薪金支出,准予扣除。

这里的工资薪金是指企业每一纳税年度支付给在本企业任职或者受雇的员工的所有现金形式或者非现金形式的劳动报酬,包括基本工资、奖金、津贴、补贴、年终加薪、加班工资,以及与员工任职或者受雇有关的其他支出。

《企业所得税法实施条例》第三十八条规定,企业在生产经营活动中发生的下列利息支出,准予扣除:

①非金融企业向金融企业借款的利息支出、金融企业的各项存款利息支出和同业拆借利息支出、企业经批准发行债券的利息支出;

②非金融企业向非金融企业借款的利息支出,不超过按照金融企业同期同类贷款利率计算的数额的部分。

➢ 任务导入-3

甲企业在生产经营过程中由于和其他企业发生法律纠纷,难以继续向金融机构借款,但正常的生产经营需要继续,现急需 3 000 万元的流动资金,借款期限为 1 年,公司财务部门提出以下四种筹资方案。

方案一:向其他企业借款,借款年利率为 15%,但需要提供信贷担保。

方案二:向社会上的个人贷款,借款年利率为 18%,无须提供担保。

方案三:向公司职工及其家属集资,集资年利率为 15%。

方案四:向公司职工集资,集资年利率为 15%,公司与职工个人约定,将集资年利率 15%中的 8%以利息方式支付,另外 7%的部分以职工工资、薪金的方式支付。

假定该公司职工月人均工资为 5 000 元(且均未超过 5 000 元),银行同期同类贷款年利率为 8%,在不考虑借款利息的情况下,预计本年度实现利润总额 5 000 万元。请对该公司的筹资业务进行纳税筹划。

➢ 任务实施-3

一、熟悉相关法律并设计筹划纳税思路

问题一:对于企业借款利息费用的财税处理如何进行?

企业在生产经营过程中,总会面临各种未知的风险,积极稳妥地筹措资金就显得非常关键,企业筹集资金方式多种多样,主要包括以下几种:

(1)财政资金;

(2)金融机构信贷资金;

(3)企业自我积累;

(4)企业间自我拆借;

(5)企业内部集资;

(6)发行债券或股票筹资;

(7)商业信用筹资;

(8)租赁筹资。

这些方式无论采用哪一种或几种并用,都能满足企业的资金需求,且都存在着一定的资金成本,不同的筹资方式,形成不同的税前、税后资金成本。企业在经营过程中发生的借款利息,

在不同情况下根据会计准则与税法规定做不同处理。

借款利息，是指企业向其他组织、个人借用资金而支付的利息，包括企业向银行或者其他金融机构等借入资金发生的利息、发行公司债券发生的利息等。

根据《企业会计准则第 17 号——借款费用》的有关规定，借款费用确认的基本原则是：企业发生的借款费用，可直接归属于符合资本化条件的资产的购建或者生产的，应当予以资本化，计入相关资产成本；其他借款费用，应当在发生时根据其发生额确认为费用，计入当期损益。

实践中，借款利息的税务分类处理主要有如下几种。

（1）企业取得的财政拨付资金是否可以在企业所得税税前扣除。

根据《财政部 国家税务总局关于专项用途财政性资金企业所得税处理问题的通知》（财税〔2011〕70 号）的如下规定。

①企业从县级以上各级人民政府财政部门及其他部门取得的应计入收入总额的财政性资金，凡同时符合以下条件的，可以作为不征税收入，在计算应纳税所得额时从收入总额中减除：

a. 企业能够提供规定资金专项用途的资金拨付文件；

b. 财政部门或其他拨付资金的政府部门对该资金有专门的资金管理办法或具体管理要求；

c. 企业对该资金以及以该资金发生的支出单独进行核算。

②根据实施条例第二十八条的规定，上述不征税收入用于支出所形成的费用，不得在计算应纳税所得额时扣除；用于支出所形成的资产，其计算的折旧、摊销不得在计算应纳税所得额时扣除。

（2）向金融企业借款利息的扣除。《企业所得税法实施条例》第三十八条规定：非金融企业向金融企业借款的利息支出准予扣除。对企业发生的向金融企业的借款利息支出，可按向金融企业实际支付的利息，在发生年度的当期扣除。对非金融企业在生产、经营期间向金融企业借款的利息支出，按照实际发生数予以税前扣除，包括逾期归还银行贷款，银行按规定加收的罚息，也可以在税前扣除。

（3）企业自我积累资金的扣除。企业自我积累是指企业在实现自己税后利润的前提下，将获得的利润逐年进行投资。在企业自我积累筹资方式中，企业既是资金的使用者，又是资金的所有者，不用还本付息，因此税收难以分摊和抵消，难以进行纳税筹划，而且，自我积累资金一般需要很长时间才能完成，而且企业投入生产和经营活动后产生的全部税收由企业自负，不适应企业规模的迅速扩大，经过征税的利润再投资在获利分配时仍要征税，存在着双重征税的问题。因此，无论从避税效果还是企业承担的税负来看，此种筹资方式都不是最佳选择。

（4）企业向非金融企业借款利息的扣除。非金融企业向金融机构以外的所有企业、事业单位以及社会团体等借款的利息支出，按《企业所得税法实施条例》第三十八条规定，不超过按照金融企业同期同类贷款利率计算的数额的部分可以扣除。企业先要判定借款期限，然后查找金融企业同期同类贷款利率。金融机构同类同期贷款利率应当包括中国人民银行规定的基准利率和浮动利率。这里需要注意的是：金融企业的利率也不一样，各银行的浮动利率不一，要准确掌握，应按着本企业开户行的同类、同期贷款利率计算。因为各级税务机关无法掌握各行的利率，只有按本企业开户行的利率掌握较为合理，也符合税法合理性原则。非银行企业内营业机构借款的利息支出不得扣除。《企业所得税法实施条例》规定，非银行企业内营业机构之间支付的利息，不得扣除。这里应当注意：对银行企业内部营业机构之间支付的拆借利息可以税前扣除；内部营业机构应当是指同一核算机构的内设机构的借款，对内部借款结算利息的，企业所得税前不允许扣除。

（5）关联企业之间借款利息的扣除。《企业所得税法》及《企业所得税法实施条例》规定，企业从其关联方接受的债权性投资与权益性投资的比例超过规定标准而发生的利息支出，不得在计算应纳税所得额时扣除。

《财政部　国家税务总局关于企业关联方利息支出税前扣除标准有关税收政策问题的通知》（财税〔2008〕121号）文件进一步明确，企业实际支付给关联方的利息支出，不超过以下规定比例和税法及其实施条例有关规定计算的部分，准予扣除，超过的部分不得在发生当期和以后年度扣除。其接受关联方债权性投资与其权益性投资比例金融企业为5∶1；其他企业为2∶1。

应注意以下不得扣除的三种情况：

①不符合独立交易原则多付的利息不得税前扣除；

②企业与其关联方之间的融通资金不符合独立交易原则而减少企业应纳税所得额的，税务机关有权在该业务发生的纳税年度起10年内，按照合理方法进行调整；

③债资比例超过规定标准的利息原则上不允许税前扣除，债资比例超过规定标准不得税前扣除的利息支出，应按照实际支付给各关联方利息占关联方利息总额的比例，在各关联方之间进行分配。

（6）向个人借款利息的扣除。向自然人借款分为两类。

一类是企业向股东或其他与企业有关联关系的自然人借款的利息支出，如满足两个条件，可以在计算应纳税所得额时准予扣除，企业如果能够证明相关交易活动符合独立交易原则的，或者该企业的实际税负不高于境内关联方的，金融企业的关联方的债权性投资与其权益性投资比例不超过5∶1。其他企业不超过2∶1，应根据财税〔2008〕121号文件计算企业所得税利息扣除额。这里，国家对于关联企业借款利息支出设定了“两条红线”，一是利率红线，防止高利贷，同期银行贷款利率制约；二是债资比例红线，防资本弱化。

另一类是企业向除有关联关系的自然人以外的内部职工或其他人员借款的利息支出，利息支出不超过按照金融企业同期同类贷款利率计算的数额的部分，也可以在计算企业所得税前扣除，应根据《国家税务总局关于企业向自然人借款的利息支出企业所得税税前扣除问题的通知》（国税函〔2009〕777号）计算企业所得税利息扣除额。注意扣除利率和非法集资，《国家税务总局关于企业贷款支付利息税前扣除标准的批复》国税函〔2003〕1114号规定，金融机构同类同期贷款利率包括中国人民银行规定的基准利率和浮动利率。此外，还需要注意区分非法集资。

值得一提的是，2020年8月20日，最高人民法院正式发布新修订的《最高人民法院关于审理民间借贷案件适用法律若干问题的规定》，调整了有关民间借贷利率的规定，以中国人民银行授权全国银行间同业拆借中心每月20日发布的贷款市场报价利率（LPR）的4倍为标准确定民间借贷利率，取代原规定中以24%~36%为基准的两线三区的划分，大幅降低了民间借贷利率的司法保护上限。以2020年7月20日发布的一年期贷款市场报价利率3.85%的4倍计算，民间借贷利率的司法保护上限为15.4%，相较于修订以前的24%~36%有较大幅度的下降。

(7)企业投资者投资未到位利息支出。股东投资未到位可以分为两种情况。

第一种,投资者未按规定期限缴纳出资,不仅包括公司设立时分期缴纳出资的股东,也包括增资时分期缴纳出资的股东。

第二种,投资者未按规定足额缴纳出资。《国家税务总局关于企业投资者投资未到位而发生的利息支出企业所得税前扣除问题的批复》(国税函〔2009〕312号)明确,凡企业投资者在规定期限内未缴足其应缴资本额的,该企业对外借款所发生的利息,相当于投资者实缴资本额与在规定期限内应缴资本额的差额应计付的利息,其不属于企业合理的支出,应由企业投资者负担,不得在计算企业应纳税所得额时扣除。具体计算不得扣除的利息,应以企业一个年度内每一账面实收资本与借款余额保持不变的期间作为一个计算期,每一计算期内不得扣除的借款利息按该期间借款利息发生额乘以该期间企业未缴足的注册资本占借款总额的比例计算。

实务操作中注意区间的划分。首先,由于我国现行《公司法》对于出资期限并没有规定,实践中股东缴纳出资期限,应当由公司章程规定。如公司章程对出资约定了出资期限的,股东应当按期足额缴纳公司章程中规定的各自所认缴的出资额。股东逾期未按规定出资,则会产生不得扣除利息。其次,逾期出资每变化一次,则要分段计算一次。各区间内,有多笔贷款及贷款利率有变化的,要按给定的公式计算,而不能用未出资额直接乘以利率来计算。国税函〔2009〕312号文未明确股东出资后又抽逃资本是否也适用该文件,但根据法理推论,投资者投资未到位应包括出资后又抽逃资本,因此,投资者出资后又抽逃资本的应按该文执行。

问题二:企业向员工集资是否构成非法集资?

根据《最高人民法院关于审理非法集资刑事案件具体应用法律若干问题的解释(法释〔2010〕18号)》(以下简称《解释》)第一条规定,同时具备下列四个条件的,构成非法集资:

(1)未经有关部门依法批准或者借用合法经营的形式吸收资金;

(2)通过媒体、推介会、传单、手机短信等途径向社会公开宣传;

(3)承诺在一定期限内以货币、实物、股权等方式还本付息或者给付回报;

(4)向社会公众即社会不特定对象吸收资金。

那么,企业内部吸收员工的资金,是否构成非法集资呢?

《解释》第一条第二款已经作出明确的规定:未向社会公开宣传,在亲友或者单位内部针对特定对象吸收资金的,不属于非法吸收或者变相吸收公众存款。也就是说企业内部针对特定人员(公司员工)吸收资金,不构成非法集资。

但是,在实践中,往往最初只是针对公司内部员工,但是随着利益的驱使,信息的扩散,公司内部员工开始向社会公众(即不特定对象)吸收资金参与其中,使得原本合法的内部行为演变成社会性、不特定性行为。如果企业负责人明知公司内部员工向社会不特定人员吸收资金而予以放任,则集资性质发生变化。

根据《最高人民法院 最高人民检察院 公安部关于办理非法集资刑事案件适用法律若干问题的意见(公通字〔2014〕16号)》第二、三条规定,这种情形就不再属于“针对特定对象吸收资金”,而应当认定为“向社会公众吸收资金”,构成非法吸收公众存款罪。

另外,需要特别强调的是,虽然法律不禁止企业内部吸收资金,但是企业负责人应当对所吸收的资金加以严格管控,避免构成集资诈骗。

《解释》第四条规定,具有下列情形之一的,可以认定为“以非法占有为目的”,构成集资诈骗罪定罪:

(1)集资后不用于生产经营活动或者用于生产经营活动与筹集资金规模明显不成比例，致使集资款不能返还的；

(2)肆意挥霍集资款，致使集资款不能返还的；

(3)携带集资款逃匿的；

(4)将集资款用于违法犯罪活动的；

(5)抽逃、转移资金、隐匿财产，逃避返还资金的；

(6)隐匿、销毁账目，或者搞假破产、假倒闭，逃避返还资金的；

(7)拒不交代资金去向，逃避返还资金的；

(8)其他可以认定非法占有目的的情形。

《刑法》第一百七十六条：非法吸收公众存款或者变相吸收公众存款，扰乱金融秩序的，处三年以下有期徒刑或者拘役，并处或者单处二万元以上二十万元以下罚金；数额巨大或者有其他严重情节的，处三年以上十年以下有期徒刑，并处五万元以上五十万元以下罚金。单位犯前款罪的，对单位判处罚金，并对其直接负责的主管人员和其他直接责任人员，依照前款的规定处罚。

二、相关问题的认定

《最高人民法院 最高人民检察院 公安部关于办理非法集资刑事案件若干问题的意见》相关规定如下。

(一)关于非法集资的"非法性"认定依据问题

人民法院、人民检察院、公安机关认定非法集资的"非法性"，应当以国家金融管理法律法规为依据。对于国家金融管理法律法规仅作原则性规定的，可以根据法律规定的精神并参考中国人民银行、中国银行保险监督管理委员会、中国证券监督管理委员会等行政主管部门依照国家金融管理法律法规制定的部门规章或者国家有关金融管理的规定、办法、实施细则等规范性文件的规定予以认定。

(二)关于犯罪数额的认定问题

非法吸收或者变相吸收公众存款构成犯罪，具有下列情形之一的，向亲友或者单位内部人员吸收的资金应当与向不特定对象吸收的资金一并计入犯罪数额：

(1)在向亲友或者单位内部人员吸收资金的过程中，明知亲友或者单位内部人员向不特定对象吸收资金而予以放任的；

(2)以吸收资金为目的，将社会人员吸收为单位内部人员，并向其吸收资金的；

(3)向社会公开宣传，同时向不特定对象、亲友或者单位内部人员吸收资金的。

非法吸收或者变相吸收公众存款的数额，以行为人所吸收的资金全额计算。集资参与人收回本金或者获得回报后又重复投资的数额不予扣除，但可以作为量刑情节酌情考虑。

根据《国家税务总局关于企业向自然人借款的利息支出企业所得税税前扣除问题的通知》(国税函〔2009〕777号)第二款：企业向除第一条规定以外的内部职工或其他人员借款的利息支出，其借款情况同时符合以下条件的，其利息支出在不超过按照金融企业同期同类贷款利率计算的数额的部分，根据税法第八条和税法实施条例第二十七条规定，准予扣除。

（1）企业与个人之间的借贷是真实、合法、有效的，并且不具有非法集资目的或其他违反法律、法规的行为；

（2）企业与个人之间签订了借款合同。

若企业向职工集资，可以通过提高工资、薪金的手段来间接支付个人利息，超过银行同期同类贷款利率的部分以工资、薪金的方式在税前扣除，从而达到将企业支付的全部借款利息在税前扣除的目的。

二、计算不同方案下企业应纳企业所得税

方案一：向其他企业借款，借款年利率为 15%，且该公司需要提供信贷担保，则

甲公司本年度实际支付的利息总额=3 000×15%=450 万元

甲公司可以在所得税前扣除的利息=3 000×8%=240 万元

甲公司支付给其他企业的超过银行同期同类贷款利率部分的利息不得扣除。应调增会计利润万元。

假定不考虑其他扣除因素，甲公司本年度应纳企业所得税=（5 000+210）×25%=1 302.5 万元。

甲公司本年度实现净利润=5 000−1 302.5=3 697.5 万元

方案二：向社会上的个人贷款，借款年利率为 18%，无须提供担保。

甲公司本年度实际支付的利息总额=3 000×18%=540 万元

甲公司应代扣代缴放款人利息所得个人所得税=540×20%=108 万元

放款人个人的税后净收益=540−108=432 万元

甲公司可以在所得税前扣除的利息=3 000×8%=240 万元

甲公司支付给社会个人的超过银行同期同类贷款利率部分的利息不得扣除。应调增会计利润 300 万元。

假定不考虑其他扣除因素，甲公司本年度应纳企业所得税=（5 000+300）×25%=1 325 万元。

甲公司本年度实现净利润=5 000−1 325=3 675 万元

方案三：向公司职工及其家属集资，集资年利率为 15%；

甲公司本年度实际支付的利息总额=3 000×15%=450 万元

甲公司应代扣代缴职工及其家属利息所得个人所得税=450×20%=90 万元

职工及其家属个人的税后净收益=450−90=360 万元

甲公司可以在所得税前扣除的利息=3 000×8%=240 万元

甲公司支付给职工及其家属的超过银行同期同类贷款利率部分的利息不得扣除。应调增会计利润 210 万元。

假定不考虑其他扣除因素，甲公司本年度应纳企业所得税=（5 000+210）×25%=1 302.5 万元。

甲公司本年度实现净利润=5 000−1302.5=3 697.5 万元

方案四：向公司职工集资，集资利率为 15%，公司与职工个人约定，将集资年利率 15%中的 8%以利息方式支付，另外 7%的部分以职工工资、薪金的方式支付。

甲公司本年度实际支付的利息总额=3 000×15%=450 万元

利息所得个人所得税=3 000×8%×20%=48 万元

职工个人的税后净收益=450-48=402 万元

甲公司可以在所得税前扣除的利息=3 000×8%=240 万元

甲公司支付给职工的利息因为没有超过银行同期同类贷款利率，所以可以全部扣除。会计利润无调整。

假定不考虑其他扣除因素，甲公司本年度应纳企业所得税=5 000×25%=1 250 万元。

甲公司本年度实现净利润=5 000-1 250=3 750 万元

➢ 任务完成结论-3

从表 4-6 分析不难看出，方案四最优，方案三次之，方案二最不可取，因此，从纳税角度考虑，应当选择方案四。实践中，一些企业因为急需流动资金，被迫向社会个人借贷，由此背上了承重的债务包袱，更有甚者，公司法人、高管被逼无奈，走上轻生之路，好端端的企业也从此被搞垮。因此，企业应综合比较各种筹资方案下的税后收益，从中选出最优的方案。

表 4-6 企业向内部或者外部集资税负及风险分析表 单位：万元

公司纳税方案	应纳企业所得税	净利润	备注
方案一	1 302.5	3 697.5	需要提供繁琐的纳税担保手续
方案二	1 325	3 675	贷款速度快，但有被催债的风险
方案三	1 302.5	3 697.5	集资速度慢，集资风险较大
方案四	1 250	3 750	风险较小，肥水不流外人田

➢ 任务知识-4

《企业所得税法实施条例》第四十条规定，企业发生的职工福利费支出，不超过实际发生的工资薪金总额 14%的部分，准予扣除。这就明确了纳税人职工福利费税前列支的额度不得超过实发工资薪金总额的 14%，超过部分作为作纳税调整处理，且为永久性业务核算。

一、职工福利费的范畴

《国家税务总局关于企业工资薪金及职工福利费扣除问题的通知》（国税函〔2009〕3 号）指出，《实施条例》第四十条规定的企业职工福利费，包括内容如下。

（1）尚未实行分离办社会职能的企业，其内设福利部门所发生的设备、设施和人员费用，包括职工食堂、职工浴室、理发室、医务室、托儿所、疗养院等集体福利部门的设备、设施及维修保养费用和福利部门工作人员的工资薪金、社会保险费、住房公积金、劳务费等。

（2）为职工卫生保健、生活、住房、交通等所发放的各项补贴和非货币性福利，包括企业向职工发放的因公外地就医费用、未实行医疗统筹企业职工医疗费用、职工供养直系亲属医疗补贴、供暖费补贴、职工防暑降温费、职工困难补贴、救济费、职工食堂经费补贴、职工交通补贴等。

（3）按照其他规定发生的其他职工福利费，包括丧葬补助费、抚恤费、安家费、探亲假路费等。

《国家税务总局关于企业所得税应纳税所得额若干税务处理问题的公告》(国家税务总局公告2012年第15号)放宽了企业雇佣季节工、临时工、实习生、返聘离退休人员以及接受外部劳务派遣用工等五类人员的工资薪金税前扣除的基数,同时扩大了职工福利费税前扣除的计算基数。上述五类人员的职工福利费支出也应加入总的职工福利费,按计算加总后的工资薪金总额计算扣除限额。

对于国有性质的企业,在账务处理时计入"劳务费"或其他科目的五类人员的工资薪金部分,也应计入申报表A105050第1行"工资薪金支出"载账金额,并按《国家税务总局关于企业工资薪金及职工福利费扣除问题的通知》(国税函〔2009〕3号)第二条"属于国有性质的企业,其工资薪金,不得超过政府有关部门给予的限定数额;超过部分,不得计入企业工资薪金总额,也不得在计算企业应纳税所得额时扣除"的规定计算调整应纳税所得额。

按照权责发生制原则,有些企业日常还计提了诸多应付款项,如通信费、水电费、取暖费、污染费、住房公积金、基本养老保险费、基本医疗保险费、失业保险费、工伤保险费、补充养老保险费、补充医疗保险费等,尽管这些已经作为成本费用在有关科目中列支,但如果这些应付款项在年底之前仍然没有支付、或者没有全部支付、或者没有取得相关的票据,企业就应当对没有支付和没有取得票据的部分进行纳税调整。

二、福利性补贴与职工福利费分不清怎么办?

《国家税务总局关于企业工资薪金和职工福利费等支出税前扣除问题的公告》(国家税务总局公告2015年第34号),对《国家税务总局关于企业工资薪金及职工福利费扣除问题的通知》(国税函〔2009〕3号)关于"合理工资薪金"和"企业职工福利费"在企业所得税前扣除的有关规定进行了重要补充。

2015年第34号公告第一条,改变了以往将所有福利性支出计入职工福利费的做法,规定福利性支出中列入企业员工工资薪金制度、固定与工资薪金一起发放的福利性补贴,福利性支出如果符合国税函〔2009〕3号文件关于"合理工资薪金"的规定,可以作为企业发生的工资薪金支出,按规定在税前扣除。

会计实务中可以按照国税函〔2009〕3号文件关于"合理工资薪金"的规定,根据以下五条标准判断一项福利性支出是否属于"福利性补贴",如果任意一项条件不满足,则属于"企业职工福利费"。

(1)福利性补贴纳入工资薪金制度管理,而且工资薪金制度必须是由企业的股东大会、董事会、薪酬委员会或相关管理机构制定的。这一条件要求福利性支出是企业的工资薪金制度必须涵盖的,且工资薪金制度是经过公司治理机构按照正当程序制定的。

(2)对企业的工资薪金制度规范性和合理性的要求。作为发放福利性补贴依据的工资薪金制度必须相对规范,而且符合行业及地区水平。工资薪金制度如果存在计算标准模糊随意或有重要疏漏,或者与行业及地区平均公司水平相比畸高的情况,则不符合此项条件。

(3)一定时期内福利性补贴相对固定,其调整是有序进行的。

(4)对实际发放的福利性补贴,已依法履行了代扣代缴个人所得税义务。

(5)有关福利性补贴的安排,不以减少或逃避税款为目的。设置这一标准的目的是防止企业利用福利性补贴逃避纳税义务,例如,企业在营利能力增长时为了少缴所得税而不适当地增加福利性支出的名目和金额。

➢ 任务导入-4

甲企业在办理企业 2021 年所得税汇算清缴时，经核算发现工资薪金总额为 2 000 万元，其中计入工资薪金的福利性支出 800 万元，包括：

（1）企业内设福利部门发生费用 100 万元；

（2）交通补贴和住房补贴 400 万元；

（3）企业为职工发放供暖补贴 200 万元；

（4）企业为高危工作岗位人员提供福利性津贴 100 万元。

其中，第二项和第四项是根据企业董事会制定的工资薪金制度按标准定期发放的，且甲企业依法代扣代缴了个人所得税，符合第 34 号公告第一条规定。

请对该企业的上述业务进行纳税筹划。

➢ 任务实施-4

方案一：甲企业在所得税汇算清缴中可以计入工资总额的费用=2 000−800=1 200 万元。

甲企业职工福利费扣除限额=1 200 × 14%=168 万元

应调增应纳税所得额=800−168=632 万元

方案二：事实上，2015 年 34 号公告生效后，企业就可以将交通补贴、住房补贴和为高危工作岗位人员提供福利性津贴计入“福利性补贴”，则

甲企业所得税允许全额扣除的工资总额=1 200+400+100=1 700 万元

职工福利费扣除限额=1 700 × 14%=238 万元

职工福利费支出=100+200=300 万元

应调增应纳税所得额=300−238=62 万元

比 34 号公告生效前的计算方法少调增应纳税所得额 570 万元。

➢ 任务完成结论-4

根据上例可知，原先受工资总额 14%扣除限额限制的福利性补贴改为计入工资总额，一方面可以全额扣除，另一方面还可以作为计算职工福利费、工会经费和职工教育经费扣除限额的基数，可以减少三项费用因超过限额而调增的应纳税所得额。这也是熟悉区分“福利性补贴”与“职工福利费”对企业的重要意义。

➢ 任务知识-5

企业发生的业务招待费是指企业在经营管理等活动中用于接待应酬而支付的各种费用，主要包括业务洽谈、产品推销、对外联络、公关交往、会议接待、来宾接待等所发生的费用，例如招待饭费、招待用烟茶、交通费等。在业务招待费的范围上，不论是财务会计制度还是新旧税法都未给予准确的界定，实践中，招待费具体范围如下：

（1）企业生产经营需要而宴请或工作餐的开支；

（2）企业生产经营需要赠送纪念品的开支；

（3）企业生产经营需要而发生的旅游景点参观费和交通费及其他费用的开支；

（4）企业生产经营需要而发生的业务关系人员的差旅费开支。

要严格区分给客户的回扣、贿赂等非法支出，对此不能作为业务招待费而应直接作纳税调整。业务招待费仅限于与企业生产经营活动有关的招待支出，与企业生产经营活动无关的职工福利、职工奖励、企业销售产品而产生的佣金以及支付给个人的劳务支出都不得列支招待费。

《企业会计准则》规定，企业发生的业务招待费支出据实列入“管理费用——业务招待费”

税法规定，企业应将业务招待费与会议费严格区分，不得将业务招待费挤入会议费。纳税人发生的与其经营活动有关的差旅费、会议费，税务机关要求提供证明资料的，应能够提供证明其真实性的合法凭证，否则不得在税前扣除。会议费证明材料包括会议时间、地点、出席人员、内容、目的、费用标准、支付凭证等。业务招待费用核算要按规定的科目进行归集，如果不按规定而将属于业务招待费性质的支出隐藏在其他科目中，则不允许税前扣除，《企业所得税法实施条例》第四十三条：“企业发生的与生产经营活动有关业务招待费支出，按照发生额的60%扣除，但最高不得超过当年销售收入（营业）收入的5‰。”其中销售（营业）收入主要由三部分组成，一是会计上的主营业务收入，二是会计上的其他业务收入，三是所得税中的视同销售收入。

《企业所得税法实施条例》第二十五条规定：“企业发生非货币性资产交换，以及将货物、财产、劳务用于捐赠、偿债、赞助、集资、广告、样品、职工福利或者利润分配等用途的，应当视同销售货物、转让财产或者提供劳务，但国务院财政、税务主管部门另有规定的除外。”

《国家税务总局关于企业处置资产所得税处理问题的通知》（国税函〔2008〕828号）规定，企业用于市场推广或销售；用于交际应酬；用于职工奖励或福利；用于股息分配；用于对外捐赠及其他改变资产所有权属的用途，因资产所有权属已发生改变而不属于内部处置资产，应按规定视同销售确定收入。

在上述情形下，属于企业自制的资产，应按企业同类资产同期对外销售价格确定销售收入；属于外购的资产，可按公允价值确定销售收入。

➢ 任务导入-5

甲公司本年度实现产品销售收入5 000万元，房屋出租收入600万元，提供加工劳务收入150万元，变卖固定资产收入30万元，视同销售收入250万元，“管理费用”中列支业务招待费60万元，全年发生会务费、差旅费共计20万元，其中部分会务费的会议邀请函以及相关凭证等保存不全，导致5万元的会务费无法扣除，“销售费用”中列支广告与业务宣传费100万元，该企业税前会计利润为800万元。

请计算甲公司的企业所得税应纳税额并拟进行纳税筹划。

➢ 任务实施-5

一、熟悉相关法律并设计筹划纳税思路

业务招待费作为企业不可避免的费用支出，历来受企业关注，如何最大限度、合法合规地降低其发生额，并将发生额控制在一个合理范围内，是企业高管及财会人员必须掌握的一个重要问题。

(一)降低业务招待费发生额

企业要降低业务招待费一般可以从以下两方面入手:

一是通过严格控制招待审批手续、降低招待标准、减少招待次数等手段来降低发生额;

二是准确核算业务招待费的发生额,把不属于业务招待费范围的费用正确核算到相应会计科目中去。

关于业务招待费的核算,有这样一句俗话“招待费,是个筐,什么都可往里装”,这体现了部分企业业务招待费核算的随意性,将本应属于差旅费、业务宣传费、会议费、职工福利费等内容的成本费用列在业务招待费中,认为只要是餐费、礼品等就是业务招待费。而税法对差旅费、会议费没有进行限制,对业务宣传费、职工福利费等费用的限额相对于业务招待费来说比较宽松,这就要求我们一定从经济业务的实质出发,对“筐”里的内容进行透彻分析,准确进行业务招待费的会计核算,现逐一分析如下。

1. 合理划分企业会议费用和业务招待费

对于很多企业来说,会议费是近几年才开始使用的会计科目,在未使用会议费这一会计科目以前,大部分会议费用都是在业务招待费中核算的。可见,核算习惯容易造成业务招待费与会议费的混淆,所以企业首先要准确界定会议费的核算范围,其次要完整提供相应的证明材料,具体要求如下。

根据 2016 年 7 月 1 日起施行的《中央和国家机关会议费管理办法》(财行〔2016〕214 号)第十四条规定:会议费开支范围包括会议住宿费、伙食费、会议场地租金、交通费、文件印刷费、医药费等。前款所称交通费是指用于会议代表接送站,以及会议统一组织的代表考察、调研等发生的交通支出。会议代表参加会议发生的城市间交通费,按照差旅费管理办法的规定回单位报销。

对于企业来讲,会议费在税前扣除的证明材料还应具体包括会议地点、会议时间、内容、出席人员、目的、支付凭证、费用标准等。

2. 合理划分业务招待费和差旅费

集团公司派员工到其下属单位检查、指导工作,下属单位接待发生的住宿费、内部食堂工作餐等费用,如果出差人员在集团公司报账,应当作为差旅费进行核算;如果在下属单位报账,从形式上看应作为业务招待费进行核算,但从整个集团来看,这一经济实质就是差旅费,如采用后一方式处理经济业务,将增加业务招待费的发生额,使整个集团的企业所得税税负增加。下属单位如果只将住宿费发票作为差旅费列账,则涉及纳税调整事项。因为下属单位无法提供出差人员的相关证明材料,只有住宿费支付凭证,税务机关是不认可的。所以,集团公司出差人员应主动结算出差费用,并在集团公司本部作为差旅费报销入账,从而降低下属单位业务招待费的发生额,减少企业所得税税负。现行企业所得税法对差旅费的抵扣范围没有限制,还是全额税前抵扣。从整个集团公司层面看,合理划分业务招待费和差旅费,合法合规地利用差旅费的全额税前抵扣政策,对降低企业所得税税负具有深远的意义。

3. 合理划分业务招待费和广告与业务宣传费

现行《企业所得税法》对于广告费与业务宣传费实行合并扣除,即企业无论是取得广告业专用发票,通过广告公司发布广告,还是通过各类印刷、制作单位制作如购物袋、遮阳伞、各类纪念品等印有企业标志的宣传物品,所支付的费用均可合并在规定比例内予以扣除。

所得税扣除规定中的广告费是指企业通过一定媒介和形式直接或者间接地介绍自己所推销的商品或所提供的服务，激发消费者对其产品或劳务的购买欲望，以达到促销的目的，而支付给广告经营者、发布者的费用；业务宣传费是指企业开展业务宣传活动所支付的费用，主要指未通过媒体传播的广告性支出，包括会议发放的印有企业标志的礼品和纪念品等，如某公司开业庆典给来宾赠送的礼品。二者的根本性区别为是否取得广告业专用发票。

现行《企业所得税法》对广告与业务宣传费的扣除基数的规定与业务招待费扣除基数相同，但税前扣除比例的规定相对较高，纳税人每一纳税年度发生的广告与业务宣传费，包括未通过媒体的广告性支出，在不超过销售收入或营业收入 15%范围内，可据实扣除，超过部分可以在以后年度结转扣除。在税法与会计处理的差异上，就会产生暂时性差异，即当年扣不完的，可以结转至下年补扣。因此，企业就可以在严格区分二者范围的基础上，通过二者的合理转换进行纳税筹划。

4. 合理划分业务招待费和职工福利费

在实际工作中，有些本属于职工福利费核算的费用，被习惯性地列入业务招待费科目，造成业务招待费虚增，如节日职工会餐、购买服装、职工家属到工程项目所在地探亲期间的餐费支出等，部分财务人员一见餐费就将其作为业务招待费核算，其实质为福利性支出，财务人员应将其作为职工福利费核算，以降低业务招待费的发生额，从而减少企业税负。

事实上，同样一笔业务，不同的财务人员会有不一样的账务处理，不同的账务处理对利润以及纳税的影响也是不一样的，正确的账务处理应吻合与还原业务的真实面貌，切忌脱离业务做假账！

例如，甲公司本年 12 月份购入服装一套，取得增值税专用发票，金额 1 000 元，增值税 130 元。在账务处理时就会有以下四种处理方法。

账务处理一：若是送客户则属于交际应酬费的范围，应计入“管理费用——业务招待费”科目，因为该项支出的用途与经营收入无关，即使取得了增值税专用发票且认证后，也不得抵扣增值税。

借：管理费用——业务招待费　1 130

　　贷：银行存款　1 130

账务处理二：若是送给职工当作福利则属于福利费的范围，计入“应付职工薪酬—职工福利费”科目，同理，即使取得了增值税专用发票且认证后，也不得抵扣增值税。

借：应付职工薪酬——职工福利费　1 130

　　贷：银行存款　1 130

账务处理三：若是给员工当作工作服则属于劳保费的范围，计入“管理费用——劳动保护费”，与经营有关的工装发票经认证后允许抵扣增值税。

借：管理费用——劳动保护费　1 000

　　应交税费——应交增值税（进项税额）　130

　　贷：银行存款　1 130

账务处理四：若是给员工抵顶年终的奖金或者工资，则属于工资薪金的范围，计入“应付职工薪酬——工资薪金”，工资费用是不允许抵扣增值税的。

借：应付职工薪酬——工资薪金　1 130

　　贷：银行存款　1 130

（二）充分利用业务招待费的允许扣除临界点进行纳税筹划

《企业所得税法实施条例》第四十三条规定说明税法规定扣除是有限额的，若不能按合法有效凭证金额进行扣除，就应该按税法规定来扣除。

假设企业当年销售（营业）收入为 Y，业务招待费实际发生额为 X，可以得出当 $60\%X \leqslant 5‰Y$ 时，能同时满足所得税税法规定的业务招待费限额和避免更多纳税调整事项发生的要求，对上述公式进行调整可得出 $X \leqslant 8.33‰Y$，即当期列支的业务招待费金额小于或等于销售（营业）收入的 8.33%的临界点时，企业才可以按业务招待费金额的 60%进行税前扣除，企业才能充分利用好上述政策。

一般情况下，企业的销售（营业）收入是可以测定的。假定某企业当年的销售（营业）收入为 1 000 万元，那么允许在税前扣除的业务招待费最高不得超过 5 万元，那么财务预算全年招待费应为 8.3 万元。现预测实际招待费发生额 X 分别为 7 万元、8 万元、9 万元、10 万元、11 万元时，对该企业所得税费用的影响，具体见表 4-7。

表 4-7　五种情形下某企业业务招待费的所得税费用分析表　　单位：万元

情形	应纳企业所得税
情形一：X=7	[7-（7×60%）]×25%=0.7
情形二：X=8	[8-（8×60%）]×25%=0.8
情形三：X=9	[9-（9×60%）]×25%+[（9×60%）-（1 000×5‰）]×25%=1
情形四：X=10	[10-（10×60%）]×25%+[（10×60%）-（1 000×5‰）]×25%=1.25
情形五：X=11	[11-（11×60%）]×25%+[（11×60%）-（1 000×5‰）]×25%=1.5

通过以上分析我们不难看出，当业务招待费实际发生额小于或等于纳税调整增加临界点 $8.33‰Y$ 时，业务招待费的税率为 10%，即实际消费 1 万元需要付出 1.1 万元的税费负担。当业务招待费实际发生额大于纳税调整增加临界点 $8.33‰Y$ 时，业务招待费的税率随其实际发生额的增加而增加，即当 X=9 时，税率为 11.11%；当 X=10 时，税率为 12.5%；当 X=11 时，税率为 13.64%，且超过部分每增加 1 万元，就要增加 0.25 万元的税费负担。

由此可见，企业的业务招待费发生额应小于或等于销售（营业）收入的 8.33‰ 时，才能满足 60%的抵扣政策，降低企业的税收负担。当业务招待费的发生额超过销售营业收入的 8.33‰ 时，税费负担会明显加重。因此企业要合理确定业务招待费的预算发生额，并在全年的生产经营过程中严格控制，将其控制在销售营业收入的 8.33‰ 的临界点内，即纳税调整增加临界点相近的范围，以便充分利用的抵扣政策来降低企业的税负。

二、计算该企业所得税应纳税额并拟进行纳税筹划

该企业的业务招待费扣除标准=（主营业务收入+其他业务收入+视同销售收入）×5‰

=（5 000+600+150+250）×5‰

=30 万元

实际发生业务招待费扣除限额=60×60%=36（万元）

根据二者孰低原则，该企业只能扣除 30 万元，应调整会计利润 30 万元。

假定再无其他纳税调整事项，当年应纳企业所得税=（800+30+5）×25%=208.75 万元

方案一：将凭证不全的 5 万元会务费列为业务招待费，则：

此时业务招待费账面金额就成为 60+5=65 万元，按照《企业所得税法》的规定，该企业当年业务招待费扣除限额为 30 万元，超过的 35 万元就形成了永久性时间差异，当年不得扣除，也不能结转到以后年度扣除。仅此一项超支费用就需要纳税 35×25%=8.75 万元。

若企业能加强内部控制，严格审批程序，事先进行纳税筹划，充分利用 30 万元的扣除限额，将实际业务招待费尽量控制在 8.33‰×（5 000+600+150+250）=8.33‰×6 000=49.98≈50 万元以内，各种会务费、差旅费都能按照税法及企业财务管理制度规定保留合法的凭证，那么，当年这 5 万元的会务费、差旅费即列到业务招待费中，当年的超支费用也仅为 25 万元，比筹划前节税 2.5 万元。

方案二：将部分业务招待费转列为广告与业务宣传费，则：

如在本案中，该企业的业务招待费扣除限额为 30 万元，那么根据前述临界点原理，我们可以得出全年业务招待费财务预算金额为 50 万元。而广告费与业务宣传费的扣除限额为 900 万元。当年发生的 100 万元的广告费与业务宣传费可以全部据实扣除。

该企业若事前进行纳税筹划，将 10 万元的业务招待费改为宣传赠送的礼品，将“管理费用——业务招待费”转记为“销售费用——广告费与业务宣传费”，就可以将业务招待费降低至预算金额 50 万元，而将广告费与业务宣传费提高至 110 万元。此时企业当年发生的业务招待费就为 50 万元发生额的 60%，即 30 万元可以全额扣除，该企业广告费与业务宣传费的 110 万元也可以全额扣除，通过筹划，企业由此减少缴纳企业所得税 2.5 万元。

方案三：设立独立核算的销售公司，则

甲公司可以考虑将其下设的销售部门注册成为一个独立核算的销售子公司——乙公司。先把产品以 4 000 万元的价格销售给乙公司，乙公司再以 5 000 万元的价格对外销售，假定甲公司其他收入不变，甲公司与乙公司的业务招待费分别为 20 万元和 40 万元，甲公司与乙公司的利润总额分别为 600 万元和 200 万元。两企业无其他纳税调整事项，分别缴纳企业所得税。则

甲公司的业务招待费扣除标准=（主营业务收入+其他业务收入+视同销售收入）×5‰
=（4000+600+150+250）×5‰
=25 万元

实际发生业务招待费扣除限额 20×60%=12 万元

根据二者孰低原则，甲公司只能扣除 12 万元，应调整会计利润 8 万元。

甲公司应纳税所得额=600+8=608 万元

甲公司应纳所得税额=608×25%=152 万元

乙公司的业务招待费扣除标准=（主营业务收入+其他业务收入+视同销售收入）×5%
=5 000×5‰
=25 万元

实际发生业务招待费扣除限额=40×60%=24 万元

根据二者孰低原则，乙公司只能扣除 24 万元，应调整会计利润 16 万元。

乙公司应纳税所得额=200+16=216 万元

乙公司应纳所得税额=216×25%=54 万元

甲公司和乙公司合计应纳企业所得税=152+54=206 万元

可见,集团公司比较筹划前节省企业所得税 2.75 万元。

➢ 任务完成结论-5

从税负角度考虑,方案三最优,方案二次之,方案一涉税风险大。总之,企业想让业务招待费被税务机关认可并顺利地在税前扣除,必须保证业务招待费的支出与经营活动直接相关并且是正常的和必要的,以充分、有效的资料和证据来证明这部分支出的真实性;有时候将业务招待费大幅调整为广告费与业务宣传费也可能会影响企业经营业绩,另外,必须合理地、最大限度地用好业务招待费的限额扣除比例,企业可采取业务招待费与其他费用划清界限、将业务招待费合理转换为其他费用、设立独立核算的销售公司等方法。

➢ 任务知识-6

《财政部 税务总局关于公益性捐赠支出企业所得税税前结转扣除有关政策的通知》(财税〔2018〕15 号)规定,自 2017 年 1 月 1 日起,企业通过公益性社会组织或者县级(含县级)以上人民政府及其组成部门和直属机构,用于慈善活动、公益事业的捐赠支出,在年度利润总额 12%以内的部分,准予在计算应纳税所得额时扣除;超过年度利润总额 12%的部分,准予结转以后三年内在计算应纳税所得额时扣除。从以上规定中可以得知,并不是所有的捐赠支出都是可以税前扣除的,如以下情况。

(1)纳税人直接向受赠人的捐赠不允许扣除,必须通过公益性社会组织或者县级(含县级)以上人民政府及其组成部门和直属机构。如果受赠单位是乡级人民政府或街道办事处,则不能税前扣除。

(2)年度利润总额 12%以内的可以扣除,超额部分可在三年内结转扣除。企业当年发生以及以前年度结转的公益性捐赠支出,不超过年度利润总额 12%的部分,准予扣除。

(3)企业在对公益性捐赠支出计算扣除时,应先扣除以前年度结转的捐赠支出,再扣除当年发生的捐赠支出。

(4)票据要合法。不能用行政事业单位结算票据税前扣除,而应提供省级以上(含省级)财政部门印制并加盖接受捐赠单位印章的公益性捐赠票据,或加盖接受捐赠单位印章的“非税收入一般缴款书”收据联,作为法定扣除凭证。

这里所称公益性社会组织,应当依法取得公益性捐赠税前扣除资格。向公益性社会团体发生的公益性捐赠支出,必须在企业所得税汇算清缴所属年度,且受赠单位在财政、税务、民政等部门联合发布的名单上。这里所称年度利润总额,是指企业依照国家统一会计制度的规定计算的大于零的数额。

《财政部 税务总局关于支持新型冠状病毒感染的肺炎疫情防控有关捐赠税收政策的公告》(财政部 税务总局公告 2020 年第 9 号)规定,自 2020 年 1 月 1 日起,企业和个人通过公益性社会组织或者县级以上人民政府及其部门等国家机关,捐赠用于应对新型冠状病毒感染的肺炎疫情的现金和物品,允许在计算应纳税所得额时全额扣除。企业和个人直接向承担疫情防治任务的医院捐赠用于应对新型冠状病毒感染的肺炎疫情的物品,允许在计算应纳税所得额时全额扣除。捐赠人凭承担疫情防治任务的医院开具的捐赠接收函办理税前扣除事宜。单位和个体工商户将自产、委托加工或购买的货物,通过公益性社会组织和县级以上人民政府及其部门等国家机关，或者直接向承担疫情防治任务的医院，无偿捐赠用于应对新型冠状病毒感染的肺炎疫情的，免征增值税、消费税、城市维护建设税、教育费附加、地方教育费附加。

➢ 任务导入-6

甲公司 2021 年预计实现会计利润为 2 000 万元，同年公司决定向某中学捐赠 30 万元，用于帮扶打造区域名校，无其他调整项目。

请为该企业捐赠方案选择筹划。

➢ 任务实施-6

方案一：通过当地青少年发展基金会进行捐赠。

捐赠的扣除限额=2 000 × 12%=240 万元

30 万元小于 240 万元。

应纳企业所得税税额=2 000 × 25%=500 万元

方案二：通过企业内部行政部门直接向学校进行捐赠。

应纳企业所得税额=（2 000+30）× 25%=507.5 万元

➢ 任务完成结论-6

可以看出，该公司通过筹划后与未筹划相比减轻了 7.5 万元的企业所得税负担。所以企业在选择捐赠对象上，企业应优先选择通过公益性的社会团体或者县级以上人民政府及其部门进行公益性捐赠，其次选择直接向受赠人捐赠。这样，企业通过在了解税法的相关规定的前提下，通过对捐赠方式的筹划，还能避免付出本不必要的税款支出。

任务四　熟悉企业销售行为的纳税筹划

➢ 任务达成目标

1. 能对企业促销支出方式的选择进行纳税筹划。
2. 能对企业营销策略的选择进行纳税筹划。
3. 能对企业还本销售方式的选择进行纳税筹划。
4. 能对企业以物易物方式的选择进行纳税筹划。

➢ 核心技能

掌握纳税人促销、折扣、还本销售及以物易物等销售方式下的企业所得税税务处理。

➢ 任务思维导图

➢ 任务知识-1

电子商务的产生和广泛应用，催生了一大批网上商城和商铺，对传统零售业产生了巨大的冲击。为了保持销量，传统零售业围绕我国的各类节日开展了各种形式的促销活动。企业促销的目的本来是增加盈利，但是不恰当的促销方式和不恰当的会计处理方法会增加企业的税负，从而降低了企业的实际盈利水平。本任务以甲超市的促销活动为例，在设计多种促销方案的基础上，从纳税筹划的角度出发，通过比较分析，寻找税负最轻的促销方案。

超市比较常见的促销手段是商业折扣和实物折扣。若折扣为商业折扣，则超市将 100 元的商品以 80 元的价格销售，也就是日常所见的八折活动；若折扣为实物折扣，则超市在销售 80 元商品时赠送价值 20 元的商品。

➢ 任务导入-1

甲超市为增值税一般纳税人，为扩大销售，准备在 2022 年端午节期间对粽子等时令产品开展一次让利 20%的促销活动。以销售100 元的商品为基数，参与该次活动的商品（含赠品）的成本率为 60%，即销售毛利率为 40%。经测算，公司每销售 100 元商品可以在企业所得税前扣除的工资和其他费用为 5 元。该超市适用城市维护建设税税率为 7%，教育费附加为 3%，地方教育费附加为 2%。下面从纳税筹划的角度为甲超市设计四种促销方案，并假设甲超市以追求税后利润最大化为目标筹划的目标。

方案一：甲超市采取商业折扣方式，且将折扣额开在同一发票上。

方案二：商业折扣，但未在同一张发票“金额”栏注明折扣额，而仅在发票的“备注”栏注明折扣额。

方案三：实物折扣，顾客买 80 元粽子的同时，赠送价值 20 元的绿豆糕。

方案四：向购买粽子达 100 元的顾客赠送 20 元现金券，可用于下次购物抵现，顾客相当于获得了下次购物的折扣期权。

请为甲超市的上述业务进行纳税筹划。

➢ 任务实施-1

方案一：甲超市采取商业折扣方式，且将折扣开在同一发票上，这样就可以折扣后的金额入账并作为计税依据。

甲超市折扣销售粽子应纳增值税=[80/（1+13%）−100/（1+13%）× 60%] × 13%=2.3 元

甲超市应纳城市维护建设税和教育费附加合计=2.3 ×（7%+3%+2%）=0.28 元

甲超市该项销售中应纳企业所得税=[80/（1+13%）−100/（1+13%）× 60%−5−0.28] × 25%
=3.12 元

在此基础上计算出的税后利润=[80/（1+13%）−100/（1+13%）× 60%−5−0.28] ×（1−25%）
=（17.7−5−0.28）×（1−25%）
=9.32 元

方案二：商业折扣，但未在同一张发票“金额”栏注明折扣额，而仅在发票的“备注”栏注明折扣额，折扣额不得从销售额中减除。

甲超市折扣销售粽子应纳增值税=[100/（1+13%）−100/（1+13%）× 60%] × 13%=4.6 元

甲超市应纳城市维护建设税和教育费附加合计=4.6×(7%+3%+2%)=0.55 元

甲超市该项销售中应纳企业所得税=[80/(1+13%)-100/(1+13%)×60%-5-0.55]×25%

=(17.7-5-0.55)×25%

=3.04 元

在此基础上计算出的税后利润=[80/(1+13%)-100/(1+13%)×60%-5-0.55]×(1-25%)

=(17.7-5-0.55)×(1-25%)

=9.11 元

方案三:实物折扣,顾客买 80 元粽子的同时,赠送价值 20 元的绿豆糕,赠品按增值税法中规定的"视同销售"按照"无偿赠送他人"计算征收增值税。

甲超市销售粽子应纳增值税=[80/(1+13%)-80/(1+13%)×60%]×13%=3.68 元

甲超市视同销售的绿豆糕应纳增值税=[20/(1+13%)-20/(1+13%)×60%]×13%

=(17.7-10.62)×13%

=0.92 元

甲超市应纳城市维护建设税和教育费附加合计=(3.68+0.92)×(7%+3%+2%)=0.55 元

甲超市该项销售中应纳企业所得税=[80/(1+13%)-100/(1+13%)×60%-5-0.55]×25%

=(17.7-5-0.55)×25%

=3.06 元

在此基础上计算出的税后利润=[80/(1+13%)-100/(1+13%)×60%-5-0.55]×(1-25%)

=(17.7-5-0.55)×(1-25%)

=9.11 元

方案四:向购买粽子达 100 元的顾客赠送 20 元现金券,可用于下次购物抵现,顾客相当于获得了下次购物的折扣期权。销售 100 元商品全额计入应税收入,送的券作为递延收益,将来顾客抵用时再确认递延收益。

甲超市销售粽子应纳增值税=[100/(1+13%)-100/(1+13%)×60%]×13%

=35.4×13%

=4.6 元

甲超市应纳城市维护建设税和教育费附加合计=4.6×(7%+3%+2%)=0.55 元

甲超市该项销售中应纳企业所得税=[100/(1+13%)-100/(1+13%)×60%-5-0.55]×25%

=(35.4-5-0.55)×25%

=7.46 元

在此基础上计算出的税后利润=[100/(1+13%)-100/(1+13%)×60%-5-0.55]×(1-25%)

=(35.4-5-0.55)×(1-25%)

=22.39 元

➢ 任务完成结论-1

方案一比方案二、三税后利润多 0.21 元,在同样收到 80 元货款(即让利 20%)的情况下,方案一为相对较优方案。本例中,方案四的税后利润明显多于前面三个方案,原因是方案四在本次销售中取得了100元货款,赠送的现金券是在未来的销售中才会抵扣购货款。而按照商场的经验,部分消费者会放弃使用该现金券,使用折扣券的顾客将在下次购物100元时行使折扣期权而实际支付80元,此时超市再确认折扣销售,这样的促销方式在扩大本次销售量的同时增加了本次销售时超市的税后利润,而且顾客为了行使折扣期权而二次购物时,还能继续产生一定的促销效果。

因此,本例中最理想的促销方案是方案四,在不便使用方案四的情况下,采用常规的商业折扣时,超市一定要注意将折扣额按规定开票以避免企业不必要的税负,如本例中的方案二。

当然,企业在选择促销方式时除了考虑税负,还应考虑地方相关法律法规的限制条件和消费者的消费心理,应全面权衡,综合筹划,才能获得最大的经济利益。

➢ 任务知识-2

《企业所得税法实施条例》第四十四条规定,企业发生的符合条件的广告费和业务宣传费支出,除国务院、税务主管部门另有规定外,不超过当年销售(营业)收入15%的部分,准予扣除;超过部分,准予在以后纳税年度结转扣除。

《企业所得税法实施条例》第三十四条规定,企业发生的合理的工资薪金支出,准予扣除。前款所称工资薪金,是指企业每一纳税年度支付给在本企业任职或者受雇的员工的所有现金形式或者非现金形式的劳动报酬,包括基本工资、奖金、津贴、补贴、年终加薪、加班工资,以及与员工任职或者受雇有关的其他支出。

《国家税务总局关于企业工资薪金及职工福利费扣除问题的通知》(国税函〔2009〕3号)第一条规定,《企业所得税法实施条例》第三十四条所称的"合理工资薪金",是指企业按照股东大会、董事会、薪酬委员会或相关管理机构制订的工资薪金制度规定实际发放给员工的工资薪金。税务机关在对工资薪金进行合理性确认时,可按以下原则掌握:

(1)企业制定了较为规范的员工工资薪金制度;

(2)企业所制定的工资薪金制度符合行业及地区水平;

(3)企业在一定时期所发放的工资薪金是相对固定的,工资薪金的调整是有序进行的;

(4)企业对实际发放的工资薪金,已依法履行了代扣代缴个人所得税义务;

(5)有关工资薪金的安排,不以减少或逃避税款为目的。

根据上述规定,合理的工资薪金要符合上述原则,由税务机关来确认。执行会因行业有所不同,要符合行业及地区水平。

注意,企业实际发放的工资薪金总和不包括企业的职工福利费、职工教育经费、工会经费以及养老保险费、医疗保险费、失业保险费、工伤保险费、生育保险费等社会保险费和住房公积金。属于国有性质的企业,其工资薪金不得超过政府有关部门给予的限定数额;超过部分,不得计入企业工资薪金总额,也不得在计算企业应纳税所得额时扣除。根据《国家税务总局关于企业工资薪金和职工福利费等支出税前扣除问题的公告》(国家税务总局公告2015年第34号)的规定,企业在年度汇算清缴结束前向员工实际支付的已预提汇缴年度工资薪金,准予在汇缴年度按规定扣除。

自2019年1月1日起施行的《个人所得税法》将居民个人取得的工资薪金所得、劳务报酬所得、稿酬所得、特许权使用费所得等四项所得(以下简称综合所得)按纳税年度合并计算个人所得税。居民个人的综合所得,以每一纳税年度的收入额减除费用6万元以及专项扣除、专项附加扣除和依法确定的其他扣除后的余额,为应纳税所得额。劳务报酬所得、稿酬所得、特许权使用费所得以收入减除20%的费用后的余额为收入额。稿酬所得的收入额减按百分之70%计算。居民个人取得综合所得,按年计算个人所得税;有扣缴义务人的,由扣缴义务人按月或者按次预扣预缴税款。

➢ 任务导入-2

甲房地产公司针对房屋销售不景气的现状,准备加大宣传力度,现有两种方案可供选择。

方案一:采用融媒体宣传方式,全年支付广告费和业务宣传费合计320万元。

方案二:招聘40名员工直销方式,全年支付工资及社保费280万元,假设每名员工年工资6万元,合计工资薪金240万元,此外没有其他收入;社保40万元。

甲公司本年实现销售收入2 000万元,利润总额600万元(已扣除320万元的促销支出),且没有其他企业所得税纳税调整项目。

请对该公司的上述业务进行纳税筹划。

➢ 任务实施-2

方案一:采用融媒体宣传方式,全年支付广告费和业务宣传费合计320万元。

甲公司当年广告费扣除限额=2 000×15%=300万元

甲公司当年应调增应纳税所得额=320−300=20万元

甲公司当年应缴纳企业所得税=(600+20)×25%=155万元

方案二:招聘40名员工直销方式,全年支付工资及社保费280万元,假设每名员工年工资6万元,合计工资薪金240万元,此外没有其他收入;社保40万元。

上述费用在企业所得税税前可全额扣除,无须进行纳税调整。

甲公司当年应缴纳企业所得税=600×25%=150万元

另外,由于每名员工年工资薪金6万元,因此也不需要缴纳个人所得税。

➢ 任务完成结论-2

方案二比方案一少缴纳企业所得税5万元,若以实现税负最小化为目标,则应当选择方案二。在新形势下,企业市场营销策略选择必然会存在很多问题,面临很多挑战,这就需要我们进一步改革创新,对营销理念、营销策略以及营销模式进行调整。企业在选择营销策略时,不能只考虑税负的大小,还要综合考虑不同促销方式的促销绩效,招聘员工也要符合《劳动合同法》的规定,对市场营销行为进行有效的管理,确保企业市场营销策略的科学性与合理性。

➢ 任务知识-3

还本销售是指纳税人在销售货物后,到一定期限由销售方一次或分次退还给购货方全部或者部分价款。还本销售的目的主要有促销或筹资两种。促销是企业将大量的积压产品销售出去,以便回收资金转投优势产品,或者通过扩大销售额提高产品知名度和市场占有率的方式;筹资则是企业在急需大量资金用于扩大生产规模,引进新设备或进行新产品开发时,在运用必要的筹资渠道和方式仍不能满足所需资金的情况下,不得已采用还本销售来筹措资金的方式。企业无论出于何种目的实施还本销售,其收入确定、成本结转及到期还本的处理并无多大差别，只是还本支出的承担对象因目的不同而有所区别。

（1）还本销售的增值税处理。《国家税务总局关于印发〈增值税若干具体问题的规定〉的通知》（国税发〔1993〕154 号）第二条第三款规定："纳税人采取还本销售方式销售货物，不得从销售额中减除还本支出。"因此，还本销售方式下，纳税人应当按照销售货物取得的全部价款和价外费用为增值税计税依据，支付的本金不能从计税销售额中扣除。

（2）还本销售的企业所得税处理。《中华人民共和国企业所得税法》第八条规定，企业实际发生的与取得收入有关的、合理的支出，包括成本、费用、税金、损失和其他支出，准予在计算应纳税所得额时扣除。《中华人民共和国企业所得税法实施条例》（中华人民共和国国务院令第 512 号）第二十七条规定，企业所得税法第八条所称有关的支出，是指与取得收入直接相关的支出。所称合理的支出，是指符合生产经营活动常规，应当计入当期损益或者有关资产成本的必要和正常的支出。还本支出的实质是企业已发生的融资费用或销售费用，是与企业的经营业务有关的支出，可以在企业所在税进行扣除。

➢ 任务导入-3

甲家具生产企业为增值税一般纳税人，本年为赚取货物资金的时间价值，欲采取还本销售方式向消费者销售积压货物，以保证企业正常生产经营。本年共销售货物的价格为 750 万元（含增值税），与客户约定自销售当年起，5 年内每年年末还本 150 万元（含增值税），该批货物的市场价格为 600 万元（含增值税），该批货物成本为 300 万元（不含增值税），已取得增值税专用发票，注明进项税额 39 万元。甲企业适用增值税税率为 13%，城市维护建设税税率为 7%，教育费附加为 3%，地方教育费附加为 2%。

请对甲企业的上述业务区进行纳税筹划。

➢ 任务实施-3

方案一：采用还本方式销售货物进行融资。

甲企业当年应确认收入=750÷（1+13%）=663.72 万元

甲企业当年应缴纳增值税=663.72×13%−39=47.28 万元

甲企业当年应缴纳城建税及教育费附加=47.28×（7%+3%+2%）=5.67 万元

甲企业当年应确认的还本支出=150 万元

甲企业当年应纳税所得额=663.72−300−150−5.67=208.05 万元

甲企业当年应缴纳企业所得税=208.05×25%=52.01 万元

甲企业当年净利润=208.05−52.01=156.04 万元

甲企业当年总体税负=47.28+5.67+52.01=104.96 万元

方案二：甲企业以 600 万元的市场含税价格销售货物，同时向购货方借款 500 万元，年利率 10%（银行同期贷款利率 7%），双方约定自销售当年起 5 年内还本付息 150 万元。

甲企业当年应确认收入=600÷（1+13%）=530.97 万元

甲企业当年应缴纳增值税=530.97×13%−39=30.03 万元

甲企业当年应缴纳城建税及教育费附加=30.03×（7%+3%+2%）=3.6 万元

甲企业当年应确认的财务费用=500×10%=50 万元

甲企业可在企业所得税税前扣除的财务费用=500×7%=35 万元

甲企业当年应纳税所得额=530.97-300-35-3.6=192.37 万元

甲企业当年应缴纳企业所得税=192.37×25%=48.09 万元

甲企业当年净利润=192.37-48.09=144.28 万元

甲企业当年总体税负=30.03+3.6+48.09=81.72 万元

➢ 任务完成结论-3

方案二比方案一少缴纳企业所得税 23.24 万元，若以实现税负最小化为目标，则应当选择方案二。财务实践中，企业可以与购买方协商，以借款方式代替还本销售方式，这样就可以降低销售方的税负。

➢ 任务知识-4

在现今社会，以物易物是一种特殊的视同销售行为，它是销售双方不以货币结算，而以同等价款的货物相互结算，实现货物购销的一种方式。在会计实务中，这种方式相当于两次交易，因而税法规定，以物易物的双方都应作购销处理，以各自发出的货物核算销售额并计算销项税，以各自收到的货物按规定核算购货额并计算进项税额。应注意，在以物易物活动中，货物应分别开具合法的票据，如收到的货物不能取得相应的增值税专用发票或其他合法票据，不能抵扣进项税额。

《企业所得税法实施条例》第二十五条规定，企业发生非货币性资产交换，以及将货物、财产、劳务用于捐赠、偿债、赞助、集资、广告、样品、职工福利或者利润分配等用途的，应当视同销售货物、转让财产或者提供劳务，但国务院财政、税务主管部门另有规定的除外。

➢ 任务导入-4

甲企业与乙企业是增值税一般纳税人，甲企业为促销欲采用以物易物的销售方式，有以下两个方案可供选择。

方案一：用甲企业的货物换乙企业的货物，两者的市场价格都为 200 万元（不含税）。该项交换活动双方都做购销处理。

方案二：用甲企业的货物换入乙企业的固定资产设备（2009 年 1 月 1 日后购入的），该设备正好是甲企业需要的，两者的市场价格都为 200 万元（不含税）。假设固定资产的折旧年限为 5 年，采用直线法计提折旧，甲企业资金成本为 10%，设备净残值率按照 5%计算，企业所得税税率为 25%。

➢ 任务实施-4

方案一：用甲企业的货物换乙企业的货物，两者的市场价格都为 200 万元（不含税）。

甲、乙企业应纳增值税=200×13%-200×13%=0

这种方式下，对两个企业所得税减少并没有影响。

方案二：用甲企业的货物换入乙企业的固定资产设备。

甲企业换入设备年提折旧额=[（200-200×5%）÷5]=38 万元，折旧额可以在企业所得税中税前扣除，则企业节约的所得税折合成现值为 38×25%×（*P*/*A*，10%，5）=38×25%×3.791=36.01 万元。

➢ 任务完成结论-4

由此可见,在所得税税负上,方案二比方案一更优。因此,在以物易物的业务中可考虑尽量换回自己需要的固定资产,这样不仅满足了自身对固定资产的需要,同时销售了货物,而且加大了企业所得税的税前扣除,减少了税收成本。

因此,在针对以物易物销售方式的纳税筹划中,企业必须进行多角度分析,与购货方协定,采取最合适的方式。

任务五 熟悉企业资产的税务处理的纳税筹划

➢ 任务达成目标

1. 熟悉企业筹资、投资及资产管理相关规定。
2. 能对企业融资结构的调整选择进行纳税筹划。
3. 能根据企业具体情况做出固定资产的纳税筹划方案。

➢ 核心技能

掌握纳税人筹资、投资、融资及各类资产的税务处理。

➢ 任务思维导图

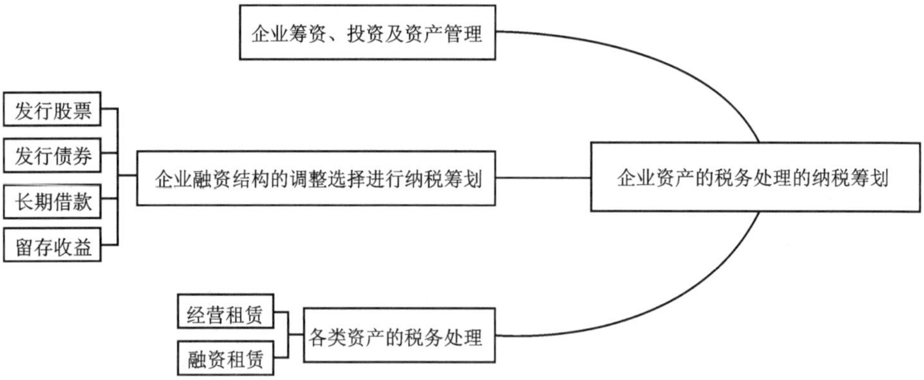

➢ 任务知识-1

对任何一个企业来说,筹资是其开展经营活动的基础。企业筹集不到一定数量的资金,企业就不能取得预期的经济效益。筹资作为一个相对独立的理财活动,其对企业经营理财业绩的影响,主要是通过资本结构的变动而发生作用的。

因而,企业在分析筹资中的纳税筹划时,应着重考察以下两个方面:

(1)资本结构的变动究竟是怎样对企业业绩和税负产生影响的;

(2)企业应当如何组织资本结构的配置,才能在节税的同时实现所有者税后收益最大化的目标。

资本结构是由筹资方式决定的，不同的筹资方式，形成不同的税前、税后资金成本。筹资决策的目标不仅要求筹集到足够数额的资金，而且要使资金成本最小化。由于不同筹资方案的税负轻重程度往往存在差异，这便为企业在筹资决策中运用税收筹划提供了可能。企业经营活动所需资金，通常可以通过从银行取得长期借款、发行债券、发行股票、融资租赁以及利用企业的保留盈余等途径取得。下面比较各种筹资方式的筹资成本，为企业选择筹资方案提供参考。

一、发行股票

现行税法规定股票发行的费用可以在计算企业应纳税所得额时可以扣除，而企业通过发行股票筹集资金，发行股票的筹资费用较高，在计算资本成本时要考虑筹资费用。

例如，某公司发行新股票，发行金额 1 000 万元，筹资费用率为股票市价的 10%，企业发行股票筹集资金，发行费用可以在企业所得税前扣除，但资金占用费即普通股股利必须在所得税后分配。该企业发行股票可以节税 1 000 × 10% × 25%=25 万元。

二、发行债券

现行税法规定债券发行的成本也可以在计算企业应纳税所得额时可以扣除，发行债券的成本主要指债券利息和筹资费用。债券利息的处理与长期借款利息的处理相同，即可以在所得税前扣除，应以税后的债务成本为计算依据。

以上两种方法，我国《公司法》《证券法》对此有严格的规定，一般中小企业不具备发行条件，故现实中并不可取。

三、长期借款

长期借款指借款期在 1 年以上的借款，借款成本包括两部分，即借款利息和借款费用。一般来说，借款利息和借款费用高，会导致筹资成本高，但因为符合规定的借款利息和借款费用可以计入税前成本费用扣除或摊销，所以能起到抵税作用。

四、留存收益

留存收益是企业缴纳所得税后形成的，其所有权属于股东。股东将这一部分未分派的税后利润存于企业，实质上是对企业追加投资。如果企业将留存收益用于再投资，所获得的收益率低于股东自己进行另一项风险相似的投资所获的收益率，企业就应该将留存收益分派给股东。留存收益成本的估算难于债券成本，这是因为很难对企业未来发展前景及股东对未来风险所要求的风险溢价做出准确的测定。由于留存收益是企业所得税后形成的，因此企业使用留存收益不能起到抵税作用，也就没有节税意义。

➢ 任务导入-1

甲有限责任公司成立于 2013 年，主要从事区域内石油钢材配件的销售，注册资本 3 000 万元，其中 A 股东认缴出资 2 000 万元，B 股东认缴出资 1 000 万元。2021 年末，公司所有者权益共 2 000 万元。该公司准备在翌年扩大经营规模，急需长期流动资金 6 000 万元，假定该公司今后每年的应纳税所得额为 1 000 万元（未扣除利息支出），净利润全部分给股东。现有以下两种集资方案可供选择。

方案一：A 股东、B 股东以 2∶1 的股权投资比例向甲公司投资 6 000 万元；

方案二：甲公司向 A 股东借款 4 000 万元、B 股东借款 2 000 万元，合计 6 000 万元。

假定借款利率 10%，同期金融机构贷款利率为 8%，企业无其他借款。

请对甲公司的上述筹资业务进行纳税筹划。

➢ 任务实施-1

一、熟悉企业所得税法关于融资的相关法律规定

《财政部 国家税务总局关于企业关联方利息支出税前扣除标准有关税收政策问题的通知》（财税〔2008〕121 号）规定如下。

（1）在计算应纳税所得额时，企业实际支付给关联方的利息支出，不超过以下规定比例和税法及其实施条例有关规定计算的部分，准予扣除，超过的部分不得在发生当期和以后年度扣除。

企业实际支付给关联方的利息支出，除符合本通知第二条规定外，其接受关联方债权性投资与其权益性投资比例为：

①金融企业，为 5∶1；

②其他企业，为 2∶1。

（2）企业如果能够按照税法及其实施条例的有关规定提供相关资料，并证明相关交易活动符合独立交易原则的；或者该企业的实际税负不高于境内关联方的，其实际支付给境内关联方的利息支出，在计算应纳税所得额时准予扣除。

（3）企业同时从事金融业务和非金融业务，其实际支付给关联方的利息支出，应按照合理方法分开计算；没有按照合理方法分开计算的，一律按本通知第一条有关其他企业的比例计算准予税前扣除的利息支出。

（4）企业自关联方取得的不符合规定的利息收入应按照有关规定缴纳企业所得税。

二、计算不同方案下的应纳税额并进行纳税筹划

方案一：A 股东、B 股东以 2:1 的股权投资比例向甲公司投资 6 000 万元。

甲公司当年应纳企业所得税=1 000×25%=250 万元

A 股东当年应纳个人所得税=（1 000−250）×2/3×20%=100 万元

B 股东当年应纳个人所得税=（1 000−250）×1/3×20%=50 万元

A 股东、B 股东合计应纳个人所得税=100+50=150 万元

应纳税额合计=250+150=400 万元

A 股东当年税后投资收益=（1 000−400）×2/3=400 万元

B 股东当年税后投资收益=（1 000−400）×1/3=200 万元

股东税后收益合计=400+200=600 万元

方案二：甲公司向 A 股东借款 4 800 万元、B 股东借款 1 200 万元，合计 6 000 万元。

甲公司支付给关联方的利息支出及税负对比如表 4-9 所示。

表 4-9　甲公司支付给关联方的利息支出及税负对比分析表　万元

应纳税额	A 股东	B 股东	合计
会计付息	4 800 × 10%=480	1 200 × 10%=120	600
税务允许扣除的利息支出	4 000 × 8%=320	1 200 × 8%=96	416
不得扣除的利息支出	480−320=160	120−96=24	184
应纳税所得额	1 000 × 2 ÷ 3−320=346.67	1 000 × 1 ÷ 3−96=237.33	584
分摊应纳企业所得税	346.67 × 25%=86.67	237.33 × 25%=59.33	146
股东获利息应纳个人所得税	480 × 20%=96	120 × 20%=24	120
分摊公司可分配利润	（1 000−600−146）× 2 ÷ 3=169.33	（1 000−600−146）× 1 ÷ 3=84.67	254
股东获股息应纳个人所得税	254 × 2 ÷ 3 × 20%=33.87	254 × 1 ÷ 3 × 20%=16.93	50.8
股东应纳个人所得税	96+33.87=129.87	24+16.93=40.93	170.8
应纳税额合计	86.67+129.87=216.54	59.33+40.93=100.26	316.8
分摊税后股东收益	987.2 × 2 ÷ 3=658.13	987.2 × 1 ÷ 3=329.07	987.2

注：这里需要注意的是，一般企业计算可以在税前扣除的利息的时候，利息=本金 × 金融机构同期同类贷款利率 × 借贷期限；而关联企业（或关联投资方）不仅要考虑利息，同时还要考虑关联债资比例，即债权性投资/权益性投资=2/1。

➢ 任务完成结论-1

从以上分析不难看出，方案二比方案一少缴纳企业所得税 104（250−146）万元，税后收益也比方案一多 387.2 万元，因此应当选择方案二。企业在筹资时还应考虑对外借款等债务资本需要偿还，而留存收益等而权益资本不需要偿还，只需要在有盈利时进行分配。另外，要注意债务资本的筹集费用和利息可以在所得税前扣除；而权益资本只能扣除筹集费用，股息不能作为费用列支，只能在企业税后利润中分配。因此，企业在确定资本结构时必须考虑债务资本的比例，通过测算不同筹资结构下的股东收益大小，通过举债的方式筹集一定的资金，可以获得节税利益。

➢ 任务知识-2

下面介绍一般银行贷款与租赁贷款融资的纳税筹划。

企业在生产经营过程中，有时会面临需要购置固定资产来扩大再生产但资金紧张的现实问题，提供过金融机构贷款或者租赁贷款不啻为实用之选，二者可以实现融通资金，帮助公司达到投资技术设备，扩大生产经营规模的目的。

租赁贷款是指通过租借设备的方式来维持生产或扩大发展，从而产生效益，再把生产所得的资金偿还租金并最终获得设备的所有权。一般可以分为经营租赁和融资租赁两种，从表面上看，租赁贷款是“借物”，而实质上还是“借资”，只是融资的方式较为独特。因此，这种融资方式也被形象地比喻为“借鸡生蛋，卖蛋买鸡”。与一般银行贷款相比，租赁贷款是以物为载体的融资，可根据客户的实际要求进行相应的变动，因此融资方式更为灵活，企业可以通过租赁融资避免了资金挪用现象的发生，有效防止了资本形成过程中的资金转移，具有较强的约束力。租赁贷款与一般银行贷款的区别如表 4-10 所示。

表 4-10 一般银行贷款与租赁贷款区别表

区别	一般银行贷款	租赁贷款
合同标的不同	资金	技术设备
期限不同	一年期以下流动资金贷款为主，也有中长期贷款	通常根据租赁物的承租期限决定，设备类租赁一般为 3~5 年
产权关系不同	银行失去了对资金的所有权，拥有债权	在租赁期间仍有对租赁资产的所有权，承租方仅有使用权
提供信用的要求不同	一般要求借款公司有一定数量的自有资金，按规定要占借款额的 30%	无限制
担保方式不同	通常会要求提供抵押、质押或者第三方担保，中小企业增信困难	具备更灵活的增信手段，并且优质租赁物能起到进一步增信作用
还款方式不同	一般为到期之后一次性还本还息，中长期贷款基本按照半年或者年份期限偿还，每次偿还金额占总贷款金额比例较大，必须按时还款，对于借款公司还款压力大	还款方式相对灵活，可根据企业现金流情况定制分期还款方式，按月、按季、按年均可，相对来说偿还压力较小，有利于企业的资金周转

➢ 任务导入-2

甲公司为了扩大生产经营，急需购置某种专用新设备，但苦于资金短缺导致项目停滞，现有三种方案可供选择。

方案一：通过银行借款来购置该设备，借款金额 565 万元，其中固定资产原值 500 万元，可抵扣增值税进项税额 65 万元，该公司财务制度规定，固定资产采用年限平均法计提折旧，使用期限为 10 年，残值率为 5%，银行借款年利率为 8%，购置此设备无购置建造期。

方案二：通过经营租赁贷款的方式租赁设备，每年支付租金 100 万元，该设备购置试产后即可投入正常使用。

方案三：通过融资租赁贷款的方式租赁设备，每年支付租金 110 万元，该设备购置试产后即可投入正常使用。

该设备投入正常使用后，预计年增加利润总额 600 万元，与此相关的其他支出为 80 万元。请对该公司的上述业务进行纳税筹划。

➢ 任务实施-2

一、熟悉相关法律并设计筹划纳税思路

经营租赁，又称业务租赁，是融资租赁的对称，是为了满足经营使用上的临时或季节性需要而发生的资产租赁。经营租赁是一种短期租赁形式，它是出租人将相关物品出租给承租人，收取租赁费用的租赁方式，出租方不仅要向承租人提供设备的使用权，还要向承租人提供设备的保养、保险、维修和其他专门性技术服务（融资租赁不需要提供这个服务）。租入方不得提取折旧，但可以将租赁费分期在税前扣除。

融资租赁，又称设备租赁或现代租赁，是经营租赁的对称，是出租人根据承租人对出卖人、租赁物的选择，向出卖人购买租赁物，提供给承租人使用，承租人支付租金的方式。其一般通过以下标准来判定：

一是租赁期占租赁开始日该项资产尚可使用年限的75%以上；

二是支付给租赁公司的最低租赁付款额现值等于或大于租赁开始日该项资产账面价值的90%及以上；

三是承租人对租赁资产有优先购买权，并在行使优先购买权时所支付购买金额低于优先购买权日该项租赁资产公允价值的5%；

四是承租人有继续租赁该项资产的权利，其支付的租赁费低于租赁期满日该项租赁资产正常租赁费的70%。

总而言之，融资租赁其实质就是转移与资产所有权有关的全部或绝大部分风险和报酬的租赁。某种意义上讲对于确定要行使优先购买权的承租企业，融资租赁实质上就是分期付款购置固定资产的一种变通方式，但价格要比直接购买高得多。资产的所有权最终可以转移，也可以不转移。而经营租赁则不同，其仅仅转移了该项资产的使用权，而与该项资产所有权有关的风险和报酬却没有转移，仍然属于出租方，承租企业只按合同规定支付相关费用，承租期满的经营租赁资产由承租企业归还出租方。二者的区别见表4-11。

表4-11　经营租赁与融资租赁区别表

区别	经营租赁	融资租赁
目的不同	承租人单纯为了满足生产、经营上短期或临时的需要而租入资产	以融资为主要目的，承租人有明显购置资产的企图
风险和报酬不同	租赁期内资产的风险与报酬仍归出租人	在租赁期内，对租赁资产应视同自有资产管理
租赁的实质不同	实质上并没有转移与资产所有权有关的全部风险和报酬	实质是将与资产所有权有关的全部风险和报酬转移给了承租人
设备维修、保养的责任方不同	由出租方（租赁公司）负责	由承租方（购置公司）负责
租约不同	可签订租约，也可不签订租约；可因一方的要求而随时取消	租约一般不可取消，再建新的租约
租赁程序不同	经营租赁出租的设备由租赁公司根据市场需要选定，然后再寻找承租企业	融资租赁出租的设备由承租企业提出要求购买或由承租企业直接从制造商或销售商那里选定
租赁期限不同	租赁期较短，短于资产有效使用期	租赁期较长，接近于资产的有效使用期
租赁期满后设备处置方法不同	租赁期满后，承租资产由租赁公司收回	期满后，企业可以很低的“名义货价”（相当于设备残值的市场售价）留购

企业可以通过比较根据金融机构借款的方式购置设备或者租赁贷款的方式购置设备的税负大小，选择纳税最小的方案。

二、计算不同方案下的企业所得税应纳税额并拟进行纳税筹划

方案一：通过银行借款来购置该设备。这种情况下，购置固定资产的利息（非构建期间）和折旧就可以在税前扣除。以第一年为例

购置固定资产应付利息=565×8%=45.2万元

直线法提取折旧，第一年折旧额=500×（1−5%）÷10=47.5万元。

假定再无其他纳税调整事项，则甲企业应纳企业所得税=（600−80−45.2−47.5）×25%=

106.83 万元。

方案二：通过经营租赁贷款的方式租赁设备，每年支付租金 100 万元。这种情况下，经营期间的租金可以作为长期待摊费用来处理，在计算企业所得税时可以全部扣除。以第一年为例，假定再无其他纳税调整事项，则

甲企业应纳企业所得税=（600−100−80）×25%=105 万元

方案三：通过融资租赁贷款的方式租赁设备，每年支付租金 110 万元。

这种情况下，根据"实质重于形式"的原则，企业通过融资租赁的方式租入固定资产的发生利息（非构建期间）和折旧就可以在税前扣除。而由此发生的租金支出不得扣除。以第一年为例

购置固定资产应付利息=565×8%=45.2 万元

直线法提取折旧，第一年折旧额=500×（1−5%）÷10=47.5 万元。

假定再无其他纳税调整事项，则甲企业应纳企业所得税=（600−80−45.2−47.5）×25%=106.83 万元。

《财政部　国家税务总局关于促进企业技术进步有关财务税收问题的通知》（财工字〔1996〕41 号）规定："企业技术改造采取融资租赁方法租入的机器设备，折旧年限可按租赁期限和国家法规的折旧年限孰短的原则确定，但最短折旧年限不短于 3 年。"

若甲企业采用双倍余额递减法加速折旧，则

该固定资产年折旧率=2÷预计使用寿命（年）×100%=2÷10×100%=20%

第一年的折旧=固定资产原值×年折旧率=1 000×20%=200 万元

假定再无其他纳税调整事项，则甲企业应纳企业所得税=（600−80−45.2−200）×25%=68.7 万元。

若甲企业采用年数总和法加速折旧，则

该固定资产年折旧率=固定资产各年初尚可使用年数÷固定资产预计使用年限各年数之和×100%

=固定资产各年初尚可使用年数÷[固定资产预计使用年限×（预计使用年限+1）÷2]×100%

其中，固定资产预计使用年限各年数字之和=10×（10+1）÷2=55 年。

第一年的折旧额=（固定资产原值−预计残值）×年折旧率=1 000×（1−5%）×10÷55

=172.73 万元

假定再无其他纳税调整事项，则甲企业应纳企业所得税=（600−80−45.2−172.73）×25%=75.52 万元。

➢ 任务完成结论-2

从以上分析可以看出，若不采取加速折旧的办法，方案三的企业应纳所得税额与方案一相同，方案二税负与方案一、方案三相比最小。但若采用加速折旧的方法，方案三税负最小，尤其当企业采用双倍余额递减法的时候，差距更为明显。通过以上比较，企业采用融资租赁业务，通过加速折旧方式，确实减少了当年上缴所得税的金额。但是，这并不等于是减免所得税。充其量只能是一种缓交所得税的行为。因为，企业在前些年少缴纳的所得税，会在以后数年内如数补缴给税务部门。

关于银行贷款和融资租赁的选择，企业要从企业借款期限、额度、用途及企业自身的经营情况综合考虑。如果企业的借款期限较短、资金需求也不大，借款后可迅速回笼资金，可直接考虑银行贷款。因为银行贷款较融资租赁可减少初期企业承担的手续费等成本。如果企业的融资需求量大且借款期限较长，银行由于一些政策性因素和风险控制因素等就难为其提供融资，这时，企业可向融资租赁公司融资。如果企业的资金用途非常明确，就是要用借来的资金购买机器设备，租赁公司是最好的选择。融资租赁有“加速折旧”的政策优惠，如果企业注重的不是其财务报表的表面收益水平，而是希望能够实际上减少其所得税的税负，则利用融资租赁较之银行贷款更为有利。但要发挥融资租赁税收优势的前提是企业必须得到当地税务部门的理解和支持，同时企业要有足够的利润。只有这样，企业才有可能通过加速折旧，来消化更多的费用成本，从而达到减少利润额、减少应缴所得税。否则，加速折旧只会造成企业更大的亏损。所以，利润微薄或没有利润的企业，贸然采用融资租赁方式造成加速折旧，只能是“饮鸩止渴”。

此外，中小企业适合选择融资租赁，除了银行难以为中小企业贷款的客观原因，资信状况更值得中小企业关注，因为融资租赁属于表外业务，不体现在企业的资产负债表的负债项目中。而一般的银行贷款则全部体现为企业的负债，影响企业的资信状况。

因此，综合考虑的话，通过经营租赁来融资就不失为一种明智之举，对承租人来讲，经营租赁一方面可以避免因长期拥有设备而承担降低维修、保养设备的负担和风险，另一方面企业可以在经营活动中以支付租金的方式冲减企业的利润，降低应纳税所得额，从而减少税负。

➢ 任务知识-3

下面介绍融资结构的纳税筹划。一般来说，企业只有在最佳的资本结构下，才会实现其价值的最大化。我们知道企业的资产一般有两种，一种是借来的钱，在财务里面叫作负债，另一种是企业所有股东自有资金的投入，在财务里就叫作所有者权益。相应地，企业融资也可以分为负债融资和所有者权益融资。负债融资是市场经济条件下企业筹集资金的必然选择。但是，这种筹资方式在给企业带来巨大效用的同时，也会带来一些潜在的风险。从财务杠杆的效应的角度来看，负债融资主要表现为对企业的所得税进行抵减，并最大限度地提升企业的资本收益率，并且要确保息税前利润率要比负债的成本率高，在此情况下，负债的比例越大，说明额度也就越大，所达到的节税效果也会更好。所以，对于中小企业来说，如果需要资金来维持企业的正常生产经营，可以适当提升负债的额度，进而提升负债的比率，最终达到节税的目的，并且尽可能地提升权益资本的收益率。同时，企业如果采用这种方式进行纳税筹划，还需要将其规模控制在一定的限度内，否则税务机关会行使自身权力对税率进行调整。对于中小企业而言，其要根据上述两个指标来选择较为合理的纳税筹划方案。

➢ 任务导入-3

甲公司本年欲筹资 1 000 万元用于一项新产品的生产，预计年息税前利润为 300 万元。现有三个方案可供选择。

方案一：债务资本欲权益资本的比例为 0∶100。

方案二：债务资本欲权益资本的比例为 30∶70。

方案三：债务资本欲权益资本的比例为 50∶50。

以上三个方案负债率均为6%(金融企业同期同类贷款利率为6.65%),甲企业适用企业所得税税率为25%。

请对甲公司的上述业务进行纳税筹划。

➢ 任务实施-3

比较三种不同方案下的企业财务数据,具体如表4-12所示。

表4-12 三种方案比较表

项目	方案		
	方案一	方案二	方案三
资本结构(债务资本:权益资本)	0:100	30:70	50:50
息税前利润(万元)	300	300	300
负债利率	6%	6%	6%
负债利息(万元)	0	300×6%=18	500×6%=30
税前利润(万元)	300-0=300	300-18=282	300-30=270
应纳企业所得税(万元)	300×25%=75	282×25%=70.5	270×25%=67.5
净利润(万元)	300-75=225	282-70.5=211.5	270-67.5=202.5
税前权益资本收益率	300÷1 000=30%	282÷700=40.29%	270÷500=54%
税后权益资本收益率	225÷1 000=22.5%	211.5÷700=30.21%	202.5÷500=40.5%

➢ 任务完成结论-3

从以上分析可以看出,方案三企业所得税税负最低且权益资本收益率最高,若以实现税负最小化为纳税筹划目标,同时考虑权益资本收益率,则应当选择方案三,其次是方案二,最后是方案一。若从净利润角度来看,方案一的净利润最大,则应当优先选择方案一,其次是方案二,最后是方案三。具体财务工作中,在息税前收益率不低于负债成本率的前提下,负债比率越高,额度越大,节税效果越明显。企业可以适当增加负债额度,提高负债比重,从而实现节税和提高权益资本收益率的双重效果,负债融资的好处是为企业提供资金来源,不足之处是造成企业市场财务风险。企业应当理性确定负债总规模,将其控制在一定的合理范围内,使负债融资带来的总收益不低于负债融资的比重增大所带来的财务风险和融资成本。

➢ 任务知识-4

《企业所得税法》第十一条规定,在计算应纳税所得额时,企业按照规定计算的固定资产折旧,准予扣除。

一、《企业所得税法》中固定资产的概念

《企业所得税法实施条例》第五十七条规定,企业所得税法第十一条所称固定资产,是指企业为生产产品、提供劳务、出租或者经营管理而持有的、使用时间超过12个月的非货币性资产,包括房屋、建筑物、机器、机械、运输工具以及其他与生产经营活动有关的设备、器具、工

具等。

二、固定资产的计税基础的确定

《企业所得税法实施条例》第五十七条规定,固定资产按照以下方法确定计税基础:

(1)外购的固定资产,以购买价款和支付的相关税费以及直接归属于使该资产达到预定用途发生的其他支出为计税基础;

(2)自行建造的固定资产,以竣工结算前发生的支出为计税基础;

(3)融资租入的固定资产,以租赁合同约定的付款总额和承租人在签订租赁合同过程中发生的相关费用为计税基础,租赁合同未约定付款总额的,以该资产的公允价值和承租人在签订租赁合同过程中发生的相关费用为计税基础;

(4)盘盈的固定资产,以同类固定资产的重置完全价值为计税基础;

(5)通过捐赠、投资、非货币性资产交换、债务重组等方式取得的固定资产,以该资产的公允价值和支付的相关税费为计税基础;

(6)改建的固定资产,除企业所得税法第十三条第(1)项和第(2)项规定的支出外,以改建过程中发生的改建支出增加计税基础。

三、固定资产不得计算折旧扣除的范围

《企业所得税法》第十一条规定,下列固定资产不得计算折旧扣除:

(1)房屋、建筑物以外未投入使用的固定资产;

(2)以经营租赁方式租入的固定资产;

(3)以融资租赁方式租出的固定资产;

(4)已足额提取折旧仍继续使用的固定资产;

(5)与经营活动无关的固定资产;

(6)单独估价作为固定资产入账的土地;

(7)其他不得计算折旧扣除的固定资产。

四、固定资产计算折旧的最低年限

《企业所得税法实施条例》第六十条规定,除国务院财政、税务主管部门另有规定外,固定资产计算折旧的最低年限如下:

(1)房屋、建筑物,为 20 年;

(2)飞机、火车、轮船、机器、机械和其他生产设备,为 10 年;

(3)与生产经营活动有关的器具、工具、家具等,为 5 年;

(4)飞机、火车、轮船以外的运输工具,为 4 年;

(5)电子设备,为 3 年。

五、固定资产缩短折旧年限或加速折旧的范围

《企业所得税法》第三十二条规定,企业的固定资产由于技术进步等原因,确需加速折旧的,可以缩短折旧年限或者采取加速折旧的方法。

《企业所得税法实施条例》第九十八条规定,《企业所得税法》第三十二条所称可以采取缩

短折旧年限或者采取加速折旧的方法的固定资产,包括:

(1)由于技术进步,产品更新换代较快的固定资产;

(2)常年处于强震动、高腐蚀状态的固定资产。

采取缩短折旧年限方法的,最低折旧年限不得低于本条例第六十条规定折旧年限的60%;采取加速折旧方法的,可以采取双倍余额递减法或者年数总和法。

六、固定资产加速折旧优惠政策扩围

依据《财政部 税务总局关于扩大固定资产加速折旧优惠政策适用范围的公告》(财政部 税务总局公告2019年第66号),自2019年1月1日起,财税〔2014〕75号和财税〔2015〕106号的规定,固定资产加速折旧优惠的行业范围,扩大至全部制造业领域。这里所称的制造业企业是指以国家统计局《国民经济行业分类与代码(GB/4754—2017)》行业业务为主营业务,其固定资产投入使用当年主营业务收入占企业收入总额50%(不含)以上的企业。所称收入总额,是指企业所得税法第六条规定的收入总额。

➢ 任务导入-4

甲企业2019年12月取得一台新设备,原值100万元,预计使用年限5年,预计残值率5%,由于该设备属于强震动、高腐蚀状态的固定资产,企业按规定办理了加速折旧备案,税务机关批准使用年限平均法、双倍余额递减法或年数总和法计提折旧,假设该企业无其他纳税调整项目,企业所得税税率25%,折现率为10%,近五年未扣除折旧的预计会计利润总额为1 000万元。

请对甲企业的不同生产境遇下的企业所得税进行纳税筹划。

➢ 任务实施-4

一、计算分析该企业在持续盈利时的折旧额、应纳企业所得税额、折现值

先计算甲企业不同折旧方法每年计提的折旧额,如表4-13所示。

表4-13 甲企业近5年三种折旧方法下每年计提的折旧额 万元

年限	年限平均法	双倍余额递减法	年数总和法
第1年	9.5	20	31.67
第2年	9.5	16	25.33
第3年	9.5	12.8	19
第4年	9.5	28.6	12.67
第5年	9.5	28.6	6.33
合计	47.5	106	95

再计算甲企业不同折旧方法下每年的应纳税所得额,如表4-14所示。

表 4-14　甲企业近 5 年三种折旧方法下每年的应纳税所得额及应纳所得税　万元

年限	年限平均法		双倍余额递减法		年数总和法	
	应纳税所得额	应纳所得税额	应纳税所得额	应纳所得税额	应纳税所得额	应纳所得税额
第 1 年	990.5	247.63	980	245	968.33	242.082 5
第 2 年	990.5	247.63	984	246	974.67	243.667 5
第 3 年	990.5	247.63	987.2	246.8	981	245.250 0
第 4 年	990.5	247.63	971.4	242.85	987.33	246.832 5
第 5 年	990.5	247.63	971.4	242.85	993.67	248.417 5
合计	4 952.5	1 238.15	4 894	1 223.5	4 905	1 226.250 0

从表 4-14 可以看出，若企业采用加速折旧法计算折旧，开始的年份由于折旧额较大，计算出来的应纳企业所得税额较少，但这仅是推迟缴纳税款，企业由此获得了资金的时间价值。为了便于进一步分析比较，我们考虑资金的时间价值，假定银行的利率为 10%，这样就能计算不同折旧方法下甲企业每年的折现值，如表 4-15 所示。

表 4-15　甲企业近五年三种折旧方法下每年的折现值(P/A, 10%, 5)　万元

年限	年限平均法	双倍余额递减法	年数总和法	复利现值系数
第 1 年	225.120 4	222.729 5	220.077 2	0.909 1
第 2 年	204.641 4	203.294 4	201.366 8	0.826 4
第 3 年	186.044 4	185.420 8	184.256 3	0.751 3
第 4 年	169.131 3	165.866 6	168.586 6	0.683 0
第 5 年	153.753 5	150.785 6	154.242 4	0.620 9
合计	938.691 0	928.096 9	928.529 4	—

从表 4-15 可以看出，企业在持续盈利的前提下，若采用加速折旧的方法，将五年合计的应纳税款折合为现在的资金价值，双倍余额递减法数额最小，年数总和法次之，年限平均法最大。因此，企业在条件允许的情况下，采用双倍余额递减法最为有利。但实践中，企业未来的经营情况具有很大的不确定性，因此这种方法大多在企业成长成熟期间采用。

二、计算分析该企业在享受税收减免期时的应纳企业所得税额

仍以上面任务为例，假设甲企业为国家重点扶持的公共基础设施项目投资经营企业，固定资产均为初始投资时购置，则该企业就可以按照《企业所得税法实施条例》第八十七条的规定，享受自项目取得第一笔生产经营收入所属纳税年度起，第一年至第三年免征企业所得税，第四年至第六年减半征收企业所得税。此时，根据之前所计算的数据可以看出，不同的折旧方法下，企业享受的免税额不同。

若甲企业采用年限平均法计提折旧，前 3 年可享受免征所得税的税额为 742.89 万元；若甲企业采用双倍余额递减法计提折旧，前 3 年可享受免征所得税的税额为 737.8 万元；若甲企业采用年数总和法计提折旧，前三年可享受免征所得税的税额为 731 万元。

由以上分析不难看出，企业采用年限平均法计提折旧时，前 3 年计提的折旧最少，应纳税所得额最大，可以享受的减免税最多。因此当处于税后优惠期间时，企业应尽量少提折旧，将折旧费推迟到非税收优惠期间扣除，这样就能获得最大的抵税效应，享受的减免税优惠最多。

三、计算分析该企业在处于法定弥补期时的应纳企业所得税额

仍以上面任务为例，假设甲企业在 2020 年末购置的固定资产，甲公司的 1 000 万元的利润总额为 2020 年后未扣除固定资产折旧额的利润。同时，该企业在 2020 年的账面上还有 2016 年前按照税法规定计算的尚未弥补的亏损额 800 万元，则甲企业的亏损额 800 万元可以在 2020 年弥补，我们再计算不同折旧方法下的折旧额对甲企业所得税的影响，具体如表 4-16 所示。

表 4-16　甲企业采用不同的折旧方法对企业所得税的影响表 万元

项目	年限平均法	双倍余额递减法	年数总和法
2020 年扣除折旧前的利润	1 000	1 000	1 000
2020 年扣除折旧后的利润	990.5	980	968.33
2020 年可用于弥补亏损的利润	990.5	980	968.33
2020 年应纳税所得额	（990.5−800）× 25%=47.625	（980−800）× 25%=45	（968.33−800）× 25%=42.082 5
2020 年后 5 年的应纳税所得额合计	1 238.15−247.63+47.625 =1 038.145	1 223.5−245+45=1 023.5	1 226.25−242.082 5+42.082 5 =1 026.25

不难看出，若企业采用年限平均法，由于前期折旧额最小，故可用于弥补的利润总额最多，不考虑资金的时间价值，其 5 年合计应纳税额最多；若企业采取双倍余额递减法，由于前期折旧额最大，故可用于弥补的利润总额最少，不考虑资金的时间价值，其 5 年合计应纳税额最少，对企业最为有利。

➢ 任务完成结论-4

实践中，由于企业在未来期间面临的市场经营状况各异，盈利或者亏损都有可能发生，因此企业必须审时度势，综合考虑，做出合理的决策。

➢ 任务知识-5

在我国企业的固定资产管理中，通常将固定资产修理分为大修理和中小修理两类，大修理是对固定资产的日常维护，前者支出属于资本支出，后者支出属于收益性支出。固定资产大修理是对企业的固定资产进行局部更新，其主要特点是：修理范围大、间隔时间长、修理次数少、支出费用大。

《企业所得税法》规定，纳税人的固定资产一般性修理支出为收益性支出，可在发生当期直接扣除。而已足额提取折旧的固定资产的改建支出、租入固定资产的改建支出、固定资产的大修理支出，应作为资本性支出，在计算应纳税所得额时，不能当期在所得税前列支，应作为长期待摊费用，按照规定的摊销准予扣除。固定资产大修理支出按照固定资产尚可使用年限分期摊销。例如，某企业对一栋房屋进行加固（改变结构），原值 2 000 万元，按 20 年计算已提折

旧 10 年余值 1 000 万元（不考虑残值），发生修理费 1 200 万元，维修后使用期可以延长 2 年以上。这时，发生的修理费 1 200 万元只能作为长期待摊费用扣除。假设上述企业发生的修理费为 800 万元，这时应调整折旧，改变计税基础，新确认的计税基础=1 000+800=1 800 万元。

其会计分录如下：

（1）符合长期待摊费用的修理费发生时。

借：长期待摊费用

　　贷：银行存款（原材料）等

（2）摊销时。

借：管理（销售）费用等

　　贷：长期待摊费用

（3）不符合长期待摊费用时

借：管理（销售）费用

　　贷：银行存款等

《企业所得税法实施条例》第六十九条规定，企业所得税法第十三条第（三）项所称固定资产的大修理支出，是指同时符合下列条件的支出：

（1）修理支出达到取得固定资产时的计税基础 50%以上；

（2）修理后固定资产的使用年限延长 2 年以上。

按照税法的相关规定，如果符合这两条可以进入长期待摊费用，按照估计的受益期间进行摊销即可。

当然，如果企业在资金允许的条件下，可以考虑更新原型设备。更新原型设备的最佳更新时机一般应选择在设备的经济寿命内，设备原型更新方案的优选就是从各种方案中选择总费用最小的方案，可以通过计算总费用现值来判断。

依据工程经济学的一般原理，设备大修的最低经济界限为：

$$R \leqslant K_n - L_t$$

式中，R——某次大修理费用；

K_n——同种设备的重置费用；

L_t——旧设备被更换时的残值。

而设备大修的理想经济界限为：

$$C_{zoj} \leqslant C_{zn}$$

式中，C_{zoj}——第 j 次大修理后设备生产单位产品的生产成本；

C_{zn}——具有相同用途的新设备生产单位产品的生产成本。

➢ 任务导入-5

甲企业 2015 年购置一台原值为 20 万元的小型锻造设备，该设备已使用 6 年，需要进行第 1 次大修，预计大修费为 12 万元，大修后平均生产锻件 45 吨，年平均运行成本 2.53 万元，大修时设备残值 3 万元，经大修后设备增值为 9 万元、设备经大修后可继续使用 4 年，进入第 2 次大修时残值为 2 万元。新设备价值为 40 万元，预计使用 5 年进行第 1 次大修，此时残值为 7.5 万元。在第 1 次大修期内年均生产锻件 63 吨，年平均运行费用 2.26 万元。基准折现率为 10%。预计该企业 2021 年及未来 4 年未考虑修理支出的每年应纳税所得额为 80 万元，试问：

大修是否合理？若进行大修理，请对该公司的业务进行纳税筹划。

➢ 任务实施-5

一、根据任务提供数据就该厂锻造设备大修理的经济性做出评价

按大修理最低经济界限原则，该设备第1次大修费用为12万元，小于新设备更换净费用40−3=37万元，因此满足大修理最低经济界限原则。

再比较单位产量成本，现役设备第1次大修理后单位产量成本为：

$$C_{zoj}=\left\{[90\,000-20\,000(1+0.1)^{-4}]\frac{0.1(1+0.1)^4}{(1+0.1)^4-1}\right\}/45+25\,300/45$$

$$=535.25+562.22$$

$$=1\,097.47\text{元}$$

新设备在第1次大修期内单位产量成本为：

$$C_{zn}=\left\{[400\,000-30\,000-75\,000(1+0.1)^{-5}]\frac{0.1(1+0.1)^5}{(1+0.1)^5-1}\right\}/63+22\,600/63$$

$$=1\,353.62+358.73$$

$$=1\,712.35\text{元}$$

由于 $C_{zoj}<C_{zn}$，所以对现役设备大修理是合理的。

需要说明的是，在现役设备第1次大修理后单位产量成本的计算中，大修费12万元和旧设备残值3万元为沉没成本，与决策无关，决策相关成本应为大修后设备的现行市场价值9万元。9万元实质上是残值3万元与大修费12万元联合作用的结果，故9万元与12万元只能二者取一。

二、对该企业的大修理业务进行纳税筹划

方案一：假定甲企业大修理当月可完工，若将大修理支出资本化。

该锻造设备原值的50%=20×50%=10万元

由于该旧设备的第一次修理支出总金额为12万元>10万元，且通过大修理使得该设备的使用寿命延长了2年，符合《企业所得税法实施条例》中规定的固定资产的大修理支出，因此这12万元的支出就不能在2021年直接扣除，而只能在未来的4年内通过平均摊销的方式进行税前扣除。

甲企业2021年应纳企业所得税=80×25%=20万元

未来4年每年应纳企业所得税=（80−12÷4）×25%=19.25万元

5年共缴纳企业所得税现值=20+19.25×（P/A，10%，4）

=20+19.25×3.1699=81.02万元

方案二：将大修理支出费用化。

若企业通过适当压低材料费或者配件费的进价，将修理支出的总额降到10万元以下，假设降低到9.8万元，该笔支出则属于日常修理支出，就可以在2021年税前全部扣除。

甲企业2021年应纳企业所得税=（80−9.8）×25%=17.55万元

未来 4 年每年应纳企业所得税=80 × 25%=20 万元

5 年共缴纳企业所得税现值=17.55+20 ×（P/A,10%,4）

=17.55+20 × 3.169 9

=80.95 万元

➢ 任务完成结论-5

从以上分析不难看出，方案二比方案一 5 年缴纳企业所得税的现值共少 0.07 万元，因此应当选择方案二。事实上，在企业在对固定资产进行大修理时，首先要考虑设备原型更新分析，如果该固定资产工作时间为 1~6 年，则应考虑采取旧设备大修理方案。如果工作时间为 7~10 年，最佳方案为原型设备更换。当然也可以继续使用旧设备直至报废。同时企业还要考虑企业的盈亏情况。

若企业目前和将来一段时间内出现亏损，企业应尽量将修理支出资本化，加大资产的账面价值，使得企业税前可以扣除的折旧费用向以后年度递延，这样就能平均各年度可以扣除的费用。

若企业目前和将来一段时间内属于盈利情形，企业应尽量将修理支出费用化，以加大当期税前扣除项目，减少当期企业所得税应纳税额。但要注意固定资产修理的支出数额和时间安排必须在保证正常的生产经营的前提下进行，否则就有可能顾此失彼，得不偿失。

任务六　熟悉企业所得税税收优惠的纳税筹划

➢ 任务达成目标

1. 能对投资产业的选择进行纳税筹划。

2. 会对小微企业通过叠加使用原有和现行税收优惠政策，充分利用加计扣除政策规定，实现税收利益的最大化。

➢ 核心技能

会对小微企业叠加使用原有和现行税收优惠政策进行纳税筹划。

➢ 任务思维导图

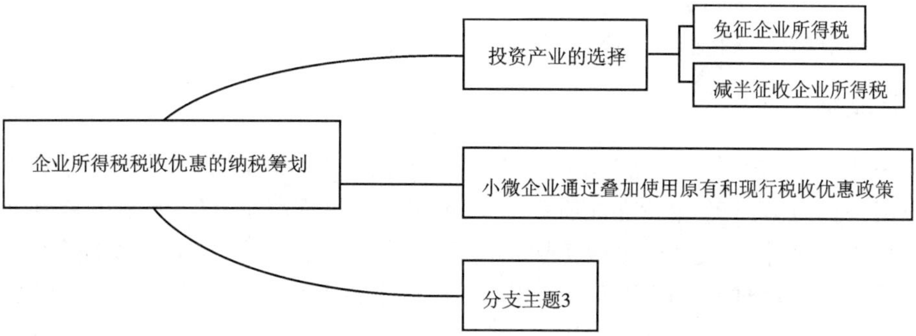

➢ 任务知识-1

产业常常被看作企业投资的战略选择，不同产业适用的税收政策有异，体现出国家对经济发展的原则导向，同时给予企业在选择投资方向时一定的筹划空间，企业在投资活动决策中应该尽可能利用产业优惠政策。

《企业所得税法实施条例》第八十六条规定，《企业所得税法》第二十七条第（一）项规定的企业从事农、林、牧、渔业项目的所得，可以免征、减征企业所得税。

（1）企业从事下列项目的所得，免征企业所得税。

①蔬菜、谷物、薯类、油料、豆类、棉花、麻类、糖料、水果、坚果的种植。

②农作物新品种的选育。

③中药材的种植。

④林木的培育和种植。

⑤牲畜、家禽的饲养。

⑥林产品的采集。

⑦灌溉、农产品初加工、兽医、农技推广、农机作业和维修等农、林、牧、渔服务业项目。

⑧远洋捕捞。

（2）企业从事下列项目的所得，减半征收企业所得税。

①花卉、茶以及其他饮料作物和香料作物的种植。

②海水养殖、内陆养殖。

企业从事国家限制和禁止发展的项目，不得享受本条规定的企业所得税优惠。

➢ 任务导入-1

某养殖场本年计划在养鸡以外增加种植项目，经过考察，拟从种植柑橘和种植茶叶之中选择一个，假设这两个项目均能实现利润 200 万元，且没有其他纳税调整项目。

请对该养殖场上述业务进行纳税筹划。

➢ 任务实施-1

方案一：选择种植柑橘。

该养殖场应纳企业所得税=0

方案二：选择种植茶叶。

该养殖场应纳企业所得税=200×25%÷2=25 万元

➢ 任务完成结论-1

方案一比方案二少缴纳企业所得税 25 万元，若以实现税负最小化为纳税筹划目标，则应当选择方案一。当然，一个企业在注册登记时，就确定了投资产业，以后不能随意更改，因此企业在选择投资产业时，要关注国家政策导向，既可顺应国家发展需要，又可享受税收优惠政策，使企业在当前及一段时期内降低税收负担。新税制下投资者在进行投资决策过程中，不能孤立地看问题，要综合权衡各方面影响因素，根据投资产业、投资地点、投资方式、投资结构、投资期限、投资企业组织形式的不同，进行不同方式的纳税筹划。要企业考虑整体利益，从众多的投资方案中选择最优方案，节税增收，实现企业价值最大化。

➢ 任务知识-2

《财政部　国家税务总局关于安置残疾人员就业有关企业所得税优惠政策问题的通知》（财税〔2009〕70 号）规定，企业安置残疾人员的，合同期为一年以上的，在按照支付给残疾职工工资据实扣除的基础上，可以在计算应纳税所得额时按照支付给残疾职工工资的 100%加计扣除。

《财政部　国家税务总局关于设备、器具扣除有关企业所得税政策的通知》（财税〔2018〕54 号）规定，企业在 2018 年 1 月 1 日至 2020 年 12 月 31 日期间新购进的设备、器具等固定资产，单位价值不超过 500 万元的，允许一次性计入当期成本费用，在计算应纳税所得额时予以扣除，不再分年度计算折旧。

《财政部　税务总局关于公益性捐赠支出企业所得税税前结转扣除有关政策的通知》（财税〔2018〕15 号）规定，企业通过符合社会认可资质的公益性社会组织或者县级（含县级）以上政府机关部门进行慈善活动和公益事业方面的捐赠事项，捐赠金额不超过年度利润总额的 12%，准予在计算应纳税所得额时扣除。

➢ 任务导入-2

甲公司是从事设备制造加工及提供安装服务的小微企业，2020 年应纳税所得额为 239 万元，应纳企业所得税额为 59.75 万元。2021 年预测利润较去年有 15%的增幅，在 2020 年应纳税所得额 239 万元的基础上，预估 2021 年应纳税所得额为 274.85 万元。对甲公司的生产经营、工作人员配置和工作环境等情况进行基本了解后，设计出以下税收筹划方案。

方案一：聘用残障员工，拟享受一次性加计扣除政策。

方案二：购置企业用车，拟享受固定资产一次性加计扣除优惠政策。

方案三：公益性捐赠，拟享受应纳税所得额税前扣除政策。

请对甲公司上述业务进行纳税筹划。

➢ 任务实施-2

方案一：聘用残障员工，享受一次性加计扣除政策。甲公司在噪声较大的生产车间聘用 2 名听障人士，假设甲公司支付给残疾员工的年工资共计 9 万元，既能免缴残保金，又能享受支付残疾员工工资在计算应纳税所得额时 100%加计扣除的税收优惠政策。扣除残疾员工工资后，则

2021 年甲公司应纳税所得额=274.85−9=265.85 万元

2021 年甲公司应缴纳企业所得税=100 × 25% × 20%+（265.85−100）× 50% × 20%

=21.59 万元

方案二：购置企业用车，享受固定资产一次性加计扣除优惠政策。考虑到甲公司的业务拓展情况，且公司原用于跑业务的公用货车已经临近报废期，建议甲公司在第四季度安排购置公司用车的开支事项，并在计算应纳税所得额时一次性加以扣除。值得注意的是，在采纳此方案时应尽早规划，尽量避免在临近年终时再考虑购车，最迟必须在 11 月份之前完成购车业务的相关手续，否则会出现不能在年度汇算清缴时享受一次性扣除的风险。假设甲公司花费 20 万

元购置公司用车，则

扣除购置费用后 2021 年应纳税所得额=274.85-20=254.85 万元

2021 年甲公司应缴纳企业所得税=100×25%×20%+（254.85-100）×50%×20%
=20.49 万元

方案三：公益性捐赠，享受应纳税所得额税前扣除政策。甲公司通过公益性社会组织或政府机关部门将部分技术陈旧的滞销产品用于养老福利机构的公益性捐赠，既解决了产品的销路问题，又能享受税收优惠政策。假设甲公司公益性捐赠 10 万元滞销产品，则

扣除公益性捐赠后 2021 年应纳税所得额=274.85-10=264.85 万元

2021 年甲公司应缴纳企业所得税=100×25%×20%+（264.85-100）×50%×20%
=21.49 万元

值得注意的是，企业在采纳此方案时应注意通过或委托符合社会认可资质的第三方公益性社会组织（如红十字会等）或者县级以上政府机关进行公益性捐赠，避免出现事后经主管税务机关核验认定不符合政策规定而不能享受应纳税所得额税前扣除的风险。除此之外，甲公司在采纳此方案时应尽早规划，尽量避免在临近年终时再考虑公益性捐赠事项，必须在 11 月份之前履行公益性捐赠事项的相关必备手续，否则会出现不能在年度汇算清缴时享受准予在计算应纳税所得额时扣除的风险。

➢ 任务完成结论-2

尽管 2021 年利润较上一年有 15%的增幅，但以上三个筹划方案，均使甲公司应纳企业所得税较上一年有所减少，主要原因在于：①普惠性税收优惠政策引入超额累进计税法，税率较上一年有所降低；②合理叠加使用原有和现行减征政策共同作用产生的节税效应，实现了“应享尽享”的税收优惠利益最大化。

值得注意的是，在具体执行时，小微企业要根据自身的实际情况合理使用筹划方案，还要注意相关政策的时间节点和其他限制条件。不要为了一味追求减税和避税而损害企业的生产经营活动。企业需要深度研究相关的政策规定，合理叠加使用原有税收优惠政策和现行减征政策，充分利用加计扣除政策，选择涉税风险最低的税收筹划方案。

任务七　熟悉企业所得税纳税时机或方式的纳税筹划

➢ 任务达成目标

1. 在法律允许的范围内，能合理安排纳税时间并做出纳税筹划。
2. 能对企业所得税纳税方式的选择进行纳税筹划。

➢ 核心技能

会对企业纳税时机进行安排进行纳税筹划。

➢ 任务知识

《企业所得税法》第五十三条规定，企业所得税按纳税年度计算。纳税年度自公历 1 月 1

日起至12月31日止。企业在一个纳税年度中间开业，或者终止经营活动，使该纳税年度的实际经营期不足十二个月的，应当以其实际经营期为一个纳税年度。企业依法清算时，应当以清算期间作为一个纳税年度。

《企业所得税法》第五十四条规定，企业所得税分月或者分季预缴。企业应当自月份或者季度终了之日起十五日内，向税务机关报送预缴企业所得税纳税申报表，预缴税款。企业应当自年度终了之日起五个月内，向税务机关报送年度企业所得税纳税申报表，并汇算清缴，结清应缴应退税款。企业在报送企业所得税纳税申报表时，应当按照规定附送财务会计报告和其他有关资料。

《企业所得税法》第五十五条规定，企业在年度中间终止经营活动的，应当自实际经营终止之日起六十日内，向税务机关办理当期企业所得税汇算清缴。企业应当在办理注销登记前，就其清算所得向税务机关申报并依法缴纳企业所得税。

实践中，企业在合法的情况下，尽可能延期纳税。纳税人延期缴纳本期税款就等于得到一笔无息贷款，可以使纳税人在本期有更多的资金用于产生收益，获得更多的所得，相当于节减了税款。

（一）尽可能延迟税款缴纳时间

本期应纳税所得额为收入总额减去准予扣除项目金额。所以推迟税款缴纳的方法尽管有很多，但基本思路可以归结为：一是推迟销售收入的实现；二是成本费用应当尽早确认；三是直接推迟税款的缴纳。

1. 推迟销售收入的实现

推迟销售收入的实现从本质上来看就是推迟各类形式收入的收入额和实现收入的时间，推迟确认收入的时间可以推迟纳税时间，使企业获得更多的货币时间价值，获得纳税的利益。

企业销售货物的结算方式不同，对应收入的确认时间的标准也不同。现行税法规定：直接收款销售以收到销货款或取得索取销货款凭据，并将提货单交给买方的当天为收入确认时间；赊销和分期收款销货方式均以合同约定的收款日期为收入确认时间；而订货销售和分期预收货款销售，在交付货物时确认收入的实现。这样，就可以通过选择合适的销售结算方式，控制收入确认的时间，达到减税或延缓纳税的目的。比如，在直接收款销货时，企业可以推迟收款时间或推迟提货单的交付时间，把收入确认时点延至次年，从而延迟纳税。每种销售方式都有其收入确认的条件，企业通过对收入确认条件的控制，可以控制收入确认的时间。在进行所得税筹划时，企业应特别关注临近年终发生的销售业务，因为这类业务最容易对收入确认时点进行筹划。

2. 成本费用应当尽早确认

成本费用核算的纳税筹划是通过成本的核算和费用的分摊来实现的。在正常纳税期内，纳税筹划目标是在企业费用支出最小化的前提下，实现费用摊入成本最大化。现行的税法和财务会计法规对成本费用核算的规定为这种纳税筹划提供了可能，费用划分、费用列支、会计方法选择是成本费用纳税筹划的主要方法。比如，固定资产不同的折旧方法在成本核算中会对企业盈利水平产生不同的影响，从而在纳税上也就存在着差别。年限平均法与加速折旧法在不同的税制条件和不同的企业中有不同的效果。在使用统一比例税率的条件下，加速折旧法却能比年限平均法在税收上得到更多的益处。这是因为：加速折旧法与年限平均法对比，在确定应税收益时，由于在早期计入了数额较大的折旧费，将使早期的应税收益相应地减少，从而使纳税人能在使用这些固定资产的早期缴纳较少的所得税款，而在后期才缴纳较多的税款。虽然在总盈利不变的情况下应纳税额相等，但由于纳税时间延迟无异于对纳税人提供了一种无息贷款，使纳税人能从中得到一定的财务利益。但是，如果企业在盈利前期享受免税、减税待遇，固定资产加速折旧的速度越快，企业所享受的税收优惠越少。在固定资产使用的后期，折旧额减少，利润越来越大，但税收的优惠时期已经过去。所以，在纳税人享受前期减免税优惠的企业，采取年限平均法反而有利于纳税人的节税。

（二）合理选择纳税年度

企业所得税的一些定期优惠政策是从企业取得生产经营所得的年度开始计算的，如果企业从年度中间甚至年底开始生产经营，则该年度将作为企业享受税收优惠政策的第一年。由于该年度的生产经营所得非常少，因此企业是否享受减免税政策意义并不是很大。此时，企业就应当恰当选择享受税收优惠的第一个年度，适当提前或者推迟进行生产经营活动的日期。

➢ 任务导入-1

甲企业成立于 2020 年 5 月，综合利用磷肥厂及电厂固体废物磷石膏及脱硫石膏（其符合财税〔2009〕166 号《关于公共基础设施项目和环境保护 节能节水项目企业所得税优惠目录》中的公共垃圾处理——工业固体废物处理项目）生产环保节能产品，可以享受自项目取得第一笔生产经营收入的纳税年度起，第一年至第三年免征企业所得税，第四年至第六年减半征收企业所得税的优惠政策。该公司原计划于 2020 年 11 月份开始生产经营，当年预计会有亏损，从 2021 年度至 2026 年度，每年预计应纳税所得额分别为 100 万元、500 万元、600 万元、800 万元、1 200 万元和 2 000 万元。请计算从 2021 年度到 2026 年度，该公司应当缴纳多少企业所得税并提出纳税筹划方案。

➢ 任务实施-1

一、熟悉企业所得税税收优惠政策并进行纳税筹划

《国家税务总局关于实施国家重点扶持的公共基础设施项目企业所得税优惠问题的通知》（国税发〔2009〕80 号）规定：

“一、对居民企业（以下简称企业）经有关部门批准，从事符合《公共基础设施项目企业所得税优惠目录》（以下简称《目录》）规定范围、条件和标准的公共基础设施项目的投资经营所得，自该项目取得第一笔生产经营收入所属纳税年度起，第一年至第三年免征企业所得税，第四年至第六年减半征收企业所得税。

企业从事承包经营、承包建设和内部自建自用《目录》规定项目的所得，不得享受前款规定的企业所得税优惠。

二、本通知所称第一笔生产经营收入，是指公共基础设施项目建成并投入运营（包括试运营）后所取得的第一笔主营业务收入。”

该企业计划于 2021 年 11 月开始经营，时近隆冬，若能将生产经营日期推迟到 2022 年 1 月 1 日后，就可以利用充分利用税收优惠的政策节税。

二、计算不同方案下的企业所得税应按税额

方案一：该企业不进行纳税筹划，则该企业应从2020年度就开始认定为已从事生产经营，应当计算享受税收优惠的期限。该企业2020年度至2022年度可以享受免税待遇，不需要缴纳企业所得税。从2023年度到2025年度该企业可以享受减半征税的待遇，因此，需要缴纳企业所得税：（600+800+1 200）× 25% × 50%=325万元。2026年度该企业不享受税收优惠，需要缴纳企业所得税：2 000 × 25%=500万元。

这样，该企业从2021年度到2026年度合计需要缴纳企业所得税：325+500=825万元。

方案二：该企业进行纳税筹划，将投产日期推迟到2021年1月1日后，这样，2021年度就是该企业享受税收优惠的第一年，从2021年度到2023年度，该企业可以享受免税待遇，不需要缴纳企业所得税。从2024年度到2026年度，该企业可以享受减半征收企业所得税的优惠待遇，需要缴纳企业所得税：（800+1 200+2 000）× 25% × 50%=500万元。

➢ 任务完成结论-1

不难看出，经过纳税筹划，方案二比方案一减轻税收负担325万元，从税负角度考虑，应该选择方案二。

➢ 任务导入-2

甲企业2020纳税年度受疫情影响，只缴纳企业所得税600万元，企业预计2021纳税年度应纳税所得额会有一个比较大的增长，每季度实际的应纳税所得额分别为700万元、800万元、1 000万元、1 200万元。企业选择按照纳税期限的实际数额来预缴企业所得税。假定该企业适用企业所得税税率为25%，请计算该企业每季度预缴企业所得税的数额，并提出纳税筹划方案。

➢ 任务实施-2

一、根据税法规定设计预缴税款筹划思路

《企业所得税法实施条例》第一百二十八条规定，企业根据《企业所得税法》第五十四条规定，分月或者分季预缴企业所得税时，应当按照月度或者季度的实际利润预缴；按照月度或者季度的实际利润预缴有困难的，可以按上一纳税年度应纳税所得额的月度或者季度平均额预缴，或者按照经税务机关认可的其他方法预缴。预缴方法一经确定，该纳税年度内不得随意变更。

当企业预计当年的应纳税所得额比上一纳税年度低时，其可以选择按纳税期限的实际数预缴，当企业预计当年的应纳税所得额比上一纳税年度高时，其可以选择按上一年度应税所得额的1/12或1/4的方法分期预缴所得税。

二、合理安排所得税的预缴方式

按照25%的企业所得税税率计算，该企业需要在每季度预缴企业所得税分别为175万元、200万元、250万元、300万元。由于企业2021年度的实际应纳税所得额比2020年度高，而且

也在企业的预料之中,因此企业可以选择按上一年度应税所得额的 1/4 的方法按季度分期预缴所得税。这样,该企业在每季度只需要预缴企业所得税 150 万元,假设银行活期存款利息为 3%,每年计算一次利息。则该企业可以获得利息收入 2.06 万元。

➢ 任务完成结论-2

不难看出,经过纳税筹划,该企业相当于获得 2.06 万元的无息贷款,从税负角度考虑,应该选择方案二。

业务技能自测(四)

一、单选题

1. 根据企业所得税法律制度的规定,关于企业所得税应税所得来源地确定标准的下列表述中,正确的是(　　)。

A. 转让权益性投资资产所得,按照转让权益性投资资产的企业或者机构、场所所在地确定

B. 转让不动产所得,按照转让不动产的企业或者机构、场所所在地确定

C. 利息所得,按照负担、支付所得的企业或者机构、场所所在地确定,或者负担、支付所得的个人的住所地确定

D. 销售货物所得,按照支付所得的企业或者机构、场所所在地确定

2. 根据企业所得税法律制度的规定,下列关于确定销售收入实现时间的表述中,正确的是(　　)。

A. 销售商品采用托收承付方式的,在收到货款时确认收入

B. 销售商品采用预收款方式的,在发出商品时确认收入

C. 销售商品采用支付手续费方式委托代销的,在发出代销商品时确认收入

D. 销售商品需要安装和检验的,在销售合同签订时确认收入

3. 根据企业所得税法律制度的规定,下列各项中,属于免税收入的是(　　)。

A. 企业购买国债取得的利息收入

B. 纳入预算管理的事业单位取得的财政拨款

C. 事业单位从事营利性活动取得的收入

D. 企业转让股权取得的收入

4. 甲公司为乙公司的股东,投资成本为 200 万元,占乙公司股权比例 10%。乙公司累计未分配利润和累计盈余公积为 1 800 万元,甲公司转让该项股权公允价格为 500 万元。根据企业所得税法律制度的规定,甲公司应确认股权转让所得为(　　)万元。

A.120　　B.180　　C.200　　D.300

5. 某工业企业 2021 年度全年销售收入为 1 000 万元,房屋出租收入 100 万元,提供加工劳务收入 50 万元,变卖固定资产收入 30 万元,视同销售收入 100 万元,当年发生业务招待费 10 万元。则该企业 2021 年度所得税前可以扣除的业务招待费用为(　　)万元。

A.6　　B.6.25　　C.4.75　　D.3.75

6. 某居民企业 2021 年度取得生产经营收入总额 3 000 万元,发生销售成本 2 200 万元、财

务费用 150 万元、管理费用 400 万元(其中含业务招待费用 15 万元),上缴增值税 60 万元、消费税 140 万元、城市维护建设税 14 万元、教育费附加 6 万元,“营业外支出”账户中列支被工商行政管理部门罚款 7 万元、通过公益性社会团体向贫困地区捐赠 8 万元。该企业在计算 2021 年度应纳税所得额时,准许扣除的公益、救济性捐赠的金额是(　　)万元。

A.2.25　　B.8　　C.2.79　　D.9

7. 按照企业所得税法的有关规定,在计算企业所得税应纳税所得额时,下列项目准予从收入总额中扣除的是(　　)。

A. 固定资产减值准备　　B. 被没收财物的损失

C. 遭到地震袭击的存货毁损　　D. 非广告性质的赞助支出

8.2021 年 5 月,甲公司向非关联企业乙公司借款 100 万元用于生产经营,期限为半年,双方约定年利率为 10%,已知甲、乙公司都是非金融企业,金融企业同期同类贷款年利率为 7.8%,甲公司在计算当年企业所得税应纳税所得额时,准予扣除的利息费用为(　　)。

A.7.8 万元　　B.10 万元　　C.3.9 万元　　D.5 万元

9.2021 年甲企业取得销售收入 3 000 万元,广告费支出 400 万元,上年结转广告费 60 万元。根据企业所得税法律制度的规定,甲企业 2021 年准予扣除的广告费是(　　)万元。

A.460　　B.450　　C.510　　D.340

10. 根据企业所得税法律制度的规定,下列固定资产中,在计算企业所得税应纳税所得额时,准予计算折旧扣除的是(　　)。

A. 以融资租赁方式租出的大型机床　　B. 以经营租赁方式租入的载货汽车

C. 已投入使用的厂房　　D. 已足额提取折旧仍继续使用的电脑

11. 下列无形资产不得计算摊销费用扣除的是(　　)。

A. 商标权　　B. 自创商誉

C. 专利权　　D. 土地使用权

12. 企业从事(　　)项目的所得不适用减半征收企业所得税。

A. 茶叶的精加工　　B. 水产养殖场对海水动物幼苗的繁殖

C. 农场对茶叶的炒制　　D. 咖啡的种植

13. 甲居民企业是一家国家重点扶持的高新技术企业。2021 年甲居民企业将一项符合条件的技术转让给乙企业,净所得为 100 万元。该笔转让所得应纳的企业所得税额为(　　)万元。

A.10　　B.15　　C.0　　D.20

14. 下列各项中,能作为业务招待费税前扣除限额计提依据的是(　　)。

A. 出售固定资产的收入　　B. 因债权人原因确实无法支付的应付款项

C. 转让无形资产所有权的收入　　D. 转让无形资产使用权的收入

15. 某贸易公司 2021 年 3 月 1 日,以经营租赁方式租入固定资产使用,租期 1 年,按独立纳税人交易原则支付租金 1.2 万元;6 月 1 日以融资租赁方式租入机器设备一台,租期 2 年,当年支付租金 1.5 万元。计算当年企业应纳税所得额时应扣除的租赁费用为(　　)万元。

A.2.7　　B.1.5　　C.1.2　　D.1

二、多选题

1. 在计算企业所得税应纳税所得额时，下列关于确定无形资产计税基础的表述中，符合企业所得税法律制度规定的是(　　)。

A. 通过投资方式取得的无形资产，以该资产的公允价值和支付的相关税费为计税基础

B. 通过捐赠方式取得的无形资产，以该资产的公允价值和支付的相关税费为计税基础

C. 外购的无形资产，以该资产的公允价值和支付的相关税费为计税基础

D. 通过债务重组方式取得的无形资产，以该资产的公允价值和支付的相关税费为计税基础

2. 根据企业所得税法律制度的规定，下列各项中，在计算企业所得税应纳税所得额时，应计入收入总额的有(　　)。

A. 转让专利权收入　　B. 债务重组收入

C. 接受捐赠收入　　D. 确实无法偿付的应付款项

3. 根据企业所得税法律制度的规定，企业缴纳的下列税金中，准予在计算企业所得税应纳税所得额时扣除的有(　　)。

A. 增值税　　B. 消费税

C. 城镇土地使用税　　D. 城市维护建设税

4. 根据企业所得税法律制度的规定，下列各项中，准予在以后纳税年度结转扣除的有(　　)。

A. 职工教育经费　　B. 广告费和业务宣传费

C. 创业投资的 70%　　D. 业务招待费

5. 甲企业 2021 年利润总额为 2 000 万元，工资薪金支出为 1 500 万元，已知在计算企业所得税应纳税所得额时，公益性捐赠支出、职工福利费支出、职工教育经费支出的扣除比例分别为不超过 12%、14%和 8%。下列支出中，允许在计算 2021 年企业所得税应纳税所得额时全额扣除的有(　　)。

A. 公益性捐赠支出 200 万元

B. 职工福利费支出 160 万元

C. 职工教育经费支出 140 万元

D.2021 年 7 月至 2022 年 6 月期间的厂房租金支出 50 万元

6. 根据企业所得税法律制度的规定，在计算企业所得税应纳税所得额时，准予扣除的有(　　)。

A. 向客户支付的合同违约金　　B. 向税务机关支付的税收滞纳金

C. 向银行支付的逾期借款利息　　D. 向公安部门缴纳的交通违章罚款

7. 根据企业所得税法律制度的规定，下列资产中，不得计提折旧在企业所得税税前扣除的有(　　)。

A. 以经营租赁方式租入的固定资产　　B. 以经营租赁方式租出的固定资产

C. 以融资租赁方式租入的固定资产　　D. 以融资租赁方式租出的固定资产

8. 企业从事(　　)项目的所得免征企业所得税。

A. 绿豆的种植　　B. 留兰香的种植

C. 苹果的种植　　D. 甜菜的种植

9. 按照《中华人民共和国企业所得税法》及实施条例的规定，下列表述正确的有（　　）。

A. 无形资产的摊销年限不得低于 10 年

B. 生产性生物资产计算折旧的最低年限为 10 年

C. 其他应当作为长期待摊费用的支出摊销年限不得低于 3 年

D. 运输工具计算折旧的最低年限为 4 年

10. 根据企业所得税法律制度的规定，下列关于企业所得税纳税期限的表述中，正确的有（　　）。

A. 企业在一个纳税年度中间开业，使该纳税年度的实际经营期不足 12 个月的，应当以其实际经营期为 1 个纳税年度

B. 企业依法清算时，应当以清算期间作为 1 个纳税年度

C. 企业所得税按年计征，分月或者分季预缴，年终汇算清缴，多退少补

D. 企业在年度中间终止经营活动的，应当自实际经营终止之日起 60 日内，向税务机关办理当期企业所得税汇算清缴

三、判断题

1. 居民企业应当仅就其来源于中国境内的所得缴纳企业所得税。（　　）

2. 依照有关法律、行政法规和国家有关税法规定如会员费、合理的会议费、差旅费、违约金、诉讼费等项目不得扣除。（　　）

3. 企业以旧换新销售商品的，销售的商品应当按照销售商品收入确认条件确认收入，回收的商品作为购进商品处理。（　　）

4. 企业为促进商品销售，给予购买方的商业折扣，应按扣除商业折扣后的金额确定销售收入计算企业所得税应纳税所得额。（　　）

5. 企业接受捐赠所得不属于企业所得税的征税对象。（　　）

6. 某有限责任公司 2021 年实际发生的工资薪金总额为 950 万元，支出的职工福利费为 150 万元，在计算该公司 2021 年的应纳税所得额时，支出的职工福利费用应据实扣除。（　　）

7. 借款费用应否资本化与借款期间长短无直接关系。如果某纳税年度企业发生长期借款，并且没有指定用途，当期也没有发生购置固定资产支出，则其借款费用全部可直接扣除。（　　）

8. 企业之间支付的管理费、企业内营业机构之间支付的租金和特许权使用费，以及银行企业内营业机构之间支付的利息，不得扣除。（　　）

9. 停止使用的生产性生物资产，应当自停止使用的当月起停止计算折旧。（　　）

10. 企业不能提供完整、准确的收入及成本、费用凭证，不能正确计算应纳税所得额的，由税务机关核定其应纳税所得额。（　　）

四、实践训练

1. 甲公司本年 9 月欲对一台原值为 2 000 万元的旧设备进行大修（该设备尚可使用 2 年），当月可完工。预计大修之后，该设备还能使用 5 年，大修过程中共耗用材料费、配件费等

700 万元，支付工人工资和其他费用共 350 万元。预计本年及未来 5 年为考虑修理支出每年应纳税所得额为 1 500 万元，折现率为 6%。公司现提出 2 种方案，拟将修理支出资本化或者修理支出费用化。

请对甲公司的上述业务进行纳税筹划。

2. 乙公司要上一新项目需投资 2 000 万元，项目寿命期为 5 年，预期第一年可获得息税前利润 360 万元，以后逐年增加 100 万元。项目所需资金从银行借款，借款年利率为 10%。假设你是公司会计人员，目前有四种计息方式可供选择，从税务角度考虑哪种方式更适合。

方案一：复利计息，到期一次还本付息。

方案二：复利年金法，每年等额偿还本金和利息 527.6 万元。

方案三：每年等额还本 400 万元，并且每年支付剩余借款的利息。

方案四：每年付息，到期还本。

任务要求：

（1）能够正确计算各种还款方式下的企业所得税负，然后填写下表；

（2）能够通过比较分析选择最优的还款方式。

方案	年度	①期初本金	②当年利息=①×10%	③当年所还金额	④当年投资收益	⑤当年税前利润=④-②	⑥当年应纳企业所得税=⑤×25%	⑦期末本金=①+②-④
一	1							
	2							
	3							
	4							
	5							
合计		—		—	—			—
二	1							
	2							
	3							
	4							
	5							
合计		—		—	—			—
三	1							
	2							
	3							
	4							
	5							
合计		—		—	—			—

续表

方案	年度	①期初本金	②当年利息=①×10%	③当年所还金额	④当年投资收益	⑤当年税前利润=④-②	⑥当年应纳企业所得税=⑤×25%	⑦期末本金=①+②-④
四	1							
	2							
	3							
	4							
	5							
合计		—		—	—			—

<table>
<tr><td rowspan="2">业务技能自测完成情况</td><td>单选题</td><td>多选题</td><td>判断题</td><td>实践训练</td></tr>
<tr><td></td><td></td><td></td><td></td></tr>
<tr><td>教师评语
</td><td colspan="4"></td></tr>
</table>

项目五　个人所得税的纳税筹划

任务一　熟悉个人所得税纳税人的纳税筹划

➢ 任务达成目标

1. 能利用纳税人身份认定的纳税筹划。
2. 能合理选择组织形式进行纳税筹划。

➢ 核心技能

能利用纳税人身份的选择进行纳税筹划。

➢ 任务思维导图

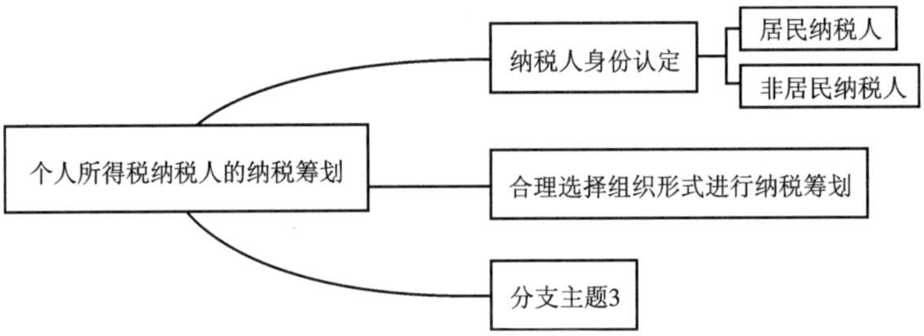

➢ 任务知识

个人所得税是指国家对本国公民或者居住于本国境内的个人及境外个人来源于本国的所得进行征收的一个税种，从 1980 年开始实行，并且随着我国经济的快速发展，也陆续进行了改革，我国已于 2019 年 1 月 1 日起正式实施新修订的《个人所得税法》。随着人们收入的不断提高，个人所得税的纳税人也在数逐年增加，在整个税收结构中所占的比例越来越大，其纳税人包括中国公民，外籍个人以及中国香港、澳门、台湾同胞等，又包括“自然人性质的特殊主体”，如个体工商户、个人独资企业的投资人、合伙企业的合伙人。上述纳税人依据所在和居住时间两个标准，区分为居民和非居民，分别承担不同的纳税义务，如表 5-1 所示。

表 5-1　纳税人分类及纳税义务表

纳税人	判定标准	纳税义务
居民	有住所或无住所但居住满 183 天	无限纳税义务，来源于境内境外所得都纳税
非居民	无住所又不居住或者无住所居住不满 183 天	有限纳税义务，仅就其来源于中国境内的所得纳税

【知识点 1】个人取得归属于中国境内(以下称境内)工作期间的工资薪金所得为源于境内的工资薪金所得。境内工作期间按照个人在境内工作天数计算,包括其在境内的实际工作日以及境内工作期间在境内、境外享受的公休假、个人休假、接受培训的天数。在境内、境外单位同时担任职务或者仅在境外单位任职的个人,在境内停留的当天不足 24 小时的,按照半天计算境内工作天数。

【知识点 2】无住所个人在境内、境外单位同时担任职务或者仅在境外单位任职,且当期同时在境内、境外工作的,按照工资薪金所属境内、境外工作天数占当期公历天数的比例计算确定来源于境内、境外工资薪金所得的收入额。境外工作天数按照当期公历天数减去当期境内工作天数计算。

【知识点 3】无住所个人一个纳税年度在中国境内累计居住满 183 天的,如果此前六年在中国境内每年累计居住天数都满 183 天而且没有任何一年单次离境超过 30 天,该纳税年度来源于中国境内、境外所得应当缴纳个人所得税;如果此前六年的任一年在中国境内累计居住天数不满 183 天或者单次离境超过 30 天,该纳税年度来源于中国境外且由境外单位或者个人支付的所得,免予缴纳个人所得税。前款所称此前六年,是指该纳税年度的前一年至前六年的连续六个年度,此前六年的起始年度自 2019 年(含)以后年度开始计算。

【知识点 4】无住所个人一个纳税年度内在中国境内累计居住天数,按照个人在中国境内累计停留的天数计算。在中国境内停留的当天满 24 小时的,计入中国境内居住天数;在中国境内停留的当天不足 24 小时的,不计入中国境内居住天数。

➢ 任务导入

乔纳斯先生从 2020 年 9 月起被德国一家公司派到我国,在该公司与我国合资的 A 公司任职做技术指导工作。乔纳斯先生每月的工资由境内、境外两家公司分别支付。

我国境内的 A 公司每月向其支付 20 000 元人民币,德国公司每月向其支付工资折合人民币 30 000 元。2021 年 6 月,乔纳斯先生被该德国公司临时派到新加坡,为新加坡一家集团公司检测设备,他在新加坡工作 25 天,新加坡公司向其支付工资 3 000 美元,随即又返回我国的 A 公司工作, 9 月,乔纳斯先生又被该德国公司临时派到韩国,为韩国一家集团公司做技术指导工作,他在韩国工作 15 天,韩国公司向其支付工资 2 000 美元,随即又返回我国的 A 公司工作。

请对乔纳斯先生的上述业务进行纳税筹划。

➢ 任务实施

一、熟悉个人所得税法中关于纳税人的具体规定

《个人所得税法》第一条规定,在中国境内有住所,或者无住所而一个纳税年度内在中国境内居住累计满一百八十三天的个人,为居民个人。居民个人从中国境内和境外取得的所得,依照本法规定缴纳个人所得税。在中国境内无住所又不居住,或者无住所而一个纳税年度内在中国境内居住累计不满一百八十三天的个人,为非居民个人。非居民个人从中国境内取得的所得,依照本法规定缴纳个人所得税。纳税年度,自公历一月一日起至十二月三十一日止。

二、按照上述规定确定工作停留时间

乔纳斯先生属于在中国境内无住所,居住满一年不超过五年的个人,根据我国个人所得税法,他应就在我国境内工作期间取得的由境内、境外雇主支付的工资薪金向我国纳税,而他被德国公司临时派到新加坡、韩国工作属于临时离境,这期间他在新加坡和韩国工作取得的由新加坡和韩国公司支付的工资薪金无须向我国纳税。但若乔纳斯当年回得国探亲或有其他临时离境等累计时间超过 30 天,并向主管税务机关备案,他就能避免成为我国居民纳税人的条件,就能避免从中国境内和境外取得的全部所得在中国缴纳个人所得税。

➢ 任务完成结论

这种方法只适用于在中国居住的外国人、海外侨胞和香港、澳门、台湾同胞,所以适用范围有限。一般来讲,居住在中国境内的外国人、海外侨胞和香港、澳门、台湾同胞,如果在一个纳税年度里,一次离境超过 30 日或多次离境累计超过 183 日的,简称"183 天规则",将不视为全年在中国境内居住。《财政部 税务总局关于在中国境内无住所的个人居住时间判定标准的公告》(财政部 税务总局公告 2019 年第 34 号)规定,在境内居住累计满 183 天的年度连续"满六年"的起点,是自 2019 年(含)以后年度开始计算, 2018 年(含)之前已经居住的年度一律"清零",不计算在内。按此规定, 2024 年(含)之前,所有无住所个人在境内居住年限都不满六年,其取得境外支付的境外所得都能享受免税优惠。此外,自 2019 年起任一年度如果有单次离境超过 30 天的情形,此前连续年限"清零",重新计算。即从 2019 年 1 月 1 日起至 2024 年 12 月 31 日止这段时间,若以上纳税人在境内居住累计满 183 天的年度连续不满六年,其取得的境外支付的境外所得,就可免缴个人所得税。牢牢把握这个尺度就会避免成为个人所得税的居民纳税义务人,而仅就其源于中国境内的所得缴纳个人所得税。

此外,纳税人通过合理选择组织形式也可进行纳税筹划,具体见项目一下的任务一。

任务二　掌握个人所得税综合所得的纳税筹划

➢ 任务达成目标

1. 熟悉会计和税法对于职工与职工薪酬的界定,会辨别劳动合同与劳务合同。
2. 会权衡的综合所得,从而整体上降低个税的方法来进行纳税筹划。
3. 能对全年一次性奖金进行个人所得税纳税筹划。

➢ 核心技能

1. 个人所得税综合所得的扣缴计算。
2. 全年一次性奖金的个人所得税纳税筹划。

➢ 任务思维导图

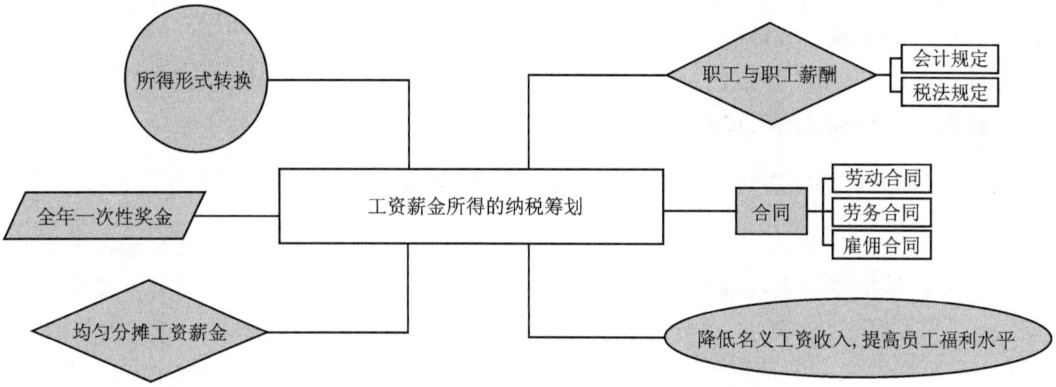

➢ 任务知识-1

一、现行会计准则对于职工和职工薪酬的界定

（一）职工

财政部于 2014 年 7 月 1 日颁布施行的《企业会计准则第 9 号——职工薪酬》第三条规定，本准则所称职工，是指与企业订立劳动合同的所有人员，含全职、兼职和临时职工，也包括虽未与企业订立劳动合同但由企业正式任命的人员。

未与企业订立劳动合同或未由其正式任命，但向企业所提供服务与职工所提供服务类似的人员，也属于职工的范畴，包括通过企业与劳务中介公司签订用工合同而向企业提供服务的人员。

（二）职工薪酬

《企业会计准则第 9 号——职工薪酬》第二条规定，职工薪酬，是指企业为获得职工提供的服务或解除劳动关系而给予的各种形式的报酬或补偿。职工薪酬包括短期薪酬、离职后福利、辞退福利和其他长期职工福利。企业提供给职工配偶、子女、受赡养人、已故员工遗属及其他受益人等的福利，也属于职工薪酬。

短期薪酬，是指企业在职工提供相关服务的年度报告期间结束后十二个月内需要全部予以支付的职工薪酬，因解除与职工的劳动关系给予的补偿除外。短期薪酬具体包括：职工工资、奖金、津贴和补贴，职工福利费，医疗保险费、工伤保险费和生育保险费等社会保险费，住房公积金，工会经费和职工教育经费，短期带薪缺勤，短期利润分享计划，非货币性福利以及其他短期薪酬。

带薪缺勤，是指企业支付工资或提供补偿的职工缺勤，包括年休假、病假、短期伤残、婚假、产假、丧假、探亲假等。

利润分享计划，是指因职工提供服务而与职工达成的基于利润或其他经营成果提供薪酬的协议。

离职后福利，是指企业为获得职工提供的服务而在职工退休或与企业解除劳动关系后，提供的各种形式的报酬和福利，短期薪酬和辞退福利除外。

辞退福利，是指企业在职工劳动合同到期之前解除与职工的劳动关系，或者为鼓励职工自愿接受裁减而给予职工的补偿。

其他长期职工福利，是指除短期薪酬、离职后福利、辞退福利之外所有的职工薪酬，包括长期带薪缺勤、长期残疾福利、长期利润分享计划等。

二、现行个人所得税法对于职工和职工薪酬的界定

我国现行税法对于“职工”并没有明确的定义，“职工”一般是指企业对其有雇佣关系的人员。雇佣关系是指受雇人向雇佣人提供劳务，雇佣人支付相应报酬形成权利义务关系。现行税法也无“职工薪酬”的表述，而是基于“任职或者受雇”标准分为“工资薪金”和“劳务报酬”。

《企业所得税法实施条例》第三十四条规定，工资薪金是指企业每一纳税年度支付给在本企业任职或者受雇的员工的所有现金形式或者非现金形式的劳动报酬，包括基本工资、奖金、津贴、补贴、年终加薪、加班工资，以及与员工任职或者受雇有关的其他支出。企业发生的合理的工资薪金支出，准予扣除。

《个人所得税法实施条例》第六条规定了个人所得税法规定的各项个人所得的范围。

（1）工资、薪金所得，是指个人因任职或者受雇取得的工资、薪金、奖金、年终加薪、劳动分红、津贴、补贴以及与任职或者受雇有关的其他所得。

（2）劳务报酬所得，是指个人从事劳务取得的所得，包括从事设计、装潢、安装、制图、化验、测试、医疗、法律、会计、咨询、讲学、翻译、审稿、书画、雕刻、影视、录音、录像、演出、表演、广告、展览、技术服务、介绍服务、经纪服务、代办服务以及其他劳务取得的所得。

（3）稿酬所得，是指个人因其作品以图书、报刊等形式出版、发表而取得的所得。

（4）特许权使用费所得，是指个人提供专利权、商标权、著作权、非专利技术以及其他特许权的使用权取得的所得；提供著作权的使用权取得的所得，不包括稿酬所得。

（5）经营所得，是指：

①个体工商户从事生产、经营活动取得的所得，个人独资企业投资人、合伙企业的个人合伙人源于境内注册的个人独资企业、合伙企业生产、经营的所得；

②个人依法从事办学、医疗、咨询以及其他有偿服务活动取得的所得；

③个人对企业、事业单位承包经营、承租经营以及转包、转租取得的所得；

④个人从事其他生产、经营活动取得的所得。

（6）利息、股息、红利所得，是指个人拥有债权、股权等而取得的利息、股息、红利所得。

（7）财产租赁所得，是指个人出租不动产、机器设备、车船以及其他财产取得的所得。

（8）财产转让所得，是指个人转让有价证券、股权、合伙企业中的财产份额、不动产、机器设备、车船以及其他财产取得的所得。

（9）偶然所得，是指个人得奖、中奖、中彩以及其他偶然性质的所得。

个人取得的所得，难以界定应纳税所得项目的，由国务院税务主管部门确定。

在企业的实际操作中如何把握“任职或者受雇”以及“聘用”这个要点，税法没有规定，一般的判定方法是。

（1）依照是否根据劳动法的规定签订用工合同来判定。如果企业与劳动者签订的是确立

劳动关系，明确双方劳动权利和义务的劳动合同，其关系属于与企业有“任职或者受雇”以及“聘用”的关系，其劳动报酬属于工资、薪金；如果企业与劳动者签订的是就某一项劳务以及劳务成果所达成的劳务协议，是供需双方达成的劳务以及劳务成果的买卖交易合同，其关系就不属于与企业有“任职或者受雇”以及“聘用”关系，其劳动报酬不属于工资、薪金。

（2）依照劳动者提供的劳务是否具有“独立性”来判定。根据《国家税务总局在关于〈印发征收个人所得税若干问题的规定〉的通知》（国税发〔1994〕89号）中对于劳务的独立性进行了进一步明确：工资、薪金所得是属于非独立个人劳务活动，即在机关、团体、学校、部队、企事业单位及其他组织中任职、受雇而得到的报酬；劳务报酬所得则是个人独立从事各种技艺、提供各项劳务取得的报酬。两者的主要区别在于，前者存在雇佣与被雇佣关系，后者则不存在这种关系。

➢ 任务导入-1

某甲长期为A商店运送货物挣取劳务费。一日，甲因有事临时让乙代其为A商店运送货物，每日支付劳动报酬200元。谁知，乙在第二次运送货物途中遭遇车祸不幸身亡，肇事车辆逃逸，查无下落。乙的家人要求甲与A商店老板共同赔偿因乙死亡造成的损失，双方为此发生纠纷，乙家人以乙与甲和A商店之间具有劳动合同关系要求按工伤处理为由，向劳动仲裁委员会申请仲裁。

问题：

（1）乙死亡造成的损失应由谁来承担？

（2）乙家人能否向劳动仲裁委主张权利？若不能，应如何解决此纠纷？

➢ 任务实施-1

一、了解劳动合同与雇佣合同、劳务合同的区别

现实中，许多劳动者分不清劳动合同与雇佣合同、劳务合同，甚至将劳务合同当成劳动合同来签，有可能使劳动者失去劳动法的保护，不利于劳动者维护自身的合法权益。所以，首先要明确劳动合同与雇佣合同、劳务合同的定义。

（1）劳动合同是用人单位与劳动者依照法律规定，以双方劳动权利为主要内容订立的协议。

（2）雇佣合同是受雇人提供劳动，雇佣人支付报酬的协议。

（3）劳务合同是一方为完成某项工作而使用一方提供的劳动为此而支付报酬的协议。

劳动合同与雇佣合同、劳务合同的共同之处在于，都是一方提供劳动，另一方支付报酬，但细分析其法律特征仍可看出其不同之处。

首先通过表5-1看一下劳动合同与雇佣合同的区别。

表 5-1 劳动合同与雇佣合同的区别表

区别项目	劳动合同	雇佣合同
合同的主体不同	主体包括用人单位和劳动者。劳动合同的用人单位是指在中华人民共和国境内设立的企业、事业单位、国家机关、社会团体和个体经济组织	主体是雇主和受雇人，而且雇佣合同的雇主只能是自然人
法律干预程度不同	用人单位支付劳动者工资不得违反法律、法规的强制性规定，法律对劳动合同的干预程度要高于雇佣合同	劳动报酬则主要由完全平等的合同双方自行协商，在合同的签订、变更、解除的过程中以当事人的意思表示为主，法律不过分干预
适用调整法律规范不同	受《劳动法》《劳动合同法》的调整	受《民法典》的调整
解决纠纷的程序不同	合同纠纷采用仲裁前置程序，即劳动合同纠纷不经过劳动争议仲裁机构处理，人民法院不予受理	雇佣合同是民事合同，审理机关是人民法院，纠纷发生后当事人无须经过仲裁，有权直接向人民法院起诉

其次来了解一下劳动合同与劳务合同的区别（表 5-2）。

表 5-2 劳动合同与劳务合同的区别表

区别项目	劳动合同	劳务合同
合同的主体不同	劳务合同的主体可以双方都是单位，也可以双方都是自然人，还可以一方是单位，另一方是自然人。提供劳动一方主体具有多样性	劳动合同的主体是确定的，只能是接受劳动的一方为单位，提供劳动的一方是自然人。提供劳动一方主体具有单一性。
适用调整法律规范不同	受《劳动法》《劳动合同法》的调整	受《民法典》的调整
双方当事人关系不同	劳动合同的劳动者在劳动关系确立后成为用人单位的成员，须遵守用人单位的规章制度，双方之间具有领导与被领导、支配与被支配的隶属关系	劳务合同的一方无须成为另一方成员即可为需方提供劳动，双方之间的法律地位从始至终是平等的
承担劳动风险责任的主体不同	劳动者在提供劳动过程中的风险责任须由用人单位承担	提供劳动的一方有权自行支配劳动，自行承担劳动风险责任
合同内容不同	内容更多的是法定性条款，双方选择的范围远小于劳务合同	内容相对简单，合同内容主要是双方平等协商后约定的工作内容和劳务报酬等的合意性条款
劳动者薪酬的称谓不同	因劳动合同支付的劳动报酬称为工资，具有按劳分配性质，工资除当事人自行约定数额外，其他如最低工资、工资支付方式都要遵守法律、法规的规定	劳务合同支付的劳动报酬称为劳务费，主要由双方当事人自行协商价格支付方式等，国家法律不过分干涉
争议处理方式不同	劳动合同必须先通过劳动争议仲裁委员会的仲裁，对裁决不服的才能起诉到法院，对于部分情形的裁决甚至可以一裁终局	劳务合同一般通过法院诉讼解决（如果约定了仲裁条款，也可仲裁），但仲裁排除诉讼。

二、本案中做具体分析并提出解决途径

了解了劳动合同与雇佣合同及劳务合同的区别后，再分析任务提供的案例。甲以个人名义要求乙代其送货并支付劳动报酬，与乙具有雇佣合同关系，根据相关规定，雇主应承担受雇人在执行受雇事务时造成的自身损害的后果，因此甲应承担乙死亡给其家人造成的损失；商店让甲为其送货并支付报酬，甲并未成为商店一员，不受商店管理和约束，因此商店和甲之间是

劳务合同关系，根据劳务合同风险由提供劳务方自负的原则，商店不承担乙死亡的责任。由于此案中不存在劳动合同关系，因此乙的家人向劳动仲裁委申请仲裁是不对的，应当向人民法院提起诉讼。

➢ 任务完成结论-1

纳税人在进行个人所得税筹划时，先要了解相关的法律法规，不断学习相应的财税政策，才能够有效进行合理避税。因此，纳税人在进行个人所得税纳税筹划的同时，也达到了普及税法的目的。另外，有些中小企业、个体户与劳动者不签订任何形式的合同，这时，劳动者就要保留好自己的工资条或者银行打款记录，在很多劳动争议中，工资条、考勤记录等都可以作为维权的重要证据。

➢ 任务知识-2

从会计和税法的差异来看，并不是所有的职工薪酬都需要缴纳个人所得税。

一、关于工资、奖金、补贴和津贴

根据个人所得税政策，工资、薪金所得是指个人因“任职或者受雇”而取得的所得，属于“非独立”个人劳动所得，包含工资、奖金、和按照国家统一规定发给的补贴、津贴。但对于独生子女补贴，托儿补助费、差旅费津贴、误餐补助，执行公务员工资制度未纳入基本工资总额的补贴、津贴差额和家属成员的副食补贴等就不属于工资、薪金性质的补贴、津贴，不征收个人所得税。个人所得税工资、薪金所得征税范围的特殊规定见表 5-3。

表 5-3　个人所得税工资、薪金所得征税范围的特殊规定明细表

所得项目			是否按工资薪金纳税
特殊所得	独生子女补贴；托儿补助费；差旅费津贴、误餐补助		×（不征税）
	公务交通、通信补贴		√（扣除一定标准的公务费）
	股票期权、股票增值权、限制性股票、股票奖励		√
保险	三险一金	规定比例部分	免税
		超过规定比例部分	√
	“三险一金”以外的其他保险		√
离开工作岗位所得	辞退补偿一次性收入		√
	离退休人员	离退休工资或养老金	免税
		其他补贴、奖金、实物	√
	内部退养	达到法定离退休年龄前从原任职单位取得的工资、薪金	√
	提前退休	一次性所得	√
	上述人员再就业取得工资		√
特殊职业	“兼职”律师，按月计算不扣生计费，自行申报时扣除		√
科研奖励	非营利性科研机构和高校给予科技人员的现金奖励		√（减半计入）

二、关于职工福利费

《个人所得税法实施条例》第十一条规定，个人所得税法第四条第一款第四项所称福利费，是指根据国家有关规定，从企业、事业单位、国家机关、社会组织提留的福利费或者工会经费中支付给个人的生活补助费；所称救济金，是指各级人民政府民政部门支付给个人的生活困难补助费。

为避免企业滥用福利费，根据《国家税务总局关于生活补助费范围确定问题的通知》（国税发〔1998〕155号）文件明确规定，下列收入不属于免税的福利费范围，应当并入纳税人的工资、薪金收入计征个人所得税：

（1）从超出国家规定的比例或基数计提的福利费、工会经费中支付给个人的各种补贴、补助；

（2）从福利费和工会经费中支付给本单位职工的人人有份的补贴、补助；

（3）单位为个人购买汽车、住房、电子计算机等不属于临时性生活困难补助性质的支出。

企业应掌握上述规定，合理确定职工福利费支出。

三、关于养老保险费、生育保险费、工伤保险费、失业保险费以及医疗保险费等社会保险费

财政部、国家税务总局《关于基本养老保险费基本医疗保险费失业保险费住房公积金有关个人所得税政策的通知》（财税〔2006〕10号）文件规定：按照国家、省政府、自治区、直辖市等规定的社会保险费缴费比例，企事业单位实际缴纳的基本医疗险、基本养老险、失业险以及住房公积金免于征收个人所得税。个人按照规定标准实际缴纳的基本医疗险、基本养老险和失业险、住房公积金也免于征收个人所得税。超过规定标准的缴费比例实际缴纳的基本医疗保险费、基本养老保险费、和失业保险费、住房公积金，超过部分应并入工资、薪金计算征收个税。

对于企业补充养老保险制度，《财政部、人力资源社会保障部、国家税务总局关于企业年金职业年金个人所得税有关问题的通知》（财税〔2013〕103号）重新指定了企业年金和职业年金的个人所得税计算方法，实行了年金（含企业年金和职业年金）个税递延纳税的优惠规定。企业单位、事业单位按照国家有关政策规定对其全体员工（无论是雇佣或任职的）缴付年金，其中单位支出的部分在纳入个人账户时，员工暂时不用缴纳个人所得税。对于年金中的个人支出部分，在未达到自身工资收入计税基础的4%以内的范围，计征个税时当期的应纳税所得额可以扣除该部分。但单位和个人支付的超过国家规定标准部分的基本保险以及各种补充保险，应当并入个人收入所得计征个人所得税。

四、关于住房公积金

作为社会保障制度的重要一环——住房保障，住房公积金发挥了极其关键的作用。在如今楼价高涨，房价居高不下的现实背景下，住房公积金较好地缓解了职工用房问题。财税〔2006〕10号文件规定了住房公积金的个人所得税涉税事项，单位和个人须根据《建设部 财政部 中国人民银行关于住房公积金管理若干具体问题的指导意见》（建金管〔2005〕5号）、《住房公积金管理条例》等规定精神，在不超过12%的标准内可以扣除。缴存住房公积金的职工本人上一年度月平均工资有上限限制，不得超过当地区市上一年度职工月平均工资的3倍，当地社会保险办等相关人力资源部门每年会按照有关规定公布相应的标准。

五、关于职工教育经费以及工会经费的支出

企业费用支出中对职工教育经费和工会经费中支出的（如工会活动费用、职工学习培训费用），由于职工本人并没有实际取得所得，因此无须并入本人的工资、薪金所得计征个人所得税。但除有关税收法律法规规定免税或不征税的项目以外，个人的现金、实物是从工会经费和职工教育经费中支出的，须要并入个人的工资、薪金所得计征个人所得税。

六、关于不属于货币性支出的福利

《个人所得税法实施条例》第八条规定，个人所得的形式，包括现金、实物、有价证券和其他形式的经济利益；所得为实物的，应当按照取得的凭证上所注明的价格计算应纳税所得额，无凭证的实物或者凭证上所注明的价格明显偏低的，参照市场价格核定应纳税所得额；所得为有价证券的，根据票面价格和市场价格核定应纳税所得额；所得为其他形式的经济利益的，参照市场价格核定应纳税所得额。

七、关于因解除与职工的劳动关系的补偿

个人与用人单位解除劳动关系取得一次性补偿收入，不仅涉及个人所得税的征缴，还涉及社会保险费缴费基数的确定。《财政部　税务总局关于个人所得税法修改后有关优惠政策衔接问题的通知》（财税〔2018〕164号）第五条第一项，按照新《个人所得税法》的原则，对个人与用人单位解除劳动关系取得一次性补偿收入如何计税，进行了过渡性政策安排。

在社会保险费法律制度中，《关于规范社会保险缴费基数有关问题的通知》（劳社险中心函〔2006〕60号）规定，劳动合同制职工解除劳动合同时由企业支付的医疗补助费、生活补助费以及一次性支付给职工的经济补偿金，根据国家统计局的规定，不计入工资总额，在计算缴费基数时应予剔除。

在个人所得税制度中，2019年1月1日起生效的《财政部　税务总局关于个人所得税法修改后有关优惠政策衔接问题的通知》（财税〔2018〕164号）文件，在承继《国家税务总局关于国有企业职工因解除劳动合同取得一次性补偿收入征免个人所得税问题的通知》（国税发〔2000〕77号）文中对国有企业职工与企业解除劳动合同取得的一次性补偿收入个人所得税前扣除标准基础上，规定：个人与用人单位解除劳动关系取得一次性补偿收入（包括用人单位发放的经济补偿金、生活补助费和其他补助费），在当地上年职工平均工资3倍数额以内的部分，免征个人所得税；超过3倍数额的部分，不并入当年综合所得，单独适用综合所得税率表，计算纳税。

➢ 任务导入-2

80后技术人员刘某是我国公民，独生子，已婚，在甲公司工作。2021年1月至12月每月工资总额为18 000元，无免税收入。每月需缴纳三险一金2 500元，刘某正在攻读博士学位，夫妇俩育有一孩接受中学教育，每月需要还房贷3 000元，同时还需要赡养年逾六旬的父母，个人上下班交通费约800元，工作午餐餐费700元，通讯费为300元。另外，2021年3月从乙公司取得劳务报酬收入8 000元，稿酬收入3 600元；6月从丙公司取得劳务报酬收入30 000元，特许权使用费收入6 000元。

已知:当地政府规定对于纳税人发生的首套住房贷款利息支出,在偿还贷款期间,按照每年 12 000 元(每月 1 000 元)标准定额扣除。在学历教育期间按照每年 4 800 元(每月 400 元)定额扣除。“三险一金”按照当地政府规定的缴费比例扣除标准为每月 2 500 元。无其他扣除。

请对刘某的个人所得税进行纳税筹划。

➢ 任务实施-2

一、熟悉现行税法中对于居民个人“综合所得”应缴纳个人所得税的计算

我国现行的《个人所得税法》明确了居民个人的工资薪金所得日常采取累计预扣法进行预扣预缴个税;劳务报酬所得、稿酬所得、特许权使用费所得,采取基本平移现行规定的做法预扣预缴。四项所得年终合并进行汇算清缴。

(一)我国现行个人所得税的计算方法

应纳税额=应纳税所得额 × 适用税率-速算扣除数

其中,对于应纳税所得额采用“定额扣除”与“附加扣除”相结合的方式:

应纳税所得额=每年收入额-免税收入(生计费)-专项扣除-专项附加扣除-其他扣除

1. 免税收入(生计费)

每人每月扣除 5 000 元,按“年”扣除限额为“60 000 元”。

2. 专项扣除

个人按照国家或省级政府规定的缴费比例或办法实际缴付的“三险一金”,允许在个人应纳税所得额中扣除,超过规定比例和标准缴付的,超过部分并入个人当期的工资、薪金收入,计征个人所得税。

3. 专项附加扣除

专项附加扣除项目包括子女教育、继续教育、大病医疗、住房贷款利息、住房租金、赡养老人等。其扣除标准与扣除方式如表 5-4~5-9 所示。

表 5-4 子女教育

要点	具体内容		
准予扣除的子女教育类型	学前教育	年满“3 岁”至小学入学前教育	
	全日制学历教育	义务教育	小学和初中教育
		高中阶段教育	普通高中、中等职业教育、技工教育
		高等教育	大学专科、本科;硕士、博士研究生
扣除标准	“每个”子女每月 1 000 元。 注:两个孩子可以扣两份		
扣除方式	(1)父母“分别”按扣除标准的“50%”扣除。 (2)经父母“约定”,也可以由夫妻“其中一方”按扣除标准的“100%”扣除。 注:具体扣除方式在“一个纳税年度内”不得变更。 (3)从家庭整体来看,夫妻双方可以选择综合所得较高的一方按照扣除标准的 100%扣除,这样有可能降低夫妻双方整体的个人所得税税负		

表 5-5　继续教育

要点		具体内容
扣除标准	学历教育	每月 400 元。 注:同一学历(学位)继续教育的扣除期限不能超过 48 个月
	职业教育	“取得”相关证书的年度,一次性扣除 3 600 元
扣除方式	(1)本科及以下学历(学位)教育,可以由其“父母”按照“子女教育”支出扣除。 (2)可以由“本人”按照“继续教育”支出扣除。 注:夫妻不得同时扣除	

自 2020 年 7 月 1 日起施行的《国家税务总局关于完善调整部分纳税人个人所得税预扣预缴方法的公告》(国家税务总局公告 2020 年第 13 号)规定,对首次入职居民个人取得工资薪金所得以及正在接受全日制学历教育的学生实习取得劳务报酬所得进行了优化:对一个纳税年度内首次取得工资、薪金所得的居民个人,扣缴义务人在预扣预缴工资、薪金所得个人所得税时,可扣除从年初开始计算的累计减除费用(5 000 元/月)。如,大学生小田 2021 年 7 月毕业后进入某公司工作,公司发放 7 月份工资 7 000 元,个人承担“三险一金”800 元、无其他扣除项目。计算当期应预扣预缴的个人所得税时,若在调整前:只可减除费用 5 000 元,公司计算应预扣预缴的个税(7 000−5 000−800)× 3%=36 元。但是调整后,累计减除费用=5 000 元/月 × 当年累计截至本月月份数=5 000 元/月 ×7 个月=35 000 元,公司计算应预扣预缴的个税(7 000−35 000−800)× 3% < 0。

表 5-6　大病医疗

要点	具体内容		
准予扣除的大病医疗支出	纳税人发生的与基本医保相关的医药费用支出,扣除医保报销后个人负担(指医保目录范围内的“自付部分”)累计“超过 15 000 元”的部分		
扣除标准	按照每年 8 万元标准限额“据实扣除”		
扣除方式	(1)纳税人发生的医药费用支出可以选择由本人或者其配偶扣除。 (2)未成年子女发生的医药费用支出可以选择由其父母一方扣除		
总结	医保目录范围内的自付费部分不超过 15 000 元		不得扣除
	医保目录范围内的自付费部分超过 15 000 元	“超过部分”在 8 万元以内	据实扣除
		“超过部分”超过 8 万元	扣除 8 万元

表 5-7　住房贷款利息

要点	具体内容
准予扣除的住房贷款利息	纳税人本人或配偶单独或共同使用商业银行或住房公积金个人住房贷款为本人或其配偶购买中国境内住房,发生的“首套住房”贷款利息支出。 注:“非首套”住房贷款利息支出,不得扣除
扣除标准	偿还贷款期间,每月 1 000 元。 注:①定额扣除,即使每年贷款利息低于 1.2 万元,也按照上述标准扣除; ②扣除期限最长不超过 240 个月; ③纳税人只能享受一次首套住房贷款的利息扣除

续表

要点	具体内容
扣除方式	经夫妻双方约定,可以选择由“其中一方”扣除。 注:具体扣除方式在一个纳税年度内不得变更
特殊规定	夫妻双方婚前分别购买住房发生的首套住房贷款,其贷款利息支出,婚后可以“选择其中一套”购买的住房,由购买方按扣除标准的100%扣除,也可以由夫妻双方对各自购买的住房分别按扣除标准的50%扣除

表5-8 住房租金

<table>
<tr><th>要点</th><th colspan="2">具体内容</th></tr>
<tr><td>准予扣除的住房租金</td><td colspan="2">“主要工作城市”没有住房,而在主要工作城市租赁住房发生的租金支出。
注:①纳税人的配偶在纳税人的主要工作城市有自有住房的,视同纳税人在主要工作城市有自有住房;
②夫妻双方主要工作城市“相同”的,只能由“一方”(签订租赁住房合同的承租人)扣除住房租金支出;
③纳税人及其配偶“不得同时分别享受”住房贷款利息和住房租金专项附加扣除(异地购房,工作城市租房的,可“选择”享受相应扣除)</td></tr>
<tr><td>扣除人</td><td colspan="2">由签订租赁住房合同的承租人扣除</td></tr>
<tr><td rowspan="3">扣除标准</td><td>直辖市、省会城市、计划单列市以及国务院确定的其他城市</td><td>每月1 500元</td></tr>
<tr><td>市辖区户籍人口超过100万的其他城市</td><td>每月1 100元</td></tr>
<tr><td>市辖区户籍人口不超过100万(含)的其他城市</td><td>每月800元</td></tr>
</table>

表5-9 赡养老人

<table>
<tr><th>要点</th><th colspan="3">具体内容</th></tr>
<tr><td>赡养老人</td><td colspan="3">赡养“60岁”以上父母,以及子女均已去世的年满60岁的祖父母、外祖父母。
注:不看老人自身是否有生活来源,如领取退休金等</td></tr>
<tr><td rowspan="5">扣除标准</td><td>独生子女</td><td colspan="2">每月2 000元。
注:①赡养2个及以上老人的,“不按老人人数加倍”扣除;
②夫妻双方可以分别扣除双方赡养老人的支出</td></tr>
<tr><td rowspan="4">非独生子女</td><td>分摊方式</td><td>平均分摊、赡养人约定分摊、被赡养人指定分摊</td></tr>
<tr><td>分摊金额</td><td>每一纳税人分摊的扣除额最高不得超过每月1 000元</td></tr>
<tr><td>优先级</td><td>指定分摊优先于约定分摊,两者不一致,以指定分摊为准</td></tr>
<tr><td colspan="2">注:具体分摊方式在一个纳税年度内不得变更</td></tr>
</table>

4. 其他扣除

其他扣除包括企业年金、职业年金、商业健康保险、税收递延型商业养老保险。这里需注意:①购买符合规定的商业健康保险产品的支出在当年(月)计算应纳税所得额时予以税前扣除,扣除限额为2 400元/年(200元/月);②专项扣除、专项附加扣除和依法确定的其他扣除,以居民个人一个纳税年度的应纳税所得额为限额。一个纳税年度扣除不完的,“不结转”以后年度扣除。

5. 劳务报酬所得、稿酬所得、特许权使用费所得

这些所得以收入减除20%的费用后的余额为收入额。稿酬所得的收入额减按70%计算。

（二）居民纳税人的综合所得按“年”计征，分月或分次预缴，年终汇算清缴

居民个人“综合所得”执行3%~45%七级超额累进税率，年终汇算清缴应纳税额计算如表5-10所示。

表5-10　个人所得税预扣率表一（居民个人工资、薪金所得预扣预缴适用）

级数	全“年”应纳税所得额	税率（%）	速算扣除数	
	含税级距		按月	按年
1	不超过36 000元的	3	0	0
2	超过36 000元至144 000元的部分	10	210	2 520
3	超过144 000元至300 000元的部分	20	1 410	16 920
4	超过300 000元至420 000元的部分	25	2 660	31 920
5	超过420 000元至660 000元的部分	30	4 410	52 920
6	超过660 000元至960 000元的部分	35	7 160	85 920
7	超过960 000元的部分	45	15 160	181 920

在各档税率不变的条件下，纳税人可以通过减少收入的方式使得自己适用较低的税率，同时计税的基数也变小。由于目前税法对个人取得的非货币性福利所得没有具体的征税管理办法，纳税人尽可能和单位达成协议，改变自己的工资薪金的支付方法，可行的做法是，即由单位提供一些必要的福利，如企业为职工创造居住条件、为职工上下班提供交通车服务、为职工提供免费的餐饮服务、为职工提供培训或旅游机会、通过公司名义购买充值电话卡为职工缴纳手机费等将纳税人的现金工资转为提供福利。这样一方面在本企业内部满足职工的物质与服务需求，减少员工相应的外部需求，提高员工的职业忠诚度，增强企业的凝聚力；另一方面，通过调整，职工名义上的工薪虽然减少了，但能够享受到的收入效用并没有减少，而且还能够享受到以福利抵减收入所降低的税收负担。

二、计算不同方案下纳税人应纳个人所得税

方案一：正常情况下，工资薪金、劳务报酬、稿酬、特许权使用费为综合所得；劳务报酬所得、稿酬所得、特许权使用费所得以收入减除20%的费用后的余额为收入额；稿酬所得的收入额减按70%计算。

（1）工资薪金所得预扣预缴计算。

扣缴义务人向居民个人支付工资、薪金所得时，按照累计预扣法计算预扣税款，并按月办理扣缴申报。累计预扣法，是指扣缴义务人在一个纳税年度内预扣预缴税款时，以纳税人在本单位截至本月取得工资、薪金所得累计收入减除累计免税收入、累计减除费用、累计专项扣除、累计专项附加扣除和累计依法确定的其他扣除后的余额为累计预扣预缴应纳税所得额，适用个人所得税预扣率表一（表5-10），计算累计应预扣预缴税额，再减除累计减免税额和累计已预扣预缴税额，其余额为本期应预扣预缴税额。余额为负值时，暂不退税。纳税年度终了后余额仍为负值时，由纳税人通过办理综合所得年度汇算清缴，税款多退少补。具体计算公式如下。

本期应预扣预缴税额=累计预扣预缴应纳税所得额 × 预扣率-速算扣除数-累计减免税额-累计已预扣预缴税额

累计预扣预缴应纳税所得额=累计收入-累计免税收入-累计减除费用-累计专项扣除-累计专项附加扣除-累计依法确定的其他扣除

其中:累计减除费用,按照 5 000 元/月乘以纳税人当年截至本月在本单位的任职受雇月份数计算。

① 2021 年 1 月。

1 月累计预扣预缴应纳税所得额=累计收入-累计免税收入-累计减除费用-累计专项扣除-累计专项附加扣除-累计依法确定的其他扣除=18 000-5 000-2 500-4 400=6 100 元,对应税率为 3%。

1 月应预扣预缴税额=(累计预扣预缴应纳税所得额 × 预扣率-速算扣除数)-累计减免税额-累计已预扣预缴税额

=6 100 × 3%=183 元

2021 年 1 月,甲公司在发放工资环节预扣预缴个人所得税 183 元。

② 2021 年 2 月。

2 月累计预扣预缴应纳税所得额=累计收入-累计免税收入-累计减除费用-累计专项扣除-累计专项附加扣除-累计依法确定的其他扣除=18 000 × 2-5 000 × 2-2 500 × 2-4 400 × 2=36 000-10 000-5 000-8 800=12 200(元),对应税率为 3%。

2 月应预扣预缴税额=(累计预扣预缴应纳税所得额 × 预扣率-速算扣除数)-累计减免税额-累计已预扣预缴税额

=12 200 × 3%-183=183 元

2021 年 2 月,甲公司在发放工资环节预扣预缴个人所得税 183 元。

③ 2021 年 3 月。

3 月累计预扣预缴应纳税所得额=累计收入-累计免税收入-累计减除费用-累计专项扣除-累计专项附加扣除-累计依法确定的其他扣除=18 000 × 3-5 000 × 3-2 500 × 3-4 400 × 3=54 000-15 000-7 500-13 200=18 300(元),对应税率为 3%。

3 月应预扣预缴税额=(累计预扣预缴应纳税所得额 × 预扣率-速算扣除数)-累计减免税额-累计已预扣预缴税额

=18 300 × 3%-183-183=183 元

2021 年 3 月,甲公司在发放工资环节预扣预缴个人所得税 183 元。

按照上述方法以此类推,计算得出刘某各月个人所得税预扣预缴情况明细表 5-11。

表 5-11 2021 年 1—12 月工资薪金个人所得税预扣预缴计算表 元

月份	工资薪金收入	费用扣除标准	专项扣除	专项附加扣除	应纳税所得额	税率	速算扣除数	累计应纳税额	当月应按税额
1月	18 000	5 000	2 500	4 400	6 100	3%	0	183	183
2月	18 000	5 000	2 500	4 400					
累计	36 000	10 000	5 000	8 800	12 200	3%	0	366	183
3月	18 000	5 000	2 500	4 400					

续表

月份	工资薪金收入	费用扣除标准	专项扣除	专项附加扣除	应纳税所得额	税率	速算扣除数	累计应纳税额	当月应按税额
累计	54 000	15 000	7 500	13 200	18 300	3%	0	549	183
4 月	18 000	5 000	2 500	4 400					
累计	72 000	20 000	10 000	17 600	24 400	3%	0	732	183
5 月	18 000	5 000	2 500	4 400					
累计	90 000	25 000	12 500	22 000	30 500	3%	0	915	183
6 月	18 000	5 000	2 500	4 400					
累计	108 000	30 000	15 000	26 400	36 600	10%	2 520	1 140	225
7 月	18 000	5 000	2 500	4 400					
累计	126 000	35 000	17 500	30 800	42 700	10%	2 520	1 750	610
8 月	18 000	5 000	2 500	4 400					
累计	144 000	40 000	20 000	35 200	48 800	10%	2 520	2 360	610
9 月	18 000	5 000	2 500	4 400					
累计	162 000	45 000	22 500	39 600	54 900	10%	2 520	2 970	610
10 月	18 000	5 000	2 500	4 400					
累计	180 000	50 000	25 000	44 000	61 000	10%	2 520	3 580	610
11 月	18 000	5 000	2 500	4 400					
累计	198 000	55 000	27 500	48 400	67 100	10%	2 520	4 190	610
12 月	18 000	5 000	2 500	4 400					
累计	216 000	60 000	30 000	52 800	73 200	10%	2 520	4 800	610

（2）其他综合所得（劳务报酬、稿酬、特许权使用费所得）预扣预缴个人所得税计算。

根据个人所得税法及其实施条例相关规定，扣缴义务人向居民个人支付劳务报酬所得、稿酬所得和特许权使用费所得的，按以下方法按次或者按月预扣预缴个人所得税。

劳务报酬所得、稿酬所得、特许权使用费所得以每次收入减除费用后的余额为收入额；其中，稿酬所得的收入额减按百分之七十计算。

预扣预缴税款时，劳务报酬所得、稿酬所得、特许权使用费所得每次收入不超过四千元的，减除费用按八百元计算；每次收入四千元以上的，减除费用按收入的百分之二十计算。

劳务报酬所得、稿酬所得、特许权使用费所得，以每次收入额为预扣预缴应纳税所得额，计算应预扣预缴税额。劳务报酬所得适用个人所得税预扣率表二（表 5-12），稿酬所得、特许权使用费所得适用百分之二十的比例预扣率。

表 5-12　个人所得税预扣率表二（居民个人劳务报酬所得预扣预缴适用）

级数	预扣预缴应纳税所得额	预扣率(%)	速算扣除数
1	不超过 20 000 元的	20	0
2	超过 20 000 元至 50 000 元的部分	30	2 000
3	超过 50 000 元的部分	40	7 000

居民个人办理年度综合所得汇算清缴时,应当依法计算劳务报酬所得、稿酬所得、特许权使用费所得的收入额,并入年度综合所得计算应纳税款,税款多退少补。

① 2021 年 5 月,刘某从乙公司取得劳务报酬收入 8 000 元,稿酬收入 3 600 元。

劳务报酬所得预扣预缴应纳税所得额=8 000×(1−20%)=6 400 元

劳务报酬所得预扣预缴税额=预扣预缴应纳税所得额 × 预扣率−速算扣除数

=6 400×20%−0=1 280 元

稿酬所得预扣预缴应纳税所得额=(每次收入−800 元)×70%

=(3 600−800 元)×70%=1 960 元

稿酬所得预扣预缴税额=预扣预缴应纳税所得额 × 预扣率=1 960×20%=392 元

刘某 5 月劳务报酬所得预扣预缴个人所得税 1 280 元;稿酬所得预扣预缴税额个人所得税 392 元。刘某 5 月份扣缴个人所得税税款明细如表 5-13 所示。

表 5-13 刘某 5 月份扣缴个人所得税税款明细表

税款所属期:2021 年 5 月　　扣缴义务人名称:乙公司

所得项目	收入额计算			税款计算			
	收入	费用	免税收入	应纳税所得额	预扣率	速算扣除数	应纳税额
劳务报酬	8 000	1 600	0	6 400	20%	0	1 280
稿酬	3 600	800	840	1 960	20%	0	392
合计	1 1600	2 400	840	8 360	—	—	1 672

② 2021 年 10 月,刘某从丙公司取得劳务报酬 30 000 元,特许权使用费所得 6 000 元。

劳务报酬所得预扣预缴应纳税所得额=每次收入 ×(1−20%)

=30 000×(1−20%)

=24 000 元

劳务报酬所得预扣预缴税额=预扣预缴应纳税所得额 × 预扣率−速算扣除数

=24 000×30%−2 000

=5 200 元

特许权使用费所得预扣预缴应纳税所得额=每次收入 ×(1−20%)

=6 000×(1−20%)

=4 800 元

特许权使用费所得预扣预缴税额=预扣预缴应纳税所得额 × 预扣率

=4 800×20%

=960 元

刘某 10 月劳务报酬所得预扣预缴个人所得税 5 200 元;特许权使用费所得预扣预缴税额个人所得税 960 元。

刘某 10 月份扣缴个人所得税税款明细如表 5-14 所示。

表 5-14　刘某 10 月份扣缴个人所得税税款明细表

税款所属期：2021 年 10 月　　扣缴义务人名称：丙公司

所得项目	收入额计算			税款计算			
	收入	费用	免税收入	应纳税所得额	预扣率	速算扣除数	应纳税额
劳务报酬	30 000	6 000	0	24 000	30%	2 000	5 200
特许权使用费	6 000	1 200	0	4 800	20%	0	960
合计	36 000	7 200	0	28 800	—	—	6 160

3. 汇算清缴

根据 2019 年 1 月 1 日起施行的《税务总局关于个人所得税自行纳税申报有关问题的公告》（国家税务总局公告 2018 年第 62 号）的规定，取得综合所得且符合下列情形之一的纳税人，应当依法办理汇算清缴：

（1）从两处以上取得综合所得，且综合所得年收入额减除专项扣除后的余额超过 6 万元；

（2）取得劳务报酬所得、稿酬所得、特许权使用费所得中一项或者多项所得，且综合所得年收入额减除专项扣除的余额超过 6 万元；

（3）纳税年度内预缴税额低于应纳税额；

（4）纳税人申请退税。

需要办理汇算清缴的纳税人，应当在取得所得的次年 3 月 1 日至 6 月 30 日内，向任职、受雇单位所在地主管税务机关办理纳税申报，并报送个人所得税年度自行纳税申报表。纳税人有两处以上任职、受雇单位的，选择向其中一处任职、受雇单位所在地主管税务机关办理纳税申报；纳税人没有任职、受雇单位的，向户籍所在地或经常居住地主管税务机关办理纳税申报。

纳税人办理综合所得汇算清缴，应当准备与收入、专项扣除、专项附加扣除、依法确定的其他扣除、捐赠、享受税收优惠等相关的资料，并按规定留存备查或报送。

刘某 2021 年应纳税收入额=工资、薪金所得收入+劳务报酬所得收入+稿酬所得收入+特许权使用费所得收入

=18 000 × 12+（8 000+30 000）×（1−20%）×（3600−800）× 70%+6 000 ×（1−20%）

=216 000+30 400+1 960+4 800=253 160 元

综合所得应纳税所得额=年收入额−免税收入（生计费）−专项扣除−专项附加扣除−依法确定的其他扣除

=253 160−60 000−30 000−52 800=110 360 元

应纳税额=应纳税所得额 × 税率−速算扣除数=110 360 × 10%−2 520=8 516 元

预扣预缴税额=工资、薪金所得预扣预缴税额+劳务报酬所得预扣预缴税额+稿酬所得预扣预缴税额+特许权使用费所得预扣预缴税额

=4 800+（1 280+5 200）+392+960=12 632 元

年度汇算应补退税额=应纳税额−预扣预缴税额=8 516−12 632=−4 116 元，汇算清缴应退税额 4 116 元。

刘某 2021 年个人实际可支配收入=年收入总额-个人所得税

=[(18 000-2 500-3 000-2000-800-700-300)×12+(8 000+3 600+30 000+6 000)]-8 516

=(104 400+47 600)-8 516

=143 484 元

方案二:该公司为职工创造居住条件,为职工上下班提供交通车服务、为职工提供免费的餐饮服务:

刘某 2021 年个人实际可支配收入=年收入总额-个人所得税

=[(18 000-2 500-3 000-2000)×12+(8 000+3 600+30 000+6 000)]-8 516

=(126 000+47 600)-8 516=165 084 元

➢ 任务完成结论-2

从以上分析不难看出,方案二比方案一纳税人增加个人可支配收入 21 600 元,因此从增加个人可支配收入来看,应当选择方案二。事实上,对于纳税人来说,这只是收入的方式发生了变化,并没有使得自己能够享受到的收入的效用减少,同时由于这种以福利抵减收入的方式相应减少了他的纳税负担,反而增加了员工的实际可支配收入。

➢ 任务知识-3

目前,由于个人所得税综合所得项目适用超额累进的税率形式,难免会出现收入高低不等的两个月的总税负大于或等于将总收入平分到两个月的总税负的不利情形。职工的当月收入越高,其所需缴纳的个人所得税率就越高,这在一定程度上提升了个别月份工资较高的员工的纳税负担,尤其是对于一些薪酬收入波动较大的销售人员来说,由于市场转型、季节原因、供需情况等因素,如销售人员销售任务的完成情况也会随之波动,会导致其不同月份的收入相差比较悬殊,如果按照当月收入情况缴纳所得税,其税后收入往往不甚理想。因此,企业可以采取均衡分摊薪酬的方式,尽可能均摊职工的月收入,使其收入较为平稳,不必因为某月收入过高而缴纳较多的个人所得税,从一定程度上降低职工的纳税负担,有效增加其税后收入。

➢ 任务导入-3

A 公司甲职员 2021 年全年工资薪金所得为 80 000 元,专项附加扣除合计为 63 000 元,若发年终奖 40 000 元,他有两种选择:年终奖单独计算和并入综合所得纳税计算。假定甲职员除工资之外无其他收入。

问甲职员应该如何进行纳税筹划?

➢ 任务实施-3

一、熟悉全年一次性奖金特殊的个人所得税计算方法

(1)全年一次性奖金的界定。全年一次性奖金是指行政机关、企事业单位等扣缴义务人根据其全年经济效益和对雇员全年工作业绩的综合考核情况,向雇员发放的一次性奖金。上

述一次性奖金也包括年终加薪、实行年薪制和绩效工资办法的单位根据考核情况兑现的年薪和绩效工资。雇员取得除全年一次性奖金以外的其他各种名目奖金，如半年奖、季度奖、加班奖、先进奖、考勤奖等，一律与当月工资、薪金收入合并，按税法规定缴纳个人所得税。

(2)全年一次性奖金的计税方法。《财政部　税务总局关于个人所得税法修改后有关优惠政策衔接问题的通知》(财税〔2018〕164号)规定，自2019年1月1日起，居民个人取得全年一次性奖金，符合《国家税务总局关于调整个人取得全年一次性奖金等计算征收个人所得税方法问题的通知》(国税发〔2005〕9号)规定的，在2021年12月31日前，不并入当年综合所得，以全年一次性奖金收入除以12个月得到的数额，按照本通知所附按月换算后的综合所得税率表(表5-15)，确定适用税率和速算扣除数，单独计算纳税。计算公式如下。

应纳税额=全年一次性奖金收入 × 适用税率-速算扣除数

居民个人取得全年一次性奖金，也可以选择并入当年综合所得计算纳税。

自2022年1月1日起，居民个人取得全年一次性奖金，应并入当年综合所得计算缴纳个人所得税。

表5-15　按月换算后的综合所得税率表

级数	全月应纳税所得额	税率(%)	速算扣除数
1	不超过3 000元的	3	0
2	超过3 000元至12 000元的部分	10	210
3	超过1 2000元至25 000元的部分	20	1 410
4	超过25 000元至35 000元的部分	25	2 660
5	超过35 000元至55 000元的部分	30	4 410
6	超过55 000元至80 000元的部分	35	7 160
7	超过80 000元的部分	45	15 160

这里我们把计税方法概括为：一选择、二平均、三找率、四计算。

一选择：就是纳税人先行选择是否使用新的全年一次性奖金制度，不选择的，奖金需要并入当年综合所得计算纳税，流程中止。选择的话，就进入下一步骤。

二平均：在2019年1月1日到2021年12月31日期间，居民个人选择适用全年一次性奖金政策的，直接以全年一次性奖金收入除以12个月得到的数额去找税率。而不再像原政策那样，先要减去当月收入不足扣除费用(2018年10月1日后为5 000元)的差额后，再除以12个月。对于当年入职不满12个月的职工，政策并没有给出除数变动确定，也是除以12个月，而不是实际的入职月份数。

三找率：税率的查找，需要在按月换算后的综合所得税率表中进行。按照全年一次性奖金收入除以12个月得到的数额，查找并确定应当适用税率和速算扣除数。

四计算：将全部的全年一次性奖金金额单独作为一次收入，按照确定的税率和速算扣除数，单独计算纳税。

二、计算不同方案下的个人所得税应纳税额

方案一:甲职员单独纳税。

一次领取年终奖 40 000 元,先除以 12 个月,即: 40 000 ÷ 12=3 333.33 元,再按其商数确定适用税率为 10%,速算扣除数为 210。

甲职员应缴纳个人所得税=40 000 × 10%-210=3 790 元

方案二:并入综合所得纳税。

甲职员应纳个人所得税额=(40 000+80 000)- 60 000-63 000=-3 000 元

➢ 任务完成结论-3

由以上计算不难看出,通过纳税筹划,方案二不用纳税,比方案一年终一次性发放奖金下减少应纳税 3 790 元。同样的数据,我们不妨继续深入探讨。

假设甲职员的年终奖金增长到 100 000 元,纳税人同样有以下两种选择。

第一种情况:单独纳税。

一次领取年终奖 100 000 元,先除以 12 个月,即: 100 000 ÷ 12=8 333.33 元,再按其商数确定适用税率为 10%,速算扣除数为 210。

甲职员应缴纳个人所得税=100 000 × 10%-210=9 790 元

第二种情况:并入综合所得纳税。甲职员应纳税所得额=100 000+80000-60 000-63 000=57 000 元,查个人所得税预扣率表一,得知适用税率 10%,速算扣除数 2 520,则

甲职员应缴纳个人所得税=57 000 × 10%-2 520=3 180 元

当然,甲职员如果做个纳税筹划,比如将 100 000 元拆开, 21 000 元作为年终奖金单独核算,79 000 并入综合所得计税,则

甲职员得到 21 000 元的年终奖应缴纳个人所得税=21 000 × 3%=630 元

甲职员将 79 000 元的年终奖并入综合所得计税后应纳税所得额=80 000+79 000-60 000-63 000=36 000 元,查个人所得税预扣率表一,得知适用税率 3%,速算扣除数 0,则

应缴纳个人所得税=36 000 × 3%=1 080 元

合计纳税=1 080+630=1 710 元

这种方法比第一种情况节税 8 080 元,比第二种情况节税 1470 元。这也是财税〔2018〕164 号最大的魅力,即给了纳税人自由选择的权利。

➢ 任务知识-4

如上所述,全年一次性奖金是综合所得税目下的一种特殊形式。

由于工资薪金类所得在适用七级超额累进税率时,不同月份应纳税所得额对应着不同的税率和速算扣除数,而全年一次性奖金是以除以 12 后的所得确定的税率和速算扣除数与总额相对应,只要奖金超过了某一个限额就要对全部一次性奖金适用较高一级的税率,且因为速算扣除数相对较小,其实质上是一种全额累进税率。这就会出现相邻区间奖金总额相差很小而税负相差很大的现象。

➢ 任务导入-4

甲公司员工郑某、总经理曹某的全年工资薪金收入总额分别为 50 000 元、300 000 元，年终一次性奖金分别为 20 000 元、60 000 元，每月需扣三险一金分别为 800 元、4 500 元，其余专项附加扣除项目二者相同，均为赡养老人 1 000 元，子女教育 1 000 元，住房租金 1 500 元，假设不考虑其他扣除费用。

请对郑某、曹某应纳个人所得税进行纳税筹划。

➢ 任务实施-4

一、了解全年一次性奖金的纳税原理及“纳税陷阱”

由于全年一次性奖金的计税方式，在一个纳税年度内，要注意年终一次性奖金金额的确认，两档分隔点上可能出现“纳税陷阱”（又称“纳税黑洞”）的现象，即纳税人取得的全年一次性奖金刚刚超过纳税临界点，适用下一级税率，导致税前收入增加但税后收入反而减少的情形，使得税收失去调节收入的作用，形成税负陡增的“纳税陷阱”。不过这种现象在奖金增幅达到一定数额时又会消失，重新回到多发奖金税后也会多得的状态。在累进级距的临界点处适当减少年终一次性奖金的发放金额，会使全年一次性奖金的适用税率降低一档，从而降低了个税的税款，就会增加税后收益。所以在进行全年一次性奖金的发放时，要注意避免临界点的情况。现举例说明如下。

假设某单位员工甲的全年一次性奖金为 36 000 元，乙的全年一次性奖金为 36 001 元，分别计算 2 人的税后净收入（假设不考虑相关的税前合法扣除项目，不存在其他免税事项等）。

（1）确定对应的税率和速算扣除数。甲的全年一次性奖金 36 000 元，36 000/12=3 000 元，查找按月换算后的综合所得税率表后确定的税率为 3%，速算扣除数为 0。乙的全年一次性奖金为 36 001 元，36 001/12=3 000.08 元，查找按月换算后的综合所得税率表后确定的税率为 10%，速算扣除数为 210。

（2）计算甲乙 2 人应缴纳的个人所得税。甲应交的个人所得税为 36 000 × 3%=1 080 元，乙应交的个人所得税为 36 001 × 10%-210=3 390.1 元。

（3）计算甲乙 2 人的税后收入。甲的税后收入为 36 000−1 080=34 920 元，乙的税后收入为 36 001-3 390.1=32 610.9 元。

结论：乙的全年一次性奖金就比甲的全年一次性奖金多发了 1 元，乙的税率 10%，甲的税率 3%，乙的税率比甲的税率高，这样乙就会比甲多交 2 310.1 元的个人所得税，造成乙的实际税后所得还比甲少 2 309.1 元。产生此现象的原因在于企业发的年终一次性奖金金额正好处在两档之间的临界点附近，出现了“纳税陷阱”现象，企业应根据这种情况适当调整全年一次性奖金的额度。

根据公布的最新税率表进行测算，全年一次性奖金处在临界点的金额主要有：36 000 元，144 000 元，300 000 元，420 000 元，660 000 元，960 000 元。所以，企业在发放全年一次性奖金时，要注意这些临界点，要么略低于临界点金额，要么比临界点金额超出很多，以避免出现“纳税陷阱”现象。

大家可能还记得财务管理学科下筹资管理中有个概念：每股收益无差别点。每股利润无差别点是指发行股票筹资和负债筹资，筹集相同资本后，企业每股利润相等的那个筹资金额点。当预计的息税前利润大于每股利润无差别点息税前利润时，负债筹资方案比较好；当预计息税前利润小于每股利润无差别点息税前利润时，发行股票筹资比较好（具体原理这里不展开讨论）。用图形表示就是两条相交的直线，在交点之下和交点之上选择的对策是不一样的。但交点处是一样的效果，如图 5-1 所示。

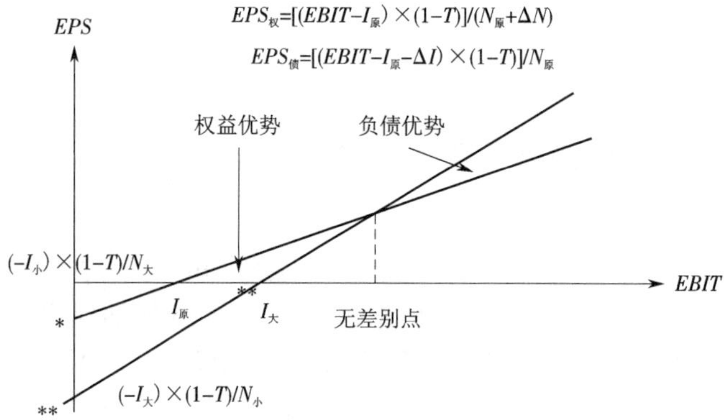

图 5-1 融资的每股收益无差别点

按照这种思路，我们假设某人在第二档（年终奖 36 000 元）的年终奖纳税黑洞的上限是 X，则有下面的公式：$X-(X\times10\%-210)=36\,000-36\,000\times3\%$，经过计算，$X=38\,566.67$ 元，即第二档的纳税黑洞区间为：36 001~38 566.67。

同样的计算原理，假设第三档的年终奖纳税黑洞的上限是 Y，则同样有下面的计算公式：$Y-(Y\times20\%-1\,410)=144\,000-(144\,000\times10\%-210)$，经过计算，$Y=160\,500$ 元，即第三档的纳税黑洞区间为：144 001~160 500；同样的计算原理得出不同档次的个人年终奖纳税档次纳税黑洞，如前所述，不再一一计算了。

表 5-16 全年一次性奖金“纳税陷阱”或“纳税黑洞”测算表

级数	累计预扣预缴应纳税所得额	预扣率（%）	速算扣除数	“纳税陷阱”区间
1	不超过 36 000 元的部分	3	0	—
2	超过 36 000 元至 144 000 元的部分	10	2 520	[3 6001，38 566.67]
3	超过 144 000 元至 300 000 元的部分	20	16 920	[144 001，160 500]
4	超过 300 000 元至 420 000 元的部分	25	31 920	[300 001，318 333.33]
5	超过 420 000 元至 660 000 元的部分	30	52 920	[420 001，447 500]
6	超过 660 000 元至 960 000 元的部分	35	85 920	[660 001，706 538.46]
7	超过 960 000 元的部分	45	181 920	[960 001，1 120 000]

二、计算不同方案下的个人所得税应纳税额

方案一：单独计算个税，

（1）郑某工资性收入全年应纳税所得额=50 000−60 000−（800+1 000+1 000+1 500）× 12 =50 000−60 000−51 600=−61 600 元，不用纳税。

郑某取得年终一次性奖金应纳个税=20 000 × 3%=600 元

郑某纳税合计=600 元

（2）曹某工资性收入全年应纳税所得额=300 000−60 000−（4 500+1 000+1 000+1 500）× 12 =300 000−60 000−96 000=144 000 元

曹某取得年终一次性奖金应纳个税=144 000 × 10%−2520=11 880 元

曹某取得年终一次性奖金应纳个税 =60 000 × 10%−210=5 790 元

曹某纳税合计=11 880+5 790=17 670 元

方案二：并入个人当年年度综合所得计算个税。

（1）郑某年终一次性奖金并入个人当年年度综合所得计算个税：工资薪金收入总额为 50 000 元，全年应纳税所得额=（50 000+20 000）−60 000−（800+1 000+1 000+1 500）× 12= 70 000−60 000−51 600=−41 600 元，不用纳税。

（2）曹某年终一次性奖金并入个人当年年度综合所得计算个税：全年应纳税所得额=（300 000+60 000）−60 000−（4 500+1 000+1 000+1 500）× 12=360 000−60 000−96 000=204 000 元，应纳个税=204 000 × 20%−16 920=23 880 元。

➢ 任务完成结论-4

从上面的计算可以看出，当郑某全年收入为 70 000 元时，单独计算个税需缴纳 600 元税款，当郑某全年收入并入个人当年年度综合所得时，全年应纳税所得额为−41 600，不用纳税，所以应将全年一次性奖金并入当年度综合所得来进行计算更合理。而当曹某全年收入为 360 000 元时，单独计算个税共需缴纳 17 670 元税款，当曹某并入个人当年年度综合所得时，需缴纳个税 23 880 元，所以计算个税时应单独计算个税，这样可少缴纳税款 6 210 元。

通过以上的计算不难发现，年度收入不高的纳税人，可选择将全年一次性奖金并入当年年度综合所得来计算个税；收入较高的纳税人，可以选择将全年一次性奖金和年度综合所得分开，单独计算个税。

对于曹某，进一步探讨，事实上还有更加节税的方案，比如可以将其年应纳税所得额 204 000 元对半分，即让综合所得和年终一次性奖金的适用税率相同。全年收入 360 000 元，可以当年度发放工资薪金总额 25 8000 元，全年一次性奖金 102 000 元，分别单独计算个税。工资性收入全年应纳税所得额 102 000 元，应纳个税 680 元，年终一次性奖金应纳个税 7 680 元，纳税合计 15 360 元。这种筹划方案比上述分别单独计算个税的方案节税 2 310 元。

对于将全年一次性奖金单独计算的这种方式，在以后进行纳税筹划时，对于劳动关系和年收入较为稳定的员工，可以按下列步骤分配年度综合所得和全年一次性奖金。

先是预算年应纳税所得额；然后将应纳税所得额的一半作为应发放的全年一次性奖金，使全年一次性奖金和年度综合所得的适用税率一样，计算税款；接着将全年一次性奖金降低一档税率或两档税率，计算税款；最后如果降低全年一次性奖金的适用税率后，税额比全年一次性奖金和年度综合所得的适用税率一样时还多，就应选择全年一次性奖金和年度综合所得适用税率相同，此时税负最轻。即：让全年一次性奖金将该级距上限用足，确定年工资应纳税所得额；或者让月工资将该级距上限用足，确定全年一次性奖金数额。

任务三　掌握劳务报酬个人所得税的纳税筹划

➢ 任务达成目标

1. 能利用所得形式转换法选择有利的纳税项目进行纳税筹划。
2. 掌握劳务报酬个人所得税筹划的路径与方法。

➢ 核心技能

1. 会应用劳务报酬个人所得税筹划。
2. 对纳税筹划效果进行汇算清缴检验。

➢ 任务思维导图

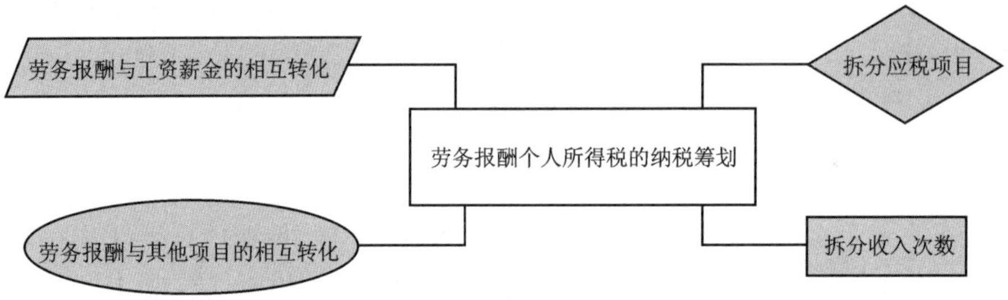

➢ 任务知识-1

《个人所得税法》第二条规定，劳务报酬所得应当缴纳个人所得税。《个人所得税法实施条例》第六条第（二）项规定，劳务报酬所得，是指个人从事劳务取得的所得，包括从事设计、装潢、安装、制图、化验、测试、医疗、法律、会计、咨询、讲学、翻译、审稿、书画、雕刻、影视、录音、录像、演出、表演、广告、展览、技术服务、介绍服务、经纪服务、代办服务以及其他劳务取得的所得。自然人取得劳务报酬所得，由向个人支付所得的单位或个人为扣缴义务人，依法预扣预缴或代扣代缴个人所得税税款。

劳务报酬所得是指个人独立从事"非雇佣"的各种劳务所得。属于个人独立从事某种技艺，独立提供某种劳务而取得的报酬，与支付报酬的单位不存在雇佣与被雇佣关系；而工资、薪金所得是个人非独立劳动，从所在单位领取的报酬，他与支付报酬的单位存在雇佣与被雇佣关系。个人担任企业董事职务所取得的董事费收入，也属于劳务报酬性质，按劳务报酬所得项目征收个人所得税。一般地，劳务报酬要在缴纳完流转税后才能计征个人所得税，营改增后，归属于现代服务业类目的劳务报酬的应税劳务已经全部由国家税务局负责征管。个人取得的劳务报酬收入需要到税务局代开发票方能报销。代开发票单位在开具发票时，在发票备注栏内统一打印"个人所得税由支付方依法预扣预缴（或代扣代缴）"字样。

➢ 任务导入-1

甲装饰公司设计师段先生利用业务时间为乙房地产开发公司住宅项目设计装修一间样板房,签订劳务合同为18 000元(含3 000元CAD设计费),以上劳务报酬所得均为含税金额。

请为段先生获得的劳务报酬所得进行纳税筹划。

➢ 任务实施-1

一、熟悉劳务报酬所得应缴税款计算

劳务报酬所得作为个人独立从事各种非雇佣的各种劳务所取得的所得,一般是按20%的税率计征的。其应纳税所得额为:每次劳务报酬收入不足4 000元的,用收入减去800元的费用;每次劳务报酬收入超过4 000元的,用收入减去收入额的20%。对劳务报酬所得一次收入极高的,实行加成征收,具体办法由国务院规定。劳务报酬所得税税率如表5-17所示。

表5-17　劳务报酬所得税税率表

级数	每次应纳税所得额	税率(%)	速算扣除数
1	不超过20 000元部分	20	0
2	20 000至50 000元	30	2 000
3	超过50 000元	40	7 000

由于劳务报酬所得一般是在先计征增值税及相关税费的基础上再按次征收的,因此在考虑税负水平以便于后期筹划时,应当计算包含增值税及个人所得税的总税负。为了方便起见,我们假设劳动者应税收入为M,先暂不考虑应纳增值税及相关税费,劳务报酬的个人所得税应纳税额计算如表5-18所示。

表5-18　劳务报酬所得应纳个人所得税计算表　元

应税收入	应纳税所得额	税率	速算扣除数	应交个人所得税税额
$M<800$	0	0	0	0
$800\leqslant M<4\,000$	$M-800$	20%	0	$0.2M-160$
$4\,000\leqslant M<25\,000$	$0.8M$	20%	0	$0.16M$
$25\,000\leqslant M<62\,500$	$0.8M$	30%	2 000	$0.24M-2\,000$
$62\,500\leqslant M$	$0.8M$	40%	7 000	$0.32M-7\,000$

二、计算不同方案下的应纳个人所得税税额

方案一:段先生不进行纳税筹划。

乙公司应代扣代缴段先生个人所得税=每次含税劳务报酬所得 ×(1−20%)×20%

=18 000×0.8×0.2

=2 880元

方案二:若段先生能将合同中所涉及的业务性质进行细化并有能力分别进行会计核算,或者将合同分拆为设计劳务合同 3 000 元与装修劳务合同 15 000 元,假定则会出现不同的减税效果.

乙公司应代扣代缴段先生设计劳务报酬个人所得税=(每次含税收入-800)×20%
=(3 000-800)×20%
=440 元

乙公司应代扣代缴段先生装修劳务报酬个人所得税=每次含税劳务报酬所得 ×(1-20%)×20%
=15 000×(1-20%)×20%
=2 400 元

段先生应纳个人所得税合计=440+2 400=2 840 元

➢ 任务完成结论-1

本案例中,合同总价款不在加成征收区间内,可以看出,方案二主要是减除额的利用起到了节税效果,使段先生的总税款节约了 40 元,增加了税后收益,所以应当选择方案二。由于税法里劳务报酬中的应税劳务是正列举的若干项,即劳务报酬是按项计征的,因此,如果业务包含多个应税项目,则应尽可能分别核算,各自签订合同。对较低的个人总收入而言,这样操作能充分利用减除额;对较高的个人总收入而言,节税效果更多源于规避了累进税率的特性。

➢ 任务知识-2

劳务报酬所得个人所得税的计算以次为单位,《个人所得税法实施条例》第十四条第(一)项规定,劳务报酬所得、稿酬所得、特许权使用费所得,属于一次性收入的,以取得该项收入为一次;属于同一项目连续性收入的,以一个月内取得的收入为一次。且在计算劳务报酬相关的增值税时,适用的起征点一般为每次(日)销售额 500 元。同时注意随增值税附加征收的城市维护建设税、教育费附加、地方教育费附加等。

《国家税务总局关于个人所得税偷税案件查处中有关问题的补充通知》(国税函发〔1996〕602 号)规定,对属于同一项目连续性收入的以一个月内取得的收入为一次的,考虑属地管辖与时间划定有交叉的特殊情况,统一法规以县(含县级市、区)为一地,其管辖内的一个月内的劳务服务为一次;当月跨县地域的,则应分别计算。劳务报酬三级预扣率或税率表中,存在两档应税所得额(以下简称"所得额")临界点会形成税率跨越级差,财务可通过巧妙安排个人服务方式、收入"次数"等,促使其所得额由高档税率向低档税率安全地转移。这就为个人所得税的纳税筹划提供了空间,纳税人可以通过"削峰填谷"的方式跨月分摊劳务收入,从而降低每次收入额,从而降低个人所得税税负。

➢ 任务导入-2

周某(注册会计师、律师)为本市甲公司新三板上市提供咨询服务,本年 3~5 月取得同一项目劳务收入 60 000 元,支付交通、食宿等费用 9 000 元,以上劳务报酬所得均为含税金额。下面有三种纳税方案:

方案一:一次性领取申报纳税;

方案二:周某与甲公司约定,改变支付方式,分次领取申报纳税;

方案三：由甲公司提供相关费用，降低应纳税所得分次领劳务报酬。

请对周某的上述业务进行个人所得税纳税筹划。

➢ 任务实施-2

一、熟悉现行税法中劳务报酬应纳个人所得税的避税方法

实践中，我们劳务报酬所得可以利用以下方法进行避税。

（1）分次纳税避税。纳税人在为他人提供劳务时，需要根据劳务合同书，合理安排纳税年度内每月收取劳务费的数量和实际支付的次数，即可达到避税的目的。

（2）采取由被服务方提供一定服务避税。比如，由被服务一方向提供劳务服务一方提供伙食、交通以及其他方面的服务，就等于扩大了提供劳务方的费用开支，降低了劳务报酬总额，从而使劳务报酬应纳税所得保持在较低的纳税水平上。

二、计算不同方案下周某的应纳个人所得税税额

方案一：若周某一次性领取申报纳税。

周某的应纳税所得额为 60 000×（1-20%）=48 000 元，适用税率 30%，速算扣除数 2000 元，则

甲公司应代扣代缴周某个人所得税=48 000×30%-2 000=12 400 元。周某获得的净收益为 38 600 元。

方案二：若周某与甲公司约定，60 000 元收入分三次领取，每月领取一次，每次 20 000 元，这样对于甲公司来说，每月支付一定的费用，经济负担有所减少，也乐于执行。则

甲公司 3 月~5 月合计应代扣代缴周某个人所得税=20 000×（1-20%）×20%×3=3 200 元。周某获得的净收益为 47 800 元。

方案三：由甲公司提供相关费用，降低应纳税所得分次领劳务报酬。即采取由甲公司提供一定服务费用开支等方式，虽然减少了纳税人的收入，但同时也减少了纳税人的应纳税所得额。比如，由甲公司向周某提供伙食、报销差旅交通费、通讯费、培训费以及提供其他方面的福利、服务来抵顶一部分劳务报酬。对甲公司来说，劳务报酬开支并没有增多，反而可以做大成本费用支出，减少应纳企业所得税税额；对纳税人来说，这些伙食、交通费等开支是纳税人的日常开支，若由纳税人用收入购买往往不能在缴纳所得税时扣除。则

甲公司 3~5 月合计应代扣代缴周某个人所得税=20 000×（1-20%）×20%×3=3 200 元。周某获得的净收益为 56 800 元。

➢ 任务完成结论-2

以上三种方案下周某的应纳个人所得税额及税后个人净收益对比分析如表 5-19 所示。

表 5-19 三种不同方案下个人所得税及税后净收益对比分析表 元

方案	劳务报酬所得应纳个人所得税	税后个人净收益
方案一	12 400	38 600
方案二	3 200	47 800
方案三	32 00	56 800

从以上分析不难看出，方案三税负最低，方案二次之，方案一税负最重，从降低个人所得税税负角度考虑，应当选择方案二。可见，对于劳务报酬收入，纳税人通过筹划，可以降低个人所得税税负。关键是在签订劳务合同时，应约定领取报酬的数额和次数，明确相关费用由发放劳务报酬的单位或个人来承担。

➢ 任务知识-3

根据《国家税务总局关于进一步加强高收入者个人所得税征收管理的通知》(国税发〔2010〕54号)第二部分：切实加强高收入者主要所得项目的征收管理中(四)加强劳务报酬所得征收管理和工资、薪金所得比对管理规定，各地税务机关要与有关部门密切合作，及时获取相关劳务报酬支付信息，切实加强对各类劳务报酬，特别是一些报酬支付较高项目(如演艺、演讲、咨询、理财、专兼职培训等)的个人所得税管理，督促扣缴义务人依法履行扣缴义务。高收入行业的企业，要汇总全员全额明细申报数据中工资、薪金所得总额，与企业所得税申报表中工资费用支出总额比对，规范企业如实申报和扣缴个人所得税。

财务实践中，单位需要互聘权威专家、知名学者开展学术交流、技术培训和科研合作已属常态。从税务机关来看，履职尽责紧盯扣缴义务人对“高收入”阶层的个税扣缴业务无可厚非，纳(负)税人则高度关切个人的纳税负担，扣缴义务人也十分重视与受聘者的长期技术合作关系。在各种利益主体的多方向需求驱动下，会计开展劳务会计在支付外聘人士劳务费过程中，常因履行个税扣缴义务遭受指责，也出现外聘人士因扣税纠纷而终止与单位合作的事件，令主办方纠结又懊恼，会计郁闷却无奈。故掌握劳务报酬个人所得税纳税筹划的路径与方法就显得尤为必要。

➢ 任务导入-3

某市人民医院外聘医学院郝博士为医院进行为期6周的高端诊疗技术讲座，应收授课费96 000元。医院在最后一次讲座结束后给付郝博士授课费72 280元，经询问得知被扣缴个税额23 720元。郝博士认为，自己圆满完成了受聘任务，医院就应按约照付9.6万授课费，不能再“打折扣”，适当扣税也能接受，但若将授课费的近1/4被扣缴个税，不论如何都难以接受，便心生强烈责怨，不想再与医院合作。

请为郝博士的上述业务进行纳税筹划。

➢ 任务实施-3

一、熟悉劳务报酬个人所得税纳税筹划的技术路径

(1)测定高税点劳务收入临界值。按现行《个人所得税法》相关规定，劳务报酬适用三级超额累进预扣率。从财务的角度来看个税的纳税筹划指导思想，就是尽可能用足个税税率起点20%的“低档区”所得额，尽量减少中间位30%的“中档区”所得额，设法降低或避开最高位40%的“高档区”所得额。但实践中，普通的办事人员一般是不了解个税费用扣除规定的，不懂约定劳务报酬总收入(以下简称“劳务收入”)和所得额的差别，因而很难用法定所得额直接判定其可取得劳务收入应适用哪级税率和承担多高税负，也就势必影响到对纳税筹划的抉择。所以，设计测度劳务收入对应的预扣率，就成为解决问题的关键。

设纳税人提供劳务单次取得符合20%费用扣除标准的收入总额为R,所得额为y,则:$y=R\times(1-20\%)=R\times 80\%$,由此可得:$R=y/0.8$。结合税法规定的劳务报酬所得税税率表(表5-17),可分别将按中、高两档临界点的应税所得额(20 000,50 000),换算为劳务收入的临界值:

当y=20 000元时,R=20 000/0.8=25 000元;

同理:当y=20 000元时,R=50 000/0.8=62 500元。

据此,我们可对税法规定劳务报酬适用的劳务报酬所得税税率表5-17进行扩展完善,如表5-20所示。

表5-20　劳务收入临界值适用预扣率及纳税筹划选择

级数	每次应纳税所得额(y)	劳务收入额(R)	预扣税率(%)	速算扣除数	纳税筹划决策
1	$y\leqslant$20 000	$R\leqslant$25 000	20	0	直接扣缴无须筹划
2	20 000<$y\leqslant$50 000	25 000<$R\leqslant$62 500	30	2 000	逐步重视纳税筹划
3	y>50 000	R>62 500	40	7 000	全面重点纳税筹划

表5-20显示,只要纳税人清楚劳务收入,即可查知其所处的累进区间和适用预扣率。比如郝博士预先可算出个人受聘讲座的授课费9万多,明显超过了6.25万元,即应适用最高档预扣税率40%,自然就激发起纳税筹划愿望和需求;对医院会计来说,记准2.5万和6.25万这两个“临界值”,即知悉将支付外聘人士劳务报酬的适用预扣率,据以做好纳税筹划思想准备工作。

(2)推算各档预扣率对应的劳务收入负税率。估测出劳务收入适用的预扣率,并不能直接用来计算应纳税额,也就无从知道其最终承担的税负轻重。所以,需根据个税公式和前述假设,参照表5-20的预扣税率及速算扣除额,进一步推算出各种劳务报酬水平下的负税率。

劳动报酬个税负税率=应纳个人所得税税额 ÷ 劳务报酬总收入

=(0.8R× 预扣税率-速算扣除数)÷R

=0.8× 预扣税率-速算扣除数 ÷R

将表5-20中税法规定预扣税率和速算扣除数代入上式中,可得:

低档区劳务收入上限负税率=80%×20%-0÷R×100%=16%　(1)

中档区劳务收入负税率=80%×30%-2 000÷R×100%=24%-2 000÷R×100%　(2)

高档区劳务收入负税率=80%×40%-7 000÷R×100%=32%-7 000÷R×100%　(3)

将表5-20中劳务收入R和对应各档预扣税率、速算扣除数分别代入公式(2)、公式(3),即可得出个人实际取得劳务收入在税率30%、速扣数2 000的中档区和税率40%、速扣数7 000的高档区范围内的负税率,如表5-21所示。从而,满足纳税筹划决策需求。

表5-21　个人高额劳务收入的个税实际税负水平

劳务收入(R)节点		减值项		劳务收入实际负税率	
中档区	高档区	2 000÷R	7 000÷R	公式(2)中档	公式(3)高档
25 500	65 000	7.8%	10.77%	16.16%	21.23%
30 000	70 000	6.67%	10.00%	17.33%	22.00%

续表

劳务收入（R）节点		减值项		劳务收入实际负税率	
中档区	高档区	2 000 ÷ R	7 000 ÷ R	公式（2）中档	公式（3）高档
35 000	100 000	5.71%	7.00%	18.29%	25.00%
40 000	150 000	5.00%	4.67%	19%	27.33%
45 000	200 000	4.44%	3.50%	19.56%	28.50%
50 000	250 000	4.00%	2.80%	20%	29.20%
55 000	300 000	3.64%	2.33%	20.36%	29.67%
60 000	400 000	3.33%	1.75%	20.67%	30.25%
62 500	500 000	3.20%	1.40%	20.8%	30.60%
—	-1 000 000	—	0.7%	—	31.30%

从表 5-21 可以看出，公式（2）、公式（3）的结果都显著高于 16%。因为中档预征率条件下 25 000 元<R≤62 500 元，高档预征率时 R>62500 元。在这样的变量约束下，公式（2）的中档负税率在低档 16%基础上一路升高到 20.8%，止于总收入价格 62 500 元，这是税法规定的结果；公式（3）的高档负税率峰值则继续攀升直到 32%，但实践中极少能达到。C≤50 万元的 30.6% 负税率则是属于纳税筹划常用区域。这就提醒纳税人和扣税会计注意，当个人取得劳务报酬 R>25 000 元时，负税率进入中档区，应请求纳税筹划支持；负税率进入高档区，纳税人会产生强烈的税负焦虑感，医院会计应给予积极的纳税筹划援助和支持，精心设计纳税筹划方案。

（3）判定纳税筹划需求的简易计算方法。实践中，我们根据公式（1）~公式（3）的原理，可直接按照纳税人取得的劳务收入乘以负税率，总结出劳务报酬所得税额的简易计算方法，用如下公式表示。

应扣缴劳务报酬所得税=劳务收入 × 负税率=R × 负税率

此公式专用于测度纳税人取得劳务报酬的纳税额度。不熟悉财税知识的纳税人很难运用税法规定公式的专业指标正确计算纳税结果，但又迫切想知道其已知劳务价格需缴纳个税额，以掌握自己可获得实际收益水平。该公式恰好可满足这种客观需要。实践中，纳税筹划师可将表 5-21 税负率四舍五入保留到整数位，以便记忆和应用。只要有劳务报酬业务的纳税筹划咨询，便可即时匡算出相应结果，并准确判定纳税人的纳税筹划需求。

三、应用劳务报酬个人所得税纳税筹划的方法

方案一：应用税负转移法。特指个人劳务收入通过向两人或多人分散，将单人的独立税负划分给其他人共同承担，以实现税负转移的方法。适用于个人单次劳务收入较高情形的纳税筹划。要求提供服务者秉持团队合作精神，一人主持，众徒参与，同报信息，共担税收。在本任务中，在医院财务建议下，郝博士提供随行试验助理 1 名和辅导助教 2 人的身份信息和分配额度，会计给出四人均分可享受低档税负的个税筹划方案，并执行扣税和结算处理。

（1）简易办法计算。

将郝博士劳务收入一分为四，96 000 ÷ 4=24 000<25 000 元，应按公式（1）适用税率 16%，实行简易计算。

应扣缴劳务报酬所得税额=96 000×16%÷4=3 840 元

（2）常规办法计税。

郝博士个人劳务报酬所得额=96 000×（1-20%）=19 200 元<20 000 元，适用税率 20%。

郝博士劳务报酬应扣缴所得税额=19 200×20%=3 840 元

结果表明，采用简易计税法和税法规定的常规计税法得出结果完全一致；通过收入向团队成员分散，郝博士税负转移掉 8 360 元，个人收入因此等额增长，其既得利益受到了最大限度保护，自然对会计作为大加赞赏，院际合作关系得到巩固。

方案二：项目均衡法。该方法是指将不同项目收入进行各项目之间进行均衡分配，并借助时间分期条件开展纳税筹划的方法。该方法适宜纳税人同时承担多项服务取得劳务收入，但可安排跨期完成的情形。比如，郝博士在会诊结束后，因个人急需资金请求医院在诊断费外再“预支”10 000 元报告费，并请会计将之与诊断费捆绑扣税。这样，郝博士的收入结构变为诊费 20 000 元、手术费 25 000 元和报告费 25 000 元。从而，全部进入 16%负税率的低档区。

郝博士应纳劳务报酬个人所得税额=（20 000+25 000+25 000）×16%=11 200 元

显然，该办法比方法（2）进一步节税 1 603 元，比方法（1）节税 4 006（11 200-15 206）元，比常规扣税节约 12 520 元，足以令专家心悦诚服。

方案三：收入分解法。该方法是指将纳税人的劳务收入按与之相近项目进行分解，从而化小劳务收入所得额的纳税筹划方法。该方法适用于高薪层人士单次取得高额劳务收入，且又不具备其他纳税筹划技术应用条件的业务。如郝博士应邀在某月第 2、4 两周为该市医疗机构举办两场国内尖端医疗手术的现场解剖实验讲学，举办方提供场地、设备设施和实验助手工支付劳务费 60 000 元。显然，郝博士本次讲学费不具备税负转移、分摊和项目均衡条件，但可考虑收入分解模式，其中保留培训费 25 000 元，另 35 000 元签署特许权使用并附带技术保密的协议。

应纳个税额=25 000×16%+35 000×（1-20%）× 20%=9 600（元）

因为特许权使用费和财产转让项目，均适用固定税率 20%，实际负税率仅为特许权使用费收入的 16%，与劳务报酬的低档税率即负税率一致。所以，在高端纳税人取得高额劳务报酬服务过程中，将单一服务结合个人专有技术特许使用或专利权转让等活动同步开展，是非常有效的纳税筹划方法。特别是向财产转让税目分解后，对年终汇算清缴没有任何关联性影响。

➢ 任务完成结论-3

依个税法规定，纳税人取得劳务报酬时需申报预缴个税，年度终了再与工资薪金、稿酬和特许权使用费合并进行汇算清缴。纳税人在预先扣缴环节开展纳税筹划并取得节税效果，而在汇算清缴时又需补缴税款，也是很苦恼的事，势必会对纳税筹划丧失信心。所以，汇算清缴也是检验劳务报酬所得税纳税筹划成败的“试金石”。在个税法全面颠覆性改革和高端人才价值感追求日益提高的情势下，会计应努力超越自我，勇敢担负起劳务报酬所得税扣缴的纳税筹划使命，正确处理所在单位经济核算、个税扣缴义务履行与纳税人既得利益维护间的关系，力争让单位领导、合作方专家学者和税务机关都满意。同时，不论纳税筹划结果怎样，会计均须向纳税人索要发票，辅导纳税人及时开具电子发票，或者到受聘单位所在地税务局开票，确保做到对劳务报酬依法筹划、依规扣缴和规范核算。

如果我们进一步结合实际探究，已知郝博士月薪 9 500 元，取得“五一”和国庆各分发个人福利和奖励费等共 35 000 元，全年预扣预缴工薪所得税 1 020 元；各种专项扣除合计 4 500 元/月；全年取得讲座费 24 000 元（4 人均分），诊费 20 000 元、手术费 25 000 元和报告费 25 000 元，专有技术培训费 25 000 元，特许权使用费 35 000 元，合计年所得额 189 000 元，应纳综合所得税额 20 880 元；采纳纳税筹划专家意见，已缴纳个税 3 840 元、11 200 元和 9 600 元的个税。则：

郝博士年度终了汇算清缴时应退补个人所得税额=20 880−（1 020+3 840+11 200−9 600）
=−4 780 元

即郝博士应办理个税退税 4 780 元。说明经过纳税筹划，郝博士劳务报酬纳税负担降到最低，且年终综合所得税汇算清缴时无须补税，相反还有可观的退税。由此可见，郝博士的劳务收入仍有一定的纳税筹划空间，如果将各种纳税筹划办法进一步加以综合运用，还能少预缴 4 780 元。这充分证明了有税收就必有纳税风险，也就必有防控或攻克纳税风险之“术”，也是纳税筹划的魅力所在。

➢ 任务知识-4

根据《国家税务总局关于个人兼职和退休人员再任职取得收入如何计算征收个人所得税问题的批复》（国税函〔2005〕382号）文件的规定，个人兼职取得的收入应按照“劳务报酬所得”应税项目缴纳个人所得税。

《营业税改征增值税试点实施办法》（财税〔2016〕36 号附件 1）第十条第二项规定：“销售服务、无形资产或者不动产，是指有偿提供服务、有偿转让无形资产或者不动产，但属于下列非经营活动的情形除外：（二）单位或者个体工商户聘用的员工为本单位或者雇主提供取得工资的服务。”由于劳务报酬所得不属于单位聘用的员工为本单位提供取得工资的服务，因此还需要缴纳增值税和附加税。这里需要注意的是，只有单位或个体工商户聘用的员工为本单位或者雇主提供服务才不缴纳应税服务的增值税。员工为本单位或者雇主提供的服务不征税应仅限于员工为本单位或雇主提供职务性劳务。根据《中华人民共和国劳动合同法》第十条之规定，建立劳动关系，应当订立书面劳动合同。已建立劳动关系，未同时订立书面劳动合同的，应当自用工之日起一个月内订立书面劳动合同。《财政部　国家税务总局关于促进残疾人就业税收优惠政策的通知》（财税〔2007〕92 号）也规定，单位在职职工是指与单位建立劳动关系并依法应当签订劳动合同或服务协议的雇员。

➢ 任务导入-4

甲公司总经理冯某，月收入 50 000 元，甲公司在异地设立了一家子公司——乙公司，冯某兼任乙公司的董事长，冯某每月在乙公司工作 5 天，负责处理相关业务，现有两种方案可供选择。

方案一：由甲公司全额支付冯某工资 50 000 元，乙公司不给冯某付薪。

方案二：冯某在甲公司的职位设为专职，甲公司每月支付冯某 30 000 元；将乙公司职位设为兼职，乙公司每月支付冯某 20 000 元。

为计算简便，不考虑社保和附加扣除、专项附加扣除等。甲公司所在地适用增值税征收率为 3%，城市维护建设税 7%，教育费附加 3%，地方教育费附加 2%。

请对上述业务进行纳税筹划。

➢ 任务实施-4

方案一：由甲公司全额支付冯某工资 50 000 元，乙公司不给冯某付薪。

冯某全年应纳个人所得税=（50 000×12−60 000）×30%−52 920=109 080 元

方案二：冯某在甲公司的职位设为专职，甲公司每月支付冯某 30 000 元；将乙公司职位设为兼职，乙公司每月支付冯某 20 000 元。

冯某全年应纳个人所得税=[（30 000×12）+20 000×（1−20%）×12−60 000]×30%−52 920
=[360 000+192 000−60 000]×30%−52 920=94 680 元

冯某取得的 20 000 元劳务报酬所得全年应交增值税=[（20 000×12）÷（1+3%）]×3%
=6 990.29 元

应交城市维护建设税、教育费附加、地方教育费附加=6 990.29×（7%+3%+2%）
=838.83 元

冯某全年应缴纳个人所得税、增值税、附加税合计=94 680+6 990.29+838.83
=102 509.12 元

➢ 任务完成结论-4

通过上述分析计算得知，方案二比方案一少缴纳税款 6 570.88 元，节税比例为 6.02%。实践中，将部分工资改为劳务报酬所得的确能节省一些个税。但将部分工资改为兼职收入应当具备一定的条件，譬如，工资在同一个集团内的不同公司里分别发放，纳税人需有在不同公司任职的相关文件和资料，将一方确定为专职，缴纳社保；另一方确定为兼职后，还不必再缴纳社保。

➢ 任务知识-5

现行《个人所得税法》中规定了最后一个应税项目是经国务院财政部门确定征税的其他所得。其他所得适用的税率为 20%。目前，我国财税部门明确规定应按“其他所得”税目缴纳个人所得税的主要有以下几项：无偿受赠他人房屋所得、从房地产公司取得的违约金收入、个人提供担保获得的报酬、从其他单位取得的现金等所得、股民取得的交易手续费返还收入、取得的保险无赔款优待收入、取得未出险的人寿保险的利息、取得中国科学院院士荣誉奖金、取得银行支付的揽储奖金。这里重点考虑纳税人“从其他单位取得的现金等所得”，显然，“从其他单位取得的现金等所得”与劳务报酬所得具有一个共同点，即获得报酬的个人与支付报酬的单位或个人不具有任职受雇关系。在计算方式的转化上看，劳务报酬与其他所得之间的转化是“分级扣除+比例税率”与“无扣除+比例税率”的转化。

《财政部 国家税务总局关于企业促销展业赠送礼品有关个人所得税问题的通知》（财税〔2011〕50 号）文件第二条规定：“企业向个人赠送礼品，属于下列情形之一的，取得该项所得的个人应依法缴纳个人所得税，税款由赠送礼品的企业代扣代缴。

（1）企业在业务宣传、广告等活动中，随机向本单位以外的个人赠送礼品，对个人取得的礼品所得，按照“其他所得”项目，全额适用 20%的税率缴纳个人所得税。

（2）企业在年会、座谈会、庆典以及其他活动中向本单位以外的个人赠送礼品，对个人取得的礼品所得，按照“其他所得”项目，全额适用 20%的税率缴纳个人所得税。

（3）企业对累积消费达到一定额度的顾客，给予额外抽奖机会，个人的获奖所得，按照“偶然所得”项目，全额适用20%的税率缴纳个人所得税。企业各种活动中外单位个人赠送礼品，受赠人要按照“其他所得”项目征税个人所得税，且税款由赠送礼品的单位代扣代缴。

因此，若企业发生了对外支付个人礼品的行为，就要按20%税率代扣代缴个人所得税。

➢ 任务导入-5

甲市某品牌珠宝公司计划在某节日庆典活动中新发布系列新产品，公司管理层给推广活动安排了10万元的预算用于请娱乐圈明星到场助兴。对于这笔预算的使用，公司准备在如下两个方案中进行选择。

方案一：公司与明星签订推广代言协议，支付明星劳务报酬10万元。

方案二：明星在活动现场义演，不收取任何费用，珠宝公司赞助明星10万元自有品牌珠宝。

假定以上金额均为含税金额，当地的城市维护建设税税率为7%，教育费附加为3%，地方教育费附加为2%。请对该公司的以上业务进行纳税筹划。

➢ 任务实施-5

一、熟悉现行税法下关于劳务报酬所得应缴纳相关税费的规定

1996年9月1日起执行的《国家税务总局关于印发〈广告市场个人所得税征收管理暂行办法〉的通知》（国税发〔1996〕148号）第二条规定，凡在广告中提供名义、形象或在广告设计、制作、发布过程中提供劳务并取得所得的个人以及广告主、广告经营者或受托从事广告制作的单位和广告发布者，均应当依照本办法的规定办理个人所得税有关事宜……

第三条规定，在广告设计、制作、发布过程中提供名义、形象及劳务并取得所得的个人为个人所得税的纳税义务人（以下简称纳税人）。

第五条规定，纳税人在广告设计、制作、发布过程中提供名义、形象而取得的所得，应按劳务报酬所得项目计算纳税。纳税人在广告设计、制作、发布过程中提供其他劳务取得的所得，视其情况分别按照税法规定的劳务报酬所得、稿酬所得、特许权使用费所得等应税项目计算纳税。

第六条规定，纳税人以现金、实物和有价证券以外的其他形式取得所得，税务机关可以根据其所得的形式和价值，核定其应纳税所得额，据以征税。对于不能准确提供或划分个人在广告设计、制作、发布过程中提供名义、形象及劳务而取得的所得的纳税人，主管税务机关可以根据支付总额等实际情况，参照同类广告活动名义、形象及其他劳务提供者的所得标准，核定其应纳税所得额，据以征税。

第七条规定，劳务报酬所得以纳税人每参与一项广告的设计、制作、发布所取得的所得为一次；稿酬所得以在图书、报刊上发布一项广告时使用其作品而取得的所得为一次；特许权使用费所得以提供一项特许权在一项广告的设计、制作、发布过程中使用而取得的所得为一次。上述所得，采取分笔支付的，应合并为一次所得计算纳税。

第九条规定，分笔取得一次所得和扣缴人应扣未扣或少扣税款以及没有扣缴人的纳税人，应当于取得所得的月度终了后七日内，向扣缴人所在地主管税务机关自行申报纳税。

第十条规定,扣缴人和纳税人必须接受税务机关依法进行的税务检查,如实反映情况,提供有关资料,不得拒绝、隐瞒。

二、计算不同方案下公司应预扣预缴的个人所得税

方案一:公司与明星签订推广代言协议,支付明星劳务报酬 10 万元。由于该推广代言具有广告性质,按现行政策属于增值税应税劳务,公司需要缴纳增值税及附加为 0.67 万元,需要扣缴明星个人所得税 2.5 万元,总税收负担为 3.17 万元。

方案二:明星在活动现场义演,不收取任何费用,珠宝公司赞助明星 10 万元自有品牌珠宝。对明星此项礼品收获,公司应按“其他所得”税目代扣代缴 2 万元的个人所得税。

➢ 任务完成结论-4

可以看出,方案二比方案一节约税款总计 1.17 万元,且由于公司支付的是自产珠宝,因而对产品的宣传展示效果也更明显。

任务四 掌握个人捐赠及规避所得进行纳税筹划

➢ 任务达成目标

综合利用个人优惠政策进行纳税筹划。

➢ 核心技能

1. 会对个人捐赠进行纳税筹划。
2. 会通过规避应税所得进行纳税筹划。

➢ 任务思维导图

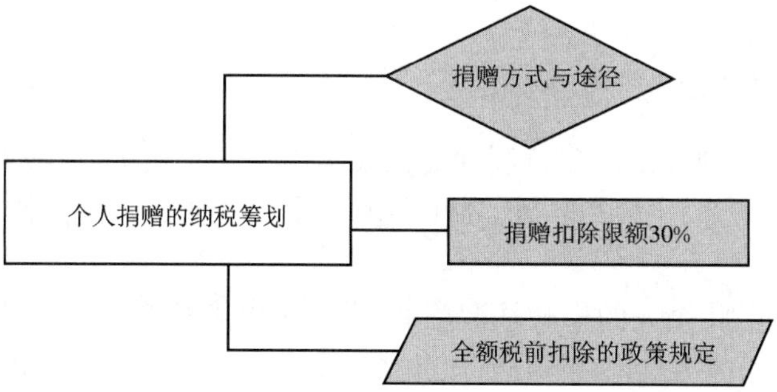

➢ 任务知识-1

一、公益捐赠

公益捐赠,是企业及个人积极承担社会责任的一种体现形式。

《中华人民共和国个人所得税法》第六条规定，个人将其所得对教育、扶贫、济困等公益慈善事业进行捐赠，捐赠额未超过纳税人申报的应纳税所得额30%的部分，可以从其应纳税所得额中扣除；国务院规定对公益慈善事业捐赠实行全额税前扣除的，从其规定。

《中华人民共和国个人所得税法实施条例》第二十四条规定：个人所得税法第六条第三款所称个人将其所得对教育、扶贫、济困等公益慈善事业进行捐赠，是指个人将其所得通过中国境内的公益性社会组织、国家机关向教育、扶贫、济困等公益慈善事业的捐赠；所称应纳税所得额，是指计算扣除捐赠额之前的应纳税所得额。

《财政部 国家税务总局关于教育税收政策的通知》（财税〔2004〕39号）第一款第八条规定："纳税人通过中国境内非营利的社会团体、国家机关向教育事业的捐赠，准予在企业所得税和个人所得税前全额扣除。"

二、个人捐赠注意事项

（1）个人向教育及公益事业的具体对象捐赠必须通过非营利性的社会团体或国家机关进行，直接向受赠单位或个人的捐赠，不能在个人所得税税前扣除。

（2）直接对具体对象如科研机构、高等院校和一些基金会的捐赠，必须有文件明确规定的才能税前扣除；没有文件规定的，不能从应税所得额中扣除。

（3）通过"社会团体"转赠给教育或公益事业的捐赠都可以税前扣除。"社会团体"是指经业务主管单位审查同意，并经县以上政府的民政部门登记的中国公民自愿组成，为实现会员共同意愿，按照其章程开展活动的非营利性社会组织。

《财政部 国家税务总局关于公益救济性捐赠税前扣除政策及相关管理问题的通知》（财税〔2007〕6号）文件规定，经国务院批准成立的非营利的公益性社会团体进行确认；经省级人民政府民政部门批准成立的非营利的公益性社会团体，其捐赠税前扣除资格由省级财政部门进行确认。

（4）个人的捐赠扣除应当在个人所得税应纳税所得额中扣除，也就是说，应当在减除法定费用之后再减除实际捐赠额（或捐赠限额），故其扣除顺序是先扣除法定费用，后扣除实际捐赠额（或捐赠限额）。

三、个人捐赠办理手续

（1）接受捐赠或办理转赠的非营利性的社会团体和国家机关，应按照财务隶属关系分别使用由中央或省级财政部门统一印（监）制的捐赠票据，并加盖接受捐赠或转赠单位的财务专用章。

（2）对于单位统一将个人的捐赠款汇总捐赠的，代扣代缴单位在取得统一的捐赠票据后，将与其相对应的个人捐款的明细单附后，以此作为个人所得税税前扣除依据。

（3）向科研机构和高等学校的捐赠须提供科研机构和学校的研究项目计划及资金收款证明。税务机关据此对捐赠单位和个人进行税前扣除。

➢ 任务导入-1

中国公民田某本月取得财产转让收入60万元，预将其中9万元进行捐赠，可以扣除的财产原值和相关税费32万元。现有以下三种待选方案。

方案一：直接捐赠。

方案二：通过非营利的社会团体和国家机关进行公益性捐赠。

方案三：通过非营利的社会团体和国家机关向农村义务教育等进行公益性捐赠。

请对上述业务进行纳税筹划。

➢ 任务实施-1

一、熟悉允许扣除的捐赠额的确定方法

《个人所得税法》及其实施条例规定，纳税人将其所得通过中国境内的社会团体、国家机关向教育和其他社会公益事业以及遭受严重自然灾害地区、贫困地区的捐赠，捐赠额未超过纳税人申报的应纳税所得额30%的部分，可以从其应纳税所得额中扣除。

捐赠扣除限额=应纳税所得额 ×30%

如果实际捐赠额大于捐赠限额，只能按捐赠限额扣除；如果实际捐赠额小于或者等于捐赠限额，按照实际捐赠额扣除（孰低原则）。

在扣除实际捐赠额（或捐赠限额）情形下，应纳税额的计算公式为：

应纳税额=（应纳税所得额-允许扣除的捐赠额）× 适用税率-速算扣除数

从2000年开始，财政部、国家税务总局陆续放宽公益救济性捐赠扣除限额，出台了全额税前扣除的政策规定，允许个人通过非营利性的社会团体和政府部门（个别的也可以直接捐赠），对红十字事业，福利性、非营利性老年服务机构，公益性青少年活动场所（其中包括新建），农村义务教育等的捐赠准予在个人所得税税前100%（全额）扣除：

应纳税额=（应纳税所得额-全部捐赠额）× 适用税率-速算扣除数

二、计算不同方案下的应纳个人所得税

方案一：直接捐赠9万元。则捐赠额不能在个人所得税税前扣除。

应纳个人所得税=（60-32）×20%=5.6万元

方案二：通过非营利的社会团体和国家机关进行公益性捐赠9万元。则捐赠额可在个人所得税税前限额扣除。

捐赠扣除限额=（60-32）×30%=8.4万元

田某的实际捐赠额9万元大于捐赠限额，只能按照捐赠限额来扣除。

应纳个人所得税=（60-32-8.4）×20%=3.92万元

方案三：通过非营利的社会团体和国家机关向农村义务教育等进行公益性捐赠。则捐赠额可在缴纳个人所得税税前全额扣除。

应纳个人所得税=（60-32-9）×20%=3.8万元

➢ 任务完成结论-1

可以看出，方案三比方案二少缴纳个人所得税0.12万元，比方案一少缴纳个人所得税4.6万元，若以实现税负最小化为纳税筹划目标，则应当优先选择方案三，其次选择方案二，最后选择方案一。

➢ 任务知识-2

税收中的视同销售有流转税与所得税之分，两者之间不可相互适用，如增值税法规规定的视同销售行为，不一定就要视同销售缴纳所得税，是否需要缴纳所得税，要看所得税法规有没有视同销售的规定。由于现行税法中各税种对视同销售的规定不完全一致，所以纳税人在实践中往往难以把握。现将视同销售在各税种之间的差异性和不可相互适用性归纳如下。

一、视同销售在增值税上的相关规定

《增值税暂行条例实施细则》第四条规定，单位或者个体工商户的下列行为，视同销售货物：

（1）将货物交付其他单位或者个人代销；

（2）销售代销货物；

（3）设有两个以上机构并实行统一核算的纳税人，将货物从一个机构移送其他机构用于销售，但相关机构设在同一县（市）的除外；

（4）将自产、委托加工的货物用于集体福利或者个人消费；

（5）将自产、委托加工或者购进的货物作为投资，提供给其他单位或者个体工商户；

（6）将自产、委托加工或者购进的货物分配给股东或者投资者；

（7）将自产、委托加工或者购进的货物无偿赠送其他单位或者个人。

《财政部 国家税务总局关于全面推开营业税改征增值税试点的通知》（财税〔2016〕36号）第十四条的规定，下列情形视同销售服务、无形资产或者不动产：

（1）单位或者个体工商户向其他单位或者个人无偿提供服务，但用于公益事业或者以社会公众为对象的除外；

（2）单位或者个人向其他单位或者个人无偿转让无形资产或者不动产，但用于公益事业或者以社会公众为对象的除外；

（3）财政部和国家税务总局规定的其他情形。

二、视同销售在所得税上的相关规定

《企业所得税法实施条例》第二十五条规定："企业发生非货币性资产交换，以及将货物、财产、劳务用于捐赠、偿债、赞助、集资、广告、样品、职工福利或者利润分配等用途的，应当视同销售货物、转让财产或者提供劳务，但国务院财政、税务主管部门另有规定的除外。"

《个人所得税法实施条例》第八条规定："个人所得的形式，包括现金、实物、有价证券和其他形式的经济利益。所得为实物的，应当按照取得的凭证上所注明的价格计算应纳税所得额；无凭证的实物或者凭证上所注明的价格明显偏低的，参照市场价格核定应纳税所得额。所得为有价证券的，根据票面价格和市场价格核定应纳税所得额。所得为其他形式的经济利益的，参照市场价格核定应纳税所得额。"

➢ 任务导入-2

本年1月，为了奖励高级管理人员孙某对公司的突出贡献，甲公司（非上市公司）购买了一辆113万元的高级小汽车，作为红利送给孙某（属于甲公司股东），孙某每月工资薪金为5

万元，本年专项扣除、专项附加扣除和依法确定的其他扣除合计为 5 万元，除此之外，孙某各年度均再无其他收入。预计孙某每年支付该汽车保险费（车船税）等固定费用 6 万元（可取得普通发票），油耗及维修保养费约为 10 万元（可取得增值税专用发票）。假定该小汽车预计使用年限为 20 年，净残值率为 5%。

请对甲公司的上述业务进行纳税筹划。

➢ 任务实施-2

一、熟悉税法设计纳税筹划思路

《财政部 国家税务总局关于规范个人投资者个人所得税征收管理的通知》（财税〔2003〕158 号）第一条规定：个人独资企业、合伙企业的个人投资者以企业资金为本人、家庭成员及其相关人员支付与企业生产经营无关的消费性支出及购买汽车、住房等财产性支出，视为企业对个人投资者的利润分配，并入投资者个人的生产经营所得，依照‘个体工商户的生产经营所得’项目计征个人所得税。

除个人独资企业、合伙企业以外的其他企业的个人投资者，以企业资金为本人、家庭成员及其相关人员支付与企业生产经营无关的消费性支出及购买汽车、住房等财产性支出，视为企业对个人投资者的红利分配，依照‘利息、股息、红利所得’项目计征个人所得税。

企业的上述支出不允许在所得税前扣除。

根据国家税务总局对江苏省地税局《关于以企业资金为个人购房是否征收个人所得税问题的请示》（苏地税发〔2007〕11 号）的批复，企业出资购买房屋及其他财产，将所有权登记为投资者个人、投资者家庭成员或企业其他人员的；企业投资者个人、投资者家庭成员或企业其他人员向企业借款用于购买房屋及其他财产，将所有权登记为投资者、投资者家庭成员或企业其他人员，且借款年度终了后未归还借款的。对企业其他人员取得的上述所得，按照“工资、薪金所得”项目计征个人所得税。

若甲公司是以公司的名义购车，仅将车辆的使用权交给孙某，则孙某无须缴纳个人所得税，同时甲公司还可以抵扣车辆进项税，计提车辆的折旧，减少企业应纳税所得额，可谓一举多得。

二、计算不同方案下公司及个人应纳税额及会计处理

方案一：甲公司购置 113 万元的高级小汽车，作为红利赠送给公司高管孙某。则

甲公司购置小汽车时可抵扣增值税进项税额=113 ÷（1+13%）× 13%=13 万元

借：固定资产——汽车　　1 000 000

　应交税费——应交增值税（进项税额）　　130 000

　贷：银行存款　　1 130 000

甲公司将该小汽车作为红利分配给孙某时，属于增值税视同销售，则

甲公司应计提增值税销项税额=113 ÷（1+13%）× 13%=13 万元

借：应付股利　　1 130 000

　贷：主营业务收入　　1 000 000

　　应交税费——应交增值税（销项税额）　　130 000

甲公司应纳增值税=销项税额-进项税额=13-13=0(万元)

孙某获得小汽车属于股息红利所得,则

孙某应缴纳个人所得税=113×20%=22.6 万元

甲公司支付红利时:

借:利润分配 1 130 000

贷:应付股利 1 130 000

甲公司实际支付时:

借:应付股利 226 000

贷:应交税费——应交个人所得税(红利所得) 226 000

孙某每年支付固定费用、油耗及维修保养费=6+10=16 万元

孙某每年综合所得应纳个人所得税=(5×12-6-5)×30%-5.292

=14.7-5.292=9.408 万元

方案二:甲公司以公司名义购车,仅将车辆的使用权交给孙某,由公司支付该车的固定费用、油耗及维修保养费。公司按照年限平均法计提折旧,同时降低孙某的工资 16 万元(相当于方案一每年支付的车辆固定费用、油耗及维修保养费总额)。

甲公司购置小汽车时可抵扣增值税进项税额=113÷(1+13%)×13%=13 万元

甲公司每年对小汽车计提折旧费可抵减企业所得税=[113÷(1+13%)]×(1-5%)

÷20×25%

=1.1875 万元

甲公司每年小汽车的固定费用、油耗及维修保养费可抵减企业所得税=[6+10÷(1+13%)]×25% =14.85×25%=3.71 万元。

甲每年小汽车油耗及维修保养费可抵扣增值税进项税额=10÷(1+13%)×13%=1.15 万元。

孙某每年工资薪金所得应纳个人所得税=(5×12-16-6-5)×25%-3.192=5.058 万元

➢ 任务完成结论-2

可以看出,方案二比方案一孙某少缴纳个人所得税 26.95 万元,甲公司每年少缴纳企业所得税 4.8975 万元,每年少缴纳(多抵扣)增值税 14.15 万元,无论对公司还是个人均有利,因此应当选择方案二。

业务技能自测(五)

一、单选题

1. 根据个人所得税法律制度的规定,我国个人所得税的征收方式主要是( )。

A. 代扣代缴　　B. 委托代征

C. 代扣代缴和自行纳税申报　　D. 自行纳税申报

2. 根据个人所得税法律制度的规定,下列所得中,应缴纳个人所得税的是( )。

A. 加班工资　　B. 独生子女补贴

C. 差旅费津贴　　D. 国债利息收入

3.2021 年 7 月，甲公司职员钱某取得的下列收入中，应计入“工资、薪金所得”缴纳个人所得税的是(　　)。

A. 差旅费津贴 200 元　　B. 劳动分红 2 000 元

C. 独生子女补贴 3 元　　D. 误餐补助 50 元

4. 根据个人所得税法律制度的规定，属于“劳务报酬所得”的是(　　)。

A. 个人因与用人单位解除劳动关系而取得的一次性补偿收入

B. 退休人员从原任职单位取得的补贴

C. 兼职律师从律师事务所取得的工资性质的所得

D. 证券经纪人从证券公司取得的佣金收入

5. 根据个人所得税法律制度的规定，关于综合所得的下列表述中，不正确的是(　　)。

A. 纳税人赡养 2 个及以上老人的，不按老人人数加倍扣除

B. 子女接受学前教育和学历教育的相关支出按每个子女每月 1 000 元标准定额扣除

C. 本人或配偶使用商业银行或住房公积金个人住房贷款为本人或其配偶购买住房，发生的住房贷款利息支出，在偿还贷款期间，可以按照每人每月 1 000 元标准定额扣除

D. 大病医疗专项附加扣除由纳税人办理汇算清缴时扣除

6. 个体工商户黄某 2021 年度取得营业收入 200 万元，当年发生业务宣传费 25 万元，上年度结转未扣除的业务宣传费 15 万元。已知业务宣传费不得超过当年营业收入 15%的部分，准予扣除，个体工商户黄某在计算当年个人所得税应纳税所得额时，允许扣除的业务宣传费金额为(　　)。

A.15 万元　　B.25 万元　　C.40 万元　　D.30 万元

7.2021 年 11 月，侯某将一套三年前购入的普通住房出售，取得收入 160 万元，原值 120 万元，售房中发生合理费用 0.5 万元。已知财产转让所得个人所得税税率为 20%，计算侯某出售该住房应缴纳个人所得税税额的下列算式中正确的是(　　)。

A.（160−120−0.5）× 20%=7.9 万元　　B. 160 ×（1−20%）× 20%=25.6 万元

B.（160−120）× 20%=8 万元　　D.（160−0.5）× 20%=31.9 万元

8. 根据个人所得税法律的规定，下列各项中，暂减按 10%税率征收个人所得税的是(　　)。

A. 周某出租机动车取得的所得　　B. 夏某出租住房取得的所得

C. 林某出租商铺取得的所得　　D. 刘某出租电子设备取得的所得

9.2021 年 10 月，贾某购买福利彩票，取得一次中奖收入 3 万元，购买彩票支出 400 元，已知偶然所得个人所得税税率为 20%，计算贾某中奖收入应缴纳个人所得税税额的下列算式中，正确的是(　　)。

A. 30 000 ×（1−20%）× 20%=4 800 元

B.（30 000−400）× 20%=5 920 元

C. 30 000 × 20%=6 000 元

D.（30 000−400）×（1−20%）× 20%=4 736 元

二、多选题

1. 居民纳税人发生的下列情形中，应当按照规定向主管税务机关办理个人所得税自行纳税申报的有(　　)。

A. 赵某从英国取得所得

B. 林某月工资 2 万元，发表文章取得稿酬 1 万元，专项扣除 2 万元

C. 李某从境内两家公司取得工资，年收入额减去专项扣除的余额为 8 万元

D. 张某取得财产租赁所得 2 万元，扣缴义务人未扣缴税款

2. 根据个人所得税法律制度的规定，下列关于个人取得所得的表述中，正确的有(　　)。

A. 个人通过注册登记的个体工商户取得的所得，按经营所得征税

B. 个体工商户经营所得按月计征

C. 个人依法取得执照从事办学活动取得的所得，按经营所得计征个人所得税

D. 境内合伙企业的个人合伙人从事生产经营活动取得的所得，征收企业所得税

3. 根据个人所得税法律制度的规定，个人取得的下列收入中，属于“劳务报酬所得”税目的有(　　)。

A. 某职员取得的本单位优秀员工奖金

B. 某经济学家从非雇佣企业取得的讲学收入

C. 某高校教师从任职学校领取的工资

D. 某工程师从非雇佣企业取得的咨询收入

4. 根据个人所得税法律制度的规定，下列支出中，在计算个体工商户个人所得税应纳税所得额时，不得扣除的有(　　)。

A. 从业人员合理工资　　B. 计提的各项准备金

C. 业主本人工资　　D. 业主家庭生活费用

5. 根据个人所得税法律制度的规定，下列关于稿酬所得计征方法的表述中，正确的有(　　)。

A. 同一作品在报刊上连载取得收入的，以连载完成后取得的所有收入合并为一次，计征个人所得税

B. 同一作品先在报刊上连载、然后再出版，应当将所有收入合并作为一次，计征个人所得税

C. 同一作品出版、发表后，因添加印数而追加稿酬的，应与以前出版、发表时取得的稿酬合并为一次，计征个人所得税

D. 同一作品在出版和发表时，以预付稿酬或者分次支付稿酬等形式取得的稿酬收入，应合并为一次，计征个人所得税

6. 根据个人所得税法律制度的规定，下列各项中，应按“财产转让所得”税目计征个人所得税的有(　　)。

A. 提供著作权的使用权所得　　B. 转让机器设备所得

C. 转让股权所得　　D. 提供非专利技术使用权所得

7. 根据个人所得税法律制度的规定，下列属于专项附加扣除的是(　　)。

A. 赡养老人　　B. 基本医疗保险

C. 基本养老保险　　D. 大病医疗

8. 根据个人所得税法律制度的规定，下列收入中，属于“特许权使用费所得”的有(　　)。

A. 提供商标权收入　　B. 转让土地使用权收入

C. 转让著作权收入　　D. 转让专利权收入

9. 据个人所得税法律制度的规定，下列支出中，在计算个体工商户个人所得税应纳税所得额时，不得扣除的有(　　)。

A. 从业人员合理工资　　B. 计提的各项准备金

C. 业主本人工资　　D. 业主家庭生活费用

10. 下列关于个人所得税征收管理的说法中，错误的有(　　)。

A. 纳税人取得应税所得没有扣缴义务人的应当在取得所得的次月 15 日内向税务机关报送纳税申报表，并缴纳税款

B. 扣缴义务人每月扣缴的税款，税务机关应根据扣缴义务人所扣缴的税款，付给 2%的手续费

C. 非居民个人取得工资薪金所得，应当在取得所得的次年 3 月 1 日至 6 月 30 日内办理汇算清缴

D. 扣缴义务人未扣缴税款的纳税人应当在取得所得的次年 3 月 1 日至 6 月 30 日前，缴纳税款

三、判断题

1. 个人独资企业和合伙企业不缴纳企业所得税，只对投资者个人或自然人合伙人取得的生产经营所得征收个人所得税。(　　)

2. 在中国境内无住所的杰克 2021 年 9 月 1 日入境，2022 年 9 月 1 日离境，根据我国个人所得税法律制度的规定，无住所而一个纳税年度内在中国境内居住累计满 183 天的个人为居民纳税人，因此 2022 年度杰克从中国境内和境外取得的所得按规定缴纳个人所得税。(　　)

3. 居民个人取得综合所得，按月计算个人所得税；有扣缴义务人的，由扣缴义务人按月或者按次预扣预缴税款。(　　)

4. 劳务报酬所得、稿酬所得、特许权使用费所得以收入减除 20%的费用后的余额为收入额。稿酬所得的收入额减按 50%计算。(　　)

5. 雇员取得除“全年一次性奖金”以外的其他各种名目奖金，如半年奖、季度奖、加班奖、先进奖、考勤奖等等，一律将全部奖金与当月工资、薪金收入合并，计算征收个人所得税。(　　)

6. 个人综合所得中专项扣除、专项附加扣除和依法确定的其他扣除一个纳税年度扣除不完的，可以结转以后年度扣除。(　　)

7. 个人对企事业单位承包、承租经营后，工商登记改变为个体工商户的，取得的承包、承租经营所得，按个体工商户的生产、经营所得项目缴纳个人所得税。(　　)

8. 企业以前年度发生的资产损失未能在当年税前扣除的，可以按照规定，向税务机关说明并进行“专项申报”扣除。(　　)

9. 个人出版画作品取得的所得，应按“劳务报酬所得”项目计缴个人所得税。(　　)

10. 职工的误餐补助属于工资薪酬性质的补贴收入，应计算个人所得税。(　　)

项目六　其他税种的纳税筹划

任务一　熟悉关税的纳税筹划

➢ 任务达成目标

1. 了解关税的相关法律政策。
2. 熟悉关税的纳税筹划方法。

➢ 核心技能

能对进口商品(货物)进行纳税筹划。

➢ 任务思维导图

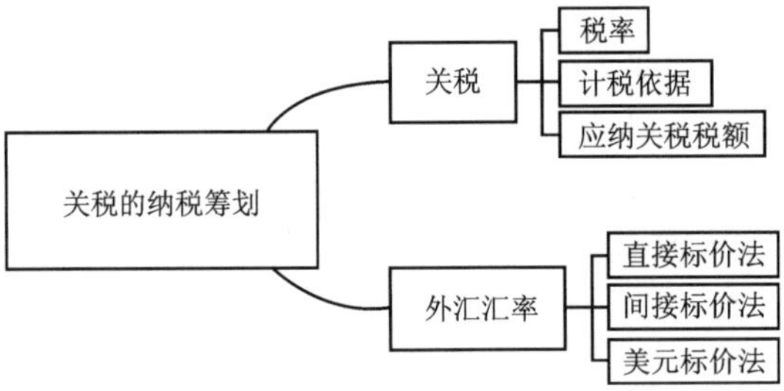

➢ 任务知识

一、关税基础知识

1. 关税的概念及分类

关税,是指一国海关根据该国法律规定,对通过其关境的进出口货物课征的一种税收。关税按照进出口商品流向分类,一般可以分为进口关税、出口关税、过境关税三类。我国对进出境货物征收的主要有进口关税和出口关税两类。

2. 关税的纳税人

(1)贸易性商品的纳税人是经营进出口货物的“收、发货人”,具体包括:

①外贸进出口公司;

②工贸或农贸结合的进出口公司;

③其他经批准经营进出口商品的企业。

(2)物品的纳税人包括:

①入境旅客随身携带的行李、物品的“持有人”；

②各种运输工具上服务人员入境时携带自用物品的“持有人”；

③馈赠物品以及其他方式入境个人物品的“所有人”；

④个人邮递物品的“收件人”。

【注意】接受纳税人委托办理货物报关等有关手续的“代理人”，可以代办纳税手续，但不是纳税人。

3. 关税的纳税方式

通常的关税纳税方式是由接受按进（出）口货物正式进（出）口的通关手续申报的海关逐票计算应征关税并填发关税缴款书，由纳税人凭以向海关或指定的银行办理税款交付或转账入库手续后，海关（凭银行回执联）办理结关放行手续。征税手续在前，结关放行手续在后，有利于税款及时入库，防止拖欠税款。

二、关税税率

我国进口关税的法定税率包括最惠国税率、协定税率、特惠税率和普通税率。

（一）最惠国税率

最惠国税率适用：①原产于与我国共同适用最惠国待遇条款的世界贸易组织成员国或地区的进口货物；②原产于与我国签订有相互给予最惠国待遇条款的双边贸易协定的国家或地区的进口货物；③原产于中华人民共和国境内的进口货物。

（二）协定税率

协定税率适用原产于与我国订有含关税优惠条款的区域性贸易协定的有关缔约方的进口货物。

（三）特惠税率

特惠税率适用原产于与我国签订有特殊优惠关税协定的国家或地区的进口货物。

（四）普通税率

普通税率适用原产于上述国家或地区以外的国家和地区的进口货物，或者原产地不明的国家或者地区的进口货物。

三、关税计税依据

我国对进出口货物征收关税，主要采取从价计征的办法，以商品价格为标准征收关税。因此，关税主要以进出口货物的完税价格为计税依据。

（一）进口货物的完税价格

一般贸易项下进口的货物以海关审定的成交价格为基础的到岸价格为完税价格。

（1）在货物成交过程中，进口人在成交价格外另支付给卖方的佣金，应计入成交价格，而向境外采购代理人支付的买方佣金则不能列入，如已包括在成交价格中应予以扣除。

（2）卖方付给进口人的正常回扣，应从成交价格中扣除。

（3）卖方违反合同规定延期交货的罚款，卖方在货价中冲减时，罚款则不能从成交价格中扣除。

（4）到岸价格是指包括货价以及货物运抵我国关境内输入地点起卸前的包装费、运费、保险费和其他劳务费等费用构成的一种价格，其中还应包括为了在境内生产、制造、使用或出版、发行等目的而向境外支付的与该进口货物有关的专利、商标、著作权以及专有技术、计算机软件和资料等费用。

（5）当进口货物的到岸价格不能确定时，本着公正、合理原则，海关应当按照规定估定完税价格。

（二）出口货物的完税价格

出口货物应当以海关审定的货物售予境外的离岸价格，扣除出口关税后为完税价格。计算公式为：

出口货物完税价格=离岸价格 ÷（1+出口税率）

（1）离岸价格应以该项货物运离关境前的最后一个口岸的离岸价格为实际离岸价格。

（2）若该项货物从内地起运，则从内地口岸至最后出境口岸所支付的国内段运输费用应予扣除。

（3）离岸价格不包括装船以后发生的费用。出口货物在成交价格以外支付给国外的佣金应予扣除，未单独列明的则不予扣除。

（4）出口货物在成交价格以外，买方还另行支付的货物包装费，应计入成交价格。

（5）当离岸价格不能确定时，完税价格由海关估定。

四、关税应纳税额的计算

（一）从价计税应纳税额

关税税额=进（出）口应税货物的数量 × 单位完税价格 × 适用税率

（二）从量计税应纳税额

关税税额=应税进（出）口货物数量 × 单位货物税额

（三）复合计税应纳税额

关税税额=应税进（出）口货物数量 × 单位货物税额+应税进（出）口货物数量 × 单位完税价格 × 适用税率

此外，实践中还有一种关税叫作滑准税，是指关税的税率随着进口商品价格的变动而反方向变动的一种税率形式，即价格越高，税率越低，税率为比例税率。因此，实行滑准税率，进口商品应纳关税税额的计算方法为：

关税税额=应税进（出）口货物数量 × 单位完税价格 × 滑准税税率

五、外汇汇率的标价方法

货币外汇汇率，是以另一国货币来表示本国货币的价格，其最终由外汇市场决定。折算两个国家的货币，先要确定用哪个国家的货币作为标准。由于确定的标准不同，外汇汇率存在的两种标价方法。

（1）直接标价法，又称应付标价法，它是以一定单位（1、100、1 000、10 000）的外国货币为标准来计算应付出多少单位本国货币的方法。就相当于计算购买一定单位外币所应付多少本币，所以叫应付标价法。包括中国在内的世界上绝大多数国家目前都采用直接标价法。在国际外汇市场上，日元、瑞士法郎、加元等均为直接标价法，如在中国范围内人民币对美元的汇率直接标价法表示为：USD100=CNY654.1258。

在直接标价法下，若一定单位的外币折合的本币数额多于前期，则说明外币币值上升或本币币值下跌，叫作外汇汇率上升；反之，如果要用比原来较少的本币即能兑换到同一数额的外币，这说明外币币值下跌或本币币值上升，叫作外汇汇率下跌，即外币的价值与汇率的涨跌成反比。

（2）间接标价法，又称应收标价法。它是以一定单位（如1个单位）的本国货币为标准，来计算应收若干单位的外国货币的方法。在国际外汇市场上，欧元、英镑、澳元等均为间接标价法。如欧元对美元汇率为1.211 3，即1欧元兑1.211 3美元。如在中国范围内美元对人民币的汇率转变为间接标价法表示为：CNY100=USD15.31。

在间接标价法中，本国货币的数额保持不变，外国货币的数额随着本国货币币值的对比变化而变动。如果一定数额的本币能兑换的外币数额比前期少，这表明外币币值上升，本币币值下降，即外汇汇率上升；反之，如果一定数额的本币能兑换的外币数额比前期多，则说明外币币值下降、本币币值上升，也就是外汇汇率下跌，即外币的价值和汇率的升跌成反比。

此外，在国际外汇市场上还有一种标价方法——美元标价法，又称纽约标价法，主要用于外汇市场上交易行情表。在美元标价法下，各国均以美元为基准来衡量各国货币的价值（即以一定单位的美元为标准来计算应该汇兑多少他国货币的表示方法），而非美元外汇买卖时，则是根据各自对美元的比率套算出买卖双方货币的汇价。这里注意，除英镑、欧元、澳元和纽币外，美元标价法基本已在国际外汇市场上通行。

其特点是：所有外汇市场上的交易的货币都对美元报价，除英镑等极少数货币外，对一般货币均采用以美元为外币的直接标价。

➢ 任务导入

美国和日本的企业都发明了一种特殊的用于钢结构产品生产的全自动机器设备，且市场上没有确定的市场价格，我国的甲企业想进口这种设备，这种设备未来的价格将达到500万美元，远远高于现在市场上类似设备的价格260万美元。

（1）如从美国进口，甲企业以180万美元的价格成交。该设备运抵我国入关前发生的运费和保险费为20万美元，另外支付了由买方负担的经纪费1.4万美元，包装材料和包装劳务费6.2万美元，特许权使用费5.9万美元，与该设备有关的境外开发设计费4.3万美元。

（2）如从日本进口，甲企业以18 000万日元的价格成交。该设备运抵我国入关前发生的运费和保险费为2 300万日元，另外支付由买方负担经纪费150万日元，包装材料和包装劳务费 700 万日元，特许权使用费 500 万日元，与该设备有关的境外设计开发费 600 万日元。

（3）如果甲企业是美国（或日本）企业在中国设立的自己的设备组装兼销售公司，甲企业将原来的进口整台设备改为进口散装设备零部件。

全套零部件的境外成交价格折合人民币为 1 100 万元，其他费用折合为人民币后分别为：为该设备运抵我国入关前发生的运费和保险费为 90 万元，另外支付了由买方负担的经纪费 10 万元，包装材料和包装劳务费 55 万元，特许权使用费 35 万元，与该设备有关的境外开发设计费 40 万元。

已知零部件的关税税率为 15%，整台设备的关税税率为 20%。请对该公司的上述业务进行纳税筹划。

➢ 任务实施

一、熟悉关税的计税原理并设计纳税筹划方案

一般贸易项下进口的货物以海关审定的“成交价格”为基础的“到岸价格”作为完税价格，按照从价计税的方式计税：应纳关税税额=应税进口货物的完税价格 × 税率。纳税人进口货物时，应当选择同类货物中成交价格比较低或者运输、保险费等相对较低的货物，以降低关税价格，从而降低进口关税。根据以上任务，我们不妨提出如下方案。

方案一：从美国进口。

方案二：从日本进口。

方案三：从日本进口，甲企业以 150 万美元作为完税价格申报。

方案四：进口零部件，自己组装加工。

二、假定不考虑进口环节其他税费，计算不同方案下该企业应纳关税税额

方案一：若从美国进口。

假设海关填发税款缴款书之日的外汇牌价为：

USD$100=CNY¥688.45（买入价）

USD$100=CNY¥691.21（卖出价）

则，关税税款计算如下。

（1）审核申报价格，符合“成交价格”条件，查询税号，确定税率。

（2）根据填发缴款书当日的人民币外汇牌价，将进口货物折算成人民币。

当天的美元外汇汇价为：外汇的买卖中间价=USD$100=CNY¥（688.45+691.21）÷ 2=CNY¥689.83，即 1 美元=6.898 3 元人民币。

关税完税价格=（180+20+1.4+6.2+5.9）× 6.898 3=1 472.79 万元人民币

应纳关税=1 472.79 × 20%=294.56 万元人民币

方案二：从日本进口。

若从日本进口，假设海关填发税款缴款书之日的外汇牌价为：

JPY ￥100=CNY¥6.092 7（买入价）

JPY ￥100=CNY¥6.135 4（卖出价）

则，关税税款计算如下。

（1）审核申报价格，符合"成交价格"条件，查询税号，确定税率。

（2）根据填发缴款书当日的人民币外汇牌价，将进口货物折算成人民币。

当天的日元外汇汇价为：外汇的买卖中间价=JPY ￥100=CNY¥（6.092 7+6.135 4）÷2=CNY¥6.114 1，即 100 日元=6.114 1 元人民币。

（3）如从日本进口，甲企业以 18 000 万日元的价格成交。该设备运抵我国入关前发生的运费和保险费为 2 300 万日元，另外支付由买方负担经纪费 150 万日元，包装材料和包装劳务费 700 万日元，特许权使用费 500 万日元，与该设备有关的境外设计开发费 600 万日元。

关税完税价格=（18 000+2300+150+700+500+600）× 6.114 1 ÷ 100
=1 360.39 万元人民币

应纳关税=1 360.39 × 20%=272.08 万元人民币

方案三：从日本进口，但以 150 万美元为基础估算完税价格并作为申报价格。

由于类似设备的市场价格仅为 150 万美元，海关一般会认为以 150 万美元为基础估算的完税价格是合理的。假设海关填发税款缴款书之日的外汇牌价与方案一相同，即 1 美元=6.8983 元人民币。其他成交条件也不变，则

关税完税价格=（150+20+1.4+6.2+5.9）× 6.898 3=1 265.84 万元人民币

应纳关税=1 265.84 × 20%=253.17 万元人民币

方案四：进口零部件，自己组装加工。

应纳关税=（1 100+90+10+55+35+40）× 15%=199.5 万元

各方案的应纳关税税额分析比较见表 6-1。

表 6-1　各方案的应纳关税税额分析比较表　　万元

关税	方案一	方案二	方案三	方案四
关税税额	294.56	272.08	253.17	199.5

由此看出，方案二与方案一相比，少缴纳关税 22.48 万元；方案四缴纳关税最少，但有一定的前提条件，即甲企业可以组装加工成产成品，且花的成本费用要比节省的税收少。方案三缴纳关税虽然少于方案一和方案二，但这种方法属于典型的避税筹划方案，且有被海关进行纳税调整或处罚的可能，最好不要选用。实践中，企业在进口货物时不能仅考虑关税税负，还应考虑货物质量、售后服务等因素。综合考虑，方案二是最优方案。

➢ 任务完成结论

关税纳税人一般可以选择进口同类货物中成交价格较低，或运输、保险费用较低的货物，或者当产品没有确定的市场价格时，可以选择类似产品的市场价格进行申报，以降低完税价格，但要注意估定风险。如果条件允许，原材料和零部件的关税税率比产成品的低，可优先选择进口原材料和零部件，然后自己加工成产成品，但要注意自己的组装成本。

任务二　熟悉车辆购置税的纳税筹划

➢ 任务达成目标

1. 能恰当选择汽车经销商的增值税纳税人身份进行纳税筹划。
2. 会降低车辆购置税的计税依据进行纳税筹划。
3. 尽量将进口车的工具件和零部件单独报关。

➢ 核心技能

会对车辆购置税进行纳税筹划。

➢ 任务思维导图

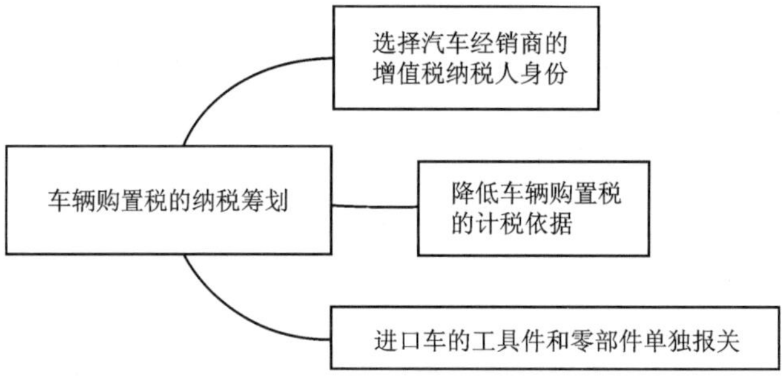

➢ 任务知识

车辆购置税是对在中国境内购置规定车辆的单位和个人征收的一种税，就其性质而言，属于“直接税”的范畴。2018 年 12 月 29 日，第十三届全国人民代表大会常务委员会第七次会议通过《中华人民共和国车辆购置税法》（下称《车辆购置税法》）。该法自 2019 年 7 月 1 日起施行。该法规定：“在我国境内购置汽车、有轨电车、汽车挂车、排气量超过一百五十毫升的摩托车（以下统称应税车辆）的单位和个人，为车辆购置税的纳税人，应当依照本法规定缴纳车辆购置税。”

➢ 任务导入-1

甲公司欲购买一辆轿车办公用，现有两个汽车经销商可供选择：一是作为小规模纳税人的车辆经销商乙公司，车款为 154 500 元（含增值税，乙公司开具的机动车销售统一发票适用增值税征收率为 3%）；二是作为一般纳税人的车辆经销商丙公司，车款也为 154 500 元（含增值税，丙公司开具的机动车销售统一发票适用增值税税率为 13%），这里不考虑城市维护建设税及教育费附加。

请对甲公司的购车行为进行纳税筹划。

➢ 任务实施-1

一、熟悉车辆购置税的计税依据并设计纳税筹划方案

《车辆购置税法》第六条规定，应税车辆的计税价格，按照下列规定确定：

（1）纳税人购买自用应税车辆的计税价格，为纳税人实际支付给销售者的全部价款，不包括增值税税款；

（2）纳税人进口自用应税车辆的计税价格，为关税完税价格加上关税和消费税；

（3）纳税人自产自用应税车辆的计税价格，按照纳税人生产的同类应税车辆的销售价格确定，不包括增值税税款；

（4）纳税人以受赠、获奖或者其他方式取得自用应税车辆的计税价格，按照购置应税车辆时相关凭证载明的价格确定，不包括增值税税款。

《国家税务总局关于确定车辆购置税计税依据的通知》（国税函〔2006〕1139 号）规定，从 2006 年 12 月 1 日起，对车辆经销商为消费者开具的机动车销售统一发票，凡经销商不能提供增值税一般纳税人证明的，对车辆购置税的纳税人一律按 3%的征收率换算车辆购置税计税依据；对经销商能提供增值税一般纳税人证明的，对车辆购置税的纳税人按现行增值税税率换算车辆购置税计税依据。主管税务机关在计征车辆购置税确定计税依据时，计算车辆不含增值税价格的计算方法与增值税相同，即：

不含税价=（全部价款+价外费用）÷（1+增值税税率或征收率）

因此，在车辆购置价格相同的情况下，消费者应尽量从作为一般纳税人的车辆经销商处购买，以降低车辆购置税税负。

二、计算不同方案下的应纳车辆购置税税额

方案一：甲公司从小规模纳税人乙公司处购买。

甲公司应纳车辆购置税=154 500 ÷（1+3%）× 10%=15 000 元

甲公司可抵扣增值税进项税额=154 500 ÷（1+3%）× 3%=4 500 元

甲公司现金流出量=154 500+15 000−4 500=165 000 元

方案二：从一般纳税人丙公司处购买。

甲公司应纳车辆购置税=154 500 ÷（1+13%）× 10%=13 672.57 元

甲公司可抵扣增值税进项税额=154 500 ÷（1+13%）× 13%=17 774.34 元

甲公司现金流出量=154 500+13 672.57−17 774.34=150 398.23 元

➢ 任务完成结论-1

可见，方案二比方案一少缴纳车辆购置税 1 327.43 元，减少缴纳增值税 1 327.43 元，减少现金流出 14 601.77 元，从税负最小化或者现金流量最大化角度考虑，应当选择方案二。当然选择车辆经销商的增值税纳税人身份，不能单纯以车辆购置税的税负为标准，还应考虑售后服务、企业形象等各方面因素。

➢ 任务导入-2

甲公司从乙汽车销售公司(增值税一般纳税人)购买一辆商务轿车自用,支付车款369 900元(含增值税)。另外,临时牌照费500元,随车购买工具用具5 000元,代收保险金1 200元,车辆装饰费20 000元。各项款项均由乙公司开具发票。

请对甲公司的上述业务进行纳税筹划。

➢ 任务实施-2

计算甲公司不同方案下的应纳车辆购置税税额。

方案一:各项款项均由乙公司开具发票。

车辆购置税计税价格=(369 900+500+1 200+5 000+2 000)÷(1+13%)

=335 044.25元

甲公司应纳车辆购置税=335 044.25×10%=33 504.43元

方案二:各项费用由相关单位另行开具发票。

车辆购置税计税价格=369 900÷(1+13%)=327 345.13元

应纳车辆购置税=327 345.13×10%=32 734.51元

➢ 任务完成结论-2

可见,方案二比方案一少缴纳车辆购置税769.92元。因此购车时,将各项费用由相关单位另行开具发票,可降低车辆购置税的计税依据,从而减轻车辆购置税税负。但对于增值税一般纳税人来说,其不仅要考虑车辆购置税应纳税额,还应考虑进项税额抵扣的问题。因为车辆不含增值税价格的计算方法与增值税的计税依据相同。

➢ 任务导入-3

某商贸物流有限公司主要从事果品采购、分拣、分销等业务,随着市场销售规模的扩大,现准备添置20辆运输车辆,这些运输工具主要在农村使用,而且不需要太高的车速。该公司有两种购置方案可供选择。

方案一:购买某种四轮载货车,单价50 000元(含增值税)。

方案二:购买农用三轮车,单价为40 000元(含增值税)。

假设销售方适用增值税税率为13%。

请对该公司的上述业务进行纳税筹划。

➢ 任务实施-3

一、熟悉车辆购置税的税收优惠政策并设计纳税筹划方案

《车辆购置税法》第九条规定,下列车辆免征车辆购置税:

(1)依照法律规定应当予以免税的外国驻华使馆、领事馆和国际组织驻华机构及其有关人员自用的车辆;

(2)中国人民解放军和中国人民武装警察部队列入装备订货计划的车辆;

（3）悬挂应急救援专用号牌的国家综合性消防救援车辆；

（4）设有固定装置的非运输专用作业车辆；

（5）城市公交企业购置的公共汽电车辆。

国民经济和社会发展的需要，国务院可以规定减征或者其他免征车辆购置税的情形，报全国人民代表大会常务委员会备案。

《财政部 国家税务总局关于农用三轮车免征车辆购置税的通知》（财税〔2004〕66号）规定，为促进农业生产发展，切实减轻农民负担，经国务院批准，自2004年10月1日起对农用三轮车免征车辆购置税。农用三轮车是指：柴油发动机，功率不大于7.4千瓦，载重量不大于500千克，最高车速不大于40千米/小时的三个车轮的机动车。

商贸物流企业购置运输工具需要缴纳车辆购置税。如果物流业务多发生在农村，在农用三轮车与其他车辆的运输能力大体相当的情况下，就可以考虑购置农用三轮车作为运输工具，利用我国对部分农用车辆的优惠政策进行纳税筹划。

二、计算不同方案下的应纳车辆购置税税额

方案一：购买某种四轮载货车，单价50 000元（含增值税），则

应纳车辆购置税=50 000×20÷（1+13%）×10%=88 495.57（元）

方案二：购买农用三轮车，单价为40 000元（含增值税），则根据财税〔2004〕66号文件的规定，农用三轮车不需要缴纳车辆购置税。应纳车辆购置税为0。

➢ 任务完成结论-3

可见，方案二比方案一少缴纳车辆购置税88 495.57元。相当于又能购置2辆农用三轮车。在不影响企业正常生产经营活动的前提下，纳税人选择购置农用三轮车，不仅节省了购车费用，而且可以享受免征车辆购置税的税收优惠。当然，车辆购置税的纳税人在进行纳税筹划决策时，不仅要考虑现行的相关税法条例，还要随时关注国家的税制改革动向，只有这样，才能最大限度降低企业的税收负担，防范涉税风险，实现税后利益的最大化。

➢ 任务导入-4

甲公司本月从德国进口一辆奔驰S级轿车自用，报关进口时，海关核定的完税价格为150万元（包含随同报关的工具件、零部件20万元），消费税税率为25%，增值税税率为13%。假设进口小轿车整车的关税税率为15%，进口零部件的关税税率为6%，请对其进行纳税筹划。

➢ 任务实施-4

一、熟悉关税、消费税、车辆购置税的计税原理

我国对于进口汽车主要征收的税种包括关税、增值税、消费税三大类。根据现行税法的有关规定，进口小轿车整车适用关税税率相对较高，而进口零部件所适用的税率则较低。

根据新的汽车进口关税政策，自2018年7月1日起，税率分别为25%、20%的汽车整车关税降至15%，税率分别为8%、10%、15%、20%、25%的汽车零部件关税降至6%。此次降税后，我国汽车整车平均税率13.8%。

因此，纳税人在进口小轿车报关时，应尽量将进口车的工具件和零部件单独报关进口，以降低车辆购置税的组成计税价格，进而减轻车辆购置税税负。

另外，值得关注的是，《财政部　国家税务总局关于对超豪华小汽车加征消费税有关事项的通知》（财税〔2016〕129号）的规定，自2016年12月1日起，我国对超豪华小汽车在零售环节加征10%的消费税。所谓的“超豪华小汽车”是指每辆零售价格130万元及以上的乘用车和中轻型商用客车。该通知明确，将超豪华小汽车销售给消费者的单位和个人为超豪华小汽车零售环节纳税人。

二、计算不同方案下的应纳车辆购置税税额

方案一：该公司报关进口奔驰S级轿车整车。

应纳关税=150×15%=22.5万元

组成计税价格=（150+22.5）÷（1−5%）=181.59万元

进口环节应纳消费税=181.59×25%=45.4万元

进口环节应纳增值税=181.59×13%=23.61万元

应纳车辆购置税=181.59×10%=18.16万元

进口环节应纳税额合计=22.5+45.4+23.61+18.16=109.67万元

方案二：该公司进口奔驰S级轿车报关时，将轿车的工具件和零部件20万元单独报关。

应纳关税=（150−20）×15%+20×6%=19.5+1.2=20.7万元

组成计税价格=（150+20.7）÷（1−5%）=179.68万元

进口环节应纳消费税=179.68×25%=44.92万元

进口环节应纳增值税=179.68×13%=23.36万元

应纳车辆购置税=179.68×10%=17.97万元

应纳税额合计=20.7+44.92+23.36+17.97=106.95万元

➢ 任务完成结论-4

可见，方案二比方案一少缴纳税款2.72万元，其中少缴纳车辆购置税0.19万元。纳税人将进口车的工具件和零部件单独报关，不仅可以节省车辆购置税，同时还可以少缴纳关税、消费税及增值税，从而大大降低了购车单位的整体税负。

任务三　熟悉车船税的纳税筹划

➢ 任务达成目标

1. 熟悉车船税的相关法律政策。
2. 掌握车船税的纳税筹划方法。

➢ 核心技能

会对车船税进行纳税筹划。

➢ 任务思维导图

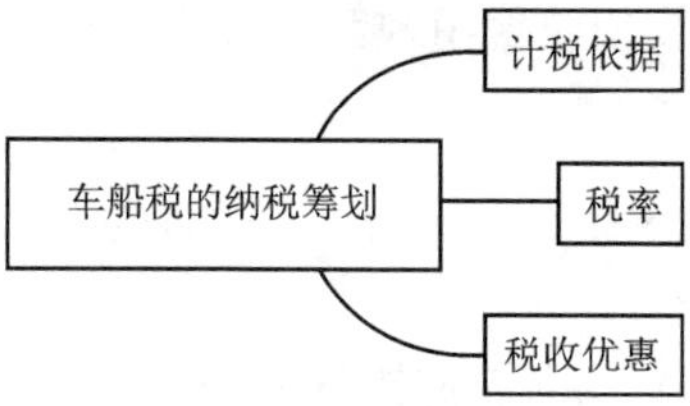

➢ 任务知识

车船税是指对在我国境内应依法到公安、交通、农业、渔业、军事等管理部门办理登记的车辆、船舶,根据其种类,按照规定的计税依据和年税额标准计算征收的一种财产税。我国对车船课税历史悠久。早在汉朝,我国就开征了算商车。明清时,我国曾对内河商船征收船钞。从2007年7月1日开始,有车族需要在投保交强险时缴纳车船税。现行的《中华人民共和国车船税法》由第十一届全国人民代表大会常务委员会第十九次会议于2011年2月25日通过,自2012年1月1日起施行。2016年5月1日起施行的《国家税务总局关于保险机构代收车船税开具增值税发票问题的公告》(国家税务总局公告2016年第51号)规定,保险机构作为车船税扣缴义务人,在代收车船税并开具增值税发票时,应在增值税发票备注栏中注明代收车船税税款信息。具体包括:保险单号、税款所属期(详细至月)、代收车船税金额、滞纳金金额、金额合计等。该增值税发票可作为纳税人缴纳车船税及滞纳金的会计核算原始凭证。

全面营改增后,2016年12月3日起施行的《财政部关于印发〈增值税会计处理规定〉的通知》(财会〔2016〕22号)规定:"营业税金及附加"科目名称调整为"税金及附加"科目,该科目核算企业经营活动发生的消费税、城市维护建设税、资源税、教育费附加及房产税、土地使用税、车船使用税、印花税等相关税费;利润表中的"营业税金及附加"项目调整为"税金及附加"项目。故车船税在实行全面营改增之后,就不在管理费用科目核算了,在"税金及附加"科目核算。会计分录如下。

借:税金及附加——车船税

　　贷:银行存款

➢ 任务导入

甲企业(增值税一般纳税人)主要从事陆路、内河多式联运业务,本年度需要购置乘用汽车20辆,轮船1艘,现有两种方案可供选择。

方案一:排气量2.5升的乘用汽车和净吨位2 000吨的船。

方案二:购买排气量2.8升的乘用汽车和净吨位2 050吨的船。

已知当地政府规定的车船税税目税额为:2.5升的乘用车税额为720元/年,2.8升的乘用车税额为1 800元/年,净吨位2 000吨的船舶适用税额为4元/吨,净吨位2 050吨的船舶适用税额为5元/吨。

请对甲企业的上述业务进行纳税筹划。

➢ 任务实施

一、熟悉车船税的计税原理及税收优惠政策

1. 车船税的计税依据

现行车船税计税方法如表 6-2 所示。

表 6-2 车船税税目、计税单位、应纳税额表

<table>
<tr><th colspan="2">税目</th><th>计税单位</th><th>应纳税额</th></tr>
<tr><td rowspan="2">乘用车、客车和摩托车</td><td>>1.6 升</td><td rowspan="2">每辆</td><td>辆数 × 适用年税额</td></tr>
<tr><td>≤1.6 升</td><td>辆数 × 适用年税额 × 50%</td></tr>
<tr><td colspan="2">货车、专用作业车和轮式专用机械车(不包括拖拉机)</td><td rowspan="2">整备质量(自重)每吨</td><td>自重吨位数 × 适用年税额</td></tr>
<tr><td colspan="2">挂车</td><td>自重吨位数 × 适用年税额 × 50%</td></tr>
<tr><td colspan="2">机动船舶</td><td rowspan="2">净吨位每吨</td><td>净吨位数 × 适用年税额</td></tr>
<tr><td colspan="2">非机动驳船、拖船</td><td>净吨位数 × 适用年税额 × 50%</td></tr>
<tr><td colspan="2">游艇</td><td>艇身长度每米</td><td>艇身长度 × 适用年税额</td></tr>
<tr><td colspan="2">注意</td><td colspan="2">购入当年不足 1 年的自纳税义务发生“当月”按月计征</td></tr>
</table>

2. 车船税的税率

具体税率如表 6-3 所示。

表 6-3 车船税税目税额表

<table>
<tr><th colspan="2">税目</th><th>计税单位</th><th>年基准税额(元)</th><th>备注</th></tr>
<tr><td rowspan="7">乘用车,按发动机汽缸容量(排气量)分档</td><td>1.0 升(含)以下的</td><td rowspan="7">每辆</td><td>60 至 300</td><td rowspan="7">核定载客人数 9 人(含)以下</td></tr>
<tr><td>1.0 升以上至 1.6 升(含)的</td><td>300 至 540</td></tr>
<tr><td>1.6 升以上至 2.0 升(含)的</td><td>360 至 660</td></tr>
<tr><td>2.0 升以上至 2.5 升(含)的</td><td>660 至 1200</td></tr>
<tr><td>2.5 升以上至 3.0 升(含)的</td><td>1200 至 2400</td></tr>
<tr><td>3.0 升以上至 4.0 升(含)的</td><td>2400 至 3600</td></tr>
<tr><td>4.0 升以上的</td><td>3600 至 5400</td></tr>
<tr><td rowspan="2">商用车</td><td>客车</td><td>每辆</td><td>480 至 1440</td><td>核定载客人数 9 人以上,包括电车</td></tr>
<tr><td>货车</td><td>整备质量每吨</td><td>16 至 120</td><td>包括半挂牵引车、三轮汽车和低速载货汽车等</td></tr>
<tr><td>挂车</td><td></td><td>整备质量每吨</td><td>按照货车税额的 50%计算</td><td></td></tr>
</table>

续表

税目		计税单位	年基准税额(元)	备注
其他车辆	专项作业车	整备质量每吨	16 至 120	不包括拖拉机
	轮式专用机械车	按自重每吨	16 至 120	
摩托车		每辆	36 至 180	
船舶	机动船舶	净吨位每吨	3 至 6	拖船和非机动驳船分别按照机动船舶税额的 50% 计算
	游艇	艇身长度每米	600 至 2000	

不难看出,车船税的税率事实上属于一种全额累进的定额税率,即车船的适用等级越高(大),适用的单位税额也就越高(大)。故纳税人在购置车船时,可以利用税率临界点进行筹划。

3. 应纳税额的计算

(1)一般情形。

应纳税额=辆数(整备质量吨位数、净吨位、艇身长度)× 年基准税额

(2)购置的新车船。

应纳税额=年基准税额 ÷12× 应纳税月份数

应注意的是,车船税自纳税义务发生的“当月”起按月计算。

《车船税法》第三条规定,下列车船免征车船税:

(1)捕捞、养殖渔船;

(2)军队、武装警察部队专用的车船;

(3)警用车船;

(4)依照法律规定应当予以免税的外国驻华使领馆、国际组织驻华代表机构及其有关人员的车船。

另外,在车船税里面,对于农业用拖拉机和渔业用船舶是免征车船税的。纳税人如果有用于农业或渔业的车船,一定要注明用途,并与其他用途的车船分开,这样可以避免多缴车船税。

二、计算不同方案下的车船税应纳税额

方案一:购买排气量 2.5 升的乘用汽车和净吨位 2 000 吨的船。

甲企业应纳车船税=720×20+2 000×4=14 400+8 000=2 2400 元

方案二:购买排气量 2.8 升的乘用汽车和净吨位 2 050 吨的船。

甲企业应纳车船税=1 800×20+2 050×5=36 000+10 250=46 250 元

➢ 任务完成结论

由以上计算可以看出,方案二比方案一使得甲公司少缴纳车船税 23 850 元,因此从税负角度考虑,应当选择方案二。实践中,纳税人在不影响生产经营的情况下,购置排气量(净吨

位)比较小(低)的车船,一方面有利于节能环保,另一方面可以降低企业税负,可谓一举两得。

任务四　熟悉契税的纳税筹划

➢ 任务达成目标

1. 会通过签订等价交换合同进行免纳契税的筹划。
2. 能签订分立合同从而降低契税的计税依据进行纳税筹划。
3. 会通过改变抵债不动产的接收人或减少涉税环节进行纳税筹划。

➢ 核心技能

会对契税进行纳税筹划。

➢ 任务思维导图

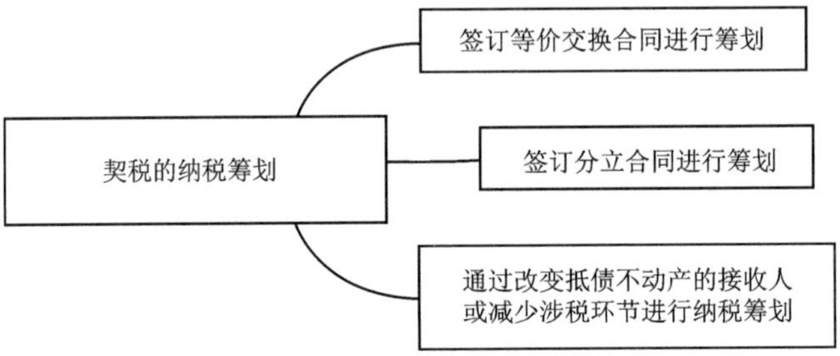

➢ 任务知识-1

契税是国家在“土地、房屋”“权属转移”时,按照当事人双方签订的合同(契约),以及所确定价格的一定比例,向“权属承受人”(即买方)征收的一种税。即“谁买房,谁交契税”。我国于2020年8月11日第十三届全国人民代表大会常务委员会第二十一次会议通过了《中华人民共和国契税法》(下称《契税法》),该法于2021年9月1日施行。纳税人与房或地有关的应纳税种如图6-1所示。

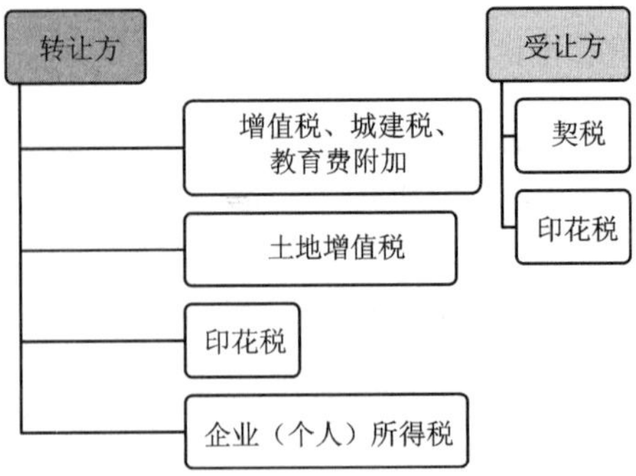

图6-1　纳税人与房或地有关的应纳税种

《财政部　国家税务总局关于营改增后契税　房产税　土地增值税　个人所得税计税依据问题的通知》(财税〔2016〕43号)第一条规定,计征契税的成交价格不含增值税。

契税是对房屋买卖、典当、赠与或交换而承受房屋所有权的一种税,属于资本性支出。值得注意的是,《企业所得税法》第二十八条第一款规定,企业发生的支出应当区分收益性支出和资本性支出。收益性支出在发生当期直接扣除;资本性支出应当分期扣除或者计入有关资产成本,不得在发生当期直接扣除。因此,纳税人在购置房屋或土地使用权时发生的契税支出,应该计入相关资产成本,通过计提折旧方式逐期计入成本。

➢ 任务导入-1

某市甲公司有一宗市值1 800万元的土地使用权,乙公司有一栋市值1 600万元的厂房,双方有进一步合作意向,现有三种方案可供选择。

方案一:甲公司将土地使用权转让给乙公司,乙公司将厂房转让给甲公司。

方案二:双方签订土地使用权与房屋所有权交换合同,由乙公司向甲公司支付差价200万元。

方案三:双方签订土地使用权与房屋所有权交换合同,乙公司事先按照甲公司意愿先对自己的厂房进行装修,装修费用为200万元。

假设当地政府规定的契税税率为4%,以上价格均不含增值税。

请根据以上业务对双方进行纳税筹划。

➢ 任务实施-1

一、熟悉契税的计税原理

1. 契税的征收范围

《契税法》第二条规定,契税的应纳税范围包括:①国有土地使用权出让;②土地使用权转让(包括出售、赠与、交换);③房屋买卖、赠与、交换等。但对于:①土地使用权的转让不包括农村集体土地承包经营权的转移;②土地、房屋权属的典当、“继承”、分拆(分割)、出租、抵押,不属于契税的征税范围。

2. 契税的计税依据

根据《契税法》第四条的规定,契税的计税依据如下:

(1)土地使用权出让、出售,房屋买卖,为土地、房屋权属转移合同确定的成交价格,包括应交付的货币以及实物、其他经济利益对应的价款;

(2)土地使用权互换、房屋互换,为所互换的土地使用权、房屋价格的差额;

(3)土地使用权赠与、房屋赠与以及其他没有价格的转移土地、房屋权属行为,为税务机关参照土地使用权出售、房屋买卖的市场价格依法核定的价格。

纳税人申报的成交价格、互换价格差额明显偏低且无正当理由的,由税务机关依照《中华人民共和国税收征收管理法》的规定核定。

二、计算不同方案下的契税应纳税额

方案一:甲公司将土地使用权转让给乙公司,乙公司将厂房转让给甲公司。

甲公司应纳契税=1 600×4%=64 万元

乙公司应纳契税=1 800×4%=72 万元

双方合计应纳契税=64+72=136 万元

方案二：双方签订土地使用权与房屋所有权交换合同，由乙公司向甲公司支付差价 200 万元。

甲公司应纳契税=0 万元

乙公司应纳契税=200×4%=8 万元

双方合计应纳契税=0+8=8 万元

方案三：双方签订土地使用权与房屋所有权交换合同，乙公司事先按照甲公司意愿先对自己的厂房进行装修，装修费用为 200 万元。此时厂房的市值变为 1 800 万元，双方属于等价交换，因此不必缴纳契税。

➢ 任务完成结论-1

从以上方案分析不难看出，方案三通过改变合同的订立方式，使双方的交换价值相等，方案三缴纳税收最少，因此应当选择方案三。

➢ 任务导入-2

甲公司有一生产基地拟转让给乙公司经营，该生产基地有厂房一栋，占地 2 000 平方米，市值 800 万元（其中厂房评估价格为 200 万元，2 000 平方米土地评估价格为 400 万元）；另外该基地还有其他附属设施，评估价格为 200 万元；若乙公司按照整体评估价 800 万元购买，假定当地政府规定的契税税率为 4%，以上价格均不含增值税。

请对乙公司的上述业务进行契税筹划。

➢ 任务实施-2

一、熟悉契税的计税原理并设计筹划思路

《财政部　国家税务总局关于房屋附属设施有关契税政策的批复》（财税〔2004〕126 号）规定：①对于承受与房屋相关的附属设施（包括停车位、汽车库、自行车库、顶层阁楼以及储藏室，下同）所有权或土地使用权的行为，按照契税法律、法规的规定征收契税，对于不涉及土地使用权和房屋所有权转移变动的，不征收契税；②采取分期付款方式购买房屋附属设施土地使用权、房屋所有权的，应按合同规定的总价款计征契税；③承受的房屋附属设施权属如为单独计价的，按照当地确定的适用税率征收契税，如与房屋统一计价的，适用与房屋相同的契税税率。因此，购入不动产时，凡不属于房屋的部分应分别核算。

按照上述规定，提出纳税筹划方案如下。

方案一：甲公司与乙公司签订一份销售合同，合同总价款为 800 万元。

方案二：甲公司与乙公司签订两份销售合同，第一份合同为销售生产厂方及占地 2 000 平方米土地使用权的合同，合同总价款为 600 万元；第二份合同为销售独立于房屋之外的附属设施的合同，合同总价款为 200 万元。

二、计算不同方案下的契税应纳税额

方案一：甲公司与乙公司签订一份销售合同。

乙公司应纳契税税额=800×4%=32 万元

方案二：甲公司与乙公司签订两份销售合同，乙公司只就第一份购销合同缴纳契税。则

乙公司应纳契税税额=600×4%=24 万元

➢ 任务完成结论-2

方案二比方案一少缴纳契税 8 万元，因此应当选择方案二。实践中，纳税人购置不动产时，凡不属于房屋的部分，一定要分别核算，从而控制契税的计税依据，进而节约契税支出。

➢ 任务导入-3

甲公司现欠乙公司货款 300 万元，准备用公司名下市值为 300 万元的商品房抵债。乙公司接收甲公司商品房后，将该商品房以 300 万元的价格转售给丙公司偿还所欠债务 300 万元，假定当地契税税率规定为 4%，以上价格均不含增值税。请对上述业务进行纳税筹划。

➢ 任务实施-3

一、熟悉契税的计税原理

《契税法》第一条规定，在中华人民共和国境内转移土地、房屋权属，承受的单位和个人为契税的纳税人，应当依照本法规定缴纳契税。由于每发生一次土地、房屋权属转移，权属承受方就要缴纳一次契税，因此，若有可能，通过减少权属转移环节。就可以达到减少契税税负的目的。

二、设计筹划思路

在本任务中，甲公司最终需要将抵债商品房转让给丙公司，甲公司抵债商品房在乙公司账面上只属于过渡性质，却需要多缴纳契税 300×4%=12 万元，在甲、乙、丙三方欠款均相等的情况下，若考虑签订 3 方偿还债务协议，约定由甲公司直接将抵债商品房转让给丙公司，由丙公司直接将 300 万元房款汇给甲公司，甲公司在收到丙公司房款后再转给乙公司用于偿还债务，乙公司在收到甲公司房款后再转给丙公司用于偿还债务。经过上述筹划后，三方欠款清欠完毕，且乙公司可享受免征契税优惠，节约契税支出 12 万元。

➢ 任务完成结论-3

实践中，有时受业务信赖度所限，甲、乙、丙三方纳税人进行综合避税的可能性不是很大，但这不失为一种解决之路。此外，契税的纳税筹划，还要注意与土地增值税的对接问题，并结合增值税与企业所得税的相关减免政策，综合考虑纳税人的税负支出。只有这样方能取得综合节税收益。

任务五 熟悉房产税的纳税筹划

➢ 任务达成目标

1. 能合理选择计征方式进行纳税筹划。
2. 会利用房产税的征税范围进行筹划。
3. 熟悉通过自用的地下建筑的转换进行避税的相关原理。
4. 能根据企业具体实际合理确定房产租金,进而进行纳税筹划。
5. 能根据企业具体实际合理选择投资方式进行房产税纳税筹划。
6. 能利用房产修理的优惠政策,创造条件进行纳税筹划。

➢ 核心技能

会对房产税进行纳税筹划。

➢ 任务思维导图

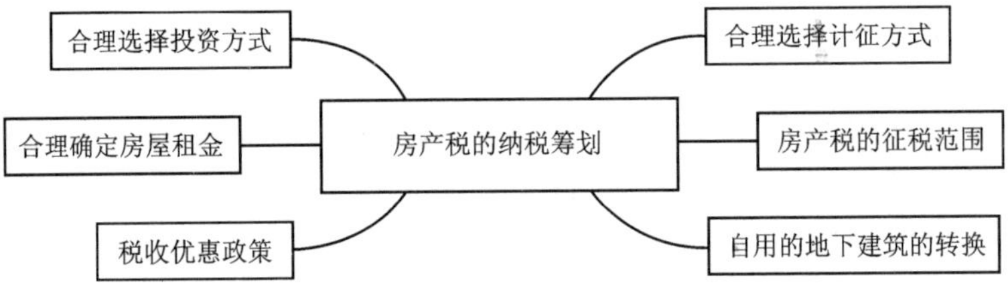

➢ 任务知识-1

房产税是以房产为征税对象,按照房产的计税价值或房产租金收入向房产所有人或经营管理人等征收的一种税。1986 年 9 月 15 日,国务院正式发布了《中华人民共和国房产税暂行条例》(下称《房产税暂行条例》),从当年 10 月 1 日开始实施, 2011 年 1 月 8 日根据《国务院关于废止和修改部分行政法规的决定》进行了修订。

房产税有以下几个特点。①房产税属于财产税中的个别财产税,其征税对象只是房屋。②房产税的征税范围限于城镇的经营性房屋。对建在城市、县城、建制镇和工矿区的经营性房屋征税,对建在农村的房屋不管是否用于经营,都不征税。③区别房屋的经营使用方式规定征税办法。对于自用的按房产计税余值征收,税率 1.2%;对于出租、出典的房屋按租金收入征税,税率 12%,其中对个人出租住房,按 4%的税率征收房产税。

房产税的这些特点提供了一定的纳税筹划空间。

➢ 任务导入-1

某市甲企业现有 5 栋闲置库房,房产原值为 3 000 万元,甲企业经研究提出以下两种利用方案。

方案一:将闲置库房出租收取租赁费,年租金收入为 300 万元。

方案二：配备保管人员将库房改为仓库，为客户提供仓储服务，收取仓储费，年仓储收入为300万元，但需每年支付给保管人员工资3.6万元。当地房产原值的扣除比例为25%。

➢ 任务实施-1

一、熟悉房产税的计税原理并设计纳税筹划思路

《房产税暂行条例》规定，房产税的计税依据是房产的计税价值或房产的租金收入。2016年5月1日起执行的《财政部　国家税务总局关于营改增后契税　房产税　土地增值税　个人所得税计税依据问题的通知》（财税〔2016〕43号）第二条规定，房产出租的，计征房产税的租金收入不含增值税。按照房产计税价值征税的，称为从价计征；从价计征的，房产税的税率为1.2%；计算公式如下。

应纳税额=房产原值×（1-扣除比例）×1.2%

按照房产租金收入（包括货币收入和实物收入）计征的，称为从租计征。从租计征的，房产税的税率为12%；其中对个人按市场价格出租的居民住房，房产税暂减按4%的税率征收。计算公式为：

应纳税额=租金收入×12%（或4%）

房屋自用还是出租，我们先不妨计算确定一下从价计征与从租计征的临界点。

从价计征应纳房产税=房产原值×（1-25%）×1.2%

从租计征应纳房产税=租金×12%

注：这里扣除比例为25%，租金为年租金。

《国务院办公厅关于加快培育和发展住房租赁市场的若干意见》（国办发〔2016〕39号）规定，对依法登记备案的住房租赁企业、机构和个人，给予税收优惠政策支持。落实营改增关于住房租赁的有关政策，对个人出租住房的，由按照5%的征收率减按1.5%计算缴纳增值税；对房地产中介机构提供住房租赁经纪代理服务，适用6%的增值税税率；对一般纳税人出租在实施营改增试点前取得的不动产，允许选择适用简易计税办法，按照5%的征收率计算缴纳增值税。对个人出租住房所得，减半征收个人所得税；对个人承租住房的租金支出，结合个人所得税改革，统筹研究有关费用扣除问题。

假定，甲企业在出租房屋的同时要按照5%的征收率缴纳增值税，按照7%的税率缴纳城市维护建设税，按照3%、2%的税率分别缴纳教育费附加和地方教育费附加。

当从价计征和从租计征税负水平相等时：

房产原值×（1-25%）×1.2%=租金×12%+租金×5%×（1+7%+3%+2%）

可以得出纳税无差别平衡点如下。

租金/房产原值=5.11%，即当租金/房产原值<5.11%时，房屋出租即从租计征房产税税负较轻；当租金/房产原值>5.11%时，房屋自用即从价计征房产税税负较轻。

二、计算不同方案下的房产税应纳税额

方案一：采用出租方案。

甲企业应纳房产税=300×12%=36万元

甲企业应纳增值税=300×5%=15万元

甲企业应交城建税及教育费附加=15×(7%+3%+2%)=1.8 万元

甲企业合计应纳税额=36+15+1.8=52.8 万元

方案二:采用自用仓储方案。则

甲企业应纳房产税=3 000×(1−25%)×1.2%=27 万元

甲企业应纳增值税=300×5%=15 万元

甲企业应交城建税及教育费附加=15×(7%+3%+2%)=1.8 万元

甲企业合计应纳税额=27+15+1.85=43.8 万元

加上应支付给保管人员工资 3.6 万元,甲企业共支出 47.4 万元。

➢ 任务完成结论-1

由以上计算可知,方案二比方案一少支出 5.4 万元,因此应当选择方案二。事实上,从甲企业年租金 300/房产原值=10%>5.11%的纳税无差别平衡点,我们也可以得出,房屋自用即从价计征房产税税负较轻。

➢ 任务知识-2

《房产税暂行条例》第一条规定,房产税在城市、县城、建制镇和工矿区征收。这意味着在这范围之外的房产(包括农村的房产)不用征收房产税。税法规定,房产税的征税对象是房屋。而独立于房屋之外的建筑物,如围墙、烟囱、水塔、菜窖、室外游泳池等也不属于房产税的征税对象。企业自用房产依照房产原值一次减除 10%~30%后的余值按 1.2%的税率计算缴纳。房产原值是指纳税人按照会计制度规定,在账簿“固定资产”科目中记载的房屋原价。因此,对于自用房产应纳房产税的筹划应当紧密围绕房产原值的会计核算进行,只要在会计核算中尽量把未纳入房产税征税范围的围墙、烟囱、水塔、变电塔、室外游泳池、池、窑、罐等建筑单独记账,就可把那些本不用缴的房产税省下来。

➢ 任务导入-2

甲公司准备在某西部省份的某中等城市兴建工业园,工业园区计划除建造厂房、办公用房外,还包括厂区围墙、烟囱、水塔、变电塔、停车场,游泳池等建筑物,预计工程造价 4 亿元人民币,其中厂房、办公用房(含地下车库)工程造价为 2.8 亿元,其他独立建筑附属设施造价为 1.2 亿元。假定该省规定扣除比例为 30%。

请对甲公司的上述业务进行纳税筹划。

➢ 任务实施-2

一、熟悉房产税的特殊计税原理并设计纳税筹划思路

《财政部 国家税务总局关于具备房屋功能的地下建筑征收房产税的通知》(财税〔2005〕181 号)对具备房屋功能的地下建筑的房产税政策进行如下规定。

(1)凡在房产税征收范围内的具备房屋功能的地下建筑,包括与地上房屋相连的地下建筑以及完全建在地面以下的建筑、地下人防设施等,均应当依照有关规定征收房产税。上述具备房屋功能的地下建筑是指有屋面和维护结构,能够遮风避雨,可供人们在其中生产、经营、工

作、学习、娱乐、居住或储藏物资的场所。

（2）自用的地下建筑，按以下方式计税。

①工业用途房产，以房屋原价的 50%~60%作为应税房产原值。

应纳房产税的税额=应税房产原值 ×[1-（10%~30%）]×1.2%

②商业和其他用途房产，以房屋原价的 70%~80%作为应税房产原值。

应纳房产税的税额=应税房产原值 ×[1-（10%~30%）]×1.2%

房屋原价折算为应税房产原值的具体比例，由各省、自治区、直辖市和计划单列市财政和地方税务部门在上述幅度内自行确定。

③对于与地上房屋相连的地下建筑，如房屋的地下室、地下停车场、商场的地下部分等，应将地下部分与地上房屋视为一个整体按照地上房屋建筑的有关规定计算征收房产税。

（3）出租的地下建筑，按照出租地上房屋建筑的有关规定计算征收房产税。

地下部分相关地上房产，没有减免。出租的地下房产，按租金收入缴纳房产税，与地上房产相比，没有减免。

二、计算不同方案下的房产税应纳税额

方案一：将这 4 亿元都作为房产原值，则甲公司从工业园建成后的次月起就应缴纳房产税。

甲公司每年需缴纳的房产税=40 000×（1-30%）×1.2%=336 万元

方案二：公司经过筹划，把除厂房、办公用房（含地下车库）外的建筑设施，如停车场、游泳池等设施都建成露天的，并且把这些独立建筑物的造价同厂房、办公用房（含地下车库）的造价分开，单独核算，则这部分建筑物的造价不计入房产原值，不用缴纳房产税。这样，甲公司从工业园建成后的次月起应缴纳房产税。

甲公司每年需缴纳的房产税=28 000×（1-30%）×1.2%=235.2 万元

➢ 任务完成结论-2

由以上计算可以看出，经过降低房产税的计税依据，甲公司今后缴纳房产税时，每年可以少缴纳房产税 100.8 万元的房产税，且该企业还能享受 15%的所得税税收优惠政策。但有些时候，将停车场、游泳池等设施都建成露天的，受地域条件的限制，未必能满足企业经营的需要。

➢ 任务知识-3

按照《房产税暂行条例》的规定，房产税依照房产原值一次减除 10%~30%后的余值计算缴纳。在确定计税房产原值后，地下建筑的房产税计算方法与原计算方法一致。由于自用房产用途不同而计税方式有异，所以通过转换地下建筑用途，进行相应的纳税筹划可以节税。

➢ 任务导入-3

某省某单位有单独自用的 A、B 两处应税地下建筑设施，其中，A 设施现为工业用途房产，房产原值为 500 万元；B 设施现用于非工业用途房产，房产原值为 800 万元。同时，该省还规定，房产税依照房产原值一次减除 30%后的余值计算缴纳；工业用途地下建筑房产可以将原价

的 60%作为应税房产原值;商业和其他用途地下建筑房产可以将原价的 80%作为应税房产原值。假设上述两处应税地下建筑设施均可以用于工业或非工业用途。

请对该单位的上述业务进行纳税筹划。

➢ 任务实施-3

一、熟悉房产税地下建筑物的计税原理

随着我国城镇化步伐的加快,越来越多的城市地下空间被利用,加之土地资源的稀缺性,对于单独自用的地下建筑,财税〔2005〕181 号文件已经做了明确规定。但要注意的是:不是所有的地下房屋计算房产计税余值都按财税〔2005〕181 号文件第二条规定计算的,只有单独建造的地下房屋才按财税〔2005〕181 号文件第二条规定计算房产计税余值,对于非独立的与地上房屋相连的地下房屋、建筑物,如房屋的地下室、地下停车场、商场的地下部分等,应将地下部分与地上房屋视为一个整体,按地上房屋计算房产计税余值的方法确定房产计税余值。且财税〔2005〕181 号文件对征收房产税的“地下房屋”给出的概念比较笼统,在具体操作中什么样的地下建筑不属于“房屋”,不征收房产税,还得依据《财政部 国家税务总局关于房产税和车船使用税几个业务问题的解释与规定》(财税地字〔1987〕3 号)第一条关于“房产”的解释第二款中规定,独立于房屋之外的建筑物,如围墙、烟囱、水塔、变电塔、油池油柜、酒窖菜窖、酒精池、糖蜜池、室外游泳池、玻璃暖房、砖瓦石灰窑以及各种油气罐等,不属于房产。

因此,纳税人可以通过将单独的地下设施用于工业或非工业用途的转换,来达到减轻税负的目的。

二、计算不同方案下的房产税应纳税额

方案一:该单位维持现状。

工业用途房产每年应纳房产税的税额=500 × 60% × (1−30%) × 1.2%=2.52 万元

非工业用途房产应纳房产税的税额=800 × 80% × (1−30%) × 1.2%=5.38 万元

该单位应纳房产税合计=2.52+5.38=7.9 万元

方案二:该单位进行纳税筹划,将 B 设施现用于工业用途房产, A 设施改作非工业用途房产。

工业用途房产每年应纳房产税的税额=800 × 60% × (1−30%) × 1.2%=4.03 万元

非工业用途房产应纳房产税的税额=500 × 80% × (1−30%) × 1.2%=3.36 万元

该单位应纳房产税合计=4.03+3.36=7.39 万元

➢ 任务完成结论-3

可以看出,方案二比方案一减少缴纳房产税 0.51 万元。但是要注意的是,实践中,不能仅考虑房产税,工业用途房产与商业用途房产不能随意转换。

自 2007 年 11 月 1 日起施行的《招标拍卖挂牌出让国有建设用地使用权规定》(国土资源部令第 39 号)第四条规定,商业、旅游、娱乐和商品住宅等各类经营性用地,必须以招标、拍卖或者挂牌方式出让。前款规定以外用途的土地的供地计划公布后,同一宗地有两个以上意向用地者的,也应当采取招标、拍卖或者挂牌方式出让。

自2003年8月1日施行的《协议出让国有土地使用权规定》(国土资源部令第21号)第十六条规定,以协议出让方式取得国有土地使用权的土地使用者,需要将土地使用权出让合同约定的土地用途改变为商业、旅游、娱乐和商品住宅等经营性用途的,应当取得出让方和市、县人民政府城市规划部门的同意,签订土地使用权出让合同变更协议或者重新签订土地使用权出让合同,按变更后的土地用途,以变更时的土地市场价格补交相应的土地使用权出让金,并依法办理土地使用权变更登记手续。

出让土地申请改变用途等土地使用条件,经出让方和规划管理部门同意,原土地使用权人可以与市、县国土资源管理部门签订或重新签订国有土地使用权出让合同,调整国有土地使用权出让金,但法律、法规、规定等明确应当收回土地使用权重新公开出让的除外。

原土地使用权人应当按照国有土地使用权出让合同变更协议或重新签订的国有土地使用权出让合同约定,及时补缴土地使用权出让金额,并按规定办理土地登记。

调整国有土地使用权出让金额应当根据批准改变用途等土地使用条件时的土地市场价格水平,按下式确定:

应当补缴的土地出让金额=批准改变时的新土地使用条件下土地使用权市场价格-批准改变时原土地使用条件下剩余年期土地使用权市场价格

所以,企业在具体的生产经营过程中,要综合考虑各种因素,才能做出合理决策。

➢ 任务知识-4

实践中,房地产租赁形式五花八门,纳税人若房产出租,若采用从租计征的方式,以租金收入为计税依据,适用税率为12%。由于税率较高,租金收入的变化对房产税的影响较大。企业或个人在与承租人签订租赁合同时,租金收入应避免包括物业管理费、水电费等,否则,将会加大税基,虚增计税依据,加重税负。划分不同的费用项目是节税的关键。

➢ 任务导入-4

某市甲公司将一栋2016年前建成的功能齐全的商业楼租赁给某乙公司做写字楼用,乙公司每年支付给甲公司的租金为3 000万元(含增值税),其中包含水电费400万元,物业管理费及网络宽带费600万元。假定不考虑企业所得税及其他税费,该企业租赁收入适用增值税税率5%,城建税及教育费附加、地方教育费附加分别为7%、3%和2%。

请对甲公司的上述业务进行纳税筹划。

➢ 任务实施-4

一、熟悉房产税从租计征方式的纳税筹划思路

实践中,对于出租方的代收项目收入,应当与实际租金收入分账核算,分别签订合同,从而降低从租计征的计税依据,减少应纳税额。

二、计算不同方案下的房产税应纳税额

方案一:甲公司与乙公司签订租赁合同,租金总额3 000万元。

甲公司应纳增值税=3 000×5%=150（万元）

甲公司应纳城建税及教育费附加=150×（7%+3%+2%）=18（万元）

甲公司应纳房产税=3 000×12%=360（万元）

不考虑企业所得税及其他税费的情况下，甲公司应纳各项税费合计=528 万元。

方案二：若将水电费及物业管理费等从总租赁合同中分离出来单独签合同，物业管理费由承租方与物业公司签订合同，水电费按照承租人实际耗用的数量和规定的价格标准结算、代收代缴，则这些费用都可以从租赁费中扣除，从而缩减税基（水电及物管费涉及的其他税收此处忽略不计）。

甲公司应纳增值税=（3 000-400-600）×5%=100 万元

甲公司应纳城建税及教育费附加=100×（7%+3%+2%）=12 万元

甲公司应纳房产税=（3 000-400-600）×12%=240 万元

不考虑企业所得税及其他税费的情况下，甲公司应纳各项税费合计 352 万元。

➢ 任务完成结论-4

由以上计算看出，方案一比方案二减少缴纳房产税 120 万元，加上增值税等流转税，全年节税 176 万元，因此从税负角度考虑，应当选择方案二。

另外，还有一种类似的情况，纳税人将房屋及相应的设施（如机器设备、办公家具、附属品等）一并出租，签订租赁合同时，若合并签订，则全部租金一起缴纳增值税及房产税；若分别签订两份合同，则设施的租金只缴纳 5%的增值税，而不缴纳 12%的房产税。

仍以之前的任务为例，甲公司与乙公司双方签订的协定内容修改为：甲公司将商业楼连同相应的设施租给乙公司，租金为 3 600 万元。若只订立一份租赁合同，则甲公司缴纳税款如下。

甲公司应纳增值税=3 600×5%=180 万元

甲公司应纳城建税及教育费附加=180×（7%+3%+2%）=21.6 万元

甲公司应纳房产税=3 600×12%=432 万元

不考虑企业所得税及其他税费的情况下，甲公司应纳各项税费合计 633.6 万元。

按照这个合同，附属的设施也缴纳了 12%的房产税。

如果甲公司与乙公司协商，并进行纳税筹划，把之前的租赁合同分为商业楼租赁与附属设施租赁合同，商业楼租金为 2 000 万元（物业管理费由乙公司再跟物业公司签订合同，水电费按照乙公司实际耗用的水电费数量和规定的价格标准结算、代收代缴），附属设施租金为 600 万元，则甲公司应缴纳的税款如下。

甲公司应纳增值税=2 600×5%=130 万元

甲公司应纳城建税及教育费附加=130×（7%+3%+2%）=15.6 万元

甲公司应纳房产税=2 000×12%=240 万元

不考虑企业所得税及其他税费的情况下，甲公司应纳各项税费合计 385.6 万元。

由以上计算可知，筹划后甲公司可节税 248 万元。

➢ 任务知识-5

【知识点 1】根据《国家税务总局关于安徽省若干房产税业务问题的批复》（国税函发

〔1993〕368号）规定，对投资联营的房产，在计征房产税时应区别对待。对于以房产投资联营，投资者参与投资利润分红、共担风险的，按房产余值作为计税基础计征房产税；对以房产投资，收取固定收入、不承担联营风险的，实际是以联营名义取得房产租金，应由出租方按租金收入计征房产税。

“营改增”后，对于以不动产、无形资产投资入股，参与接受投资方利润分配、共同承担投资风险的行为，应该按照销售征收增值税，同时接受投资方可以抵扣进项税额。理由如下。

（1）以无形资产、不动产投资入股属于获得其他经济利益的行为，应该按照销售征收增值税。根据财政部 国家税务总局《关于全面推开营业税改征增值税试点的通知》（财税〔2016〕36号）文件规定：销售服务、无形资产或者不动产，是指有偿提供服务、有偿转让无形资产或者不动产。有偿，是指取得货币、货物或者其他经济利益。纳税人将不动产、无形资产投资入股换取股权行为，属于取得其他经济利益，属于有偿转让无形资产或者不动产，因此应该征收增值税。

（2）被投资方取得投资方投入的不动产、无形资产后，可以抵扣进项税额。

根据《财政部 税务总局 海关总署关于深化增值税改革有关政策的公告》（财政部 税务总局 海关总署公告2019年第39号）第五条规定，自2019年4月1日起，纳税人取得不动产或者不动产在建工程的进项税额不再分2年抵扣。此前按照上述规定尚未抵扣完毕的待抵扣进项税额，可自2019年4月税款所属期起从销项税额中抵扣。取得不动产，包括以直接购买、接受捐赠、接受投资入股、自建以及抵债等各种形式取得不动产。也就是说“取得不动产”包括投资方接受投资入股的方式，同理投资方接受投资入股取得的无形资产可以一次性抵扣进项税额。会计分录如下。

借：固定资产

　　应交税费——应交增值税（进项税额）

　　贷：银行存款

【知识点2】关于“营改增”后房屋租赁增值税的计算。依据《国家税务总局关于发布〈纳税人提供不动产经营租赁服务增值税征收管理暂行办法〉的公告》（国家税务总局公告2016年第16号），首先应区分一般纳税人、小规模纳税人、其他个人，还应区分经营用房还是住房来计算，结合目前增值税税税率。

1. 一般纳税人出租不动产

增值税一般纳税人出租不动产，其不动产为2016年5月1日以后取得，或虽然是2016年4月30日前取得但其自愿选择一般计税方法的税率9%，在出租不动产所在地预交3%税款，剩余应交税款回机构所在地申报缴纳。

应就地预交的增值税=[收取的租金/（1+9%）]×3%

回机构所在地再申报缴纳的增值税=[收取的租金/（1+9%）]×9%−已经预交的税款

一般纳税人出租的不动产系2016年4月30日前取得，选择简易计税办法征收率为5%。

应就地预缴的增值税款=[含税销售额/（1+5%）]×5%

回机构所在地申报缴纳的税款=[含税销售额/（1+5%）]×5%−已预交税款

2. 小规模纳税人出租不动产

小规模纳税人出租不动产适用5%征收率。出租不动产预交税款=[含税销售额/（1+5%）]×5%；机构所在地申报缴纳的税款=[含税销售额/（1+5%）]×5%−已预交税款

3. 个体工商户出租住房

个体工商户出租住房，征收率 5%但减按 1.5%。

应预缴税款=[含税销售额/（1+5%）]×1.5%

4. 个人出租不动产

个人出租的非住房（指用于生产经营用）征收率 5%。

应纳税额=[含税销售额/（1+5%）]×5%。

个人出租住房征收率 5%减按 1.5%。

应纳税额=[含税销售额/（1+5%）]×1.5%

➢ 任务导入-5

甲公司位于市区，但由于设备落后，导致产品质量不高，出现滞销，本年 4 月 1 日，该厂决定利用位置较新（2016 年 5 月 1 日以后取得）的厂房一栋（账面原值为 800 万元）用于投资联营，现有两套对外投资方案可供选择。

方案一：收取固定收入，不承担风险，当年取得的固定收入共计为 100 万元。

方案二：投资者参与投资利润分红，共担风险，当年取得分红为 100 万元。假设不考虑其他税费，当地房产原值减除比例为 30%。该企业出租房产适用 9%的增值税税率，城市维护建设税税率为 7%，教育费附加、地方教育费附加征收率分别为 3%、2%。

请对甲公司的上述业务进行纳税筹划。

➢ 任务实施-5

一、熟悉房产税投资方式的选择并设计纳税筹划思路

实践中，投资人对房地产投资联营一般有如下两种方式。

方式一：以房产投资联营，投资者参与投资利润分红、共担风险的，房产所有权已经转移给被投资方，由被投资方按照“房产余值”作为计税依据计征房产税。

方式二：以房产投资收取固定收入、不承担经营风险的，视同出租，房产所有权未发生转移，由投资方按照“租金收入”作为计税依据计征房产税。

以上两种投资方式下的房产税的计税依据和适用税率都是不同的，通过比较两种计税方式下房产税税负与其他税负合计额，最终选择税负较低的方案。

二、计算不同方案下的应纳税额

方案一：甲企业收取固定收入，不承担风险。

甲公司 1~3 月应纳房产税=800×（1−30%）÷12×3×1.2%=1.68 万元

甲公司将原有房产用于生产经营，从生产经营之月起，缴纳房产税。

4~12 月应纳房产税=100×12%=12 万元。

应纳增值税、城市维护建设税、教育费附加=100×9%×（1+7%+3%+2%）=10.08 万元

假定不考虑其他税费，则甲企业当年全年应纳税合计 23.76 万元。

方案二：甲企业以厂房作为投资，与其他企业合作，参与投资利润分红，共担风险。该厂房作为自用房。只需按照房产余值作为计税依据计征房产税、无须缴纳增值税、城建税、教育费

附加、地方教育费附加。假定不考虑其他税费。

甲企业全年应纳税费即为房产税=800×（1−30%）×1.2%=6.72 万元

➢ 任务完成结论-5

可以看出，方案二比方案一甲企业少缴纳房产税 17.04 万元。实践中，被投资者应考虑不同的房地产投资方式，其投资联营的风险及收益也会有差别，虽然投资者参与投资利润分红、共担风险的投资方式有可能会节省税负，但是却不如收取固定的投资收益更为稳妥。故投资者应该综合考虑，做出合理的决策。

➢ 任务知识-6

《国家税务总局关于房产税部分行政审批项目取消后加强后续管理工作的通知》（国税函〔2004〕839 号）文件规定：

（1）纳税人因房屋大修导致连续停用半年以上的，在房屋大修期间免征房产税，免征税额由纳税人在申报缴纳房产税时自行计算扣除，并在申报表附表或备注栏中作相应说明；

（2）纳税人房屋大修停用半年以上需要免征房产税的，应在房屋大修前向主管税务机关报送相关的证明材料，包括大修房屋的名称、坐落地点、产权证编号、房产原值、用途、房屋大修的原因、大修合同及大修的起止时间等信息和资料，以备税务机关查验。

《国家税务总局关于进一步明确房屋附属设备和配套设施计征房产税有关问题的通知》（国税发〔2005〕173 号）规定：

（1）为了维持和增加房屋的使用功能或使房屋满足设计要求，凡以房屋为载体，不可随意移动的附属设备和配套设施，如给排水、采暖、消防、中央空调、电气及智能化楼宇设备等，无论在会计核算中是否单独记账与核算，都应计入房产原值，计征房产税；

（2）对于更换房屋附属设备和配套设施的，在将其价值计入房产原值时，可扣减原来相应设备和设施的价值；对附属设备和配套设施中易损坏、需要经常更换的零配件，更新后不再计入房产原值。

➢ 任务导入-6

甲公司 2020 年底决定将已有的某栋厂房对其进行大修理，该厂房的账面价值是 1 000 万元，使用年限为 20 年，已使用 15 年，修理后可使该房产延长使用年限至 10 年，现有两个方案可供选择：

方案一：对房屋进行修理，自 2021 年 1 月 1 日开始，所耗用的时间为 5 个月，领用生产用原材料 200 万元，进项税额为 26 万元，人工费 30 万元。

方案二：耗用相同的成本，自 2021 年 1 月 1 日开始，所耗用的时间为 7 个月。假设当地房产原值减除比例为 30%。请对甲公司的上述业务进行纳税筹划。

➢ 任务实施-6

一、熟悉房产维修的税收优惠政策并设计纳税筹划思路

纳税人对房屋的修理，应提前向主管地税机关申请，报送相关的证明材料，尽量使房屋停

用半年以上,这样可以获取大修理期间免征房产税的税收优惠。这里要注意的是,纳税人对原有房屋进行改建、扩建的,要相应增加房屋的原值。

二、计算不同方案下的房产税应纳税额

方案一:对房屋进行修理,自 2021 年 1 月 1 日开始,所耗用的时间为 5 个月。

甲企业 1~5 月应纳房产税合计=1 000×(1-30%)×1.2%÷12×5=3.5 万元

甲企业 6~12 月应纳房产税合计=(1 000+200+26+30)×(1-30%)×1.2%÷12×7
=6.15 万元

全年应纳房产税=3.5+6.15=9.65 万元

方案二:对房屋进行修理,自 2021 年 1 月 1 日开始,所耗用的时间为 7 个月。

甲企业 1~7 月免征房产税。

甲企业 8~12 月应纳房产税合计=(1 000+200+26+30)×(1-30%)×1.2%÷12×5
=4.4 万元

➢ 任务完成结论-6

有以上计算可知,方案二比方案一少交房产税 5.25 万元,因此,若以实现税负最小化为纳税筹划目标,则应当选择方案二。实践中,通过适当延长修理时间便会换取税收上的优惠,但要注意延长修理时间应以不影响正常的生产经营为前提。

任务六 熟悉城镇土地使用税的纳税筹划

➢ 任务达成目标

1. 会利用城镇土地使用税的税率的规定进行纳税筹划。
2. 能利用城镇土地使用税的税收优惠进行纳税筹划。

➢ 核心技能

会对城镇土地使用税进行纳税筹划。

➢ 任务思维导图

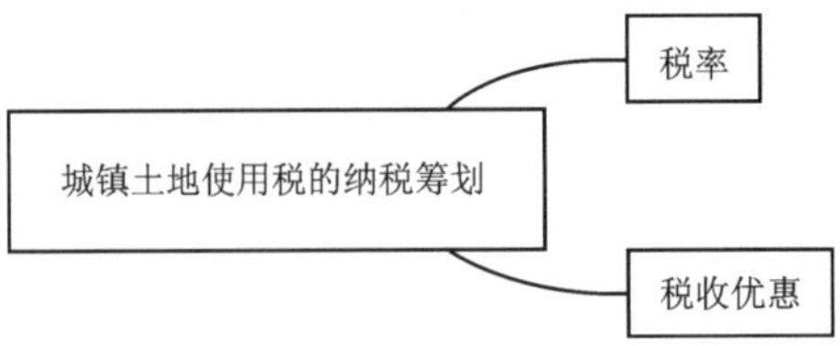

➢ 任务知识-1

城镇土地使用税是国家在“城市、县城、建制镇和工矿区”范围内,对使用土地的单位和个

人，以其实际占用的土地面积为计税依据，按照规定的税额计算征收的一种税。我国于1988年9月27日发布《中华人民共和国城镇土地使用税暂行条例》（下称《城镇土地使用税暂行条例》）自同年11月1日起施行，历经四次修订，最新版本为2019年3月2日修订后的版本。2016年2月3日，国家税务总局印发了《城镇土地使用税管理指引》（税总发〔2016〕18号），进一步加强了城镇土地使用税征收管理工作。

➢ 任务导入-1

甲企业准备投资设厂，需要占用土地20亩。现有两种方案可供选择。

方案一：把厂址设在某中等城市的城区，当时城镇土地适用税率为20元/平方米。

方案二：把厂址设在某县城的城区，当时城镇土地适用税率为10元/平方米。

假定不考虑其他税费，请对该公司的上述业务进行纳税筹划。

➢ 任务实施-1

一、熟悉城镇土地使用税的计税原理并设计纳税筹划思路

《城镇土地使用税暂行条例》规定，只要在城市、县城、建制镇和工矿区范围内使用土地就需要征收税费，具体以纳税人实际占用的土地面积为计税依据，按规定税额对使用土地的单位和个人征收。其税额标准按大城市、中等城市、小城市和县城、建制镇、工矿区分别确定。土地使用税按年计算、分期缴纳。采取的是有幅度的差别定额税率，税额最低（0.6元/平方米）与最高（30元/平方米）相差50倍。具体如表6-3所示。

表6-3 城镇土地使用税税率表

级别	人口（人）	每平方米税额（元）
大城市	50万以上	1.5~30
中等城市	20万~50万	1.2~24
小城市	20万以下	0.9~18
县城、建制镇、工矿区	12%	0.6~12

《城镇土地使用税暂行条例》规定：城镇土地使用税实行按年计算、分期缴纳的征收方法，具体纳税期限由省、自治区、直辖市人民政府确定（具体如何分期缴纳，应咨询纳税人所在地税务局的税务专管员）。

二、计算不同方案下的城镇土地使用税应纳税额

方案一：把厂址设在某中等城市的城区。

甲企业应纳城镇土地使用税=20×666.67×20=266 668元

方案二：把厂址设在某县城的城区。

甲企业应纳城镇土地使用税=20×666.67×10=133 334元

➢ 任务完成结论-1

由以上计算可知,方案二比方案一使得甲企业要少缴纳城镇土地使用税 133 334 元,因此应当选择方案二。但在实践工作中要注意的是,将企业设在地理位置相对偏远的县城或者乡镇,有可能影响企业的经营业绩,因此企业应综合考虑各种因素,并做出合理决策。

➢ 任务知识-2

《城镇土地使用税暂行条例》第六条规定,下列土地免缴土地使用税:

(1)国家机关、人民团体、军队自用的土地;

(2)由国家财政部门拨付事业经费的单位自用的土地;

(3)宗教寺庙、公园、名胜古迹自用的土地;

(4)市政街道、广场、绿化地带等公共用地;

(5)直接用于农、林、牧、渔业的生产用地;

(6)经批准开山填海整治的土地和改造的废弃土地,从使用的月份起免缴土地使用税 5 年至 10 年;

(7)由财政部另行规定免税的能源、交通、水利设施用地和其他用地。

➢ 任务导入-2

甲企业生产经营用地分布于某市的三个地域。第一块土地的土地使用权属于某免税单位,面积 6 000 平方米,其中危险品仓库占地面积 1 000 平方米。第二块土地的土地使用权属于甲企业,面积 30 000 平方米,其中企业办幼儿园 5 000 平方米,医院 3 000 平方米。第三块土地的土地使用权属于甲企业与乙企业共同拥有,面积 10 000 平方米,实际使用面积各 50%。假定甲企业所在地城镇土地使用税单位税额每平方米 8 元。

请对甲企业全年应缴纳的城镇土地使用税进行纳税筹划。

➢ 任务实施-2

一、熟悉城镇土地使用税的特殊税收优惠政策并设计纳税筹划思路

《国家税务局关于印发〈关于土地使用税若干具体问题的解释和暂行规定〉的通知》(国税地字〔1988〕15 号)规定,企业办的学校、医院、托儿所、幼儿园,其用地能与企业其他用地明确区分的,可以比照由国家财政部门拨付事业经费的单位自用地土地、免征土地使用税。

根据《国家税务局关于印发〈关于土地使用税若干具体问题的补充规定〉的通知》(国税地字〔1989〕140 号)的规定,免税单位无偿使用纳税单位的土地(如公安、海关等单位使用铁路、民航等单位的土地),免征城镇土地使用税。纳税单位无偿使用免税单位的土地,纳税单位应照章缴纳城镇土地使用税。纳税单位与免税单位共同使用、共有使用权土地上的多层建筑,对纳税单位可按其占用的建筑面积占建筑总面积的比例计征城镇土地使用税。对企业厂区(包括生产、办公及生活区)以内的绿化用地,应照章征收土地使用税。厂区以外的公共绿化用地和向社会开放的公园用地,暂免征收土地使用税。对于各类危险品仓库、厂房所需的防火、防爆、防毒等安全防范用地,可由各省、自治区、直辖市税务局确定,暂免征收土地使用税;对仓库

库区、厂房本身用地，应照章征收土地使用税。

二、计算不同方案下的城镇土地使用税应纳税额

方案一：该企业用地未做明确区分，未分别核算面积，且土地使用权是共有的，共有各方都是纳税人。

甲企业应纳城镇土地使用税=6 000 × 8+30 000 × 8+10 000 × 50% × 8=328 000 元

方案二：若该企业对各种用地做了明确区分，分别核算各自面积，则危险品仓库、医务室、幼儿园等免征城镇土地使用税。

甲企业应纳城镇土地使用税=（6 000−1 000）× 8+（30 000−5 000−3 000）× 8+10 000 × 50% × 8
=40 000+176 000+40 000
=256 000 元

➢ 任务完成结论-2

由有以上计算可知，方案二比方案一使得甲企业要少缴纳城镇土地使用税 72 000 元，因此。若以实现税负最小化为纳税筹划目标，应当选择方案二。实践中，虽然分别核算会加大核算人员工作量，但对于企业来讲是值得的。

➢ 素质拓展

房地产企业取得开发用地的土地使用权，并从次月起开始缴纳城镇土地使用税，但在商品房建成并销售后，对应的土地使用权并非直接发生转让，而是随着地面建筑物即商品房的销售相应转让给购房者，那么纳税人该如何把握和计算缴纳城镇土地使用税呢？

一、终止纳税义务的时间应符合法定条件

《城镇土地使用税暂行条例》第三条规定，土地使用税以纳税人实际占用的土地面积为计税依据，依照规定税额计算征收。其商品房对应的土地是否已经不再由房地产企业实际占用，应以以下两个文件为依据。

《财政部 国家税务总局关于房产税　城镇土地使用税有关问题的通知》（财税〔2008〕152号，以下简称“152 号文”）第三条规定，纳税人房产、土地的实物或权利状态发生变化而依法终止房产税、城镇土地使用税纳税义务的，其应纳税款的计算应截止到房产、土地的实物或权利状态发生变化的当月末。

《国家税务总局关于房产税　城镇土地使用税有关政策规定的通知》（国税发〔2003〕89号，以下简称“89 号文”）第二条第（二）项明确规定，购置新建商品房，自房屋交付使用之次月起计征房产税和城镇土地使用税。

本着转让方纳税义务截止日应与受让方纳税义务起始日相衔接的原则，房地产企业销售商品房，应将房产、土地的实物或权利状态已发生转移或变化，作为终止土地使用税纳税义务的条件，在实务中，将房屋交付购房者或购房者办理房屋产权登记的时间优先原则来确定，停止计算税款的时间为“次月”。购房者从此时成为纳税人（个人非生产经营用房占地免征的除外），房地产企业则从此时开始终止纳税义务。在此以前，无论是已签订商品房销售合同，还是

已收售房款、已开具发票，或者虽已达到合同约定交房时间但未实际交房等，只要房屋未发生实质性转移或土地使用权属未发生法定变化，房地产企业就仍是该商品房用地的实际占用者即纳税义务人。如此才能保持该块土地在纳税时间上的连续性，使得同一块土地的土地使用税的纳税义务实现无缝转移。反之，如果以其他时点作为房地产企业的纳税义务终止时间，均会造成土地使用税纳税义务的中断。

二、计算方式不同，纳税不同

房地产企业因完成商品房的销售而终止土地使用税纳税义务，应缴税款随着已售房屋的交付而递减，这看似简单，但实际操作中让征纳双方感到困惑和难以把握的是如何具体计算减少的税款，不同的计算方式将得出不同的结果，影响到纳税人的利益。

例：某公司 2020 年取得 6 万平方米的土地使用权，年税额每平方米 20 元，年应缴土地使用税 120 万元。已建商品房可售面积 30 万平方米，2022 年 10 月将首批已销售的 9 万平方米房屋交付购房者并办妥相关手续，已售房屋折算用地面积为 1.8 万平方米。2022 年土地使用税计算如下。

方式一：本地区规定的纳税期限为每年的 4 月和 10 月，分别以 3 月 31 日和 9 月 30 日的累计售房面积为半年度终止纳税义务截止时间，其 10 月交房对应的用地在当年不能减少税款，只能在次年上半年再计算减少的税款。

2022 年应缴土地使用税=6 × 20=120 万元

方式二：本地区土地使用税以季度为纳税期，分别在 3 月、6 月、9 月、12 月的 15 日前申报当季的税款，10 月交房对应的用地在四季度终止纳税义务。

按季计算减少的税款=1.8 × 20 ÷ 4=9 万元

2022 年应缴土地使用税=120−9=111 万元

方式三：与乙地相同也是以季为纳税期，但税款分月计算、按季缴纳，10 月交房对应的用地在当月终止纳税义务，从 11 月起不再缴纳税款。

按月计算减少的税款=1.8 × 20 ÷ 12 × 2=6 万元

2022 年应缴土地使用税=120−6=114 万元

相同的涉税情形，却因计算方式不同而计算出以上三种应缴税款，而缴纳税款的多少，直接影响到企业本年利润的增减，究竟以何种方式计算最佳呢？

《城镇土地使用税暂行条例》第九条规定，征用的非耕地，自批准征用次月起缴纳土地使用税；152 号文规定，依法终止纳税义务的，其应纳税款的计算应截止到当月末；89 号文规定，购置新建商品房，自房屋交付使用之次月起计征土地使用税。这些法条均以“月”为纳税义务的终止或起始“期”。由此可见，方式一显然加重了纳税人的税负，也不符合税法规定；方式二虽然缴纳的税款最少，但在交房当月就不再纳税，违反了税款计算“截止到当月末”的规定；而方式三，对已售房屋对应的用地从次月起依法终止纳税义务，分月计算减少的税款，按季汇总申报缴纳，既符合税法规定，又减轻了纳税人的税负，且避免每月申报缴税的烦琐，最大限度地维护了纳税人的合法权益。

财政部财会〔2016〕22 号文件规定：全面营改增后，“营业税金及附加”科目名称调整为“税金及附加”科目，该科目核算企业经营活动发生的消费税、城市维护建设税、资源税、教育费附加及房产税、土地使用税、车船使用税、印花税等相关税费；利润表中的“营业税金及附加”项目调整为“税金及附加”项目。以上例方式一为例,每月应预提城镇土地使用税 10 万元,每半年缴纳一次。该企业的会计分录如下

①按月预提城镇土地使用税时:

借:税金及附加　100 000

　贷:预提费用　100 000

②定期上交城镇土地使用税时:

城镇土地使用税= 100 000 × 6=600 000

借:应交税费——应交城镇土地使用税　600 000

　贷:银行存款　600 000

③结转应纳的城镇土地使用税时:

借:预提费用　600 000

　贷:应交税费——应交城镇土地使用税　600 000

任务七　熟悉土地增值税的纳税筹划

➢ 任务达成目标

1. 能通过分立不动产销售合同,分散不动产销售收入,降低土地增值额的方法进行纳税筹划。

2. 能通过增加中间销售环节,分散不动产销售收入,降低土地增值额的方法进行纳税筹划。

3. 能通过生地变熟地后进行交易转让,增加可扣除项目金额的方法进行纳税筹划。

4. 会采用利息支出平衡点来进行测算,增加扣除项目金额的方法进行纳税筹划。

➢ 核心技能

会对土地增值税进行纳税筹划。

➢ 任务思维导图

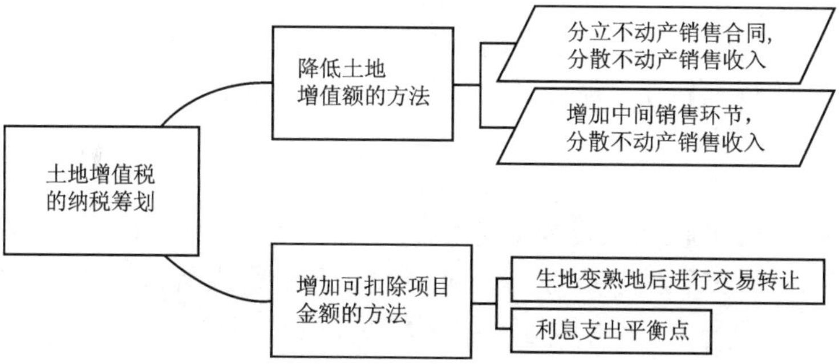

➢ 任务知识-1

近些年,我国房地产等相关企业如日中天,逐渐发展成为国家的支柱产业之一,房地产相关企业是土地增值税的纳税大户,也是各级税务机关征收的重点之一。众所周知,土地增值税是对“转让”“国有”土地使用权、地上建筑物及其附着物并取得收入的单位和个人,就其转让房地产所取得的增值额征收的一种税。我国已于1993年11月26日通过了《中华人民共和国土地增值税暂行条例》,自1994年1月1日起执行,同时期执行的还有《中华人民共和国土地增值税暂行条例实施细则》(下称《土地增值税暂行条例实施细则》)。2016年11月10日,国家税务总局发布了《国家税务总局关于营改增后土地增值税若干征管规定的公告》(国家税务总局公告2016年第70号),对营改增后土地增值税征收管理工作做了进一步明确。

➢ 任务导入-1

某市甲房地产企业2018年建造的精装修住宅4幢,总售价定为2.8亿元(其中毛坯房售价收入2亿元,精装修售价收入8 000万元;与商品房相关的土地使用权支付额和开发成本共计9 600万元(其中分摊的精装修成本2 400万元),该企业没有按房地产项目计算分摊银行借款利息;该项目所在省政府规定计征土地增值税时房地产开发费用扣除比例按国家规定允许的最高比例执行;假定甲企业销售房屋适用9%的增值税征收率、装饰装潢适用9%的增值税税率,城建税税率为7%,教育费附加费率为3%,地方教育费附加费率为2%,不考虑印花税等其他税费。以上价格均不含增值税。请对该企业的上述业务进行纳税筹划。

➢ 任务实施-1

一、熟悉出售商品房计征土地增值税的计税原理及步骤

现行土地增值税实行“4级超率累进税率”,计算公式为:

应纳税额=增值额 × 适用税率-扣除项目金额 × 速算扣除系数

纳税人一般通过以下步骤计算。

第一步:计算扣除项目。注意扣除项目归集时的具体内容。

对于新建商品房,房地产开发企业共扣除5项,非房地产开发企业共扣除4项,二者的主要区别在于房地产开发企业可以享受(取得土地使用权支付的金额+房地产开发成本)两项加计20%扣除,非房地产开发企业则无此项优惠。对于转让存量房(或土地使用权)的扣除项目合计,转让存量房扣3项,转让土地使用权扣2项,二者的主要区别在于房屋的评估价格。

第二步:计算增值额。

增值额=转让房地产的收入-扣除项目金额

这里注意:根据财政部、国家税务总局颁布,于2016年5月1日起执行的《财政部 国家税务局总局关于营改增后契税 房产税 土地增值税 个人所得税计税依据问题的通知》(财税〔2016〕43号)第三条,土地增值税纳税人转让房地产取得的收入为不含增值税收入。《中华人民共和国土地增值税暂行条例》等规定的土地增值税扣除项目涉及的增值税进项税额,允许在销项税额中计算抵扣的,不计入扣除项目,不允许在销项税额中计算抵扣的,可以计入扣除项目。

第三步:计算增值率。

增值率=增值额 ÷ 扣除项目金额

第四步:根据增值率确定适用的税率,具体如表 6-4 所示。

表 6-4　土地增值税四级超率累进税率表

<table>
<tr><th>级次</th><th>级距</th><th>税率</th><th>速算扣除系数</th><th>税额计算公式</th><th>说明</th></tr>
<tr><td>1</td><td>增值额未超过扣除项目金额 50%的部分</td><td>30%</td><td>0</td><td>增值额 30%</td><td rowspan="4">扣除项目指取得土地使用权所支付的金额;开发土地的成本、费用;新建房及配套设施的成本、费用或旧房及建筑物的评估价格;与转让房地产有关的税金;财政部规定的其他扣除项目</td></tr>
<tr><td>2</td><td>增值额超过扣除项目金额 50%,未超过 100%的部分</td><td>40%</td><td>5%</td><td>增值额 40%-扣除项目金额 5%</td></tr>
<tr><td>3</td><td>增值额超过扣除项目金额 100%,未超过 200%的部分</td><td>50%</td><td>15%</td><td>增值额 50%-扣除项目金额 15%</td></tr>
<tr><td>4</td><td>增值额超过扣除项目金额 200%的部分</td><td>60%</td><td>35%</td><td>增值额 60%-扣除项目金额 35%</td></tr>
</table>

第五步:计算应纳税额。

土地增值税=增值额 × 税率-扣除项目金额 × 速算扣除系数

根据财税〔2016〕36 号附件 2《营业税改征增值税试点有关事项的规定》:

(1)一般纳税人销售其 2016 年 4 月 30 日前取得(不含自建)的不动产,可以选择适用简易计税方法,以取得的全部价款和价外费用减去该项不动产购置原价或者取得不动产时的作价后的余额为销售额,按照 5%的征收率计算应纳税额。纳税人应按照上述计税方法在不动产所在地预缴税款后,向机构所在地主管税务机关进行纳税申报。

(2)一般纳税人销售其 2016 年 4 月 30 日前自建的不动产,可以选择适用简易计税方法,以取得的全部价款和价外费用为销售额,按照 5%的征收率计算应纳税额。纳税人应按照上述计税方法在不动产所在地预缴税款后,向机构所在地主管税务机关进行纳税申报。

(3)一般纳税人销售其 2016 年 5 月 1 日后取得(不含自建)的不动产,应适用一般计税方法,以取得的全部价款和价外费用为销售额计算应纳税额。纳税人应以取得的全部价款和价外费用减去该项不动产购置原价或者取得不动产时的作价后的余额,按照 5%的预征率在不动产所在地预缴税款后,向机构所在地主管税务机关进行纳税申报。

(4)一般纳税人销售其 2016 年 5 月 1 日后自建的不动产,应适用一般计税方法,以取得的全部价款和价外费用为销售额计算应纳税额。纳税人应以取得的全部价款和价外费用,按照 5%的预征率在不动产所在地预缴税款后,向机构所在地主管税务机关进行纳税申报。

(5)小规模纳税人销售其取得(不含自建)的不动产(不含个体工商户销售购买的住房和其他个人销售不动产),应以取得的全部价款和价外费用减去该项不动产购置原价或者取得不动产时的作价后的余额为销售额,按照 5%的征收率计算应纳税额。纳税人应按照上述计税方法在不动产所在地预缴税款后,向机构所在地主管税务机关进行纳税申报。

(6)小规模纳税人销售其自建的不动产,应以取得的全部价款和价外费用为销售额,按照 5%的征收率计算应纳税额。纳税人应按照上述计税方法在不动产所在地预缴税款后,向机构所在地主管税务机关进行纳税申报。

（7）房地产开发企业中的一般纳税人，销售自行开发的房地产老项目，可以选择适用简易计税方法按照5%的征收率计税。

（8）房地产开发企业中的小规模纳税人，销售自行开发的房地产项目，按照5%的征收率计税。

（9）房地产开发企业采取预收款方式销售所开发的房地产项目，在收到预收款时按照3%的预征率预缴增值税。

（10）个体工商户销售购买的住房，应按照附件3《营业税改征增值税试点过渡政策的规定》第五条的规定征免增值税。纳税人应按照上述计税方法在不动产所在地预缴税款后，向机构所在地主管税务机关进行纳税申报。

（11）其他个人销售其取得（不含自建）的不动产（不含其购买的住房），应以取得的全部价款和价外费用减去该项不动产购置原价或者取得不动产时的作价后的余额为销售额，按照5%的征收率计算应纳税额。

《国家税务总局关于营改增后土地增值税若干征管规定的公告》（国家税务总局公告2016年第70号）第三条，就与转让房地产有关的税金扣除问题进行如下规定。①营改增后，计算土地增值税增值额的扣除项目中"与转让房地产有关的税金"不包括增值税。②营改增后，房地产开发企业实际缴纳的城市维护建设税（以下简称"城建税"）、教育费附加，凡能够按清算项目准确计算的，允许据实扣除。凡不能按清算项目准确计算的，则按该清算项目预缴增值税时实际缴纳的城建税、教育费附加扣除。其他转让房地产行为的城建税、教育费附加扣除比照上述规定执行。

根据我国《企业所得税法》的相关规定，房地产企业的创新支出和安置残疾人支出可以加计扣除，除此之外的加计扣除项目一律不得扣除。

二、计算不同方案下的应纳税额

方案一：企业不进行税收筹划，则甲企业应缴纳的各项税金计算如下。

应缴纳增值税=28 000×9%=2 520万元

应缴纳城市维护建设税、教育费附加及地方教育费附加=2 520×（7%+3%+2%）
=302.4万元

扣除金额合计=9 600+9 600×10%+302.4+9 600×20%=12 782.4万元

土地增值额=28 000−12 782.4=15 217.6万元

增值率=15 217.6÷12 782.4×100%=119.05%

适用税率为第三档，税率50%、速算扣除系数15%。

甲企业应纳土地增值税=15 217.6×50%−12 782.4×15%
=7 608.8−1 917.36=5 691.44万元

应缴纳企业所得税=[28 000−（9 600+9 600×10%+302.4）−5 691.44]×25%
=2 861.54万元

甲企业税后利润=11 446.16−2 861.54=8 584.62万元

方案二：甲企业改变销售合同签订方式，将毛坯房销售和精装修装饰分别签订合同，毛坯房销售合同定为售价收入2亿元，精装修装饰合同定为装饰收入8 000万元，总合同收入不变，经分立合同后，企业应缴纳的各项税金计算如下。

（1）毛坯房销售合同应缴纳的各项税金计算如下。

应缴纳增值税=20 000×9%=1 800 万元

应缴纳城市维护建设税、教育费附加及地方教育费附加=1 800×（7%+3%+2%）
=216 万元

扣除金额合计=（9 600−2 400）+9 600×10%+216+（9 600−2 400）×20%
=9 816 万元

土地增值额=20 000−9 816=10 184 万元

增值率=10 184÷9 816×100%=103.75%

适用税率为第三档，税率 50%、速算扣除系数 15%。

甲企业应纳土地增值税=10 184×50%−9 816×15%=3 619.6 万元

（2）精装修装饰合同应缴纳的各项税金计算如下。

应缴纳增值税=8 000×9%=720（万元）

应缴纳城市维护建设税及教育费附加=720×（7%+3%+2%）=86.4（万元）

甲企业应缴纳企业所得税=（1）毛坯房销售+（2）精装修装饰
={[（20 000−（9 600−2 400+9 600×10%）−216−3 619.6]+
（8 000−2 400−86.4）}×25%
=3 379.5 万元

甲企业税后利润=13 518−3 379.5=10 138.5 万元

➢ 任务完成结论-1

由以上计算可知，方案二比方案一净利润增加 1 553.88 万元，若以实现税负最小化为纳税筹划目标，应当选择方案二。

➢ 任务知识-2

一般来讲，出售土地使用权应缴纳增值税、城建税和教育费附加、土地增值税、印花税。

根据增值税法律的规定，在中华人民共和国境内（以下称境内）发生增值税应税交易（以下称应税交易），以及进口货物，应当依照本法规定缴纳增值税。其中，应税交易是指销售货物、服务、无形资产、不动产和金融商品。销售货物、不动产、金融商品，是指有偿转让货物、不动产、金融商品的所有权。销售服务，是指有偿提供服务。销售无形资产，是指有偿转让无形资产的所有权或者使用权。

根据印花税法律规定，产权转移书据，包括财产所有权和版权、商标专用权、专利权、专有技术使用权等转移书据，按所载金额 0.05%贴花。由立合同人缴纳。因此，出售土地使用权，就是财产所有权转让，应按出售价格依 0.05%计算缴纳印花税。

根据《国家税务总局关于修订土地增值税纳税申报表的通知》（税总函〔2016〕309 号）填报说明中对“取得土地使用权所支付的金额”的描述：“取得土地使用权所支付的金额”按纳税人为取得该房地产开发项目所需要的土地使用权而实际支付（补交）的土地出让金（地价款）及按国家统一规定交纳的有关费用的数额填写。

地产公司采用一般计税方法计算增值税时，以全部价款和价外费用中扣除土地出让金后的余额为销售额。土地出让金虽然不产生相应的进项税额，但实际上起到了与抵扣进项税额相同的作用,但发生作用的名义和环节不同。土地出让金是差额计税时销售额的扣除项目,其抵税作用发生在含税销售额的计算环节,而不是进项税额的抵扣环节。故土地出让金全额计入土地增值税的扣除项目,与财税〔2016〕43号文的规定并不矛盾。这对地产公司是利好。

➢ 任务导入-2

某市甲集团公司现有一宗"营改增"前购入的土地准备出售给乙公司,原土地购入成本为2 000万,现准备以8 000万元出售,假定甲公司销售土地使用权适用增值税征收率为5%,城建税税率为7%,教育费附加为3%,地方教育费附加为2%,以上价格均不含增值税。

请对甲公司的上述业务进行纳税筹划。

➢ 任务实施-2

一、熟悉出售土地使用权计征土地增值税的计税原理,并设计纳税筹划思路

根据《增值税法》相关规定,出售土地使用权应按照9%的增值税税率缴纳增值税。如果纳税人出售的是2016年4月30日前取得的土地使用权,也可以选择按购销差价依5%的征收率计算增值税。比如土地使用权购入1 000万元,现在卖3 100万元,则应纳增值税=(3 100−1 000)÷(1+5%)×5%=100万元。

二、计算不同方案下应缴纳的各项税金

方案一:甲公司正常申报纳税。

甲公司应缴纳增值税=(8 000−2 000)÷(1+5%)×5%=285.71万元

应缴纳城市维护建设税及教育费附加=285.71×(7%+3%+2%)=34.29万元

应缴纳印花税=8 000×0.05%=4万元

扣除金额合计=2 000+34.29+4=2 038.29万元

土地增值额=8 000−2 038.29=5 961.71万元

增值率=5 961.71÷2 038.29×100%=292.49%

适用税率为第四档,税率60%、速算扣除系数35%。

甲公司应纳土地增值税=5 961.71×60%−2 038.29×35%
=2 863.63万元

甲公司应纳企业所得税=(8 000−2038.29−2863.653)×25%
=774.52万元

甲公司税后利润=3 098.08−774.52=2 323.56万元

方案二:甲集团公司将土地作价4 000万元出售给下属全资子公司A公司,再由A公司作价8 000万元出售给乙公司。

甲公司应缴纳各项税金计算如下。

甲公司应缴纳增值税=(4 000−2 000)÷(1+5%)×5%=95.23万元

应缴纳城市维护建设税及教育费附加及地方教育费附加=95.23×(7%+3%+2%)
=11.43万元

应缴纳印花税=4 000×0.05%=2万元

扣除金额合计=2 000+（11.43+2）=2 013.43 万元

土地增值额=4 000−2 013.43=1 986.57 万元

增值率=1 986.57 ÷ 2 013.43 × 100%=98.67%

适用税率为第二档，税率 40%、速算扣除系数 5%。

甲公司应纳土地增值税=1 986.57 × 40%−2 013.43 × 5%=794.62−100.67=693.95 万元

甲公司应纳企业所得税=（4 000−2 013.43−693.95）× 25%=1 292.62 × 25%=323.16 万元

甲公司税后利润=1 292.62−323.16=969.46 万元

A 公司应缴纳各项税金计算如下。

假设 A 公司销售土地使用权适用税率为 9%。

A 公司应缴纳增值税及地方教育费附加=（8 000−4 000）× 9%=360 万元

应缴纳城市维护建设税、教育费附加及地方教育费附加=360 ×（7%+3%+2%）=43.2 万元

应缴纳印花税=8 000 × 0.05%=4 万元

扣除金额合计=4 000+43.2+4=4 047.2 万元

土地增值额=8 000−4 047.2=3 592.8 万元

增值率=3 592.8 ÷ 4 047.2 × 100%=97.67%

适用税率为第二档，税率 40%、速算扣除系数 5%。

A 公司应纳土地增值税=3 592.8 × 40%−4 047.2 × 5%=1 234.76 万元

A 公司应纳企业所得税=（8 000−4 047.2−1 234.76）× 25%=679.51 万元

A 公司税后利润=2 718.04−679.51=2 038.53 万元

➢ 任务完成结论-2

经过以上纳税筹划我们不难看出，方案二中甲集团公司合并其全资子公司 A 后，税后利润合计为 3 009.99 万元，比筹划前方案一甲集团公司税后利润增加 684.43 万元，这还是考虑了营改增后转让土地使用权按 9%的税率全额计税的情形，若 A 公司能按照 5%的预征率进行申报缴纳的话，该集团公司节税会更多，增加交易环节虽然增加了税金及附加等相关税收成本，但可以有效降低土地增值税，达到总体税负最低的目的。因此，综合考虑应当选择方案二。

➢ 任务知识-3

为了鼓励投资者将更多的资金投向房地产开发，根据国家税务总局 1995 年 3 月 16 日印发的《土地增值税宣传提纲》（国税函发〔1995〕110 号）第六条第二款的规定，对取得土地使用权后投入资金，将生地变为熟地转让的，计算其增值额时，允许扣除取得土地使用权时支付的地价款、交纳的有关费用，和开发土地所需成本再加计开发成本的 20%以及在转让环节缴纳的税款。但如果对取得土地或房地产使用权后，未进行开发即转让的，计算其增值额时，只允许扣除取得土地使用权时支付的地价款，交纳的有关费用，以及在转让环节缴纳的税金。这样规定，其目的主要是抑制“炒”买“炒”卖地皮的行为。

➢ 任务导入-3

甲公司为国有工业企业，在 A 市内有一宗土地，原土地购入价款为 4 000 万元，现该地块市值为 1.2 亿元，如今，因为经营困难，甲公司欲以 1.2 亿元的价格转让该地块，假定甲公司销

售土地使用权适用增值税税率为9%，城建税税率为7%，教育费附加费率为3%，地方教育费附加费率为2%，以上价格均不含增值税。

请对甲公司的上述业务进行纳税筹划。

➢ 任务实施-3

一、根据土地增值税税收优惠政策并设计纳税筹划思路

根据国税函发〔1995〕110号文件的相关规定，若甲公司投入少量资金将该宗土地进行“三通一平”，提前做好水通、电通、路通和场地平整等基本建设项目开工等工作，将其由生地变为熟地后转让，就可以得到20%的加计扣除优惠。

二、计算不同方案下的土地增值税应纳税额

方案一：甲公司正常缴纳税金。

甲公司应缴纳增值税=（12 000−4 000）×9%=720万元

城市维护建设税、教育费附加及地方教育费附加=720×（7%+3%+2%）=86.4万元

应缴纳印花税=12 000×0.05%=6万元

扣除金额合计=4 000+86.4+6=4 092.4万元

土地增值额=12 000−4 092.4=7 907.6万元

增值率=7907.6÷4 092.4×100%=193.23%

适用税率为第三档，税率50%、速算扣除系数15%。

甲公司应纳土地增值税=7 907.6×50%−4 092.4×15%=3 953.8−613.86=3 339.94万元

甲公司应纳企业所得税=（12 000−4 092.4−3 339.94）×25%

=1 141.92万元

甲公司税后利润=4 567.66−1 141.92=3 425.74万元

方案二：甲公司投入100万元进行“三通一平”。

甲公司应缴纳增值税=（12 000−4 000）×9%=720万元

城市维护建设税、教育费附加及地方教育费附加=720×（7%+3%+2%）=86.4万元

应缴纳印花税=12 000×0.05%=6万元

扣除金额合计=(4 000+100）+（86.4+6）+（4 000+100）×20%

=4100+92.4+820=5 012.4万元

土地增值额=12 000−5 012.4=6 987.6万元

增值率=6 987.6÷5 012.4×100%=139.41%

适用税率为第三档，税率50%、速算扣除系数15%。

甲公司应纳土地增值税=6 987.6×50%−5 012.4×15%=3 493.8−751.86=2 741.94万元

甲公司应纳企业所得税=[12 000−4 100−（86.4+6）−2 741.94]×25%

=1 261.62万元

甲公司税后利润=5 046.46−1 261.62=3 784.84万元

➢ 任务完成结论-3

由以上计算可知，方案二比方案一甲公司的税后利润增加 359.1 万元，因此若从实现税负最小化为纳税筹划目标，应当选择方案二。

➢ 任务知识-4

《土地增值税暂行条例实施细则》第七条的规定，条例第六条所列的计算增值额的扣除项目如下。

（1）取得土地使用权所支付的金额，是指纳税人为取得土地使用权所支付的地价款和按国家统一规定交纳的有关费用。

（2）开发土地和新建房及配套设施（以下简称房地产开发）的成本，是指纳税人房地产开发项目实际发生的成本（以下简称房地产开发成本），包括土地征用及拆迁补偿费、前期工程费、建筑安装工程费、基础设施费、公共配套设施费、开发间接费用。

土地征用及拆迁补偿费，包括土地征用费、耕地占用税、劳动力安置费及有关地上、地下附着物拆迁补偿的净支出、安置动迁用房支出等。

前期工程费，包括规划、设计、项目可行性研究和水文、地质、测绘、“三通一平”等支出。

建筑安装工程费，是指以出包方式支付给承包单位的建筑安装工程费，以自营方式发生的建筑安装工程费。

基础设施费，包括开发小区内道路、供水、供电、供气、排污、排洪、通讯、照明、环卫、绿化、等工程发生的支出。

公共配套设施费，包括不能有偿转让的开发小区内公共配套设施发生的支出。

开发间接费用，是指直接组织、管理开发项目发生的费用，包括工资、职工福利费、折旧费、修理费、办公费、水电费、劳动保护费、周转房摊销等。

（3）开发土地和新建房及配套设施的费用（以下简称房地产开发费用），是指与房地产开发项目有关的销售费用、管理费用、财务费用。

财务费用中的利息支出，凡能够按转让房地产项目计算分摊并提供金融机构证明的，允许据实扣除，但最高不能超过按商业银行同类同期贷款利率计算的金额。其他房地产开发费用，按本条（1）、（2）项规定计算的金额之和的百分之五以内计算扣除。

凡不能按转让房地产项目计算分摊利息支出或不能提供金融机构证明的，房地产开发费用按本条（1）、（2）项规定计算的金额之和的百分之十以内计算扣除。

上述计算扣除的具体比例，由各省、自治区、直辖市人民政府规定。

（4）旧房及建筑物的评估价格，是指在转让已使用的房屋及建筑物时，由政府批准设立的房地产评估机构评定的重置成本价乘以成新度折扣率后的价格。评估价格须经当地税务机关确认。

（5）与转让房地产有关的税金，是指在转让房地产时缴纳的营业税、城市维护建设税、印花税。因转让房地产交纳的教育费附加，也可视同税金予以扣除。

（6）根据条例第七条（5）项规定，对从事房地产开发的纳税人可按本条（1）、（2）项规定计算的金额之和，加计百分之二十的扣除。

➢ 任务导入-4

甲房地产开发企业欲转让一幢住宅,取得土地使用权支付金额和房地产开发成本为3 000万元。现有两种方案可供选择。

方案一:甲企业向金融机构借款开发项目,能够按转让房地产项目计算分摊利息支出,并能提供金融机构的贷款证明。

方案二:甲企业全部使用自有资金开发项目,没有利息支出。

请对甲公司的上述业务进行纳税筹划。

➢ 任务实施-4

一、熟悉房地产开发企业作为财务费用的利息支出的列支方式相关政策,并设计纳税筹划思路

房地产开发费用一般是指与房地产开发项目有关的三项期间费用,即销售费用、管理费用、财务费用。但开发费用在从转让收入中减除时,不是按实际发生额,而是按《土地增值税暂行条例实施细则》中规定的标准扣除,标准的选择取决于财务费用中利息支出的不同处理方法。

第一种方式:根据《国家税务总局关于土地增值税清算有关问题的通知》(国税函〔2010〕220号)第三条第一款的规定,财务费用中的利息支出,凡能够按转让房地产项目计算分摊并提供金融机构证明的,允许据实扣除,但最高不能超过按商业银行同类同期贷款利率计算的金额。其他房地产开发费用,在按照"取得土地使用权所支付的金额"与"房地产开发成本"金额之和的5%以内计算扣除。"即允许扣除的房地产开发费用用公式表示如下。

房地产开发费用=利息+(取得土地使用权所支付的金额+房地产开发成本)×5%以内

这里关于的利息的扣除要注意以下两点:

(1)不能超过按商业银行同类同期银行贷款利率计算的金额;

(2)不包括加息、罚息。

第二种方式:根据《国家税务总局关于土地增值税清算有关问题的通知》(国税函〔2010〕220号)第三条第二款的规定,凡不能按转让房地产项目计算分摊利息支出或不能提供金融机构证明的,房地产开发费用在按"取得土地使用权所支付的金额"与"房地产开发成本"金额之和的10%以内计算扣除。即允许扣除的房地产开发费用用公式表示如下。

房地产开发费用=(取得土地使用权所支付的金额+房地产开发成本)×10%以内

纳税人全部使用自有资金,没有利息支出的,按照以上方法扣除。

由于土地增值税是以土地增值额与扣除项目金额的比率大小按相适用的税率累进计算征收的,扣除项目金额越大,增值额越小。两者比率越小,适用的税率越低,税额越小;所以,企业应先预计转让房地产可分摊利息支出,按照规定的两种扣除方式衡量并选择扣除费用较大的方式。

假设第一种方式可扣除比率为M,第二种方式可扣除比率为N,则利息支出平衡点为(M−N)×(取得土地使用权所支付的金额+房地产开发成本)。当预计利息支出大于利息支出平衡点时,采用第一种方式有利;当前者小于后者时,第二种方式有利;当前者等于后者时,两

种方式均可。

二、计算不同方案下的土地增值税应纳税额

如预计利息支出为 240 万元，此时按照方案一的计算允许扣除的房地产开发费用为 240+3 000×5%=390 万元，此时按照方案二计算的可扣除房地产开发费用为 3 000×10%=300 万元，此时采取方案一对企业有利。

如预计利息支出为 120 万元，此时按照方案一计算的允许扣除的房地产开发费用为 120+3 000×5%=270 万元，按照方案二计算可扣除房地产开发费用为 3 000×10%=300 万元，此时采取方案二对企业有利。

当预计利息支出等于 150 万元时，两种方案计算可扣除房地产开发费用相等，可能会增加借贷成本等，但对纳税人的实际土地增值税税负并无实质性差别。

➢ 任务完成结论-4

一般地，纳税人判断是否提供金融机构证明，关键在于看所发生的能够扣除的利息支出占税法规定的开发成本比例的大小，若该比例超过 5%，则提供金融机构证明比较有利；若该比例未超过 5%，则不提供金融机构证明比较有利。

任务八　熟悉印花税的纳税筹划

➢ 任务达成目标

1. 能合理减少合同参与人的方式进行纳税筹划。
2. 能恰当减少合同签订环节的方式进行纳税筹划。
3. 能通过巧立合同，分别核算经济业务事项等进行纳税筹划。

➢ 核心技能

会根据不同情形进行印花税纳税筹划。

➢ 任务思维导图

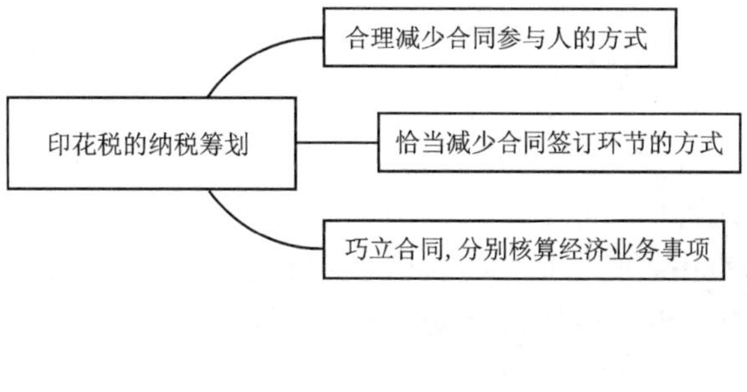

➢ 任务知识-1

印花税是以经济活动和经济交往中，书立、领受具有法律效力的应税凭证的行为为征税对象征收的一种税。印花税因其采用在应税凭证上粘贴印花税票的方法缴纳税款而得名。我国于 1988 年 8 月 6 日国务院修订颁布的《中华人民共和国印花税暂行条例》于同年 10 月 1 日起施行，2021 年 1 月 4 日，国务院总理李克强主持召开的国务院常务会议通过了《中华人民共和国印花税法(草案)》。印花税的纳税人，按照所书立、使用、领受的应税凭证不同，又可分为立合同人、立据人、立账簿人、领受人、使用人、各类电子应税凭证的签订人等。

➢ 任务导入-1

因合作需要，现有甲、乙、丙、丁四方签订购销合同，乙、丙、丁三方利益基本一致，合同总金额为 2 000 万元，使用印花税税率为 0.3‰。

请对上述业务进行纳税筹划。

➢ 任务实施-1

一、熟悉印花税的计税原理及相关政策

依据现行印花税法律相关规定，纳税人在各类经济合同订立后，不论合同是否履行，都应按合同上所记载的“金额”“收入”或“费用”为计税依据履行纳税义务。大部分应税凭证按照计税金额的纳税，计税金额以全额为主；余额计税的有两个：货物运输合同、技术合同。需要注意的是，同一应税凭证由两方或者两方以上当事人订立的，应当按照各自涉及的价款或者报酬分别计算应纳税额。

二、计算不同方案下的印花税应纳税额

方案一：甲、乙、丙、丁四方签订购销合同。

四方共需要贴花=2 000 × 0.3‰ × 4=2.4 万元

方案二：由乙、丙、丁推举一名代表与甲方签订购销合同。则

双方共需要贴花=2 000 × 0.3‰ × 2=1.2 万元

➢ 任务完成结论-1

由以上计算可知，方案二比方案一少缴纳印花税 1.2 万元，从税负角度考虑，应当选择方案二。但要注意，执行这种方法的前提是乙、丙、丁三方利益一致，减少合同签订的参与方后不影响合同的效力和各方利益。乙、丙、丁三方利益不一致，或推举出的代表与甲方签约后出现违约等情形，则不适合这种筹划方法。

➢ 任务知识-2

建筑安装工程承包合同是印花税中常见的一种应税凭证，该种合同的计税依据为合同上记载的承包金额，其适用税率为 0.03%。依据印花税法律相关规定，该种合同的计税依据为承包金额，不得剔除任何费用。施工单位将自己承包的建设项目分包或转包给其他施工单位所签订的分包合同或转包合同，应以新的分包合同或转包合同所载金额为依据计算应纳税额。

➢ 任务导入-2

甲建筑公司与 A 单位签订一份建筑承包合同，合同金额 6 000 万元(含相关费用 50 万

元）。施工期间，甲建筑公司又将其中价值 1 200 万元的安装工程转包给乙企业，并签订转包合同。

请对上述业务进行纳税筹划。

➢ 任务实施-2

一、熟悉印花税的计税原理及相关法律政策，并设计纳税筹划思路

印花税作为一种典型的行为税，纳税人只要有应税行为发生，就应按税法规定纳税。尽管总承包合同已依法计税贴花，但新的分包或转包合同又是一种新的应税凭证，又发生了新的纳税义务。因此，该筹划的核心是减少合同签订环节，也就是减少工程的分包或转包，降低计税次数和金额，从而少交印花税。

2019 年修正的《中华人民共和国建筑法》第二十八条规定，禁止承包单位将其承包的全部建筑工程转包给他人，禁止承包单位将其承包的全部建筑工程肢解以后以分包的名义分别转包给他人。第二十九条规定，建筑工程总承包单位可以将承包工程中的部分工程发包给具有相应资质条件的分包单位；但是，除总承包合同中约定的分包外，必须经建设单位认可。施工总承包的，建筑工程主体结构的施工必须由总承包单位自行完成。建筑工程总承包单位按照总承包合同的约定对建设单位负责；分包单位按照分包合同的约定对总承包单位负责。总承包单位和分包单位就分包工程对建设单位承担连带责任。禁止总承包单位将工程分包给不具备相应资质条件的单位。禁止分包单位将其承包的工程再分包。

住房和城乡建设部于 2019 年 1 月 1 日颁布施行的《住房和城乡建设部关于印发建筑工程施工发包与承包违法行为认定查处管理办法的通知》（建市规〔2019〕1 号）第七条规定：本办法所称转包，是指承包单位承包工程后，不履行合同约定的责任和义务，将其承包的全部工程或者将其承包的全部工程肢解后以分包的名义分别转给其他单位或个人施工的行为。

第八条规定，存在下列情形之一的，应当认定为转包，但有证据证明属于挂靠或者其他违法行为的除外：

（1）承包单位将其承包的全部工程转给其他单位（包括母公司承接建筑工程后将所承接工程交由具有独立法人资格的子公司施工的情形）或个人施工的；

（2）承包单位将其承包的全部工程肢解以后，以分包的名义分别转给其他单位或个人施工的；

（3）施工总承包单位或专业承包单位未派驻项目负责人、技术负责人、质量管理负责人、安全管理负责人等主要管理人员，或派驻的项目负责人、技术负责人、质量管理负责人、安全管理负责人中一人及以上与施工单位没有订立劳动合同且没有建立劳动工资和社会养老保险关系，或派驻的项目负责人未对该工程的施工活动进行组织管理，又不能进行合理解释并提供相应证明的；

（4）合同约定由承包单位负责采购的主要建筑材料、构配件及工程设备或租赁的施工机械设备，由其他单位或个人采购、租赁，或施工单位不能提供有关采购、租赁合同及发票等证明，又不能进行合理解释并提供相应证明的；

（5）专业作业承包人承包的范围是承包单位承包的全部工程，专业作业承包人计取的是除上缴给承包单位“管理费”之外的全部工程价款的；

(6)承包单位通过采取合作、联营、个人承包等形式或名义,直接或变相将其承包的全部工程转给其他单位或个人施工的;

(7)专业工程的发包单位不是该工程的施工总承包或专业承包单位的,但建设单位依约作为发包单位的除外;

(8)专业作业的发包单位不是该工程承包单位的;

(9)施工合同主体之间没有工程款收付关系,或者承包单位收到款项后又将款项转拨给其他单位和个人,又不能进行合理解释并提供材料证明的。

两个以上的单位组成联合体承包工程,在联合体分工协议中约定或者在项目实际实施过程中,联合体一方不进行施工也未对施工活动进行组织管理的,并且向联合体其他方收取管理费或者其他类似费用的,视为联合体一方将承包的工程转包给联合体其他方。

二、计算不同方案下的印花税应纳税额

方案一:建筑公司与A单位签订总包合同。

双方各自需要贴花的金额=6 000 × 0.3%=1.8 万元

甲建筑公司与乙企业签订分包合同时。

双方各自需要贴花的金额=1 200 × 0.3%=0.36 万元

总包与分包应贴花的金额合计=1.8+0.36=2.16 万元

方案二:A单位分别与甲建筑公司、乙企业签订合同。

A单位分别与甲建筑公司双方各自需要贴花的金额=4 800 × 0.3%=1.44 万元

A单位分别与乙公司双方各自需要贴花的金额=1 200 × 0.3%=0.36 万元

两份合同双方应贴花的金额合计=1.44+0.36=1.8 万元

➢ 任务完成结论-2

由以上计算可知,方案二比方案一少缴纳印花税0.36万元,从税负及避免行政处罚的角度来考虑,应当选择方案二。

➢ 任务知识-3

根据印花税法律相关规定,同一应税凭证载有两个或者两个以上经济事项并分别列明价款或者报酬的,按照各自适用税目税率计算应纳税额;未分别列明价款或者报酬的,按税率高的计算应纳税额。

➢ 任务导入-3

甲旅游集团公司欲定制一批员工工作服,乙服装厂生产工艺先进,经双方商定合作,该批服装总价值为300 000元,其中加工所需要原材料180 000元,配料20 000元,加工费100 000元。假定不考虑增值税及其他税费,购销合同是按购销金额的0.3%贴花,加工承揽合同是按加工或承揽收入0.5‰贴花,现有两种方案可供选择。

方案一:甲公司与乙服装厂签订合同,总金额为300 000元,合同中未分别注明材料费和加工费。

方案二:甲公司与乙服装厂签订合同,总金额为300 000元,合同中分别注明材料费和加

工费。

方案三：乙服装厂与甲公司签订合同，总金额为 300 000 元。其中由甲公司提供原材料，乙服装厂按照甲公司设计样式代垫配料进行加工。

请对乙服装厂的上述业务进行纳税筹划。

➢ 任务实施-3

一、熟悉印花税的计税原理及税收优惠政策，并设计纳税筹划方案

对于加工承揽合同，计税依据为加工或承揽收入。由受托方提供原材料的加工、定做合同，凡在合同中分别记载加工费金额与原材料金额的，加工费金额按“加工承揽合同”，原材料金额按“购销合同”计税，两项税额相加数，即为合同应贴印花；若合同中未分别记载，则就全部金额依照加工承揽合同计税贴花。由委托方提供原材料金额的，原材料不计税，计税依据为加工费和辅料，适用税率 0.5‰。

二、计算不同方案下的印花税应纳税额

方案一：甲公司与乙服装厂签订合同，总金额为 300 000 元，合同中未分别注明材料费和加工费。

双方应分别贴花的金额=300 000 × 0.5‰=150 元

方案二：甲公司与乙服装厂签订合同，总金额为 300 000 元，合同中分别注明材料费和加工费。

乙服装厂应贴花的金额=（180 000+20 000）× 0.3‰+100 000 × 0.5‰=60+50=110 元

方案三：乙服装厂与甲公司签订合同，总金额为 300 000 元。其中由甲公司提供原材料，乙服装厂按照甲公司设计样式代垫辅料进行加工。

乙服装厂应贴花的金额=（100 000+20 000）× 0.5‰=60 元

➢ 任务完成结论-3

由以上计算可知，以上三种方案中，方案一缴纳印花税最多，方案二次之，方案三最少。从税负的角度考虑，应当选择方案三。由此可见，不同的合同签订方式对企业的税负造成影响也不一样。实践中，纳税人应选择恰当的方式订立合同，选择有利的税率，以减少应缴纳的印花税。

此外，纳税人在起草经济合同时，双方当事人除了遵循《民法典》中合同编的相关规定外，还应充分考虑今后可能遇到的种种情况，如合同不能完全履行或者只能部分履行、无固定期限的租赁合同、有些技术合同是约定提供技术后按照企业销售收入提成或按照实现利润进行分成的，这些均属于金额难以确定的情况，我们不妨在签订时先按定额 5 元进行贴花，以后结算时再按实际金额补提印花税。值得一提的是，补提印花税要抵减先前计提的 5 元，虽然金额较小，但“聚沙成塔，集腋成裘”，点滴之处也不应放过，这才是进行纳税筹划的核心所在。

任务九　熟悉资源税的纳税筹划

➢ 任务达成目标

1. 能通过分别核算不同税目进行纳税筹划。
2. 能通过分别核算销售额与运杂费用进行纳税筹划。

➢ 核心技能

会对资源税进行纳税筹划。

➢ 任务思维导图

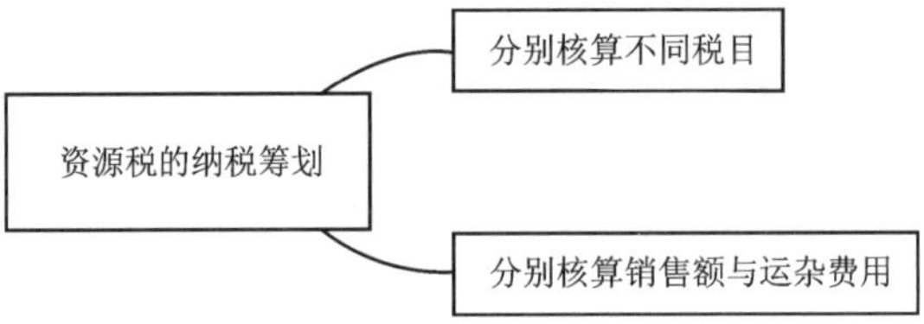

➢ 任务知识-1

资源税是以各种应税自然资源为课税对象、为了调节资源级差收入并体现国有资源有偿使用而征收的一种税。我国于 2020 年 9 月 1 日起施行《中华人民共和国资源税法》，凡在中华人民共和国领域和中华人民共和国管辖的其他海域开发应税资源的单位和个人，为资源税的纳税人，应当依照本法规定缴纳资源税。就是说在境内开采原矿或者选矿才是资源税的纳税人。像转手买卖砂石就不属于资源税的纳税范围，不需要缴纳资源税。

➢ 任务导入-1

某油气田 2021 年 7 月生产原油 6 400 吨，当月销售 6 100 吨（含低丰度油气田开采的原油 2 000 吨），自用 5 吨，另有 2 吨在采油过程中用于加热。当月原油平均价格为 3 000 元/吨。另外，当月销售天然气 1 200 万元，假设原油、天然气的适用税率均为原矿的 6%。

请对该油气田的上述业务进行纳税筹划。

➢ 任务实施-1

一、熟悉资源税的计税原理及税收优惠政策

【知识点 1】根据《中华人民共和国资源税法》（中华人民共和国主席令第三十三号）第三条的规定，资源税按照税目税率表实行从价计征或者从量计征。

税目税率表中规定可以选择实行从价计征或者从量计征的，具体计征方式由省、自治区、直辖市人民政府提出，报同级人民代表大会常务委员会决定，并报全国人民代表大会常务委员

会和国务院备案。

实行从价计征的，应纳税额按照应税资源产品（以下称应税产品）的销售额乘以具体适用税率计算。实行从量计征的，应纳税额按照应税产品的销售数量乘以具体适用税率计算。应税产品为矿产品的，包括原矿和选矿产品。

【知识点 2】《中华人民共和国资源税法》第四条规定，纳税人开采或者生产不同税目应税产品的，应当分别核算不同税目应税产品的销售额或者销售数量；未分别核算或者不能准确提供不同税目应税产品的销售额或者销售数量的，从高适用税率。

【知识点 3】根据《中华人民共和国资源税法》第六条规定，有下列情形之一的，免征资源税。

（1）开采原油以及在油田范围内运输原油过程中用于加热的原油、天然气；

（2）煤炭开采企业因安全生产需要抽采的煤成（层）气。

有下列情形之一的，减征资源税：

（1）从低丰度油气田开采的原油、天然气，减征百分之二十资源税；

（2）高含硫天然气、三次采油和从深水油气田开采的原油、天然气，减征百分之三十资源税；

（3）稠油、高凝油减征百分之四十资源税；

（4）从衰竭期矿山开采的矿产品，减征百分之三十资源税。

根据国民经济和社会发展需要，国务院对有利于促进资源节约集约利用、保护环境等情形可以规定免征或者减征资源税，报全国人民代表大会常务委员会备案。

二、计算不同方案下的资源税应纳税额

方案一：该油气田未将原油、天然气分开核算。

该油气田当月应缴纳资源税=[（6 100+5）× 3 000 ÷ 10 000+1 200] × 6%
=181.89 万元

方案二：该油气田将原油、天然气与低丰度油气田开采的原油分开核算。

该油气田当月应缴纳资源税=[（6 100+5−2 000）× 3 000 ÷ 10 000] × 6%+1 200 × 6%
=145.89 万元

➢ 任务完成结论-1

由以上计算可知，方案二比方案一该油气田少缴纳资源税 36 万元，从税负角度考虑，应当选择方案二。实践中，纳税人应分别核算不同税目应税产品的销售额或销售数量，同时利用好现行资源税的优惠政策，以避免合计从高纳税的情况发生。但分别核算会增加纳税人核算成本支出，这点值得考虑。

➢ 任务知识-2

为贯彻落实《中华人民共和国资源税法》，财政部、税务总局下发了《财政部　税务总局关于资源税有关问题执行口径的公告》（财政部 税务总局公告 2020 年第 34 号）自 2020 年 9 月 1 日起施行。公告规定，资源税应税产品（以下简称应税产品）的销售额，按照纳税人销售应税产品向购买方收取的全部价款确定，不包括增值税税款。计入销售额中的相关运杂费用，凡取得增值税发票或者其他合法有效凭据的，准予从销售额中扣除。相关运杂费用是指应税产品从坑口或者洗选（加工）地到车站、码头或者购买方指定地点的运输费用、建设基金以及随运销产生的装卸、仓储、港杂费用。纳税人外购应税产品与自采应税产品混合销售或者混合加工为应税产品销售的，在计算应税产品销售额或者销售数量时，准予扣减外购应税产品的购进金额或者购进数量；当期不足扣减的，可结转下期扣减。纳税人应当准确核算外购应税产品的购进金额或者购进数量，未准确核算的，一并计算缴纳资源税。纳税人核算并扣减当期外购应税产品购进金额、购进数量，应当依据外购应税产品的增值税发票、海关进口增值税专用缴款书或者其他合法有效凭据。

➢ 任务导入-2

位于县城的甲原煤生产企业为增值税一般纳税人，2021 年 3 月开采原煤 10 000 吨。采取分期收款方式销售原煤 9 000 吨，每吨不含税单价 600 元（含从坑口到货运站的运输费用等运杂费 100 元，且该运杂费用未取得相应凭据或不能与销售额分别核算），购销合同约定，本月应收取 1/3 的价款，但实际只收取不含税价款 120 万元。该企业为职工宿舍供暖，使用本月开采的原煤 200 吨；另将本月开采的原煤 500 吨赠送给某有长期业务往来的客户。相关票据在本月通过主管税务机关认证并申报抵扣；增值税月初留抵税额为 0；假设该煤矿所在地原煤的资源税税率为销售额的 8%。

请对该企业当月应缴纳的资源税进行纳税筹划。

➢ 任务实施-2

一、熟悉资源税的计税原理及税收优惠政策

《财政部　税务总局关于资源税有关问题执行的公告》规定，纳税人开采或者生产同一税目下适用不同税率应税产品的，应当分别核算不同税率应税产品的销售额或者销售数量；未分别核算或者不能准确提供不同税率应税产品的销售额或者销售数量的，从高适用税率。纳税人以自采原矿（经过采矿过程采出后未进行选矿或者加工的矿石）直接销售，或者自用于应当缴纳资源税情形的，按照原矿计征资源税。纳税人开采或者生产同一应税产品，其中既有享受减免税政策的，又有不享受减免税政策的，按照免税、减税项目的产量占比等方法分别核算确定免税、减税项目的销售额或者销售数量。纳税人开采或者生产同一应税产品同时符合两项或者两项以上减征资源税优惠政策的，除另有规定外，只能选择其中一项执行。

二、计算不同方案下的资源税应纳税额

方案一：该企业运杂费用未取得相应凭据或不能与销售额分别核算。

应纳资源税=[（9 000×1/3）+（200+500）]×600÷10 000×8%=17.76 万元

方案二：该企业运杂费用取得相应凭据且能与销售额分别核算。

应纳资源税=[（9 000×1/3）+（200+500）]×（600−100）÷10000×8%=14.8 万元

➢ 任务完成结论-2

由以上计算可知，方案二比方案一该企业少缴纳资源税 2.96 万元，从税负角度考虑，应当

选择方案二。实践中，纳税人在销售应税产品时应分别核算销售额与运杂费用，并取得相应票据，从而避免运杂费用合并计入销售额缴纳资源税。但分别核算会增加纳税人核算成本支出，这点值得考虑。

任务十　熟悉环境保护税的纳税筹划

➢ 任务达成目标

企业要树立环保理念，在环境保护与企业利润发生矛盾时，应优先做好环境保护工作，履行好企业的社会责任。同时，企业要在国家法律法规和税收政策的范围内进行合理的纳税筹划，做到既保护环境，又降低企业的税负，实现企业利益最大化。

➢ 核心技能

1. 遵从税收征管规定纳税申报，自行申报应纳税污染物的排放种类，数量、浓度等，同时对申报的真实性承担法律责任。

2. 会对环境保护税进行纳税筹划。

➢ 任务知识

环境保护税是由英国经济学家庇古最先提出的，欧美各国的环保政策逐渐减少直接干预手段的运用，越来越多地采用生态税、绿色环保税等多种特指税种来维护生态环境，针对污水、废气、噪声和废弃物等突出的“显性污染”进行强制征税。我国已于 2018 年 1 月 1 日起施行《中华人民共和国环境保护税法》（下称《环境保护税法》），《中华人民共和国环境保护税法实施条例》。凡在中华人民共和国领域和中华人民共和国管辖的其他海域，直接向环境排放违反规定的大气污染物、水污染物、固体废物和噪声的企业事业单位和其他生产经营者为环境保护税的纳税人，应当缴纳环境保护税。环境保护税作为专门的绿色税种，目的是促使高污染、高排放的企业加速绿色转型，让清洁生产的企业获得发展先机。本质上，环境保护税立法不是为了增加税收，而是通过税收杠杆调节环保行为。按规定，纳税义务发生时间为纳税人排放应税污染物的当日，一般情况下环保税按月计算，按季申报缴纳。应当自季度终了之日起 15 日内，向税务机关办理纳税申报并缴纳税款。但是针对一些特殊情况（不能按照固定期限计算缴纳的），也可以按次申报缴纳，应当自纳税义务发生之日起 15 日内，向税务机关办理纳税申报并缴纳税款。

环保税纳税人该填报哪些申报表呢？如果你属于首次申报环境保护税的纳税人，应填报环境保护税基础信息采集表，用于采集纳税人与环境保护税相关的基础信息。纳税人与环境保护税相关的基础信息发生变化的，应及时向主管税务机关办理变更手续。对于已经填报过基础信息采集表的纳税人，可根据以下情况，直接填写环境保护税纳税申报表，此表又可分为 A 类申报表与 B 类申报表。A 类申报表适用于通过自动监测、监测机构监测、排污系数和物料衡算法计算污染物排放量的纳税人（享受减免税优惠的纳税人还需要填报减免税相关附表进行申报）；B 类申报表适用于除 A 类申报之外的其他纳税人，包括按次申报的纳税人。

➢ 任务导入

某钢铁生产企业为增值税一般纳税人，在钢铁的生产过程中，需要冶炼铁矿石，同时也需要燃烧煤炭作为主要能源，通过对矿石的还原提炼及能源介质的燃烧，辅助还原剂及合金的添加，伴随着钢铁的生产和加工会产生水污染物、固体废弃物、气体污染物及噪声。事实上，无论采矿、选矿、烧结，还是炼铁、炼钢、轧钢和加工的各个环节，都会产生大量废水，这些废水中含有各类不同的污染物，其主要有钙、锰、铁、铅等离子及高浓度的悬浮物，浓碱，酸性废水，以及含有氨、酚、焦油、硫化物、氰化物等污染物的废水，排放会对环境造成严重的污染，同时污染处理难度较大。同时，企业生产过程中会产生大量的气体污染，主要有：烧结、冶炼等生产过程中排放的含有烟尘、二氧化硫等有害气体的废气；为钢铁冶炼提供燃料的主要是煤炭或煤气，所以其在炉窑中燃烧放热时排放的烟气也含有大量的尘和二氧化硫；在铁矿石、球团矿、铁精粉、煤炭等原料燃料在运输、装卸时产生的扬尘。此外，在生产过程中还会产生排放的含有高炉渣、转炉渣，以及原料燃料利用后产生的煤炭渣以及铁合金渣等固体废弃物。

请对该企业应缴纳的环保税进行纳税筹划。

➢ 任务实施

一、熟悉环保税的税收优惠政策

《环境保护税法》第四条规定，有下列情形之一的，不属于直接向环境排放污染物，不缴纳相应污染物的环境保护税：

（1）企业事业单位和其他生产经营者向依法设立的污水集中处理、生活垃圾集中处理场所排放应税污染物的；

（2）企业事业单位和其他生产经营者在符合国家和地方环境保护标准的设施、场所贮存或者处置固体废物的。

第十二条规定，下列情形，暂予免征环境保护税：

（1）农业生产（不包括规模化养殖）排放应税污染物的；

（2）机动车、铁路机车、非道路移动机械、船舶和航空器等流动污染源排放应税污染物的；

（3）依法设立的城乡污水集中处理、生活垃圾集中处理场所排放相应应税污染物，不超过国家和地方规定的排放标准的；

（4）纳税人综合利用的固体废物，符合国家和地方环境保护标准的；

（5）国务院批准免税的其他情形。

前款第五项免税规定，由国务院报全国人民代表大会常务委员会备案。

第十三条规定，纳税人排放应税大气污染物或者水污染物的浓度值低于国家和地方规定的污染物排放标准百分之三十的，减按百分之七十五征收环境保护税。纳税人排放应税大气污染物或者水污染物的浓度值低于国家和地方规定的污染物排放标准百分之五十的，减按百分之五十征收环境保护税。

二、制定合理的税收筹划方案

方案一：实现清洁生产。

为促进企业向绿化产业转型发展，纳税人应积极参与研发污染物排放净化新技术和应用环境保护专用设备，最大限度降低污染物的浓度。这样能更好地发挥税收优惠的减排激励作用。在环境保护专用设备方面，《企业所得税法》第三十四条规定，企业购置用于环境保护、节能节水、安全生产等专用设备的投资额，可以按一定比例实行税额抵免。现行政策为企业按照国家税收相关政策规定企业购置与环境保护、资源合理运用、节能、节水等专用设备的，可以按照专用设备投资额的 10%，即购买成本或者研发总成本的 10%，抵免企业所得税应纳税所得额。2018 年 5 月财税〔2018〕54 号文件规定，企业购买设备、器具不超过 500 万元的，允许一次计入成本费用计算当期应纳税所得额时扣除。《财政部 税务总局关于延长部分税收优惠政策执行期限的公告》（财政部 税务总局公告 2021 年第 6 号）规定，此项政策执行期限延长至 2023 年 12 月 31 日。可以看出，企业 2020 年购买环保、节能设备不超过 500 万元，不但能全额列入成本费用减少应纳税所得额，还能加计 10%的所得税抵免。

企业自主研发环境保护设备及技术，根据《财政部 税务总局 科技部关于提高研究开发费用税前加计扣除比例的通知》（财税〔2018〕99 号）规定，企业开展研发活动中实际发生的研发费用，未形成无形资产计入当期损益的，在按规定据实扣除的基础上，在 2018 年 1 月 1 日至 2020 年 12 月 31 日期间，再按照实际发生额的 75%在税前加计扣除；形成无形资产的，在上述期间按照无形资产成本的 175%在税前摊销。根据财政部 税务总局公告 2021 年第 6 号，此项政策执行期限延长至 2023 年 12 月 31 日。如果企业 2021 年自主研发环保、节能设备如果不超过 500 万元，不但能全额列入成本费用减少应纳税所得额，加计扣除的比例高于对外采购。通过比较，如果企业有足够能力进行自主研发，可享受的税收优惠大于设备采购带来的税收优惠。

方案二：集中处理达标排放。

从《环境保护税法》的规定可以看出，国家鼓励集中处理和达标排放。近几年，随着产能增加，废水排放量增加，企业用水成本也是水涨船高，钢铁企业废水量大，企业应主动建立污水集中处理中心，购置污水集中处理设备，对工业废水进行处理后循环利用，不但能降低企业成本，同时也能实现了绿色生产，保护了环境，可谓一举三得。

方案三：发展循环经济，加强固废的再利用及资源的综合利用。

钢铁企业生产过程中除了产生大量的废水、废气外，还会产生巨大的固废物，常见的直接排放固体废物，有煤矸石、冶炼渣、粉煤灰等。根据矿石品位的不同，基本上固废在产量的 65%左右，根据《环保税法》的规定，冶炼渣的定额税率为 25 元/吨，以钢铁企业年产量 500 万吨计算，那么仅固废一项就会缴纳环保税 8 100 多万元，对钢铁企业纳税人来讲来说是沉重的负担。但若将这些固体废物回收或用来生产建筑材料就不征税了，根据《财政部 国家税务总局关于印发〈资源综合利用产品和劳务增值税优惠目录〉的通知》（财税〔2015〕78 号）规定，纳税人销售自产的资源综合利用产品和提供资源综合利用劳务，可享受增值税即征即退政策。如除尘灰可以回收炼铁，高炉水渣可以做新型建筑材料，冶炼钢渣可以提炼回收利用。据统计钢铁行业固废回收利用率可达 95%以上，企业应积极开展固废回收利用项目，减少税收成本，同时提高循环经济效益。

方案四：主要安装自动监测设备。

积极主动安装自动监测设备，采取最佳经济污染排放量计算模式。《环境保护部关于发布计算污染物排放量的排污系数和物料衡算方法的公告》（环境保护部 2017 年第 81 号）规定，钢铁工业排污单位主要排放口颗粒物、二氧化硫、氮氧化物实际排放量的核算方法采用自动监测实测法，特殊情形下采用物料衡算法和产污系数法。根据规定企业对主排口如果不采用自动监测设备，就要采用物料衡算法或产污系数法。大型钢铁企业都会安装环保设备降低污染排放，如果按物料衡算法或产污系数法计算公式没有考虑减排情况，污染排放量就会比实际要高，所以企业应该主动安装自动监测设备减少税负。

方案五：加强沟通学习，熟悉账务处理。

环境保护税实施后，企业财务人员要学会自我提高，积极参加税务部门及环保部门组织的培训，提高申报水平及数据处理能力，从而减少涉税风险。环保税涉及企业多部门协同配合，数据的测量计算应由专业部门测算复核，对相关减免税资料要妥善保存。对排放口及监测方式发生变动企业及时变更税务资料，以免影响税务申报并防范潜在的税务稽查风险。对外要与税务部门及环保部门及时沟通，环保税从税额制定到征管执行各环节中地方政府被给予充分授权，企业若存在不确定实项，应积极主动与地方税务局及环保部门咨询解决。具体账务处理如下。

（1）计算出环境保护税。

借：税金及附加

贷：应交税费——应交环境保护税

（2）实际缴纳税款。

借：应交税费——应交环境保护税

贷：银行存款

（3）若按次申报缴纳。

借：税金及附加

贷：银行存款

业务技能自测（六）

一、单选题

1.2021 年 10 月，甲企业进口一辆小汽车自用，支付买价 17 万元，货物运抵我国关境内输入地点起卸前的运费和保险费共计 3 万元，货物运抵我国关境内输入地点起卸后的运费和保险费共计 2 万元，另支付购货佣金 1 万元。已知关税税率为 20%，消费税税率为 25%，城建税税率为 7%，教育费附加征收率为 3%。假设无其他纳税事项，下列关于甲企业相关税金的计算，正确的是（　　）。

A. 应纳进口关税 4.2 万元　　B. 应纳进口环节消费税 8 万元

C. 应纳进口环节增值税 4.08 万元　　D. 应纳城建税和教育费附加 1.34 万元

2. 甲汽车专卖店购入小汽车 12 辆，根据车辆购置税法律制度的规定，下列行为中，应当由甲汽车专卖店作为纳税人缴纳车辆购置税的是（　　）。

A. 将其中 6 辆销售给客户

B. 库存 3 辆尚未售出

C. 将其中 1 辆赠送给乙企业

D. 将其中 2 辆作为董事长、总经理的专用轿车

3. 某汽车贸易公司 2021 年 3 月进口 10 辆小轿车（非新能源或节约能源车辆），海关审定的关税完税价格为 25 万元/辆，当月销售 8 辆，取得含税销售收入 200 万元；2 辆公司自用，已知：小轿车关税税率 28%，消费税税率为 9%，车辆购置税税率为 10%。该公司应纳车辆购置税（　　）万元。

A.25×2×（1+28%）÷（1−9%）×10%=7.03

B.25×10×（1+28%）÷（1−9%）×10%=35.16

C.200÷8×2÷（1+16%）×10%=4.27

D.200÷8×10÷（1+16%）×10% =21.37

4. 某货运公司 2021 年初拥有载货汽车 10 辆、挂车 5 辆，整备质量均为 20 吨/辆；拥有乘用车 5 辆。该公司所在省规定载货汽车年基准税额每吨 40 元，乘用车年基准税额为每辆 360 元。根据车船税法律制度的规定，该公司 2021 年应缴纳车船税（　　）元。

A.9 400　　B.10 200　　C.11 800　　D.12 000

5.2021 年 6 月甲企业产生炉渣 150 吨，其中 30 吨在符合国家和地方环境保护标准的设施中贮存，100 吨综合利用且符合国家和地方环境保护标准，其余的直接倒弃于空地，已知炉渣环境保护税税率为 25 元/吨。计算甲企业当月所产生炉渣应缴纳环境保护税税额的下列算式中，正确的是（　）。

A.（150−30）×25=3 000 元　　B.150×25=3 750 元

C.（150−100）×25=1 250 元　　D.（150−100−30）×25=500 元

6. 某企业 2021 年度生产经营用房原值 12 000 万元；幼儿园用房原值 400 万元；出租房屋原值 600 万元，年租金 80 万元（不含增值税）。已知房产原值减除比例为 30%；房产税税率从价计征的为 1.2%，从租计征的为 12%，该企业当年应缴纳房产税税额的下列计算中，正确的是（　　）。

A.12 000×（1−30%）×1.2%=100.8 万元

B.12 000×（1−30%）×1.2%+80×12%=110.4 万元

C.（12 000+400）×（1−30%）×1.2%+80×12%=113.76 万元

D.（12 000+400+600）×（1−30%）×1.2%=109.2 万元

7.2021 年甲服装公司（位于某县城）实际占地面积 30 000 平方米，其中办公楼占地面积 500 平方米，厂房仓库占地面积 22 000 平方米，厂区内铁路专用线、公路等用地 7 500 平方米，已知当地规定的城镇土地使用税每平方米年税额为 5 元。甲服装公司当年应缴纳城镇土地使用税税额的下列计算中，正确的是（　　）。

A.30 000×5=150 000 元　　B.（30 000−7500）×5=112 500 元

C.（30 000−500）×5=147 500 元　　D.（30 000−22 000）×5=40 000 元

8. 曹某向谢某借款 80 万元，后因谢某急需资金，曹某以一套价值 90 万元的房产抵偿所欠谢某债务，谢某取得该房产产权的同时支付曹某差价款 10 万元。已知契税税率为 3%。关于此次房屋交易缴纳契税的下列表述中，正确的是（　）。

A. 曹某应缴纳契税 0.3 万元　　B. 曹某应缴纳契税 2.7 万元

C. 谢某应缴纳契税 2.7 万元　　D. 谢某应缴纳契税 0.3 万元

9. 甲房地产公司 2021 年 9 月销售自行开发的商业房地产项目，取得不含增值税收入

20 000 万元，准予从房地产转让收入额减除的扣除项目金额 12 000 万元。已知土地增值税税率为 40%，速算扣除系数为 5%，甲房地产公司该笔业务应缴纳土地增值税税额的下列计算列式中，正确的是(　　)。

A.(20 000−12 000) × 40%−20 000 × 5%=2 200 万元

B.(20 000−12 000) × 40%−12 000 × 5%=2 600 万元

C.20 000 × 40%−12 000 × 5%=7 400 万元

D.20 000 × 40%−(20 000−12 000) × 5%=7 600 万元

10.2021 年 6 月，甲公司与乙公司签订一份加工承揽合同，合同载明由甲公司提供原材料 200 万元，支付乙公司加工费 30 万元；又与丙公司签订了一份财产保险合同，保险金额 1 000 万元，支付保险费 1 万元。已知加工承揽合同印花税税率为 0.5‰，财产保险合同印花税税率为 1‰，则甲公司签订的上述两份合同应缴纳印花税税额的下列计算中，正确的是(　　)。

A.200 × 0.5‰+1 000 × 1‰=1.1 万元　　B.200 × 0.5‰+1 × 1‰=0.101 万元

C.30 × 0.5‰+1 × 1‰=0.016 万元　　D.30 × 0.5‰+1 000 × 1‰=1.015 万元

二、多选题

1. 根据关税法律制度的规定，我国的关税进口税率的种类主要有(　　)。

A. 最惠国税率　　B. 协定税率　　C. 特惠税率　　D. 普通税率

2. 下列关于车船税纳税申报的表述中，正确的是(　　)。

A. 扣缴义务人已代收代缴车船税的，纳税人不再向车辆登记地的主管税务机关申报缴纳车船税

B. 没有扣缴义务人的，纳税人应当向主管税务机关自行申报缴纳车船税

C. 已缴纳车船税的车船在同一纳税年度内办理转让过户的，需要另外纳税

D. 车船税按年申报，分月计算，一次性缴纳

3. 下列污染物按照污染物排放量折合的污染当量数确定环境保护税计税依据的有(　　)。

A. 噪声　　B. 固体废物　　C. 大气污染物　　D. 水污染物

4. 根据耕地占用税法律制度的规定，下列各项中，免征耕地占用税的有(　　)。

A. 工厂生产车间占用的耕地　　B. 军用公路专用线占用的耕地

C. 学校教学楼占用的耕地　　D. 医院职工住宅楼占用的耕地

5. 根据房产税法律制度的规定，下列各项中，属于房产税征税范围的是(　　)。

A. 建制镇工业企业的厂房　　B. 农村的村民住宅

C. 市区商场的地下车库　　D. 县城商业企业的办公楼

6. 根据城镇土地使用税法律制度的规定，下列关于城镇土地使用税纳税人的表述中，正确的有(　　)。

A. 土地使用权未确定或权属纠纷未解决的，由实际使用人纳税

B. 土地使用权共有的，共有各方均为纳税人，由共有各方分别纳税

C. 拥有土地使用权的纳税人不在土地所在地的，由代管人或实际使用人纳税

D. 城镇土地使用税由拥有土地使用权的单位或个人缴纳

7. 关于契税计税依据的下列表述中，符合法律制度规定的有(　　)。

A. 受让国有土地使用权的，以成交价格为计税依据

B. 受赠房屋的，由征收机关参照房屋买卖的市场价格核定计税依据

C. 购入土地使用权的，以评估价格为计税依据

D. 交换土地使用权的，以交换土地使用权的价格差额为计税依据

8. 根据土地增值税法律制度的规定，纳税人转让旧房及建筑物，在计算土地增值税额时，准予扣除的项目有(　　)。

A. 评估价格　　B. 转让环节缴纳的税金

C. 取得土地使用权所支付的地价款　　D. 重置成本价

9. 根据印花税法律制度的规定，下列各项中，不属于印花税纳税人的有(　　)。

A. 合同的当事人　　B. 合同的担保人

C. 合同的鉴定人　　D. 合同的证人

10. 根据资源税法律制度的规定，下列各项中，应计入资源税销售额的有(　　)。

A. 收取的价款　　B. 收取的逾期付款违约金

C. 收取的增值税销项税额　　D. 收取的单独核算的运杂费用

三、判断题

1. 对于从境外采购进口的原产于中国境内的货物，应按规定征收进口关税。(　　)

2. 购置已征车辆购置税的车辆，需要再次缴纳车辆购置税。(　　)

3. 熊某于 2021 年 5 月 12 日购买 1 辆发动机汽缸容量为 2 升的乘用车。已知适用年基准税额 480 元。购置的新车船，购置当年的应纳税额自纳税义务发生的当月起按月计算。熊某 2021 年应缴纳车船税=480 × 9 ÷ 12=360 元。(　　)

4. 耕地占用税以纳税人“实际占用”的耕地面积为计税依据，按照适用税额标准计算应纳税额，“一次性”缴纳。(　　)

5. 甲建筑公司，2021 年因施工作业导致产生的工业噪声超标 16 分贝以上，其中 5 月超标天数为 14 天，6 月超标天数为 22 天，已知工业噪声超标 16 分贝以上每月税额为 11 200 元，则甲建筑公司应纳环境保护税为 11 200 × 50%+11 200=16 800 元。(　　)

6. 房屋的附属设施无论会计上如何核算一律不征收房产税。(　　)

7. 纳税人新征用的“非耕地”，自批准征用之日起“满 1 年”时，开始缴纳城镇土地使用税。(　　)

8. 某公立高校将一处原用于教学已免缴契税的教学楼出租给某企业，要征收契税，但不需要补缴已经免缴的契税。(　　)

9. 甲房地产公司将开发的商业楼对外投资，该商业楼开发成本 4 800 万元，评估作价 5 240 万元，协议约定，甲公司参与投资利润分红，共同承担投资风险。甲公司将开发的商业楼对外投资，应缴纳的税种有增值税、土地增值税、契税、企业所得税。(　　)

10. 纳税人签订的商品房销售合同应按照“产权转移书据”税目计缴印花税。(　　)

业务技能自测参考答案与解析

业务技能自测(一)

一、单选题

1.D　2.A

3.B【解析】纳税人未按规定设置、保管账簿或者保管记账凭证和有关资料,以及未按照规定将财务、会计制度或者财务、会计处理办法报送税务机关备查的,由税务机关令限期改正,逾期不改的处 2 000 元以下罚款;情节严重的,处以 2 000 元以上 1 万元以下的罚款。

4.C　5.B

二、多选题

1.BCD　2.ACD　3.ABCD　4.ABD　5.ABC

三、判断题

1.×　2.×　3.√　4.√　5.×

四、实践训练

答:避税与偷(逃)税的区别如下。

(1)从手段上看,偷(逃)采取的是做假账、伪造凭证等违法手段,甚至是犯罪手段;避税采取的是非违法手段,是法律未禁止的行为。

(2)从实现不交或少交税款的环节来看,偷(逃)发生在纳税义务发生之后,其实质是逃避已经发生的纳税义务;避税发生在纳税义务发生之前,是规避或减少纳税义务。

(3)从政府的态度来看,偷(逃)是直接违反税法的,是一种违法行为,应受到法律的制裁;避税是钻法律的空子,虽然不符合立法本意,但并不直接违法税法,避税不应当受到法律制裁,政府只能通过完善法律来弥补漏洞。

业务技能自测(二)

一、单选题

1.B【解析】选项 A:按“现代服务—租赁服务”计缴增值税;选项 C、D:按照“销售无形资产”计缴增值税。底商一般是指建筑物底层商铺,选项 B 正确。

2.C【解析】选项 B、C 均不属于视同销售行为。

3.A　4.D

5.C【解析】对于个体工商户以外的其他个人——自然人，不办理一般纳税人资格登记。

6.B【解析】纳税人年应税销售额超过小规模纳税人标准，未办理一般纳税人资格登记手续的，应按销售额依据增值税税率计算应纳税额，不得抵扣进项税额.也不得使用增值税专用发票。

7.D【解析】玉米胚芽属于初级农产品，适用9%的增值税税率。酸奶、鱼罐头、茶饮料都适用13%的增值税税率。

8.C【解析】根据《纳税人跨县（市、区）提供建筑服务增值税征收管理暂行办法》第四条：纳税人跨县（市、区）提供建筑服务，按照以下规定预缴税款：

（1）一般纳税人跨县（市、区）提供建筑服务，适用一般计税方法计税的，以取得的全部价款和价外费用扣除支付的分包款后的余额，按照2%的预征率计算应预缴税款；

（2）一般纳税人跨县（市、区）提供建筑服务，选择适用简易计税方法计税的，以取得的全部价款和价外费用扣除支付的分包款后的余额，按照3%的征收率计算应预缴税款；

（3）小规模纳税人跨县（市、区）提供建筑服务，以取得的全部价款和价外费用扣除支付的分包款后的余额，按照3%的征收率计算应预缴税款。

9.A【解析】选项A，被保险人获得的保险赔付，不征收增值税；选项B，根据国家指令无偿提供的铁路运输服务、航空运输服务，属于《营业税改征增值税试点实施办法》规定的用于公益事业的服务，不征收增值税；选项C，存款利息，不征收增值税。

10.D【解析】以物易物销售方式不直接涉及货币收支活动，但其实质仍是一种购销行为，因此，以物易物双方均应作购销处理，以各自发出的货物核算销售额并计算销项税额，开具了专用发票时以各自收到的货物核算购进额并计算进项税额。

11.C【解析】本题考核特殊销售行为——还本销售的知识点。计税销售额=25 000÷（1+3%）=24 271.84元。

12.A【解析】计税销售额=（793.26+1.3）÷（1+13%）=794.56万元。

13.B【解析】该酒厂6月增值税销项税额=50 000×13%+（23 400+3 000）÷（1+13%）×13%=9 537.17元。

14.D【解析】赠送的商品要视同销售计算销项税额。则该商场当月的销项税额=（9 492+16.95×80）÷（1+13%）×13%=1 248元。

15.A【解析】航空服务按照现代服务——物流辅助服务缴纳增值税。

16.D【解析】有下列情形之一者，应当按照销售额和增值税税率计算应纳税额，不得抵扣进项税额，也不得使用增值税专用发票：

①一般纳税人会计核算不健全，或者不能够提供准确税务资料的；

②应当申请办理一般纳税人资格登记而未申请的。

该修理厂本月应缴纳增值税=31.4÷（1+13%）×13%=3.61万元

17.B【解析】该笔业务应纳增值税销项税额=[100 000×（1+10%）÷（1-15%）]×13%=16 823.53元。

18.C【解析】应缴纳的增值税=60 000÷（1+3%）×3%+5000÷（1+3%）×2%=1 844.66元

19.D【解析】商业企业一般纳税人零售的烟、酒、食品、服装、鞋帽（不包括劳保专用部分）、化妆品等消费品不得开具专用发票。

20.B【解析】纳税人销售货物或者提供应税劳务的，其增值税纳税义务发生时间为收讫销售款或者取得索取销售款凭据的当天；先开具发票的，为开具发票的当天。

二、多选题

1.BD【解析】用于非增值税应税项目、免征增值税项目、集体福利或者个人消费的购进货物或者应税劳务的进项税额不得从销项税额中抵扣，购进的贷款服务、餐饮服务、居民日常服务、娱乐服务也不得从销项税额中抵扣。

2.ABC【解析】认证服务属于鉴证咨询服务。

3.BCD【解析】选项A不属于增值税的征税范围。

4.BCD【解析】单位或者个体工商户向其他单位或者个人无偿提供服务属于"营改增"试点规定的视同销售服务，但用于公益事业或者以社会公众为对象的除外。

5.CD【解析】选项A，将自产货物用于办公使用，间接为生产服务的，其进项税额准予抵扣，不属于将自产货物用于非应税项目，不视同销售；选项B，将外购的货物用于职工福利，属于不得抵扣项目，不属于视同销售。

6.BDE【解析】选项A、C属于增值税兼营行为。

7.ACD【解析】个人转让商标权不属于"营改增"免税范围。

8.ABCD【解析】本题考核不属于价外费用的情形。

9.ABC【解析】选项A，小规模纳税人销售自己使用过的固定资产，应减按2%征收率征收增值税；选项B，小规模纳税人销售自己使用过的除固定资产以外的物品，应按3%的征收率征收增值税；选项C，增值税一般纳税人销售自己使用过的2009年1月1日以后购进的固定资产，按照适用税率征收增值税。

10.BC【解析】纳税人采取商业折扣方式销售货物，折扣额无论是否另开发票，均不得从销售额中扣除。纳税人采取以旧换新方式销售货物的（金银首饰除外），应按新货物的同期销售价格确定销售额。

11.AC【解析】

销售额的包含项目	销售额中不包含的项目
（1）包括向购买方收取的全部价款 （2）向购买方收取的价外费用 （3）消费税等价内税金（自身应缴的消费税）	（1）向购买方收取的销项税 （2）特殊的往来款 ①受托加工应征消费税的消费品所代收代缴的消费税 ②符合条件的代垫运输费用 ③符合条件代为收取的政府性基金和行政事业收费 ④销货同时代办保险收取的保险费、代购买方缴纳的车辆购置税、车辆牌照费 ⑤以委托方名义开具发票"代"委托方收取的款项。

12.BCD【解析】选项A不属于免征增值税的情形。

13.ABD【解析】选项C表述错误，根据增值税法相关规定，采取托收承付和委托收款方式销售货物，为发出货物并办妥托收手续的当天。

14.ABC【解析】融资性售后回租按照"金融服务——贷款服务"征收增值税。

15.ACD【解析】选项AD，将自产和委托加工收回的货物用于非生产性支出，无论对内（职工福利)还是对外(投资)均视同销售;选项B,外购货物对内(个人消费)进项税额不得抵扣,不视同销售;选项C,委托代销业务委托方和受托方均视同销售。

三、判断题

1. ×【解析】提供加工、修理修配劳务,是指有偿提供加工、修理修配劳务,即应税劳务,但单位或个体经营者聘用的员工为单位或雇主提供加工、修理修配劳务的,不包括在内。

2. ×【解析】一般纳税人购进农产品,从按照简易计税方法依照3%征收率计算缴纳增值税的小规模纳税人取得增值税专用发票的,以增值税专用发票上注明的金额和9%的扣除率计算进项税额。

3. √

4. √

5. ×【解析】纳税人销售自己使用过的、未抵扣进项税额的固定资产,减按2%征收率征税。

6. ×【解析】本题考核现金折扣的增值税处理。现金折扣发生在销货之后,是纳税人的一种融资理财性质的费用支出,不得从销售额中减除。

7. √【解析】本题考核减免税规定。纳税人适用免税规定的,可以放弃免税,但不得选择某一免税项目放弃免税权,也不得根据不同的销售对象选择部分货物或劳务放弃免税权,放弃免税后,36个月内不得再申请免税。

8. √

9. ×【解析】将购进的货物用于集体福利和个人消费,不属于视同销售货物,不缴纳增值税。

10. ×【解析】增值税专用发票发票联作为购买方核算采购成本的记账凭证,也是购买方报送主管税务机关认证和留存备查的扣税凭证。

四、案例分析

1.(1)该广告公司6月应向B区税务部门申报增值税和文化事业建设基金,同时申报缴纳城市维护建设税、教育费附加、地方教育费附加、印花税和水利建设基金。

①销项税额=106÷(1+6%)×6%+140.4÷(1+13%)×13%=6+16.15=22.15万元,进项税额=16.4万元

应交增值税=22.15-16.4=5.75万元

②应交城市维护建设税、教育费附加、地方教育费附加=5.75×(7%+3%+2%)=0.69万元

③应交文化事业建设基金=106×3%=3.18万元

应交印花税=(106+140.4)×0.03%=0.073 92万元

④应交水利建设基金=〔106÷(1+6%)+140.4÷(1+13%)〕×0.06%=(100+124.25)=0.134 5万元

(2)账务处理。

①借:应交税费——应交增值税(转出未交增值税)　57 500
　　贷:应交税费——未交增值税　57 500

②借:税金及附加　31 800
　　贷:应交税费——其他应交款(文化事业建设基金)　31 800

③借：税金及附加 6 900

贷：应交税费——其他应交款（应交城市维护建设税） 4 025

应交税费——其他应交款（教育费附加） 1 725

应交税费——其他应交款（地方教育费附加） 1 150

④借：管理费用 739.20

贷：应交税费——应交印花税 739.20

⑤借：管理费用 1 345

贷：应交税费——其他应交款（水利建设基金） 1 345

2. 方案一：采取收取包装物租金的方式。

因包装物租金属于产品价外费用，应并入销售额中征收增值税。

增值税销项税额=5 000 × 3 000 × 13%+5 000 × 113 ÷（1+13%）× 13%= 2 600 000 元。

方案二：采取收取包装物押金的方式。

将包装物单独收取押金，假设规定的收回期限为 12 个月。此项押金不并入销售额中征税。此时，又可分为两种情况：包装物在规定期限内收回，且不超过 12 个月，此项押金不并入销售额中征税。应纳增值税=5 000 × 3 000 × 13%=1 950 000 元，在此情况下，可少缴纳增值税 65 000 元。包装物逾期未收回，若未按规定收回期限的，则不得超过 12 个月，此时就补缴增值税。2021 年 7 月应纳增值税=5 000 × 3 000 × 13%=1 950 000 元逾期未收回时应补缴增值税=5 000 × 113 ÷（1+13%）× 13%=65 000 元。即使这样，也使企业延缓了纳税时间，充分利用了资金的时间价值，因此在情况允许时，企业可以考虑将包装物租金转变为押金，这样可以少缴税额，即使逾期未归还，也可晚缴税额。

总的来说，制造业税收筹划应以相关税收政策为出发点。随着工业 4.0 时代的到来，税收大数据监管的升级与应用，企业各方面的信息将更加透明化。不可以在虚构业务、伪造单据方面下功夫。纳税人打实税收业务功底、做大企业业务更利于企业长久发展。

五、实践训练

1. 该商场销售价格明显偏低，适用纳税人最近时期内同类货物的平均销售价格确定，销售额=[1 200+1 000+（1 200+1 000）÷ 2] × 300=990 000 元。

2. 该企业销项税额=（78+90+200 × 1 500 ÷ 10 000）÷（1+13%）× 13%=22.78 万元。

3. 纳税人采取以旧换新方式销售货物，应按新货物的同期销售价格确定销售额。销项税额=5 650 ×（1 000+200）÷（1+13%）× 13%=780 000 元。

4. 进项税额=65 830 × 10%+300 000 × 10%=6 583+30 000=36 583 元。

采购成本=65830 ×（1−10%）+300 000=359 247 元。

5. 适用一般计税方法的纳税人，兼营简易计税方法计税项目、免征增值税项目而无法划分不得抵扣的进项税额，按照下列公式计算不得抵扣的进项税额：不得抵扣的进项税额=当期无法划分的全部进项税额 ×（当期简易计税方法计税项目销售额+免征增值税项目销售额）÷当期全部销售额。

销项税额=93 600 ÷（1+13%）× 13%=80 000 × 13%=10 768.14 元；

可抵扣的进项税额=5 000+（10 000−5 000−2 000）× 80 000 ÷（20 000+80 000）=7 400 元；

应纳增值税=10 768.14−7 400=3 368.14 元。

6. 准予抵扣的进项税额=26×(1−5%)+(40×10%+3×9%)×(1−60%)=26.41 万元。

7.(1)可以抵扣的进项税额=7.8+8×(1−1÷5)=14.2 万元;

(2)销项税额=9 000×0.05×1÷3×13%+(200+500)×0.05×13%=24.05 万元;

(3)应缴纳的增值税税额=24.05−14.2=9.85 万元。

8. 该公司增值税进项税额=2 600+1 000×9%=3 500 元;

原材料成本=20 000+1 000=21 000 元。

会计处理如下。

借:原材料　21 000

应交税费——应交增值税(进项税额)　3 500

贷:银行存款　24 500

9.《国家税务总局关于实施第二批便民办税缴费新举措的通知》(税总函〔2019〕243 号)规定,全面推行小规模纳税人自行开具增值税专用发票。税务总局进一步扩大小规模纳税人自行开具增值税专用发票范围,小规模纳税人(其他个人除外)发生增值税应税行为、需要开具增值税专用发票的,可以自愿使用增值税发票管理系统自行开具。

(1)小规模纳税人购进货物时,所支付的增值税额直接计入成本,不可抵扣。所以只有销项税额,没有进项税额。

应纳税额=2 163÷(1+3%)×3%+2 060÷(1+3%)×3%+540=663 元。

(2)会计处理如下。

①借:银行存款　2 163

贷:主营业务收入　2 100

应交税费——应交增值税　63

②借:库存商品　4 680

贷:银行存款　4 680

③借:银行存款　2 060

贷:主营业务收入　2 000

应交税费——应交增值税　60

借:银行存款　18 540

贷:主营业务收入　18 000

应交税费——应交增值税　540

10.(1)根据业务(1),购进降压药原料及支付其运输费,取得的增值税专用发票并经认证,其进项税额=85+1.32=86.32 万元,准予抵扣。

(2)根据业务(2),用于免征增值税项目的购进货物、加工修理修配劳务、服务、无形资产和不动产,其进项税额不得抵扣。故购进免税药原料及其运费取得的增值税专用发票上注明的税额不得抵扣。

(3)根据业务(3),采取预收货款方式销售货物,其纳税义务发生时间为货物发出的当天。故当月对销售降压药取得的预收款 500 万元在会计上不确认收入,在税法上也不作销项税额处理。

(4)根据业务(4),将自产的货物无偿赠送其他单位或个人,视同销售。无同类药品销售价格,则按组成计税价格确定销售额。其销项税额=4.68×(1+10%)×10×13%=6.69 万元。

（5）根据业务（5），没收逾期未退还包装箱押金应并入当期销售额征税，但视为含税价款，应换算为不含税价款。其销项税额=[450×1.5+50×1.6+23.4÷（1+13%）]×13%=98.5 万元。

综上所述，甲制药厂 3 月份应纳增值税税额=6.69+98.5−86.32−18.75=0.12 万元。

业务技能自测（三）

一、单选题

1.B【解析】本题考查消费税的计税依据。纳税人自产的应税消费品用于换取生产资料和消费资料，投资入股和抵偿债务等方面，应当按纳税人同类应税消费品的最高销售价格作为计税依据。

2.A【解析】委托加工应税消费品以委托方为纳税人、受托方为代收代缴义务人。

3.C【解析】成品油在生产销售环节缴纳消费税。

4.D【解析】零售金银首饰、铂金首饰、钻石及钻石饰品的纳税人在零售时纳税，即生产、进口和批发环节均不征消费税。

5.D【解析】用于连续生产应税消费品的，不纳税。

6.B【解析】（1）选项 A：小汽车在生产环节（或者进口环节、委托加工环节）征收消费税，在零售环节不征收消费税；（2）选项 B：在委托加工环节征收消费税（由受托方在向委托方交货时代收代缴消费税；委托个人加工的应税消费品，由委托方收回后缴纳消费税）；（3）选项 C：卷烟在生产环节、委托加工环节、进口环节和批发环节征收消费税，但在零售环节不征收消费税；（4）选项 D：钻石及钻石饰品在零售环节征收消费税，在进口环节不征收消费税。

7.C【解析】只有卷烟在批发环节加征一道消费税，鞭炮不在批发环节纳税。

8.D【解析】该批汽酒进口环节应缴纳消费税税额=10 800×（1+14%）÷（1−10%）×10%=1 368 元。

9.A【解析】烟草批发企业将卷烟销售给其他烟草批发企业的，不缴纳消费税。

10.B【解析】（1）选项 AD："酒（除葡萄酒）""小汽车""高档手表"和"游艇"等税目不涉及抵扣的问题；（2）选项 C：纳税人用委托加工收回的已税珠宝、玉石为原料生产的改在零售环节征收消费税的"金银首饰"，在计税时一律不得扣除委托加工收回的珠宝、玉石原料的已纳消费税税款。

11.B【解析】11 月为生产香水领用香水精=10+100−20=90 万元，该公司当月应缴纳消费税=100×15%−90×15%=1.5 万元。

12.C【解析】选项 C：纳税人委托加工应税消费品的，为纳税人提货的当天。

13.A【解析】（1）选项 B：纳税人总机构与分支机构不在同一省的，分别向各自机构所在地的主管税务机关申报纳税；（2）选项 C：进口的应税消费品，由进口人或者其代理人向报关地海关申报纳税；（3）选项 D：委托加工的应税消费品，受托方为个人的，由委托方向机构所在地的主管税务机关申报纳税。

14.B【解析】甲公司当月应纳消费税税=（100+50）×15%=22.5 万元。

15.D【解析】（1）对出口产品退还增值税、消费税的，不退还已缴纳的城市维护建设税和教育费附加。（2）海关对进口产品代征的增值税、消费税，不征收城市维护建设税和教育费附加。

【总结】出口不退,进口不征。

二、多选题

1.ACD【解析】选项 B,生产环节销售的普通化妆品不属于消费税的应税范围。

2.BC【解析】选项 A,酒精属于比例税率征收消费税。根据《财政部 国家税务总局关于调整消费税政策的通知》(财税〔2014〕93 号)第二条和第五条规定,自 2014 年 12 月 1 日起,取消汽车轮胎税目。

3.AD【解析】选项 B、C 不属于外购应税消费品已纳税款的扣除。

4.BD【解析】(1)选项 A:外购货物用于个人消费的,不得抵扣进项税额;(2)选项 BCD:外购货物用于销售或用于投资、分配、赠送的(视同销售货物),需要计算销项税额,对应的进项税额可以抵扣。

5.ABD【解析】选项 C:实木地板在生产、委托加工、进口环节缴纳消费税。实木地板的保养服务不属于消费税的征税范围。

6.ABCD【解析】(1)选项 ABD:属于价外费用,应计征消费税;(2)选项 C:对酒类生产企业销售酒类产品(黄酒、啤酒除外)而收取的包装物押金,不论押金是否返还以及会计上如何核算,均应并入酒类产品的销售额,征收消费税。

7.BCD【解析】纳税人用于换取生产资料和消费资料、投资入股和抵偿债务等方面的应税消费品,应当以纳税人同类应税消费品的最高销售价格作为计税依据计算消费税。

8.AB【解析】啤酒实行从量定额征收、烟丝实行从价定率征收消费税。

9.BCD【解析】选项 A:纳税人采取预收货款结算方式销售应税消费品的,为发出应税消费品的当天。

10.ABCD【解析】城市维护建设税和教育费附加的纳税人是指实际缴纳"增值税、消费税"的单位和个人,包括各类企业、行政单位、事业单位、军事单位、社会团体及其他单位,以及个体工商户和其他个人。

三、判断题

1. ×【解析】纳税人自产自用的应税消费品,用于连续生产应税消费品的,不纳税;用于其他方面的(用于生产非应税消费品、在建工程、管理部门、馈赠、赞助、集资、广告、样品、职工福利、奖励等),视同销售,在移送使用时纳税。

2. √【解析】纳税人采用"以旧换新(含翻新改制)"方式销售的金银首饰,应按"实际收取"的不含增值税的全部价款确定计税依据征收消费税。

3. √【解析】纳税人通过自设非独立核算门市部销售的自产应税消费品,应按门市部"对外销售额或者销售数量"征收消费税。

4. ×【解析】纳税人在被查补"两税"和被处以罚款时,应同时对其城市维护建设税进行补税、征收滞纳金和罚款。

5. ×【解析】由受托方代扣代缴、代收代缴"两税"的单位和个人,其代扣代缴、代收代缴的城市维护建设税按"受托方"所在地适用税率执行。

➢ 任务链接或能力拓展

□**实践训练：**

1. 啤酒每吨出厂价（含包装物及押金）在 3 000 元以上，适用消费税税额是 250 元/吨；每吨出厂价（含包装物及押金）在 3 000 元以下，适用消费税税额是 220 元/吨。

A 型啤酒的单位售价=[58 000+3 000 ÷（1+13%）] ÷ 20=3 032.74 元/吨

适用消费税率是 250 元/吨，应纳消费税额=20 × 250=5 000 元

B 型啤酒的单位售价=[27 760+1 500 ÷（1+13%）] ÷ 10=2908.74 元/吨

适用消费税率是 220 元/吨，应纳消费税额=10 × 220=2 200 元

该啤酒厂应缴纳的消费税=5 000+2 200=7 200 元

注意：啤酒采取从量计税，包装物押金不交消费税，但包装物押金会影响适用单位税额的选择。

2. 第一步：熟悉税法并设计筹划纳税思路.

《中华人民共和国消费税暂行条例》规定："委托方是消费税的纳税义务人，委托加工的应税消费品，除受托方为个人外，由受托方在向委托方交货时代收代缴消费税税款；委托个人加工的应税消费品，由委托方收回后缴纳消费税。"对由受托方代征代扣增值税、消费的单位和个人，由受托方按其所在地适用的税率代收代缴城市维护建设税。所以纳税人在进行委托时，可以选择城市维护建设税比自己低的受托地区的其他纳税人进行委托。

根据《中华人民共和国城市维护建设税法》第四条规定：城市维护建设税税率如下：

（1）纳税人所在地在市区的，税率为百分之七；

（2）纳税人所在地在县城、镇的，税率为百分之五；

（3）纳税人所在地不在市区、县城或者镇的，税率为百分之一。

第二步：计算不同方案下的城建税应纳税额。

方案一：选择设在县城的乙公司作为受托方。

应纳城建税=100 × 5%=5 万元

方案二：选择设在不在市区、县城或者镇的丙公司作为受托方。

应纳城建税=100 × 1%=1 万元

第三步：进行相关账务处理。

（1）提取时。

借：税金及附加——城市维护建设税

贷：应交税费——应交城市维护建设税

（2）结转时。

借：本年利润

贷：税金及附加——城市维护建设税

（3）上缴时。

借：应交税费——应交城市维护建设税

贷：银行存款等

第四步：综合分析。

由以上计算不难看出，方案二要比方案一少缴纳城建税 4 万元，因此从税负角度考虑，应

当选择方案二。实践中，企业选择受托方的时候，不能只考虑受托方的地址或者城建税税负，还应该考虑受托方的信誉、加工质量等各种因素。

业务技能自测（四）

一、单选题

1.C【解析】选项A：权益性投资资产转让所得，按照被投资企业所在地确定；选项B：不动产转让所得，按照不动产所在地确定；选项D：销售货物所得，按照交易活动发生地确定。

2.B【解析】（1）选项A：销售商品采用托收承付方式的，在办妥托收手续时确认收入；（2）选项C：销售商品采用支付手续费方式委托代销的，在收到代销清单时确认收入；（3）选项D：销售商品需要安装和检验的，在购买方接受商品以及安装和检验完毕时确认收入；如果安装程序比较简单，可在发出商品时确认收入。

3.A【解析】（1）选项A：属于免税收入；（2）选项B：属于不征税收入；（3）选项CD：属于应税收入。

4.D【解析】转让股权收入扣除为取得该股权所发生的成本后，为股权转让所得。企业在计算股权转让所得时，不得扣除被投资企业未分配利润等股东留存收益中按该项股权所可能分配的金额。因此股权转让所得=500-200=300万元。

5.A【解析】企业发生的与生产经营活动有关的业务招待费支出，按照发生额的60%扣除，但最高不得超过当年销售（营业）收入的5‰。业务招待费扣除限额=（1000+100+50+100）×5‰=6.25万元>10×60%=6万元，可以扣除6万元。

6.B【解析】利润总额=3 000-2 200-150-400-140-14-6-7-8=75万元，公益性捐赠支出扣除限额=75×12%=9万元，实际发生8万元，可以据实扣除。

7.C【解析】自然灾害等不可抗力因素造成的损失可以在收入总额中扣除。

8.C【解析】税前扣除限额=100×7.8%×6÷12=3.9万元，实际发生利息费用支出=100×10%×6÷12=5万元，超过了扣除限额，税前准予扣除3.9万元。

9.B【解析】2021年甲企业广告费税前扣除限额=3 000×15%=450万元，当年实际发生额（400万元）+上年结转广告费（60万元）=460万元，甲企业2021年税前准予扣除的广告费为450万元。

10.C【解析】企业应当自固定资产投入使用月份的次月起计算折旧。

11.B【解析】无形资产包括专利权、商标权、著作权、土地使用权、非专利技术、商誉等，但是自创商誉不得计算摊销费用扣除。

12.A【解析】茶叶精制加工厂不属于农业初加工企业，生产的产品不属于初级农产品。因此，不能享受上述增值税和企业所得税优惠政策。

13.C【解析】对符合条件的居民企业技术转让所得不超过500万元的部分，免征企业所得税；超过500万元的部分，减半征收企业所得税。

14.D【解析】转让无形资产使用权所取得的收入，应计入其他业务收入；转让无形资产所有权所取得的收入，应计入营业外收入科目。

15.D【解析】当年企业应纳税所得额时应扣除的租赁费用=1.2÷12×10=1万元。

二、多选题

1.ABD【解析】外购的无形资产，以购买价款和支付的相关税费以及直接归属于使用该资产达到预定用途发生的其他支出为计税基础。选项 C 错误。

2.ABCD

3.BCD【解析】增值税属于价外税，在计算企业所得税时不得扣除。

4.ABC【解析】准予结转扣除的项目包括：（1）职工教育经费；（2）广告费和业务宣传费。

5.AB【解析】（1）选项 A：公益性捐赠支出税前扣除限额=2 000×12%=240 万元，实际发生额 200 万元，未超过扣除限额，准予在税前全额扣除；（2）选项 B：职工福利费税前扣除限额=1 500×14%=210 万元，实际发生额 160 万元，没有超过扣除限额，准予在税前全额扣除；（3）选项 C：职工教育经费税前扣除限额=1 500×8%=120（万元），实际发生额 140 万元，超过扣除限额，税前允许扣除的职工教育经费为 120 万元；（4）选项 D：2021 年 7 月至 2022 年 6 月期间的厂房租金支出 50 万元，应按租金所属年度分别在 2021 年度和 2022 年度扣除，而非全部在 2021 年度扣除。

6.AC【解析】罚金、罚款和被没收财物的损失不得扣除。但是纳税人按照经济合同规定支付的违约金（包括银行罚息）、罚款和诉讼费用，准予在税前扣除。

7.AD【解析】不得计算折旧扣除的固定资产主要有：

①“房屋、建筑物以外”未投入使用的固定资产；

②以经营租赁方式租入的固定资产；

③以融资租赁方式租出的固定资产；

④已提足折旧仍继续使用的固定资产；

⑤与经营活动无关的固定资产；

⑥独估价作为固定资产入账的土地；

⑦其他不得计提折旧扣除的固定资产。

8.ACD【解析】留兰香属于香料作物，应减半征收企业所得税。

9.AC【解析】《企业所得税法实施条例》第六十四条规定：生产性生物资产计算折旧的最低年限如下：①林木类生产性生物资产，为 10 年；②畜类生产性生物资产，为 3 年。故选项 B 错误。

《企业所得税法实施条例》第六十条规定：除国务院财政、税务主管部门另有规定外，固定资产计算折旧的最低年限如下：

（1）房屋、建筑物，为 20 年；

（2）飞机、火车、轮船、机器、机械和其他生产设备，为 10 年；

（3）与生产经营活动有关的器具、工具、家具等，为 5 年；

（4）飞机、火车、轮船以外的运输工具，为 4 年；

（5）电子设备，为 3 年。

故选项 D 错误。

10.ABCD

三、判断题

1. ×【解析】居民企业应当就其来源于中国"境内、境外"的所得缴纳企业所得税。

2. ×【解析】依照有关法律、行政法规和国家有关税法规定如会员费、合理的会议费、差旅费、违约金、诉讼费等项目可以扣除。

3. √

4. √

5. ×【解析】企业接受捐赠所得,属于企业所得税的征税对象。

6. ×【解析】根据规定,企业发生的职工福利费支出,不超过工资薪金总额的14%的部分,准予扣除,该公司2021年税前准予扣除的职工福利费=950×14%=133万元。

7. √

8. ×【解析】如属同一法人主体,则企业之间支付的管理费不得扣除;营业机构非独立法人,支付的租金和特许权使用费则不得扣;金融机构之间支付的利息准予扣除。

9. ×【解析】停止使用的生产性生物资产,应当自停止使用月份的"次月"起停止计算折旧。

10. √

四、实践训练

1. 企业安排固定资产修理时首先要明确修理支出的数额及延长固定资产使用时间这两个因素。对于纳税人的一般固定资产修理性支出可在发生当期直接扣除。但若修理支出达到固定资产计税基础的50%以上且延长使用年限2年以上,就不可以当期直接扣除,而是作为长期待摊费用,按照固定资产尚可使用年限分期摊销。同时,我们还要关注企业的盈亏情况:如果企业现在和未来的一段时间内亏损,则应尽量将修理支出资本化,加大资产的账面价值,是的税前可列支的折旧费用想以后年度递延,及平均企业各年度的可扣除费用;如果企业现在和未来的一段时间内盈利,则要把修理支出费用化,以加大当期税前扣除项目,减少企业应纳所得税。

方案一:将修理支出资本化。

甲公司该设备原值的50%=2 000×50%=1 000万元

由于旧设备修理支出总金额为1 050万元>1 000万元,且设备使用寿命延长了3年,属于固定资产大修理支出,因此1 050万元的支出不能在本年直接扣除,只能在未来的5年内通过平均摊销的方式在税前扣除。

甲企业本年应纳企业所得税=1 500×25%=375万元

未来5年每年应纳企业所得税=(1 500−1050÷5)×25%=322.5万元

6年家企业共缴纳企业所得税的现值=375+322.5×(*P*/*A*,6%,5)=1 733.5万元)

方案二:将修理支出费用化。甲企业通过适当压低材料费或者配件费的进价,将大修理支出的总额降低至1 050万元以下,假定降低为980万元,则,该笔支出就属于日常修理支出,可全部在本年度税前扣除:

甲企业本年应纳企业所得税=(1 500−980)×25%=130万元

未来5年每年应纳企业所得税=1 500×25%=375万元

6 年内企业共缴纳企业所得税的现值=130+375×（P/A，6%，5）= 1 709.65 万元

方案二比方案一 6 年内缴纳企业所得税的现值共少 23.85 万元，若以实现涉税资金时间价值最大化为纳税筹划目标，则应当选择方案二。但固定资产大修理支出的数额和时间安排必须在保证企业正常生产经营的前提下确定，否则就有可能顾此失彼，得不偿失。

方案	年度	①期初本金	②当年利息 =①×10%	③当年所还金额	④当年投资收益	⑤当年税前利润=④－②	⑥当年应纳企业所得税 =⑤×25%	⑦期末本金 =①+②－④
一	1	2 000	200	0	360	160	40	2 200
	2	2 200	220	0	460	240	60	2 420
	3	2 420	242	0	560	318	79.5	2 662
	4	2 662	266.2	0	660	393.8	98.45	2 928.2
	5	2 928.2	292.8	3 221.02	760	467.18	116.80	0
合计		—	1 221.02	—	—	1578.98	394.75	—
二	1	2 000	200	527.6	360	160	40	1 672.4
	2	1 672.4	167.24	527.6	460	292.76	73.19	1 312.04
	3	1 312.04	131.20	527.6	560	428.80	107.2	915.64
	4	915.64	91.57	527.6	660	568.44	142.11	479.61
	5	479.61	47.96	527.6	760	712.04	178.01	0
合计		—	637.97	—	—	2162.04	540.51	—
三	1	2 000	200	600	360	160	40	1 600
	2	1 600	160	560	460	300	75	1 200
	3	1 200	120	520	560	440	110	800
	4	800	80	480	660	580	145	400
	5	400	40	440	760	720	180	0
合计		—	600	—	—	2200	550	—
四	1	2 000	200	200	360	160	40	2 000
	2	2 000	200	200	460	260	65	2 000
	3	2 000	200	200	560	360	90	2 000
	4	2 000	200	200	660	460	115	2 000
	5	2 000	200	200	760	560	140	2 000
合计		—	1 000	—	—	1 800	450	—

2. 计算各种还款方式下的企业所得税负，见上表。

由此可见，方案一税负最轻，其次是方案四，最后是方案二、方案三，若以实现企业所得税税负最小化为纳税筹划目标，则应当优先选择方案一，其次是方案四，最后是方案二、方案三。

业务技能自测(五)

一、单选题

1.C【解析】我国个人所得税的征收方式主要有两种:一是代扣代缴;二是自行纳税申报。

2.A【解析】(1)选项A:应按“工资、薪金所得”项目征收个人所得税;(2)选项B、C:不属于工资、薪金性质的“补贴、津贴”,不征收个人所得税;(3)选项D:属于免税收入。

3.B【解析】年终加薪、劳动分红不分种类和取得的情况,一律按工资、薪金所得课税。

4.D【解析】选项A、B、C属于工资薪金性质的收入。

5.C【解析】本人或配偶使用商业银行或住房公积金个人住房贷款为本人或其配偶购买住房,发生的首套住房贷款利息支出,在偿还贷款期间,可以按照每月1 000元标准定额扣除。

6.D【解析】(1)个体工商户每一纳税年度发生的与其生产经营活动直接相关的广告费和业务宣传费不超过当年销售(营业)收入15%的部分,可以据实扣除;超过部分,准予在以后纳税年度结转扣除;(2)$200\times15\%=30$万元$<25+15=40$万元,按照限额扣除,即允许扣除的业务宣传费金额为30万元。

7.A【解析】财产转让所得以一次转让财产收入额减去财产原值和合理费用后的余额为应纳税所得额,适用20%的税率计算缴纳个人所得税。

8.B【解析】从2001年1月1日起,对个人出租住房取得的所得减按10%的税率征收个人所得税。

9.C【解析】偶然所得以每次取得的收入全额征税。

10.A【解析】同一作品出版、发表后,因添加印数而追加稿酬的,应与以前出版、发表时的稿酬合并计算为一次,计征个税。

二、多选题

1.ABCD【解析】选项A,取得境外所得应当依法办理纳税申报;选项B、C,取得综合所得需要办理汇算清缴,应当依法办理纳税申报;选项D,取得应税所得,扣缴义务人未扣缴税款的,应当依法办理纳税申报。

2.AC【解析】经营所得按年计征,选项B错误;个人独资企业投资人、合伙企业的个人合伙人来源于境内注册的个人独资企业、合伙企业生产、经营的所得,按照经营所得征收个人所得税,选项D错误。

3.BD【解析】本题考核“劳务报酬所得的范围”。选项A、C,按照“工资、薪金所得”征税。

4.BCD【解析】选项A,个体工商户向其从业人员实际支付的合理的工资薪金支出,允许在税前据实扣除。

5.ACD【解析】选项B:同一作品在报刊上连载取得收入的,以连载完成后取得的所有收入合并为一次,计征个人所得税。同一作品出版、发表后,因添加印数而追加稿酬的,应与以前出版、发表时取得的稿酬合并计算为一次,计征个人所得税。

6.BC【解析】选项A、D,属于特许权使用费所得。

7.AD【解析】选项B、C,属于专项扣除。

8.ACD【解析】特许权使用费所得，是指个人提供专利权、商标权、著作权、非专利技术以及其他特许权的使用权取得的取得。选项B，应按“财产转让所得”税目缴纳个人所得税。

9.BCD【解析】选项A，个体工商户向其从业人员实际支付的合理的工资薪金支出，允许在税前据实扣除。

10.CD【解析】选项C，非居民个人取得工资、薪金所得，由扣缴义务人按月代扣代缴税款，不办理汇算清缴；选项D，扣缴义务人未扣缴税款的纳税人应当在取得所得的次年6月30日前，缴纳税款。

三、判断题

1. √

2. ×【解析】杰克在2022年度并没有在中国居住满183天，不属于居民个人，只就中国境内所得缴纳个人所得税。

3. ×【解析】居民个人取得综合所得，按年计算个人所得税；有扣缴义务人的，由扣缴义务人按月或者按次预扣预缴税款。

4. ×【解析】劳务报酬所得、稿酬所得、特许权使用费所得以收入减除20%的费用后的余额为收入额。稿酬所得的收入额，减按70%计算。

5. √

6. ×【解析】专项扣除、专项附加扣除和依法确定的其他扣除，以居民个人一个纳税年度的应纳税所得额为限额。一个纳税年度扣除不完的，“不结转”以后年度扣除。

7. √【解析】个人对企事业单位承包、承租经营后，工商登记改变为个体工商户的。这类承包、承租经营所得，实际上属于个体工商户的生产、经营所得，应按个体工商户的生产、经营所得项目征收个人所得税，不再征收企业所得税。

8. √

9. ×【解析】“出版、发表”画作，应按“稿酬所得”项目计缴个人所得税。

10. ×【解析】误餐补助不属于工资、薪金性质的补贴、津贴，不予征收个人所得税。

业务技能自测（六）

一、单选题

1.B【解析】（1）选项A：货物运抵我国关境内输入地点“起卸后”的运费和保险费不计入关税完税价格，向境外采购代理人支付的买方佣金（购货佣金）不计入关税完税价格，甲企业应缴纳进口关税=（17+3）×20%=4万元；（2）选项B：进口环节消费税=（关税完税价格+关税）÷（1-消费税税率）× 消费税税率=（17+3+4）÷（1-25%）×25%=8万元；（3）选项C：进口环节增值税=（关税完税价格+关税+消费税）× 增值税税率=（17+3+4+8）×13%=4.16万元；（4）选项D：城建税和教育费附加“进口不征、出口不退”。

2.D【解析】（1）选项AC：都不是自己最终使用，而应该是客户和受赠方缴纳车辆购置税；（2）选项B：购入待售车辆不需要缴纳车辆购置税，待进一步处置时再行确定纳税人、缴纳车辆购置税。

3.A【解析】本题考核车辆购置税应纳税额的计算。本题中，只有公司自用的2辆车需要由该公司缴纳车辆购置税。组成计税价格=25×2×（1+28%）÷（1−9%）=70.33万元，车辆购置税=70.33×10%=7.03万元。

4.C【解析】（1）挂车按照货车税额的50%计算车船税；（2）该公司2021年应缴纳车船税=10×20×40+5×20×40×50%+5×360=11 800元。

5.D【解析】甲企业当月所产生炉渣应缴纳环境保护税税额=（150−100−30）×25=500元。

6.B【解析】幼儿园所有的、本身业务范围内使用的房屋免征房产税；企业经营性房产从价计征房产税，出租的房产从租计征房产税，则企业应纳房产税=12 000×（1−30%）×1.2%+80×12%=110.4万元。

7.A【解析】对企业的铁路专用线、公路等用地除另有规定者外，在企业厂区（包括生产、办公及生活区）以内的，应照章征收城镇土地使用税；在本题中，甲公司当年的城镇土地使用税应纳税额=30 000×5=150 000元。

8.【解析】本题考核契税的计算。契税的纳税人。是指在我国境内“承受”土地、房屋权属转移的单位和个人，本题中承受房屋权属转移的为谢某。因此A、B选项不正确；应纳税额=90×3%=2.7万元，选项C正确。

9.B【解析】土地增值税应纳税额=增值额 × 适用税率−扣除项目金额 × 速算扣除系数。

10.C【解析】（1）加工承揽合同，按“加工、承揽收入”的0.5‰贴花；（2）财产保险合同，按“保险费收入”的1‰贴花。

二、多选题

1.ABCD

2.ABD【解析】选项C表述错误，已缴纳车船税的车船在同一纳税年度内办理转让过户的，不另纳税，也不办理退税。

3.CD【解析】“大气和水污染物”按照污染物排放量折合的“污染当量数”确定。

4.BC【解析】选项A、D：没有免征耕地占用税的优惠。

5.ACD【解析】房产税的纳税人是指在我国城市、县城、建制镇和工矿区（不包括农村）内拥有房屋产权的单位和个人。

6.ABCD

7.ABD【解析】（1）选项A、C：国有土地使用权出让、土地使用权出售、房屋买卖，以成交价格作为计税依据；（2）选项B：土地使用权赠与、房屋赠与，计税依据由征税机关参照土地使用权出售、房屋买卖的市场价格确定；（3）选项D：土地使用权交换、房屋交换，计税依据为所交换土地使用权、房屋的“价格差额”。

8.ABC【解析】转让旧房应按房屋及建筑物的评估价格、取得土地使用权所支付的地价款和按国家统一规定缴纳的有关费用，以及在转让环节缴纳的税金作为扣除项目金额计征土地增值税。

9.BCD

10.AB【解析】资源税的销售额为纳税人销售应税产品向购买方收取的全部价款（选项A）和价外费用（选项B），但不包括收取的增值税销项税额（选项C）和运杂费（选项D）。

三、判断题

1. √

2. ×【解析】购置已征车辆购置税的车辆，无须再次缴纳车辆购置税。

3. √

4. √

5. √【解析】工业噪声声源一个月内超标“不足 15 天”的，减半计算应纳税额

6. ×【解析】凡以房屋为载体，不可随意移动的附属设备和配套设施，如给排水、采暖、消防、中央空调、电气及智能化楼宇设备等，无论在会计核算中是否单独记账与核算，都应计入房产原值，计征房产税。

7. ×【解析】纳税人新征用的“非耕地”，自批准征用“次月”起，缴纳城镇土地使用税。

8. ×【解析】经批准减征、免征契税的纳税人，改变有关土地、房屋的用途的，就不再属于减征、免征契税范围，并且应当补缴已经减征、免征的税款。

9. ×【解析】契税，是指对契约征收的税，属于财产转移税，由财产承受人缴纳。

10. √

参考文献

[1] 王龙. 纳税筹划项目化教程 [M]. 南京:南京大学出版社,2017.

[2] 盖地. 税收筹划学[M].7 版. 北京:中国人民大学出版社,2020.

[3] 梁文涛. 纳税筹划[M].5 版. 北京:中国人民大学出版社,2020.

[4] 查方能. 纳税筹划[M].5 版. 大连:东北财经大学出版社,2019.

[5] 翟继光. 纳税筹划实战 101 例[M]. 北京:电子工业出版社,2020.

[6] 中国注册会计师协会. 税法[M]. 北京:经济科学出版社,2021.

[7] 中国注册会计师协会. 会计[M]. 北京:经济科学出版社,2021.

[8] 中国注册会计师协会. 财务管理[M]. 北京:经济科学出版社,2021.

[9] 翟继光. 新税法下企业纳税筹划[M]. 6 版. 北京:电子工业出版社,2019.

[10] 李海鹏. 新税法下企业纳税筹划与风险防控[M]. 北京:中国铁道出版社,2020.

[11] 常亚波,樊路青. 企业纳税筹划实用方法与案例解析[M]. 北京:人民邮电出版社,2020.

[12] 李婷 段文涛. 增值税税率下调对产业链上下游企业盈利影响分析[J]. 财务与会计, 2019(11):44-47.

[13] 王玉娟. 基于纳税平衡点的增值税税收筹划方法[J]. 商业会计,2019(11):92-94.

[14] 陈美霞."营改增"下的不动产租赁税负变化及其税务筹划[J]. 纳税,2019(34):1-2.

[15] 潘冬芳. 酒类包装物押金税务会计处理和纳税筹划[J]. 江苏商论,2020(4):72-75,79.

[16] 陈禹如."营改增"企业的纳税筹划研究[D]. 大庆:黑龙江八一农垦大学,2016.

[17] 黄子津. 浅析企业所得税扣除项目纳税筹划[J]. 中国管理信息化,2019(9):19-20.

[18] 王硕. 新个税下工资和年终奖的最优纳税筹划[J]. 中国经贸导刊,2019(10):81-83.

[19] 侯力纲,沈嘉诚. 个人所得税纳税筹划及其风险研究——以 XY 科技公司为例[J]. 会计之友,2019(5):60-64.

[20] 娄慧方. 现行税制下全年一次性奖金的纳税筹划[J]. 纳税,2020(26):42-43.

[21] 李婷. 新个税改革下如何进行纳税筹划[J]. 财讯,2019(10):56.

[22] 黄慧洁. 新个税下的工资薪金纳税筹划探讨[J]. 财会学习,2020(12):187-188.

[23] 袁显朋,娄爱花,张思迪. 新个税制度下居民工资薪金所得纳税筹划[J]. 新会计,2020(8):20-25.

[24] 张晓红. 全年一次性奖金个税新政下的纳税筹划[J]. 中国农业会计,2020(7):48-50.

[25] 侯尚法,姜静. 新政策环境下房产税筹划例析[J]. 中国注册会计师,2016(9):118-120.

[26] 陆英. 契税的纳税筹划方法[J]. 税收征纳,2008(11):49-50.

[27] 靳会武. 城镇土地使用税应采取哪种方式筹划[J]. 注册税务师,2014(5):34-35.

[28] 王德贵,蒋东根,黄燕. 试论四川省企业环境保护税纳税筹划基本方法[J]. 纳税, 2018(3):25.

[29] 曹杰. 钢铁企业环保税税收筹划[J]. 冶金财会,2018(10):54.

[30] 梁因乐,唐嘉欣,刘宇,等. 企业环保税筹划要点[J]. 新理财,2018(4):64-65.

[31] 张卫平. 探讨企业税务筹划中的细节问题与风险控制[J]. 财经界,2020(4):220-221.